国家出版基金项目
NATIONAL PUBLICATION FOUNDATION

U0600852

中国近代
思想家文库

◎

张晓京 编

罗家伦卷

中国人民大学出版社
·北京·

《中国近代思想家文库》编纂委员会名单

主　　任　　柳斌杰　纪宝成

副主任　　吴尚之　李宝中　李　潞

　　　　　王　然　贺耀敏　李永强

主　　编　　戴　逸

副主编　　王俊义　耿云志

委　　员　　王汝丰　刘志琴　许纪霖　杨天石　杨宗元

　　　　　陈　铮　欧阳哲生　罗志田　夏晓虹　徐　莉

　　　　　黄兴涛　黄爱平　蔡乐苏　熊月之

　　　　　（按姓氏笔画排序）

总　序

　　对于近代的理解，虽不见得所有人都是一致的，但总的说来，对于近代这个词所涵的基本意义，人们还是有共识的。一个国家、一个民族走入近代，就意味着以工业化为主导的经济取代了以地主经济、领主经济或自然经济为主导的中世纪的经济形态，也还意味着，它不再是孤立的或是封闭与半封闭的，而是以某种形式加入到世界总的发展进程。尤其重要的是，它以某种形式的民主制度取代君主专制或其他不同形式的专制制度。中国是个幅员广大、人口众多、历史悠久的多民族国家，由于长期历史发展是自成一体的，与外界的交往比较有限，其生产方式的代谢迟缓了一些。如果说，世界的近代是从 17 世纪开始的，那么中国的近代则是从 19 世纪中期才开始的。现在国内学界比较一致的认识，是把 1840 年到 1949 年视为中国的近代。

　　中国的近代起始的标志是 1840 年的鸦片战争。原来相对封闭的国门被拥有近代种种优势的英帝国以军舰、大炮再加上种种卑鄙的欺诈打开了。从此，中国不情愿地加入到世界秩序中，沦为半殖民地。原来独立的大一统的中央集权的君主专制国家，如今独立已经极大地被限制，大一统也逐渐残缺不全，中央集权因列强的侵夺也不完全名实相符了。后来因太平天国运动，地方军政势力崛起，形成内轻外重的形势，也使中央集权被弱化。经历第二次鸦片战争、中法战争、甲午战争、八国联军入侵的战争以及辛亥革命后的多次内外战争，直至日本全面侵略中国的战争，致使中国的经济、政治、教育、文化，都无法顺利走上近代发展的轨道。古今之间，新旧之间，中外之间，混杂、矛盾、冲突。总之，鸦片战争后的中国，既未能成为近代国家，更不能维持原有的统治秩序。而外患内忧咄咄逼人，人们都有某种程度"国将不国"的忧虑。

　　"天下兴亡，匹夫有责"，读书明理的士大夫，或今所谓知识分子，尤为敏感，在空前的危机与挑战面前，皆思有所献替。于是发生种种救亡图存的思想与主张。有的从所能见及的西方国家发展的经验中借鉴某些东西，形成自己的改革方案；有的从历史回忆中拾取某些智慧，形成某种民族复兴的设想；有的则力图把西方的和中国所固有的一些东西加以调和或结合，形成某种救亡图强的主张。这些方案、设想、主张，从世界上"最先进的"，到"最落后的"，几乎样样都有。就提出这些方案、设想、主张者的初衷而言，绝大多数都含着几分救国的意愿。其先进与落后，是否可行，能否成功，尽可充分讨论，但可不必过为诛心之论。显而易见，既然救国的问题最为紧迫，人们所心营目注者自然是种种与救国的方案直接相关的思想学说，而作为产生这些学说的更基础性的理论，及其他各种知识、思想，则关注者少。

围绕着救国、强国的大议题，知识精英们参考世界上种种思想学说，加以研究、选择，认为其中比较适用的思想学说，拿来向国人宣传，并赢得一部分人的认可。于是互相推引，互相激励，更加发挥，演而成潮。在近代中国，曾经得到比较广泛的传播的思想学说，或者够得上思潮的，主要有以下几种：

（一）进化论。近代西方思想较早被引介到中国，而又发生绝大影响的，要属进化论。中国人逐渐相信，进化是宇宙之铁则，不进化就必遭淘汰。以此思想警醒国人，颇曾有助于振作民族精神。但随后不久，社会达尔文主义伴随而来，不免发生一些负面的影响。人们对进化的了解，也存在某些片面性，有时把进化理解为一条简单的直线。辩证法思想帮助人们形成内容更丰富和更加符合实际的发展观念，减少或避免片面性的进化观念的某些负面影响。

（二）民族主义。中国古代的民族主义思想，其核心是"非我族类，其心必异"，所以最重"华夷之辨"。鸦片战争前后一段时期，中国人的民族思想，大体仍是如此。后来渐渐认识到"今之夷狄，非古之夷狄"，"西人治国有法度，不得以古旧之夷狄视之"。但当时中国正遭受西方列强的侵略和掠夺，追求民族独立是民族主义之第一义。20世纪初，中国知识精英开始有了"中华民族"的概念。于是，渐渐形成以建立近代民族国家为核心的近代民族主义。结束清朝君主专制，创立中华民国，是这一思想的初步实现。第一次世界大战爆发，中国加入"协约国"，第一次以主动的姿态参与世界事务，接着俄国十月革命爆发，这两件事对近代中国的发展历程造成绝大影响。同时也将中国人的民族主义提升到一个新的层次，即与国际主义（或世界主义）发生紧密联系。也可以说，中国人更加自觉地用世界的眼光来观察中国的问题。新生的中国共产党和改组后的国民党都是如此。民族主义成为中国的知识精英用来应对近代中国所面临的种种危机和种种挑战的一个重要的思想武器。

（三）社会主义。社会主义作为一种模糊的理想是早在古代就有的，而且不论东方和西方都曾有过。但作为近代思潮，它是于 19 世纪在批判近代资本主义的基础上产生的。起初仍带有空想的性质，直到马克思和恩格斯才创立起科学社会主义。20 世纪初期，社会主义开始传入中国。当时的传播者不太了解科学社会主义与以往的社会主义学说的本质区别。有一部分人，明显地受到无政府主义的强烈影响，更远离科学社会主义。直到五四新文化运动兴起之后，中国人始较严格地引介、宣传科学社会主义。但有一段时间，无政府主义仍是一股很大的思想潮流。中国共产党的成立，从思想上说，是战胜无政府主义的结果。中国共产党把在中国实现社会主义及至共产主义作为自己的奋斗目标。此后，社会主义者，多次同各种非科学社会主义思想的信仰者进行论争并不断克服种种非科学社会主义思想的影响。

（四）自由主义。自由主义也是从清末就被介绍到中国来，只是信从者一直寥寥。直到五四新文化运动兴起，具有欧美教育背景的知识精英的数量渐渐多起来，自由主义始渐渐形成一股思想潮流。自由主义强调个性解放、意志自由和自己承担责任，在政治上反对一切专制主义。在中国的社会条件下，自由主义缺乏社会基础。在政治激烈动荡的时候，自由主义者很难凝聚成一股有组织的力量；在稍稍平和的时候，他们往往更多沉浸在自己的专业中。所以，在中国近代史上，自由主义不曾有，也不可能有大的作为。

（五）激进主义与保守主义。处于转型期的社会，旧的东西尚未完全退出舞台，新的东西也还未能巩固地树立起来，新旧冲突往往要持续很长的时间，有时甚至达到很激烈的程度。凡助推新东西成长的，人们便视为进步的；凡帮助旧东西排斥新东西的，人们便视为保守的。其实，与保守主义对应的，应是进步主义；与顽固主义相对的则应是激进主义。不过在通常话语环境中人们不太严格加以区分。中国历史悠久，特别是君主专制制度持续两千余年，旧东西积累异常丰富，社会转型极其不易。而世界的发展却进步甚速。中国的一部分精英分子往往特别急切地想改造中国社会，总想找出最厉害的手段，选一条最捷近的路，以最快的速度实现全盘改造。这类思想、主张及其采取的行动，皆属激进主义。在中共党史上，它表现为"左"倾或极左的机会主义。从极端的激进主义到极端的顽固主义，中间有着各种程度的进步与保守的流派。社会的稳定，或社会和平改革的成功，都依赖有一个实力雄厚的中间力量。但因种种原因，中国社会的中间力量一直未能成长到足够的程度。进步主义与保守主义，以及激进主义与顽固主义，不断进行斗争，而实际所获进步不大。

（六）革命与和平改革。中国近代史上，革命运动与和平改革运动交替进行，有时又是平行发展。两者的宗旨都是为改变原有的君主专制制度而代之以某种形式的近代民主制度。有很长一个时期，有两种错误的观念，一是把革命理解为仅仅是指以暴力取得政权的行动，二是与此相关联，把暴力革命与和平改革对立起来，认为革命是推动历史进步的，而改革是维护旧有统治秩序的。这两种论调既无理论根据，也不合历史实际。凡是有助于改变君主专制制度的探索，无论暴力的或和平的改革都是应予肯定的。

中国近代揭幕之时，西方列强正在疯狂地侵略与掠夺殖民地和半殖民地，中国是它们互相争夺的最后一块、也是最大的资源地。而这时的中国，沿袭了两千年的君主专制制度已到了奄奄一息的末日，统治当局腐朽无能，对外不足以御侮，对内不足以言治，其统治的合法性和统治的能力均招致怀疑。革命运动与改革的呼声，以及自发的民变接连不断。国家、民族的命运真的到了千钧一发之际，危机极端紧迫。先觉分子救国之心切，每遇稍具新意义的思想学说便急不可待地学习引介。于是西方思想学说纷纷涌进中国，各阶层、各领域，凡能读书读报者，受其影响，各依其家庭、职业、教育之不同背景而选择自以为不错的一种，接受之，信仰之，传播之。于是西方几百年里相继风行的思想学说，在短时期内纷纷涌进中国。在清末最后的十几年里是这样，五四时期在较高的水准上重复出现这种情况。

这种情况直接造成两个重要的历史现象：一个是中国社会的实际代谢过程（亦即社会转型过程）相对迟缓，而思想的代谢过程却来得格外神速。另一个是在西方原是差不多三百年的历史中渐次出现的各种思想学说，集中在几年或十几年的时间里狂泻而来，人们不及深入研究、审慎抉择，便匆忙引介、传播，引介者、传播者、听闻者，都难免有些消化不良。其实，这种情况在清末，在五四时期，都已有人觉察。我们现在指出这些问题并非苛求前人，而是要引为教训。

同时我们也看到，中国近代思想无比的多样性与复杂性呈现出绚丽多彩的姿态，各种思想持续不断地展开论争，这又构成中国近代思想史的一个突出特点。有些论争为我们留下了非常丰富的思想资料，如兴洋务与反洋务之争，变法与反变法之争，革命与改良之争，共和与立宪之争，东西文化之争，文言与白话之争，新旧伦理之争，科学与人生观之争，中国社会性质的论争，社会史的论争，人权与约法之争，全盘西化与本位文化之争，民主与独裁之争，等等。这些争论都不同程度地关联着一直影响甚至困扰着中国人的几个核心问题，即所谓中西问题、古今问题与心物关系问题。

中国近代思想的光谱虽比较齐全，但各种思想的存在状态及其影响力是很不平衡的。有些思想信从者多，言论著作亦多，且略成系统；有些可能只有很少的人做过介绍或略加研究；有的还可能因种种原因，只存在私人载记中，当时未及面世。然这些思想，其中有很多并不因时间久远而失去其价值。因为就总的情况说，我们还没有完成社会的近代转型，所以先贤们对某些问题的思考，在今天对我们仍有参考借鉴的价值。我们编辑这套《中国近代思想家文库》，希望尽可能全面地、系统地整理出近代中国思想家的思想成果，一则借以保存这份珍贵遗产，再则为研究思想史提供方便，三则为有心于中国思想文化建设者提供参考借鉴的便利。

考虑到中国近代思想的上述诸特点，我们编辑本《文库》时，对于思想家不取太严格的界定，凡在某一学科、某一领域，有其独立思考、提出特别见解和主张者，都尽量收入。虽然其中有些主张与表述有时代和个人的局限，但为反映近代思想发展的轨迹，以供今人参考，我们亦保留其原貌。所以本《文库》实为"中国近代思想集成"。

本《文库》入选的思想家，主要是活跃在 1840 年至 1949 年之间的思想人物。但中共领袖人物，因有较为丰富的研究著述，本《文库》则未收入。

编辑如此规模的《文库》，对象范围的确定，材料的搜集，版本的比勘，体例的斟酌，在在皆非易事。限于我们的水平，容有瑕隙，敬请方家指正。

《中国近代思想家文库》编纂委员会

目　录

导　言

一

　　罗家伦，字志希，笔名毅，浙江绍兴人。1897 年生于江西南昌。四岁发蒙，就学家塾。辛亥革命爆发后曾就读美国传教士所办英文夜校，开始学习英文。1912 年随父亲从江西返回祖籍浙江绍兴。1914 年进入上海复旦公学读书，开始接受正规的新式教育。罗家伦在校期间成绩优异，且热心社会活动，曾为《复旦》季刊的编辑，所撰《二十世纪中国之新学生》一文曾被上海报纸转载。

　　1917 年秋考入北京大学，主修外国文学。北大时期的罗家伦在学问方面"有贪多务得的坏习惯"，常常"跨系选课"，并时常去胡适家中"请教受益"。1918 年 6 月，《新青年》第 4 卷第 6 期"易卜生专号"出版，刊印了罗家伦与胡适合译的易卜生名著《娜拉》。受新文化运动的影响，1918 年夏，与傅斯年、徐彦之、俞平伯等筹组"新潮社"，本着"批评的精神、科学的思考、革新的文词"编辑发行专门刊物，倡导新文化运动。罗家伦提议将该杂志中文名称定名为《新潮》。"新潮社"成员基本为北大学生。成立之初有社员 21 人，最多时达三十余人。根据"新潮社"的组织章程，设编辑与干事两部，编辑部主任编辑为傅斯年，罗家伦为编辑。傅斯年出国留学后，罗家伦接手其工作，主持《新潮》的编辑事务。从 1919 年 1 月 1 日《新潮》出刊，到 1920 年秋罗家伦赴美国留学，杂志编辑易手为止，罗家伦在《新潮》杂志上共发表论文、演说记录、评论、书评、诗歌、通信等各种体裁的文章 36 篇，是仅次于傅斯年的第二位"主笔"。

1919 年，当中国代表在巴黎和会上外交失败的消息传来时，罗家伦和他的同学们由"批评旧文学、旧观念、旧社会制度不合理的地方"的书生议政，转而采取实际的行动，并因此成为五四学生爱国运动的代表人物之一。

1920 年秋，经蔡元培校长推荐，罗家伦获得穆藕初奖学金资助，与段锡朋、汪敬熙等人赴美留学，先入普林斯顿大学研究历史与哲学，曾因学习成绩优异，获得学校荣誉奖学金。1921 年秋，转入哥伦比亚大学研究院，攻读教育哲学及思想史。1923 年冬赴德国，先后在英国伦敦大学、德国柏林大学、法国巴黎大学学习。1926 年回国，任东南大学教授月余即加入国民党，投身蒋介石麾下，参加北伐，历任国民革命军总司令部政治部编辑委员会委员长、总司令部参议、中央法制委员会委员、中央党务学校教务副主任、战地政务委员会委员等职。1928 年 8 月，国民政府改清华学校为清华大学，时年 32 岁的罗家伦被任命为校长。1930 年 5 月，罗家伦离开清华大学南下武汉。1931 年 1 月任中央政治学校教务主任兼代教育长。1932 年 8 月，出任中央大学校长。1941 年 7 月，辞去中央大学校长一职。1943 年 2 月，任西北建设考察团团长，巡视陕西、甘肃、宁夏、青海、新疆五省。同年 4 月宣誓就任新疆监察使。抗日战争胜利后，任国民党中央党史编纂委员会副主任委员。1947 年出任国民政府驻印度大使。1949 年 12 月，印度宣布承认中华人民共和国，国民政府驻印度大使馆降旗撤馆，罗家伦即返回台湾。回台后，任国民党中央党史编纂委员会主任委员。1952 年兼任台湾"考试院"副院长。1957 年任台湾"国史馆"馆长，先后主持编印《中华民国开国五十年文献》、《国父百年诞辰纪念丛书》及《革命文献》等大型文献资料丛书。1969 年 12 月 25 日病逝于台北。

在大陆学术界，长期以来，罗家伦一直是一个被"符号化"了的人物。人们谈及罗家伦、研究罗家伦一般都是从一个政治人物的角度来褒贬臧否，而恰恰由于作为一个政治人的罗家伦很早就投身于蒋介石"国民党反动派的阵营"，为其统治服务终身，因此也就脱不掉"帮凶"的命运。及至改革开放之后，学术界在拨乱反正、实事求是的思想指导下，开始努力摆脱意识形态的影响，以学术研究的方法和规范，以学术研究的话语来重新审视那些曾经活跃在中国近代历史舞台上的"左的"、"右的"或"中间的"形形色色的人物的时候，罗家伦才开始走入人们的视野，但依然不是大家感兴趣的"热点"或"焦点"。无论从事功抑或思想而言，在中国大陆罗家伦确实是一个需要"重读"的历史人物。

简单回顾一下他的生平，73 年的生命历程，成长求学，步入政界，其政治生命与言论事功一直与国民党政权相始终。作为 20 世纪中国现代意义上知识分子群体中的一类——以自己的学术背景或文化人身份进入到"体制内"甚至是被"体制化"了，成为"专家型官僚"的典型，对于罗家伦政绩与思想主张的梳理主要可分为两大方面：新文化运动与五四运动时期的罗家伦和以"教育救国"的愿景与实践为主体的文化观。

二

美国华裔学者张灏曾将 1895—1920 年初前后大约二十五年时间的中国称为转型时代，认为"这是中国思想文化由传统过渡到现代、承前启后的关键时代。在这个时代，无论是思想知识的传播媒介或者是思想的内容均有突破性的巨变"①。"这样的大转折时代并不多见，除了春秋战国和魏晋，就是自十九世纪中叶以来蔓延至今、而未完成的现代性转型。这一转型，不仅是社会结构的变化，而且也是思想意识的转换，因而二十世纪的中国思想史，就成为一部范式转换的思想史。"② 罗家伦出生、成长在这样一个处于"三千年未有之变局"的大转折年代，他的思想变迁也充分反映了时代大潮的起伏跌宕。1917 年秋，罗家伦考入新文化的策源地——北京大学，他以《新潮》为阵地，热烈地拥抱新思潮，激烈地批判旧传统，倾心创造新文学。在爱国运动的狂飙中，他揭竿而起，投入争取国权的斗争，成为北京大学学生运动领袖群体中的一员。而蔡元培治下的北京大学则成为罗家伦"立言"、"立功"的第一个大舞台和精神家园。正如国民党内著名的理论家陶希圣所言，"五四这个时候是志希先生名望事业的发轫时期"③。

1917 年秋，罗家伦从上海考入北京大学。这个思想活跃，以"二十世纪新学生"相标榜的年轻人深受新思潮的鼓动，入学第一学期"便

① 张灏：《思想与时代》，112 页，上海，上海文艺出版社，2002。
② 许纪霖：《〈二十世纪中国思想史论〉序》，《二十世纪中国思想史论》，1 页，北京，东方出版中心，2000。
③ 陶希圣：《我所知道志希先生的几件事》，台湾《传记文学》第十三卷第一期，10 页。

向最具前卫性的《新青年》投稿"①。1918 年元月号《新青年》还刊出
了罗家伦用文言写的《青年学生》一文。同年 6 月,他与胡适合译的易
卜生名剧《娜拉》在《新青年》上刊出,这是罗家伦第一次使用白话
文。1919 年 1 月 1 日《新潮》杂志出版。这份学生刊物本着"批评的
精神、科学的思考、革新的文词",以"唤起国人对于本国学术之自觉
心",探讨中国社会"因革之方",激发人们对于学术的兴趣,转变青年
学生的思想与人格为责任。可以说,无论从《新潮》的创办者赋予它的
基本精神,还是它所发表文章的基本倾向来看,《新潮》的旨趣与早期
陈独秀的思想主张是十分契合的。罗家伦自己曾这样评价道:"我们天
天与《新青年》主持者相接触,自然彼此间都有思想的交流和相互的影
响",因此,"我们主张的轮廓,大致与《新青年》主张的范围,相差无
几"。但比较而言,他认为"当时的一般人看来,仿佛《新潮》的来势
更猛一点,引起青年们的同情更多一点"②。

　　综观罗家伦发表在《新潮》上的 30 余篇文章,可以感受到他对封
建传统道德和封建专制文化的无情抨击,他主张通过西方文化的推介与
普及来改造中国人的思想,强调"文学革命"的本意并非仅仅在于普及
"通俗教育",而是要确立"人的文学"。他的文章应该说很好地体现了
《新潮》"批评的精神、科学的思考、革新的文词"的编辑方针。首先,
关于"批评的精神"。罗家伦将"批评"作为向旧世界宣战的有力武器。
他认为,"批评这件东西,实在是改革思想、进促现状的妙品",对于政
治问题、社会问题和书籍方面的批评可以祛除"顽固不合科学的思想",
"指导一般的国民",免得青年人上当。当然,也可以看出,罗家伦对旧
中国、旧文化的批评是以西方文化作为参照系的。同时,他对《新潮》
的"批评"是有自己的基本定位的,即这种批评尽管不乏火药味,但是
是对"学问的讨论"和"真理的研究",即使是批评社会现象,也是以
"第三者的眼光"说几句"局外话",并希望所提的建议能够得到社会的
"采择"。第二,关于"科学的思考"。罗家伦认为,科学的一个重要的
方面是讲究科学的方法,这是思想可以上轨道的前提。科学的方法论是
改中国人"糊涂脑筋"为"科学脑筋"的利器。最后,关于"革新的文
词"则主要体现在对白话文运动的推波助澜与身体力行。罗家伦不仅在

---

　　① 罗久芳:《罗家伦与张维桢——我的父亲母亲》,26 页,天津,百花文艺出版社,
2006。

　　② 罗家伦:《元气淋漓的傅孟真》,76 页,《罗家伦先生文存》第 10 册。

《新潮》上发表文章，阐发"文学革命"的思想，而且还从事文学创作，诗歌与小说均有涉猎。

罗家伦不仅是一位热烈呼唤新思潮，热心于新文化运动和社会改造的"弄潮儿"，也是一位积极投身学生爱国运动的"实际的人"。与他的好友傅斯年不同，在五四运动的整个过程中，他做了大量发起、组织和宣传的工作，"始终是主角之一"①。在参与实际工作的同时，他也开始对五四运动的意义和精神进行分析和阐释。早在 1919 年 5 月 26 日，他以"毅"的笔名在《每周评论》第 23 期上发表《"五四运动"的精神》，较早使用了"五四运动"这一概念，并将"五四运动的精神"概括为"学生牺牲的精神"、"社会裁制的精神"和"民族自决的精神"，认为这三种精神"可以关系中国民族的存亡"。当然，罗家伦也敏锐地觉察到学生运动的严重局限性，认为单纯的群众运动并不能从根本上改变中国政治的腐败，并不能达到青年学生们所追求的民族独立、政治清明、社会进步的目标，使中国走上文明、民主之路是个极其复杂的工程。这样的认识更坚定了罗家伦"以思想革命为一切革命基础"的信念。

"近代中国宛如一座云雾萦绕的历史迷宫。当知识者们怀着救世的热忱跨入它的大门，去探寻通向光明的出口时，他们不由得感到自己是在黑暗中摸索。"② 在被鲁迅形象地比喻为"不是死，就是生"的"大时代"的近代中国，新旧思想的交锋尤其激烈。知识青年在如潮水般涌来的新思潮面前，也表现出了他们选择的不确定性。北大时期的罗家伦从热烈地呼唤新思潮，讴歌十月革命到最终接受实验主义；从赞同社会主义，主张系统介绍社会主义的各种流派，提倡"应用社会主义来研究解决社会问题"③ 到倾慕西方民主制度，主张为思想自由而作"真理的牺牲"；从激烈地反传统，抨击中国文学一无是处，到承认文学革命是"中国与世界文学接触的结果"，西方文学也应"分析研究"，进而提出"东西文明融合论"，五四时期罗家伦的思想恰如时代潮流的变化一样，异彩纷呈，瑕瑜互现，卓见与局限并存，而其思想的最后转型也有着深刻的社会历史原因，简单地用意识形态的"左"与"右"来关照那一代知识分子，总是失之偏颇而难于重现当时知识分子在特殊的历史语境下的真实面貌。

① 吴相湘：《民国百人传》（第三册），199 页，台北，台北传记文学出版社，1971。
② 许纪霖：《无穷的困惑》，2 版，2 页，上海，上海三联书店，1998。
③ 志希：《解放与改造》，《新潮》第 2 卷第 2 号，《书报评论》，361 页。

三

　　著名学者欧阳哲生曾把南京国民政府时期的教育部长和著名大学校长分为三种类型：一是知识领袖型，如蔡元培、胡适，因其在知识界的特殊声望而获得人们的尊重，但于管理校务方面却采"无为而治"方针，行政能力似令人"不敢恭维"。二是学者官僚型，如朱家骅、蒋梦麟、罗家伦，他们都有留学的经历，更有与国民党的特殊关系，国民党的党性色彩比较浓厚。三是职业干练型，以张伯苓、梅贻琦、傅斯年最为典型，他们的党派色彩相对淡薄，抱定教育救国的宗旨，以教育为职守，属于比较纯粹的教育家。① 罗家伦学生时代的好友傅斯年曾经预言过他的《新潮》同仁们的职业取向，不出教育界与出版界，这个预言得到了相当的应验。罗家伦政治生涯的大部分时间是服务于教育界，按时间顺序先后可以分为三段：第一段，1927 年 5 月出任国民党中央党务学校教务副主任到 1931 年 1 月任中央政治学校教务主任兼代教育长；第二段，1928 年 8 月 21 日到 1931 年 1 月任国立清华大学校长；第三段，1932 年 8 月至 1941 年 7 月任中央大学校长。而国立清华大学校长和国立中央大学校长的经历是他一生中"最负时誉"的时期。他的学生也认为，罗家伦是历史学家、思想家，但更是一位教育家，他对于国民党最大的贡献即在教育方面。②

　　罗家伦关于教育问题的言论，大多数并不是来自在刊物上发表的文章，而是来自他对学生及教职员工的演讲。这些演讲比较集中地体现了他对教育的认识，对大学理念的理解，特别是对国立大学地位与作用的基本界定。最能代表罗家伦大学理念的两篇文献为任清华大学校长之时的就职演说《学术独立与新清华》，另一篇为出任中央大学校长后对全校教职员的演讲《中央大学之使命》。

　　正如著名哲学家，罗家伦到清华后最倚重的教授之一冯友兰曾经说过的那样，"罗家伦是乘北伐之余威，打着革命的旗帜进入清华的"③，因此，他的《学术独立与新清华》强调了这所学校对于新政权的"文化意义"，"这回国民革命军收复北平，是国民革命力量澈底达到黄河流域

① 参加欧阳哲生主编：《傅斯年全集》第一卷，54 页，长沙，湖南教育出版社，2003。
② 参加马星野：《悼罗志希先生》，见《罗家伦先生文存》第 12 册，592 页。
③ 冯友兰：《冯友兰自述》，61 页，北京，中国人民大学出版社，2004。

的第一次，这是中国历史上一个新的纪元。国民政府于收复旧京以后，首先把清华学校改为国立清华大学，正是要在北方为国家添树一个新的文化力量"。他进一步指出："国民革命的目的是要为中国在国际间求独立自由平等。要国家在国际间有独立自由平等的地位，必须中国的学术在国际间也有独立自由平等的地位。把美国庚款兴办的清华学校正式改为国立清华大学，正有这个深意。我今天在就职宣誓的誓词中，特别提出学术独立四个字，也正是认清这个深意。"① 很显然，罗家伦是从国家独立、文化平等的民族主义的角度来理解、阐释大学的基本任务或曰大学的使命的。

对于什么是"学术独立"，罗家伦进一步阐述到，作为国立大学既要研究中国固有文化，同时又要充分接受西洋的科学文化，所不同的是，接受的方法"不是站在美国的方面，教中国的学生'来学'……乃是站在中国的方面，请西方著名的，第一流的而不是第四五流的学者'来教'。请一班真正有造就的学者，尤其是科学家，来扶助我们科学教育的独立，把科学的根苗，移植在清华园里，不，在整个的中国的土壤上，使他开花结果，枝干扶疏"②。

恰恰是基于追求"学术独立"的考虑，改制后的清华大学不再走培养"他人的学术学徒"的路子，停止了全部毕业生留学美国的做法，改为以公开考试的办法，选送部分成绩优秀的学生赴美留学，而学校则以培养本地人才为主，使清华大学正式入于国家的教育系统。

强调"学术独立"是罗家伦教育思想的起点，他的大学观或曰教育观是与他对民族文化的认识密切相关的，或者说罗家伦的大学理念是其文化观的反映。和相当一部分民国时期的大学校长不同，罗家伦更多的是从民族与文化关系的角度来论述他对大学教育、大学使命的理解的。对"教育"的特殊界定，对中国教育的批判性认识是罗家伦构建他的所谓"有机体的民族文化"的基础，而建设"有机体的民族文化"概念的提出见诸他出任素有国民政府的"首都大学"之称的中央大学校长后所做的一系列演讲。这一理念继承此前他本人关于"学术独立"的思考，揭示了罗家伦在特殊的时代背景下，对大学使命的独到认识。

罗家伦把他的教育追求概括为"建设有机体的民族文化"，他认为：

① 罗家伦：《学术独立与新清华》，见《罗家伦先生文存》第5册，18～19页。
② 罗家伦：《学术独立与新清华》，见《罗家伦先生文存》第5册，19页。

"办理大学不仅是来办理大学普通的行政事务而已，一定要把一个大学的使命认清，从而创造一种新的精神，养成一种新的风气，以达到一个大学对于民族的使命。现在，中国的国难严重到如此，中华民族已临到生死关头，我们设在首都的国立大学，当然对于民族和国家，应尽到特殊的责任，就是负担起特殊的使命，然后办这个大学才有意义。这种使命，我觉得就是为中国建立有机体的民族文化"。正因为国立大学承担着"造成民族文化之使命，为民族求生存，使国家学术得以永久发展，使民族精神得充分振发"①的伟大使命，所以罗家伦认为，中央大学的办学目标就是要使其成为"复兴民族的参谋本部"②，他希望中央大学的师生时刻把民族的存亡这一念头存在胸中，成为一种内心的推动力；他认为，只有这种内心的推动力，才能继续不断地创造有机体的民族文化，以完成复兴民族的事业。

值得注意的是，罗家伦办理中央大学的十年，恰是中华民族国难深重的十年。空前的民族生存危机激发起中国知识分子强烈的忧患意识。罗家伦认为，当时中国的局面，正和昔日的德意志在普法战争失败之后的情形类似。1807 年 12 月 13 日至 1808 年 3 月 20 日，柏林大学教授，德国古典哲学家费希特在法军压境，国内人心涣散的危急时刻，克服种种障碍，发表了《对德意志民族的演讲》。这篇演讲作为其《现时代的根本特点》的续篇，说明德意志民族过去所处的那第三个历史时期，即恶贯满盈的状态，由于自私自利发展到了极点，已经自己毁灭了自己，德意志民族当时面临的历史使命，是要建立崭新的民族教育体制，培养全面发展的新型公民，通过民族的解放与复兴，过渡到人类社会的第四个历史时期，即理性科学占支配地位的状态，在各个文明的发展过程中起表率的作用。1808 年 5 月中旬，《对德意志民族的演讲》出版，在德国引起强烈的反响。费希特的这一演讲由于在德意志民族的解放和复兴中发挥了十分卓越的作用，早已被公认为是一部"光辉的爱国主义篇章"而被载入史册。罗家伦十分欣赏费希特的这一做法，不仅多次在对学生的演讲中提到，而且身体力行。当中央大学在日军炮火轰炸下不得不迁至陪都重庆继续办学的时候，罗家伦在迁校后重庆沙坪坝校区每周向学生演讲一次，演讲词由杨希震及韩德培记录，经其亲自审阅修改后

---

① 罗家伦：《提高学术创立有机体的民族文化》，见《罗家伦先生文存》第 5 册，232～234 页。

② 罗家伦：《中央大学之使命》，见《罗家伦先生文存》第 5 册，243 页。

在《新民族》杂志上发表。1942 年元旦，他将这些演讲词汇集成书，定名为《新人生观》公开出版。这本书"含有如费希特演讲以唤醒国人的用意"，同时也"含有铸成青年有共同意识以建立有机体的民族文化的意义"①。这些演讲不仅是罗家伦本人实践其"建设有机体的民族文化"大学理念的具体措施，从中也反映出他所主张的价值观与人生观，体现出作为一个大学校长在人才培养方面的强烈的"忧患意识"，难怪有人认为《新人生观》是罗家伦对青年学生进行"思想教育"的代表作。而对于青年学生"理想人格"的塑造，也构成罗家伦大学教育理念的另一个重要内容。

抗战初期，基于"一群大学教书的人"对于"抗战建国"的责任，唤醒青年学生乃至广大民众的民族意识，罗家伦曾就中国民族与民族性的问题在中央大学作过一系列的演讲。1938 年 2 月，他主编了《新民族》周刊，并将其在中央大学的演讲整理刊出。出任新疆监察使后，又在公务之余将其重新写过合成《新民族观》一书于 1946 年 2 月在重庆出版。罗家伦从历史的角度切入，在系统考察中华民族历史演变和近代欧洲民族国家兴起的历史过程的基础上，对民族起源、民族形成的要素、民族性的构成要素、形成过程和近代民族国家的建立和类型等问题进行了一系列的探讨和阐述。同此，他在民族理论研究方面的贡献是不应当被忽视的。当然，我们也应该注意到，罗家伦对民族理论问题的探讨是带有鲜明的现实性的。他主张通过这类带有"领导的"，而非"斗争的"思想工具唤起人们对于中华民族的族体认同和对"中华民国"这一民族国家的国家认同，通过对中国民族性的解析和对民族精神的阐发，激发国人的民族意识和民族自觉，从而实现"不但建立我们大中华民族的'中华民国'"，而且把"'中华民国'建立为现代化的国家"②的政治目标。

四

罗家伦本人的著述，早期发表的见之于《新青年》、《新潮》、《南开日刊》、《每周评论》、《东方杂志》等刊物。其后，陆续出版的译著、著作、诗集有《平民政治的基本原理》、《科学与玄学》、《思想自由史》、

①　杨希震：《志希先生在中大十年》，《中央日报副刊》1970 年 1 月 31 日。转引自陈春生：《新文化的旗手——罗家伦传》，129 页，（台湾）近代中国出版社，1985。

②　罗家伦：《民族的国家》，见《罗家伦先生文存》第 2 册，93 页。

《中山先生伦敦被难史料考订》、《新人生观》、《文化教育与青年》、《黑云暴雨到明霞》、《新民族观》、《耕罢集》、《疾风》等，其参与撰写、编辑的《国父年谱》、《吴稚辉先生全集》、《革命文献》等资料在大陆均有收藏。更值得一提的是，由台湾"国史馆"与"党史会"共同编辑出版的《罗家伦先生文存》12 册，比较完整地汇集了罗家伦一生的著述文字；吕芳上、夏文俊编辑，并经罗家伦的女儿罗久芳增订的《罗家伦先生大事年系》，勾画了罗家伦一生经历的基本轮廓。为纪念罗家伦百年诞辰，台湾"党史会"出版了《罗家伦先生文存附编——师友函札》及刘维开编著的《罗家伦先生年谱》，而《近代中国》杂志所连载的罗家伦日记，则为深入研究罗家伦的生平与思想提供了更为难得的第一手资料。1985 年，台湾天一出版公司出版的《罗家伦先生传记资料》汇集整理了散见于报章杂志的罗家伦生前友好、学生和同事的回忆及与罗家伦相关的评论、报道。罗久芳、罗久蓉编辑校注的《罗家伦先生文存补遗》2009 年由台湾"中央研究院"近代史研究所出版。罗家伦的女儿罗久芳多年来致力于父亲生平资料的编辑、整理。随着两岸关系的日益密切，她回忆父亲的文字也经常见诸内地报章。2006 年天津百花文艺出版社的《罗家伦与张维桢——我的父亲母亲》的问世，更为内地的研究者提供了一些珍贵的尚未披露过的历史资料。2010 年由罗久芳编著的《五四飞鸿——罗家伦珍藏师友书简集》一书由百花文艺出版社出版。该书收录的百余封信函，其中多样而丰富的内容"呈现出一个特殊时代的人文精神"①。

大陆对罗家伦生平及思想的研究一直处于相对沉寂的状态，近年来转趋活跃。内地出版机构重印、出版的罗家伦著作、文集大致有《思想自由史》（岳麓书社 1988 年版）、《平民政治的基本原理》（中国政法大学出版社 2003 年版，吉林出版集团有限责任公司 2010 年版）、《科学与玄学》（商务印书馆 2010 年版）；1999 年人民日报出版社出版了一套"五四风云人物文萃"，"傅斯年、罗家伦"作为合集出现，共收入罗家伦发表于《新潮》杂志上的八篇文章。1997 年上海学林出版社出版的《历史的先见——罗家伦散文》、2005 年中国人民大学出版社出版的《写给青年——新人生观》、2010 年中国工人出版社出版的《中国人的品格》都不是严格

① 罗久芳：《五四飞鸿——罗家伦珍藏师友书简集》，3 页，天津，百花文艺出版社，2010。

意义上的选本，只是旧书重印而已。2010 年南京大学出版社出版的《罗家伦史学与教育论著选》选择的领域只涉及史学与教育。

　　作为《中国近代思想家文库》的一部分，罗家伦卷的编辑工作并非易事。所幸有台湾"国史馆"与国民党"党史会"出版的 12 册《罗家伦先生文存》作为基础，编选工作不再似大海捞针般漫无目的。对于有兴趣进行罗家伦生平与思想研究的人而言，这套书都不愧为研究的基本工具。但鉴于海峡两岸罗家伦著述编辑、整理工作的情况，以及本文库编选的时限、篇幅等具体要求，本卷在选文时比较侧重其早期思想言论的完整性，因此，罗家伦发表在《新青年》及《新潮》上的文章收录较全；在领域上比较侧重他关于教育文化、历史、民族问题的论述。由于罗家伦的一些著述如《新人生观》等在内地与台湾多次重版，选文均以最早版本为准。特别需要说明的是，作为五四运动的健将之一，罗家伦在经历了学生运动的领袖、留学归国青年、进入体制服务国家，最终成为"中国国民党最忠实的党员"、"书生报国"典型的一次次蜕变之后，对于五四精神的理解和阐述在不同时期也各有侧重。若要完整全面地把握罗家伦思想发展的历史脉络，既要从 1919 年五四运动当日的《北京学界全体宣言》、1919 年 5 月 26 日的《"五四运动"的精神》、1920 年《一年来我们学生运动底成功失败和将来应取的方针》、1931 年《新文化运动的时代和影响》、1937 年《五四运动的经过和感想及青年对于国家民族的责任》、1939 年《纪念"五四"》、《五四纪念与谒见导师典礼重要意义》、1941 年《青年的觉醒》、1943 年《五四纪念与全国青年第三次大团结》这些大陆时期的文本入手，也同样不能忽略了他 1950 年以后感慨于"行险侥幸的人一向利用五四的名义，胆怯守旧的人多年来听到五四两字就要提防"，"五四""何幸而被重视至此！何不幸而被人误解至此"的现状发表的《五四的真精神》（1950 年）、《愤慨和感慨》（1951 年）、《北京大学的精神》（1953 年）、《五四运动与匪党简直风马牛》（1955 年）、《话五四当年》（1958 年）、《五四运动的时代背景以及影响》（1962 年）、《五四运动的起因和后果》（1962 年）、《对五四运动的一些感想》（1967 年）等一系列文章，由于选文时间的要求，上述文章没能全部收入本卷，感兴趣的读者可参阅台湾出版的《罗家伦先生文存》。

　　《罗家伦卷》所选篇目，以首次发表为准，按时间先后排序。有些篇目并非录自首次发表，其出处均在注释中说明。

青年学生 *

（1918）

　　国中之青年，惟学生为多。青年而能新者，更非学生莫属。余青年也，亦学生也；居此学生之青年界，以为当有一种"春日载阳"、"万象昭苏"之概。乃游沪时，颇觉我理想中之青年学生，莫不暮景沉沉、气息奄奄。若医学所谓鬼脉，物理所谓惰性，兵家所谓暮气。及游于京，觉尤甚焉。噫！是社会致之耶？抑学生自为之耶？不揣冒昧，曾取新学生与陈死人相比较著为长篇（此稿题曰"二十世纪中国之新学生"登《复旦杂志》第三第四两期，《沪报》有数种转载者）冀相砥砺。然秋虫之鸣，不足动人；人亦不乐为之动，遂愤不复语。今读《新青年》，每为神往。及见学生之置新青年者多，是知新青年且大有影响于学生界也。爰就记忆及理想所及者，拉杂为我青年辈陈之。

　　（一）主义。今日至无主义者，无过我学生也。执大学生高等学生中学生而扣以他日欲成何种人才，以效用于国家，则茫然无以应。盖其求学实无主义之求学。今日命之学工，工可也；明日命之学理，理可也；即转而命之学文，文亦可也。其希望者多数年毕业后之位置而已。造此恶习，其故有三：（一）家庭之遣子弟求学也，仿佛一种投机事业，此日培其本，他日必计其利。（二）社会紊乱，不能利用人材，致所学非所用，所用非所学，而学生亦因之失其求学之标准。（三）个人"安富尊荣"之思想太重。若桓荣所谓"车马印绶乃稽古之力"，故急以求学为一种过渡之方。统此三因，其果遂使学者不以所学为致用之目的，而以为求用之手段。学绝道丧，不知伊与胡底也。此而不正，学术诚未易言。

---

* 录自《新青年》第四卷第一号，1918 年 1 月 15 日出版，署名"北京大学文科学生罗家伦"。

（二）结婚。斫丧青年学生之才智，未有若结婚之酷者也。计其祸害，不可胜言。昔就平日所观察者，特立一论题于"二十世纪中国之新学生"。今录之以足斯篇。

学生时代之结婚

今日学生中更有一种流行病焉曰结婚。是病也，堕壮志、戕生命、败道德、害生计，直使高尚纯洁志气拏云之新学生，为卑鄙龌龊颓唐无耻之罗刹鬼。是不特害及其身，且影响及于国、家。夫学生之结婚，其意果何居乎？今日何日？独非中国处惊涛骇浪之中，而我学生枕戈待旦之时耶？风雨飘摇、户牖将覆。为学生者，正宜凝神定气，砥砺磨钝，以攫得优胜位置于天演潮流中。固人同此心，心同此理。铜驼埋棘，王导有新亭之泪；胡骑遍野，陆游有跨漠之心。今英德学生，或沙场喋血，或中夜彷徨者，岂有他哉？诚以国难未纾，英雄原无死所。匈奴不灭，男儿何以家为也。乃我辈当此国步艰难、四郊多垒，反似釜鱼醉戏，幕燕嬉翔，是非别有肝肠，即属血凉心死。此迫于公义不可者，一也。宇宙不灭，大地同仁。天下己任，丈夫分内事耳。天下饥溺为己饥溺，故大禹过门不入；孔席不暇暖者，诚能奋其良知，持大仁、视一体，而有众生不成佛，我不成佛之根性也。今我国外患日迫，内忧频仍。川粤湘滇生民之流离者几何；来日大难，众生之不免者几何。设我不谋出至仁以救之，则不免同归于尽；设我谋有以救之，则不能于此预备时代，以室家之累戕我天才，以速不仁不智之罪戾。或曰如子前之说壮矣，子后之说亦高矣。然世之作此想者，宁复有几。盖动人者，惟其个人之利害，真理不逮也。今子背驰，是恶影而疾走，不亦迂哉。吾于是拓纸以论其关于个人之利害。夫人以求学也，无论其以此为目的、为手段。然自立之志，固尽人皆同。无如学生时代之结婚，实任何志愿之大敌。即以此为手段者，亦多因此失其手段焉。盖学生之求学，实如老僧之入定，必须蠲除万虑无丝毫俗务之撄心，乃克有济。设一负室家之累，则寒窗寂坐之心，终不免移于燕语莺啼之际。以乐羊子之大贤，犹不免恋家而弃学。设无其妻之一呵，则乐羊子之为乐羊子，亦殆矣。客岁上海肇和兵舰之役，学校学生之忽整归装者，比比皆是。据余所知，则因心怀畏葸，或家无主持而归，固非无人。然因艳妻方少，久旷思聚者，正大有人在。世无乐羊妻，此学生学业之所以不振也。况天才者，实与妻不两立。此非余之响言，乃欧洲大文豪摆伦所语，而摆伦又平生以艳福闻也。可见情绪之间，移人才志，不期然而然。此加富尔、狄卡儿、奈端、亚当斯密辈之所以终身独处也。噫！加公辈以命世之才，恢弘之志，犹恐以儿女情累风云气。今我辈学生处求学时代，而反加公辈之戒。以缠绵歌泣断丧他年发展新萌芽，奈之何其有成哉。此结婚堕落志气之罪也。且人之至爱，莫过于身；而学生时代之结婚，实违背生理学之原理，适有以促其身之速衰。因一人之身，实有若威蕤之质，发育早者，凋零亦早。近世医学家证明此说者实多，决非架空之理论也。故各国限制早婚，多有垂为律令者。据英德最近统计，男子三十而婚，既同惯例。今我国青年学生，乃悍然抗此神圣公理，无怪其年未五十，而视茫茫，而发苍苍，而齿牙摇动，龙钟老迈，若承蜩之叟也。（西人年逾七十而健步如飞者实多。我国大都五十以外成衰颓不可。问西医某曾详察其因，著文论早婚之遗害。虽间有一二矍铄翁，终属例外。）况少年血气未定时，男女相悦而夭者，固多见诸载籍耶。嗟夫为父母者，徒欲早见佳儿佳妇；为子弟者徒贪一时之情欲，近之致夭折之祸，远之受拘挛之苦，此结婚破坏生理之罪也。不特此也。父母之为子弟早婚也，固欲享抱孙之乐。即子弟自身，又孰不欲育宁馨儿以亢其宗。顾早婚之效果，适与此相反。盖经世界医学会之调查，凡多疾者、夭折者、衰颓早者，皆幼年父母所育。则一之家中，又安需此秀而不实之稚子为也。况据天演学家之考证，中国民族以前实魁梧奇伟，汤九尺、文王十尺、曹交九尺四寸、防风氏骨节专车、巨无霸腰大十围，其尤著者也。今则渐次退化，日趋弱小，且发育不完，江以南尤甚焉。大都风俗淫靡，婚嫁期早，不能不尸其咎，长此不救，每况愈下，种族前途，莫可收拾。人种学家已有为之抱隐忧者，此青年学生早婚且有害及种族也。抑其流毒，犹足伤人道而败道德，盖少年虽赋结褵，势不能坐守闺闼。而学生游学，其尤著者也。伯劳飞燕，各自西东，人孰无情，谁能遣此。随园诗话载："金陵女徐氏，适桐城张某，夫久客不归。寄诗云：'残漏已催明月尽，五更如度五重关。'"此足以代表楼头思妇。而庾子山为上黄侯世子赠妇诗，亦足以代表天涯荡子也。忧郁之积，思妇之贞婉者，以恋结而伤身。若袁简斋述诗人王次岳妻席氏，以夫久客于端阳寄诗云："菖蒲斟玉斝，独泛已三年。"亡何以此夭。此能以诗达其情者也。至不能诗而饮恨无闻者，宁知凡几。稍佻健则成中菇之羞矣。此学生时代结婚伤及人道且摧残道德之不能免也。更有一事焉，在理论上无讨论之价值，在事实上生莫大之影响，曰生计问题也。夫今日中国社会之贫乏极矣，然推原其故，盖大家族主义盛行。生利之人寡，分利之人众，以数人或数十人，咸仰给一二人也。考其何以能造成若大家族，则因为父母者多乐于为子第［弟］在青年时代结婚。夫青年时代，学生时代也；无论其为中学生、大学生，然求学时期之不能自活，可断言也。顾父母既为之结婚，则势不能不有生育；既娶既生，则绿鬓之妇、黄口之儿，势不能不有以养；有养而不养，势不能不仰仗于父母；为父母者，复一视同仁，一子命之娶焉，他子亦命之娶焉；一子之眷属有养焉，他子之眷属亦有养焉。于是百数十人仰给一人之势成矣。生生不已，则嗷嗷待哺者愈多。待哺者愈多，则父母之担负愈重。积重难返，欲罢不能。余所目击以此破家者数数矣，可不哀哉！况子弟之授室者，以室家累志，俗务搅心，如上所论，则成就实寡。即有成就，亦多限于局部。且有局部之成就未告终，而家已不支者，岂不更可哀哉！此有害于现在之生计也。且其子弟之所生，不但有养，且必有教。责幼稚父母以良善家庭教育，实系难事。稍长，势不能不乞灵于学校，而此日学费书籍之资，青年父母既无生利之力，势又不能不转乞灵于其父母。故为父母者，不特须负教子弟之责，且须负教孙曾之责矣。为父母者，何曾不乐以祖父母资格教其孙曾哉。然苟非素封之家，此责实有所难负。素封之家，宁复有几。于是力不从心，而致稚子失学者比比皆是。稍熟中国内情者，当知余言之不谬也。以稚子求学之年，而失其学，致他日陷于一事无成之境，为国之蠹，为民之贼，而家益不振矣。此并害及国家与社会将来之生计也，能不谓之学生时代结婚，侵害生计原则之罪耶？嗟夫！综而观之，颓唐人之志气也，戕及人之生命也，危害将来之种族，背驰人道而摧残道德也，违背生计原则而堕落社会生活程度也，皆早婚一事所铸错，致陷我学生人格于不可收拾也。乃我辈浑浑沌沌，恬不为怪。痛哉！今我学生界之结婚潮，益瀚漫澎湃日进无疆矣。据余所知，则高等学生之未婚者，十不三四也；中学生之未婚者，十不五六也；即内地高等小学生之未婚者，亦十不七八也。昔义山锦瑟，韩偓香奁，其铺张豆蔻春葩芙蓉秋帐者，淋漓备至。呜呼！孰知所谓豆蔻葩芙蓉帐，诗人传为佳话者，今乃将我新学生界之新空气斫丧殆尽耶！吾辈新学生，果欲以二十世纪主人翁自待乎！滚滚爱河，渺渺情天，其速于此红粉髑髅队中有所振拔！

（三）学风。人非至圣或至愚，罔不为社会风尚所左右。今之教者学者，当以努力造成善良学风，涵养多数青年，使不知不觉间自然赴诸向上之途，此第一要义也。今之青年学生之学风，顾何如乎？有詹詹君者，会为科举时代学生及学校时代学生之对照表如左。

	科举时代之学生	学校时代之学生
目的物	官报　旗杆　顶子	毕业文凭
生 理	摇头　抖足　近视　弯脊	挺胸　突肚　摆腰　大踏步
装饰品	玳瑁眼镜　马蹄袖 红缨帽　花翎	夏士莲雪花　吒力克　皮鞋 大衣　洋装　香水　绸帕
嗜好品	宓大昌元奇　烟筒　旱烟管 绍兴花雕　八铭课艺	言情小说　淫学实鉴　纸卷烟 胡琴　算学演草　威士克
学 问	迂腐的　奴隶的	纸的　形式的
头 衔	秀才　举人 进士　翰林　状元	博士　硕士　学士
口头禅	孔子曰　圣天子 之乎哉也　然而	爱国　热心　牺牲 呜呼　同胞

由上观之，其语虽未可概括，然今日学风，大都尽于是矣。故其言曰："观右表则旧日学生为世诟病，固不足责；今之学生，其足当未来中国之主人欤？是一疑问也。"呜呼！詹詹君之作此语，非以咀咒学校也，特以悲今日教校之学风耳。愿吾辈青年学生力振颓风，一洗此耻。

今日中国之小说界*

(1919)

中国人之中国人做中国小说观
外国人之中国人译外国小说观

我是中国人，以我的眼光来看现在中国人所做的中国小说，所以叫做"中国人之中国人做中国小说观"。芮恩施博士是[1]外国人，以他的眼光来看现在中国人所译的外国小说，所以叫做"外国人之中国人译外国小说观"。

中国近年来小说界，似乎异常发达。报纸上的广告、墙壁上的招贴，无处不是新出小说的名称。我以为现在社会上做小说的如此之多，看小说的如此之盛，那一定有很多好小说出现了。那知道我留心许久，真是失望得很呢！现在我以分析的法子，把现在中国新出的小说分做三派。待我说来！（近来弹词小说的出品很少，仅杂见于新闻报及小说月报中可以不论。）

第一派是罪恶最深的黑幕派。这一种风气，在前清末年已经有一点萌孽〔蘖〕。待民国四年，《上海时事新报》征求中国黑幕之后，此风遂以大开。现在变本加厉，几乎弥漫全国小说界的统治区域了！推求近来黑幕小说派发达的原因，有最重要的两个。第一是因为近十几年以来政局不好，官僚异常腐败。一般恨他们的人，故意把他们的生活，他们的家庭，描写得淋漓尽致，以舒作者心中的愤闷。当年的《孽海花》一类的小说是这类的代表，不过还略好一点，不同近日的黑幕小说的胡闹罢

了！第二个原因是为了近来时势不定，高下二等游民太多。那高等多占出身寒素，一旦得志，恣意荒淫。等到一下台，想起从前从事的淫乐，不胜感慨。于无聊之中，或是把从前"钩心斗角"的事情写出来做小说来教会他人（上海确有这一种人）或者专看这种小说，以味余甘——所谓"虽不得肉过屠门而大嚼"的便是。那下等游民因为生计维艰，天天在定谋设计，现在有了这种阴谋诡计的教科书，为什么还不看呢？从这两个大原因，于是发生出许多的黑幕小说来。诸位一看报纸就知到〔道〕新出的《中国黑幕大观》、《上海黑幕》、《上海妇女》、《摩镜台》等不下百数十种。《官场现形记》、《留东外史》也是这一类的。里面所载的，都是"某某之风流案"、"某小姐某姨太之秘密史"、"某女拆白党之艳质"、"某处之私娼"、"某处盗案之巧"等等不胜枚举。征求的人，杜撰的人，莫不借了"言之者无罪，闻之者足戒"的招牌，来实行他们骗取金钱教人为恶的主义。诸君！世上淫盗的事，谁不知道是不好的？何必等这类著小说的人来说一遍？这类著小说的人，无非是告诉读者如何可以仿行某某的风流，如何可以接近某种的小姐姨太，何处可以仿女拆白党，何处可以遇着私娼，用何种方法可以实行何种的盗案罢了！诸君，这不是我过度的话。因为人类的"兽性"，都有几分不能除绝的。一旦得了作恶的法门，就是"饮鸩止渴"，也都肯干。我们一看历史，聪明人干糊涂事的多得很呢！他们说"闻之者足戒"，我真不知道他们"戒于何有"了！就是《留东外史》一类，稍为比《黑幕大观》的文章好一点。但是写得秽浊不堪，著者纵不为自己笔墨惜，难道不为中国的民族留一分羞耻吗？我听说日本人看的狠〔很〕① 多呢！欧洲有 William le Quex 一类的人做言情侦探种种小说，比较起来还比近日黑幕派小说好一点，但是英美有知识的人还是极力攻击，杂志记者也极力痛骂[2]，政府也有干涉之说。民国五年范静生先生做教育总长的时候，曾经会同内务部查禁这一类的杂志小说数十种。我盼望现在各位当局留意点才是。

第二派的小说就是滥调四六派。这一派的人只会套来套去，做几句滥调的四六，香艳的诗词。他们的祖传秘本，只有《燕山外史》、《疑雨集》等两三部书。论起他们的辞藻来，不过把几十条旧而不旧的典故，颠上倒下。一篇之中，"翩若惊鸿宛若游龙"、"芙蓉其面杨柳其眉"的

---

① "狠"，以下径改"很"。——编者注

句子，不知重复到多少次。我真替他们惭愧死了。论起他们的结构来也是千篇一律的。大约开首总是某生如何漂亮，遇着某女子也如何漂亮，一见之后，遂恋恋不舍，暗订婚约。爱力最高的时候，忽然两个又分开了。若是著者要作艳情小说呢，就把他们勉强揉合拢来；若是著者要作哀情小说呢，就把他们永久分开，一个死在一处地方，中间夹几句香艳诗，几封言情信，就自命为风流才子。这不是我好嘲笑人，诸位一看徐枕亚的《玉梨魂》、《余之妻》、李定夷的《美人福》、《定夷五种》便知道了！徐枕亚的《玉梨魂》骗了许多钱还不够，就把他改成一部日记小说《雪鸿泪史》，又来骗人家的钱。李定夷还要办编译社，开函授学校，教青年学生来学他这派的小说，登报纸自称大文豪。咳！他要称大文豪，那世界上的小文豪都要饿死了。一班青年，血气未定，纷纷买他的书，从他学小说，以为将来写情书的材料。他更编了些什么《花月尺牍》、《艳情尺牍》来补助他们的不足。唉！这种遗误青年的书籍，这种陷害学子的机关，教育部能不从速取缔吗？我骂了以上两派的小说一大片，把我的笔都弄污秽了。这班人本来是我不屑骂的，不过因为我在上海一带看见这类的小说盛行，北京也是如此，内地中学生更是欢迎他了。所以我不惜牺牲我两点钟宝贵的光阴，提出这个问题，促教育当局的注意，青年学生的反省，才尽了我批评社会的责任呢。

第三派的小说，比以上两种好一点的，就是笔记派。这派的源流很古，但是到清初而大盛，近几年此风仍是不息。这派的祖传，是《聊斋志异》、《阅微草堂笔记》、《池北偶谈》等书。近来这派小说的内容，大约可以分四支。一支是言情的。他这种言情的方法，与我方才所说徐枕亚、李定夷一班人的差不多。不过一个扯得长，一个缩得短罢了。这种印板式的调子，对于人生有何关系呢？一支是神怪的，这支之中更可分为两小支：一小支是求仙式，这种所说的，是某人运气，某人辟谷，后来"入山不知所终"的故事。害得一般青年，都去发丹田泥丸宫的痴想，书也不愿意读了。另一小支是狐鬼式，这种所说的都是某处有艳狐，某处有情鬼。其发生之结果，正如刘半农先生所说的："我在十五六岁情窦初开的时候看了他，心中明知狐鬼之可怕，却存一个怪想，以为照蒲留仙说，天下狐鬼多至不可胜纪，且都是凿凿有据的，为什么我家屋子里，不也走出几个仙狐艳鬼来，同我顽顽［玩玩］呢？"[3]一支是技击的。这支所说的大都是"某翁设肆某处，龙钟伛偻若承蜩叟。……一日，遇不平，矍然起，击某少年败之。……笑而四顾曰，'此何足数，六十年前某固健者也。……'翌日，徙去……'"请问这种小说虽没有何等害处，却在今日社会中有何等影响呢？最后一支是轶事的，现在最为流行。市上的《袁世凯轶事》、《黎黄陂轶事》、《左宗棠轶事》等，指不胜屈。这支也无甚害处，或者还可以灌输人民一点"掌故知识"。但是做的人，大半都无学问，而且迷信。"人治"附会大多于"法治"的精神，在无形中颇有一点妨害，是很有可以改良的余地。总之，此派的小说，第一大毛病，是无思想。我望做这派小说的人有点觉悟，登这派小说的《小说月报》等机关，也要留意才好。

以上我的"中国人的中国小说观"说完了。我且来说芮恩施博士的"中国人译外国小说观"罢。中国人译外国小说的，首推林琴南先生。林先生是我们前辈，我不便攻击他。而且林先生自己承认他不懂西文，往往上当，并且劝别人学西文，免蹈他的覆辙。[4]所以按照"恕"字的道理，我也不愿意攻击他。但是美国芮恩施博士，却抱定"责备贤者"之义，对于林先生稍有微词。芮恩施博士所著的《远东思想政治潮流》一书中说："中国人中有一位严复的同乡，名叫林琴南，他译了许多西洋的小说，如 Scott、Dumas、Hugo 诸人的著作却是最多的。……中国虽自维新以来，对于文学一项，尚无确实有效的新动机、新标准。旧文学的遗传，还丝毫没有打破，故新文学的潮流也无从发生。现在西洋文在中国虽然很有势力，但是观察中国人所翻译的西洋小说，中国人还没有领略西洋文学的真价值呢。中国近来一班文人所译的都是 Harriet Beecher Stowe、Rider Haggard、Dumes、Hugo、Scott、Bulwer Lytton Cannan Doyle、Julds Verne、Gaboriau 诸人的小说，多半是冒险的故事及 '荒诞主义'[5]的矫揉造作品。东方读者能领略 Thai keray 同 Antole France 等派的着［著］作却还慢呢！"[6]芮恩施博士论到日本文化的一篇里又说，日本近年以来，新文学之风大张。一班小说大家都用东京的白话来做小说，来译小说。所以，所做所译的小说，格外亲切有味。该国所出的小说大家很多，如 Toson Shimazaki、Mori Ogwai、Homeci Iwano 的小说都是用白话文学的手腕，表出社会心理学的眼光。Natzume 的小说，能够以平常的言语，从侧面写社会的过失，批评社会的弱点。Kwatai Tayama 以短篇小说名家，他所作的短篇小说，专论现在社会上极复杂的人生观。Tafu Nagai 的小说，能够把现在的人民生活写来如画，激起同情。他们都是受外国小说的影响，能以精确的眼光，观察一切的事物。其中虽或有荒诞派的著作，但是"自然主义"[7]的势力继长增高，笼罩一切。古英雄的奇事，已不为社会所欲闻。其所翻译之小说，取材于俄法两国为最多。Tunikida 把 Tugnief Dostoievski 同 Gorki 的小说都译成日本话。其余若 Flaubert 同 Moupassant 的小说也都次第译出，悬为模范。还有一位人叫做 Hasagawa，把许多重要的俄国小说译成日本白话。白话的文学，也算这位先生最好。可惜一九〇九年他就死了！日本从英国方面翻译出来的小说也是很多。其中对于 Scott、Hugo 等的小说，虽然也有译本，但是译出最多，为社会最崇拜的，还是 Dickens 呢![8]芮恩施博士的话如此，我望林先生及中国一般译小说的人想一想。

现在我批评的话说完了。我对于做中国小说，及译外国小说的人，都有几件事奉劝，请他们平心采择罢。我对于做中国小说的人，有四件事要说。前两件是消极的，叫〔较〕为带点积极的条文，后两件是纯粹积极的。但是都为良心未昧的小说家说法，恐怕欺世骗钱的黑幕派同遗毒青年的滥调四六派不在其内——因为他们是已经丧尽天良，不可收拾的了！

（一）凡做一切小说，不要"以闻之者足戒"的藉口，把人类的罪恶，写得淋漓尽致。过当的激刺，是没有用的，而且所生的结果，只有坏，没有好。若是作者有劝世的心思，仅可以用烘托的种种法门，把读者引上善路去。中国古人说"孔子家儿不知怒，曾子家儿不知骂"，大约他们的家庭也是用这种的法子，使子弟脑筋里没有一点恶的观念，自然就是善了！十八世纪的时候，英国有位文豪 Addison 办到一份旁观报 *Spectator*，他想改革当时社会的情形同贵族的生活。他却不肯"狗血淋头"的乱骂，他只是设想出一位 Sir Roger 来，把他家庭社会的状况，写得异常清高，非凡有趣。于是社会同贵族的风气，也就无形中自然被他转移。我看见有一本《英国文学史》上说，当时贵族的妇女，早起梳洗之后，就坐得不动，等 *Spectator* 来看。这种方法效力之大，也就可想而知了！

（二）所做的小说，不可过于荒诞无稽，一片胡思乱想，既不近情，又不合理。因为小说一件事，并非消磨他人的岁月，供老年人开心散闷的。小说第一个责任，就是要改良社会，而且写出"人类的天性"（Human Nature）来![9]所以做的人，必须用精确的眼光，观察一切的事物，然后不至谬误。古时的人好神异的小说；中古的人好武侠的小说；到了今日，写真主义（Realism）同自然主义（Naturalism）的小说把古时荒诞主义（Romanism）的小说压倒也是社会的进化。

（三）既然小说的责任是要改良社会，写出"人类的天性"，但是这类责任也是不容易担负的，必定有种手腕。欲得这种的手腕，必须先研究社会学，再研究心理学，更从二学之所得，研究社会心理学（Social Psychology），人生哲学（Philosophy of Life）也不能不知道一点。以上几种学问若是治好了，再去游历各地，以八面留心的眼光，观察各种的境遇。俄国 Tolstoy、法国 Moupassant 各派的小说，都是从观察中得来的。若是照中国旧法，"闭门造车"要想"出门合轨"，是绝对不能办到。诸君且想一想看！

（四）若是要做好小说，除了以上的法门而外，还须多读多看西洋的小说。西洋小说界近来的杰作，实在很多，即如方才所说的社会小说，Moupassant 的写真小说，已为后人开无限法门。这不过是略为举二个做代表罢，其余的名家还有不少呢！最近的短篇小说，更有"纳须弥于芥子"之妙。若是你问我妙到什么地步呢，那我口固说不出来，笔也写不出来，还是请诸君自己用功去读西文，将来看他原本，方可以心领神会！诸君莫以为年纪大了，学西文学不好了，须知世上的事苟能用心去做，没有做不好的。蔡子民、吴稚晖诸先生，何尝不是中年以上，才学西文。现在他们看西文何尝不自由？诸君不要自己暴弃了！

这番是我劝告做中国小说的人说的话。现在我还有四条意见，要对中国译外国小说的人说。无论他是与人对译也好，或是自己独人翻译也好，或是自己译完再请人改也好，都一律包括在内。

（一）最要紧的就是选择材料。我方才说小说是要改良社会的，所以取的异国，总要可以借鉴，合于这个宗旨的为妙，所以 Canon Doyle 一派的小说不可译。我方才又说小说是要写出"人类的天性"，使人类互相了解的，现在我们所要了解的是世界现在的人类，不是已经死尽了的人类，所以 Scott 一派中古式的小说可以不译，不必问他的文笔像中国太史公不像呢！[10] 现在欧洲的近世小说，都比以前高妙。取材不必限于英美，就是俄法等国也都可以。如 Tolstoy、Moupassant 同英国 H. G. Wells 等人的小说尤以多译为是。

（二）欧洲近来做好小说都是白话，他们的妙处尽在白话。因为人类相知，白话的用处最大。设如有位俄国人把 Tolstoy 的小说译成"周诰殷盘"的俄文，请问俄国还有人看吗？俄国人还肯拿"第一大文豪"的头衔送他吗？诸君要晓得 Tolstoy 也是个绝顶有学问的人，不是不会

"咬文嚼字"呢！近来林先生也译了几种 Tolstoy 的小说，并且也把"大文豪"的头衔送他，但是他也不问大文豪的头衔是从何种文字里得来！他译了一本《社会声影录》[11]，竟把俄国乡间穷得没有饭吃的农人夫妇，也架上"幸托上帝之灵，尚留余食"[12]的古文腔调来。诸君！假如乡间穷得没有饭吃的农民，说话都会带古文的腔调，那也不做《社会声影录》了！日本人译西洋小说用东京白话，芮恩施博士还称赞他。林先生请你想一想看，这是小说，不是中学校的《林选古文读本》呢！

（三）凡译小说的人，若是自己不通西文，就请一位西文程度好一点的来同译，千万不要请到一位"三脚猫"！若是自己略通西文，也要仔细，万不可懒查字典，而且把译不出的地方模糊过去。须知难译的地方就是书中最好的地方。林先生与人对译小说，往往上人家的当，所以错的地方非常之多。有一位自命能口译 Dickens 著作的魏易先生，自己动笔来译《二城故事》（*A Tale of Two Cities*）[13]，竟把第三章"The Night Shadows"完全删去，不知此章是该书最有精彩的一篇，是心理学的结晶，是全篇的线索。魏先生没有本事译，就应当把全书不译才是；今译全书而弃此篇，是何异"弃周鼎而宝康瓠"吗？俄国 Tolstoy 所著的 *Resurrection* 一书洋洋十数万言，也是他生平杰作之一。马君武先生把此书从英文译本译成中文，叫做《心狱》，只有西式的页子二百十六页，成小小的一本，我看见已是很惊诧的了！待我对照原来译本一看，此书第一卷第一节"Though hundreds of thousands had done their very best...still spring was spring, even in the town"[14]一段是著者很好的文字，而 still spring was spring 一句尤妙。马先生译不出来，竟将此段与下一段连合拢来，做成中文一节，就含糊过去了！其中有最精彩的段落，不知删去多少。后半部全未译出，也就以《心狱》冒充 *Resurrection* 的全文。咳！这样的翻译虽是省事，但是 Dickens 同 Tolstoy 在地下不平呢！以后望译的人、同看的人都要留心一点。

（四）译外国小说还有一个重要条件，就是不可更改原来的意思或者加入中国的意思。须知中国人固有中国的风俗、习惯、思想，外国人也有外国的风俗、习惯、思想。中国人既不是无所不知的上帝，外国人也不是愚下不移的庸夫，译小说的人按照原意各求其真便了！现在林先生译外国小说，常常替外国人改思想，而且加入"某也不孝"、"某也无良"、"某事契合中国先王之道"的评语，不但逻辑上说不过去，我还不解林先生何其如此之不惮烦呢？林先生以为更改意思，尚不满足，巴不得将西洋的一切风俗习惯，饮食起居，一律变成中国式，方才快意。他所译的侦探小说中，叙一个侦探在谈话的时间，"拂袖而起"，所以吴稚晖先生笑他说："不知道这位侦探先生所穿的，是以前中国官僚所穿的马蹄袖呢，还是英国剑桥大学的大礼服呢？"其余这类的例子，也举不胜举了！林先生！我们说什么总要说得像什么才是。设如我同林先生做一篇小传说："林先生竖着仁丹式的胡子，戴着卡拉（Collar），约着吕朋（Ribbon），坐在苏花（Sofa）上做桐城派的小说"，先生以为然，不以为然呢？若先生"己所不欲"，则请"勿施于人"！

这篇的上半篇近乎破坏，下半篇近乎建设。若是诸君不以为讨厌，我下次再写一篇小说概论，同诸君商量商量再谈了！

民国七年十一月一日

[1] Paul S. Reisch，法学博士，现任美国驻华公使，是美国一位很大的学者。他著的书很多，据我所看见的有 *Intellectual and Political Currents in the Far East*，*Colonial Government*，*American Legislatures and Legislative Methods*，*Readings on American Federal Government*，*Readings on American State Government*，都是法学上很重要的书。还有一本 *World Politics* 是一部绝好十九世纪末叶的外交史。更有一部 *Public Internations Union* 于以前国际间的联合机关叙述颇详。留心大势的人不可不看。

[2] 我前月在图书馆看见 *North America Review* 中有一篇文攻击这种小说极力，今匆促不能举其卷数。似与刘半农先生《通俗小说之积极教训与消极教训》一篇中所谓"英美两国一般无知识的新闻记者和杂志主任也居然称他为'文豪'"的话稍有出入。或者他报恭维这派人也未可知。

[3] 见太平洋第十卷刘半农先生所著《通俗小说之积极教训与消极教训》一篇中第四页。

[4] 见林译《撒克孙劫后英雄略》自序。

[5] Romanism 一字无适当译文。日本译作"浪漫主义"，是因为无法可想，只有译音。我译他作荒诞也是不对的，不过在此处取其意义明鲜一点罢了。

[6] 见 *Intellectual and Political Currents in the Far East* 中之 The Chinese Reform Movement 一篇，自一百五十七页至一百六十五页。

[7] Naturalism.

[8] 节译 *Intellectual and Political Currents in the Far East* 中之 Intellectural Life in Japan 一篇，自三百〇二页至三百二十八页。

[9] Hdson's *Introduction to Literature* 及 Moultons' *The Modern Study of Lit-*

erature 二书皆主此说。

　　［10］见林译《撒克逊劫后英雄略》序述伍君语。

　　［11］Leo Tolstoy's *The Morning of a Landed Proprietor*.

　　［12］见林译《社会声影录》第十五页。

　　［13］见《庸言》第一卷第十三、十四以后各期。

　　［14］见 Leo Tolstoy's *Resurrection*，translated by Louise Maide。此书日本人译作《复活》。马译系中华书局出版。

今日中国之新闻界[*]

（1919）

在此篇开端的时候，我有一句话要预先申明，就是我也是曾经从事过新闻界的人，所以我知新闻界的内容很详细。但是我虽曾处新闻界中，却又等于处在新闻界外，所以能以〈有〉第三者的眼光，说几句"局外话"。现在中国新闻界的情形，异常复杂，即欲批评，亦无从说起。不得已，乃以本篇专为普通一般居心无他的报纸说法。凡机械报，金钱报，评花、评戏的小报，都一概置而不论。我方才引古人的话说"惟善人能受人尽言"，我现在想，我国的新闻记者都是善人，所以敢把我对于现在新闻界的感想详细一说，望诸君平心静气一问本心才是。

我第一件对于现在新闻界最不满意的，就是新闻记者缺少常识。一般新闻记者，除了最少数是受过完全教育的，或是真有志向学的而外，其余约分二类：一类是"斗方名士"同"末路官僚"；一类就是坠落的青年。两类人大都只会做几篇"策论式"的论说，甚至中学教育都未曾受完，就来"摇笔纵谈天下事"了。前几月我看见北京报纸上登了一篇《新闻记者之必须品》的谐文，里面开的只有《两湖课艺新编》、《饮冰室文集》等四五部书。这篇文虽然有点刻薄，但是每看各报议论，却也同看十几年前的《两湖课艺新编》、《饮冰室文集》差不多。不知新闻的天职何等重要，新闻记者所必备的学问何等繁多。对于政治方面的记载，必须精通政治、法律、财政等学；对于社会方面的记载，必须深研社会、经济、心理等学；对于外交方面的记载，必须熟悉历史、国际法、外交史等学；对于记载各事的手腕，又须借重文学、美学、哲学。你看科目这样的繁多，新闻记者是容易当的吗？舆论是容易代表的吗？世上的人，对于做不来的事，偏要去做，是终久要失败的，不过其中有

---

* 录自《新潮》第一卷第一号，1919年1月1日出版，署名"志希"。

个迟早的问题罢了！所以我劝那一类的人，可收手的时候，早点收手；那二类的人，赶快去求学，十年之后，出来当一个"名实相符的新闻记者"，倒也不迟。我有个朋友舍我，知道此中情形很熟。他对我说起，也深为那第二类的人发愁。他现在发愤求学，正是最好榜样。我还有一位旧同学陈清华君，他在美国加利福尼大学已经毕业，现在旧金山办报。他写信对我们说："吾辈甫得一知半解便舞笔弄墨，高谈大事，设与伦敦《太晤士报》的记者一谈，能不愧死？"诸君听了，自己且回心想一想看。

因为记者缺少常识，所以一切纪事的眼光，非常之短。天天的职务，只是抄袭盲从。今天朋友来谈了几句时事话，他夜间就写出来做他的"大事记"。今天那位要人说了一番酒余饭后的意见，他就立刻抄下来做他的特别要闻。应于大势不应于大势，合于逻辑不合于逻辑，是不问的，只要填得满那一栏好了！你看二三年来世界大势何等紧急，关于中国，何等重要。但是国内大多数新闻记者的眼光，都不出国门一步。因为一般名人要人都是勤于国内，不谈外事的，所以新闻记者也就跟着不谈了。我问他们何以跟着不谈呢？他说："谈了没有人看。"我说："没有人看的原因，虽是很多，但是你们新闻家对于世界的大事，不能编成一种有统系的记载，是一个最大原因。你们的对外研究，以为译出了几个路透电就完了事，其余就可以不问了。（申报上载有欧洲特别通信，实是万分难得。）若是诸君便的时候拿出几份伦敦、纽约各大报纸所记载的远东事情，与诸君所记的世界事情，两两比较，诸君能不惭愧吗？现在因为诸君记载不善，所以社会上不愿意看，因为社会上不愿意看，诸君也就不愿意记了。这样快刀断麻的法子，实在佩服。但是因为诸君不愿意记载，那想看的人也没得看，那不想看的人更是根本忘记了。现在世界大战已经完毕，'处治远东''国际同盟'的一种声浪，满布天地。独有我们中国人如醉如梦，永不得知。目前虽欲得知，恐怕已经来不及了。岂不伤心！将来如果编起亡国史来，诸位目光盈寸的新闻家，能逃得了万世公论，不负一点责任吗？"这番话是我对我的亲切朋友说的，诸君以为是偏激呢？还是公论呢？

还有一件事，也是因为新闻记者缺乏常识所发生的，就是各报无精确的评论。我天天看报，觉得一切评论都是不痛不痒的调头。大约可以分为三派：一种是"道学派"，一种是"诙谐派"，一种是"莫名其妙派"。除了这三种之外，欲求一精确独到、痛快淋漓的评论，真是"百不一睹"。"莫名其妙派"不但看报的人看了莫名其妙,就是记者写的时候,恐怕连自己也莫名其妙。这派可以不必说了。至于那种"道学派"的评论,天天只晓得提出一个"诚"字,或是一个"决"字,或是"箴某某人"或是"勖某某官"等字样来做题目,满口所说的都是《人谱》、《格言》、《联璧》、《五种遗规》几部书里的话,自命为"道气古风,训励末俗"的人物。遇着此种材料缺乏的时候,就搜出三四十年前"论杨月楼案"一类的笔记,出来充数,以示维持风化。我以这派人如果是怕政府、社会都忘却了格言,那就把《人谱》等书印在报上,却也痛快,何必今天背一节,明天背一章呢?如新闻记者见到了政府、社会有不诚不决的事,那就把这件事明明白白说出来好了,何必"隔靴抓痒"令人难过呢?"诙谐派"的评论虽是报界另一法门,为英国斯委夫特(Swift)一派所用过的,但是也有两种流弊:一是太诙谐多了,看的人徒发一笑,就是重要问题,也不把他当作正经事看待;一是诙谐的时候,往往令人真意不明。所以我盼望做这类评论的记者先生,也要稍为留意一点"徐徐云尔"的时评,实在不见高妙。总之,报纸上的评论,不是仅为规劝政府而设的,是为普告社会而设的;不是为受高等教育的人而设的,是为一般人民而设的。所以总须就事论事,庄谐并出,以"明白精确、独具眼光"八个字为主,"不关痛痒""人云亦云"的话,日后以少说为是。

近来的新闻界,似乎对于"新闻道德",也缺少一点。我说的"新闻道德",并不是一定说新闻记者敲竹杠的问题:新闻记者敲不敲竹杠,是没有证据,我不敢说的。我所说的新闻界没有道德,一件就是"逢社会之恶"。他国新闻界是开导社会的,我国新闻界是逢迎社会的,真真可叹!近来社会不愿意有世界眼光,新闻记者也就不谈国外的事;社会不好学,新闻记者就绝口不谈学问;社会喜欺诈作恶,新闻记者就去搜辑许多小新闻,来做他们的参考;社会好淫乐,新闻记者就去征访无数花界、伶界的消息,来备他们的遗忘。这番话不是我言之过甚,乃是实在有的。两年以来,更发达了!北京的报纸,除了小报几十种不计外,其余大报之后,也纷纷增设评花评戏的附张。《北京日报》从前算是正经一点的,去年也都设了消闲录登载满纸的"花询"。我以为也就够了,不料他还要印出种种的照片,来替一般倡妓分"访单"。诸君想想,这是何等行为!近日上海几位驻京通信员,办了一种《京报》,算是消息灵通的报纸,但是也不免附一张《小京报》。现在《小京报》听说也在征求访单呢！略举二事，北京新闻界的情形可以看见了。至于上海，本是新闻发祥地，报纸都是地位很稳，无论如何能站得住的。不料去年一种有身份的报，也要添出一张小报来，里面载了些什么"花国花总统"的消息，同人家太太小姐的佚事，弄得一班青年学生，天天离不了这些新闻。请问这些新闻对得这些青年学生住吗？其余若《探海灯黑幕大观》种种花门，更不消说了。真是可惜！以上所说的都免不了"有心逢迎社会"的嫌疑。还有那无心与社会生恶影响的，就是广告。广告虽不是记者所管，但是新闻记者是觉醒社会的"木铎"，也应该负点连带责任才是。我每每拿起一张报纸来，无论前面后面，常有"卖春药"、"医梅毒"的广告，"血肉模糊"一大片。西洋大报纸中几曾有这样怪现象呢？（蔡孑民先生七年十月在新闻研究会演说，也特别提出这层引以为忧。）其余卖秽书卖假货的广告，更不必说了。（西洋报纸对于一切卖货广告，大都先经审查，然后登入。民国四年《甲寅杂志》曾以此为例。）现在问来登广告的人，他说："我是营业呀！"问报馆，他说："我也是营业呀！"唉！营业！营业！社会上一切的罪恶借你的名字去做好了！我以为中国社会污浊的情形，不过是一时的现象，若是有人提倡，终有扩清的一天。扩清的责任，就是新闻记者的天职。现在新闻记者也同社会一样，那中国的社会真是"万劫不复"了。现在中国识字的人是一天多一天，只要记者有手腕，仅可以不需用评花评戏的小新闻，而能使报纸一天畅销一天。这不是我的空话。现在美国意里诺意、英国伦敦各大学里的新闻科均异常发达，出的书也很多，稍一研究，便可相信的。英国《邮报》、《太晤士报》每种一天总要销二三百万份。我国销路最广的报，一天只销得二万份上下。虽是英国的文化发达，但是也差不了许多呢！此事"非天授乃人为"，是可以知道的！有人说广告严加淘汰，报馆不免亏本。我以为这是可以不必虑的，若是报上的广告，个个可靠，那不但报纸的名誉可以增进，就是被登广告的货物，身价也就日高了。人家的广告，何乐而不送来登？所以我说若是报纸能取缔广告，日后广告，反可加多，不过过渡的时候，稍为受点影响罢了！

　　资本充足，地位稳固的报纸，何妨出来一试呢？新闻记者常骂官僚得"造孽钱"，我以为若是从"贻误青年""流毒社会"得来的钱，比官僚"造孽钱"好得多少呢？又有人说，"你所说的是社会的罪，今日的新闻家不幸而生在这种的社会里面罢了！"我说："这是社会的罪恶，我也十分承认，但是我问你，世界上还是报纸改良社会呢？还是社会改良报纸呢!"我望新闻记者想一想。

以上所说是我对于现在新闻界不满意的感想,但是我对其中的好处,也不敢一笔抹杀,且把他分别提出来一说。近来报纸上第一件"差强人意"的事,就是有许多报都有了高等通信员(这个风气是黄远生开的)。有几封通信都能将政局内幕,详细揭出,而且有统系,这是很好的(时报有几个通信员专说笑话,实在太空虚一点)。若是他们能够把世界的情形,也能如此记载,那就"尽美尽善"了!第二件就是国内的情形,有时颇详。编辑取材,也比前几年进步。不过进步稍迟,未能如我们心中所预想的。第三件就是今年北京同上海的新闻记者,知道同他国新闻界连络,有渡日考察等事,足以为他日"国民外交"的援助。但是我还望他们继续进行,足迹还远一点岂不更好吗?总之大战以后,国际间趋重一种"平民统治的外交政策"。美国大总统威尔逊的演说与通牒,又口口声声说到"世界有组织的舆论",我们国内各位新闻记者,又安得不放大眼光以担负这个重任吗?

统而言之,我上面所说的,都是我良心上的主张,并非攻击那个。我新闻界的好朋友也很多,要求他们见谅。我之所说,乃求其"心之所安"。处于此刻政治同社会中间,诸位的痛苦,我也是知道的。不过我望于诸位的心太切,所以责难的话愈多。亦惟诸君是"贤者",所以敢责难;惟诸君是"善人",所以敢尽言。冒昧之处,望诸君指教才是。

民国七年十一月五日

今日之世界新潮[*]

(1919)

　　却说现在有一股浩浩荡荡的世界新潮起于东欧，由东欧突然涌入中欧；由中欧而西欧，将由西欧出英吉利海峡，分为两大支：第一支直奔南北美洲，经巴拿马运河，来太平洋同第二支相会；那第二支沿非洲西岸，过好望角，入印度洋，经加尔各塔，越菲立滨群岛，进太平洋而来黄海日本海。这支所经的洋面最大，所遇的障碍最多，所以潮流的吼声愈响，浪花的飞腾愈高。若说那支先到远东，都还要看他们路上行程的快慢，才可以定他们先后的比例。总之，他们一定要到远东是确切不移的了！至于这个新潮初起时候的余波，也震得地中海小亚细亚一带山崩海覆，风起云腾。这两大支的势力自然可想而见了！诸位不见俄罗斯的革命、奥匈的革命、德意志的革命，就是这个新潮的起点吗？

　　现在的革命不是以前的革命了！以前的革命是法国式的革命，以后的革命是俄国式的革命！这两种革命的异同，却有几处可辨。第一，法国式的革命多半由于君主昏暴、政治不良，所以没有路易十四等奢淫，法国的革命或者可以没有的。至于现在革命国家的君主，并没有十分昏暴，而且立宪法、开议院，颇能容民意的发展，——如德国政治的清明，协商国方面的学者如韦罗贝博士等尚且佩服[1]——但是何以还免不了革命呢？所以我说现在的革命不是由于君主好不好，政治清不清，宪法有没有，议院开不开，乃是由于廿世纪的世界根本不能有君主的偶像存在上面！所以无论他是 Czar，是 Kaiser，是 King，是 Emperor，是 Mikado，都一律要被这个新潮卷去，"不留余孽"！第二，前一种革命的发动，都有大革命家主持，用人民的军队，打败帝王的军队。后一种

　　* 录自《新潮》第一卷第一号，1919 年 1 月 1 日出版，署名"罗家伦"。

的革命，都是平民造成，并没有十分的预备，只要平民的革命声浪一发，帝王的功臣走卒，立时手忙脚乱，智绝谋穷。圣彼得堡贫民的面包声，可以吓得杀人不贬［眨］眼的哥萨克马兵，在街上举枪行礼。柏林市上的红旗影，可以使百战不挠的普鲁士军队，弃甲抛戈。这不是空前没有的现状吗？第三，前一种革命的种子，不但种在工人心里，而且种在资本家心里：因是政府无道，资本家也是怨恨的。近年以来，各国政府与资本家日益接近，非常帮忙。开战后一班钢铁大王，军需厂主，更是异常发财。他们感激政府之不暇，难道还怨恨吗？那知道革命的举动一起，工人的势力，竟可左右一切，政府也多由工党主持。劳兵会里的劳动势力，却比兵士还大。俄国有这种机关，奥国有这种机关，德国也有这种机关，就是我们叫他做安乐国的瑞士，也有全国同盟罢工的大举动。这也可以算得是一件惊人的奇事了！所以我说这次的革命是民主战胜君主的革命，是平民战胜军阀的革命，是劳动者战胜资本家的革命！总而言之，以前法国式的革命是政治革命，以后俄国式的革命是社会革命。

革命以后，民主主义同社会主义，必定相辅而行。其大概的趋向，大约可以分为经济、政治、社会三方面。经济方面的趋向，将来都偏重集产政策。以一切的实业，全受公家的支配，使最大多数的人民，都有可以享受的幸福。威尔博士说："以后民主主义想达到他的目的，必定要将一切的实业，收归政府所有，为政府所管；税制必须改革；经济上不完备不正当的组织，必须改良纠正。"[2]但是实行这大的改革，如何可以没有流弊呢？威尔博士又说："以后凡一切处治遗财私产，同订立契约等事，必须取决于法律；法律产生于立法行政司法三机关；立法行政司法三机关又产生于地方选举——所以正本清源的法门，我们当先从选举方面着手。民主主义若是要统一政治，必定要有五个条件：（一）政党同政党初选必须由平民统治；（二）种种正式选举都由平民统治；（三）选出后的议员必须受平民的统治同监督；（四）由平民直接立法；（五）增加平民政府的实力。"[3]"至于社会方面的目的，总是要保存平民的生命同健康，推广平民的教育，均摊平民的消费，以增进一切平民的程度。"[4]简单说来，就是实行普通选举，组织平民政府。看威尔博士这番话，同近来路透社的专电，欧洲现在的潮流向着这方跑，是确切无疑的了。但是我还有几句话要申明：就是民主主义同社会主义固然日益接近，就是社会主义同个人主义也是相关的，而不是反对的。此后的社会主义，并不是要以雷厉风行的手腕，来摧残一切的个性，乃是以社会的力量，来扶助那班稚弱无能的人发展个性。[5]那集产政策，并不是腐败的武断政府可以利用的，乃是为公开的平民政府而设的。明白这个道理，方才可以明白这个新潮的真意思。

凡所谓"潮"都是阻挡不住的！都是要向四方冲决的！Renaissance[6]是"黑暗时代"过后的一个大潮，起于意大利几个小城，终究是漫全欧酿成西方今日的新文化。Reformation[7]是十六世纪的一个大潮，起于德国一个叫 Wittenberg 的大学，卒能把教皇战胜，开欧洲思想自由的新纪元。一七八九年法兰西的革命，是十八世纪一个大潮，其结果能将民主的精神布满各国。一八四八年各国的革命，是接续一七八九年而来的一个十九世纪的大潮，起于法国，其结果使德奥意各国，群起革命，把暴君恶相的压制政策，永久推翻。一九十七年俄国革命就是二十世纪的世界新潮了！以前几次的大潮，中国同西洋没有交通，所以没有受着传染；但是交通不久，就有辛亥的革命，也是十九世纪大潮的余波呢！现在东西交通如是之密，中国还不会把世界的新潮卷去吗？德奥雷霆万钧的政府，还抵抗不住，何况其余的吗？既然抵抗不住，就不能不预先筹备应付这潮流的法子。这个潮流涌入德奥国内，尚无十分危险；因为德奥人民，大都受过教育，兵工两界，也都是有常识的。若是传到中国来，恐怕就可虑得很；因为中国的普通人民，一点智识没有，兵士更多土匪流氓，一旦莫明其妙的照他人榜模做起来，中国岂不成了生番的世界吗？读者不要以为我过虑，那个日子将来总会有的，不过是个迟早的问题罢了！若是我们中国有热心的想免除这番扰乱，我却想了几个条件同诸位磋商。

我所谓第一个条件，就是定我们求学问的目的，必须有益于全体的人类，不是有益于一部分的人类。我们将来所希望的成功，是平民的成功，不是贵族的成功。所以我们与其崇拜大彼得，不如崇拜华盛顿；与其崇拜俾士麦，不如崇拜佛兰克林；与其崇拜雷羯奴 Richelieu 的理财，不如崇拜马克斯 Karl Marx 的经济；与其崇拜克虏伯的制造，不如崇拜爱狄生的发明。总要使以后中国的人民，丝毫不带贵族的采色。第二个条件，就是要使凡是平民都受教育，兵工尤其紧要。大家都当极力调查，设法指导。设如他们的智识健全，那就遇更危险的事，也无妨害；因为他们是受过训练的、是有组织的，不是暴动的、乌合的。若是不给他们一点教育，专去激刺他们，是何异给小孩子一把刀，任他自杀吗？俄国这次国内秩序不甚好，也是这个原因。但是俄国担任指导的人还很多，所以还有今日的现象。第三个条件，就是人人要去劳动，无论劳心也好，劳力也好，总不可稍存一点惰性。因为将来民主主义行久了的时候，恐怕有互相倚赖的习惯，蹈古代希腊 Pericles 时代以后的覆辙。若是人人肯劳动，那就永不会生出那种的恶现象来。况且按照进化的道理，人人都应自食其力，若是他不劳而食，就同抢别人的东西来吃一样。英国大文豪 Ruskin 说："一个人既不做工，就不应该吃东西"[8]。Ruskin 虽然生在十九世纪，但是许多人笑他还是十三世纪的脑筋。他十三世纪脑筋，也知道这个道理，可见这个道理是深入人心的了！

以上一番话，不是我好发奇论。这样的议论，在西方早已一点不奇，不过在同世界思潮隔断的中国里，大家听了不免惶骇失措。但这种东西的实现，却是不可免的事实。我记得以前在钱塘江边看见大潮来的时候，有些渔夫知道停着的渔船受不住大潮了，他们便架起帆桨，迎着潮头走，却也不翻，停着反有危险。现在世界的新潮来了，我们何妨架起帆桨，做一个世界的"弄潮儿"呢！

民国七年十一月二十日

[1] 见 Dr. W. W. Willoughby 所著 *Allied Vesus Prussian Political Ideals* 第五页。

[2] 见 Dr. W. E. Weyl 所著 *The New Democracy* 一书中 The Industrial Program of The Democracy 一篇，二百七十六页至二百九十七页。

[3] 见前书中 The Political Program of The Democracy 一篇，二百九十八页至三百十九页。

[4] 见前书中 The Social Program of The Democracy 一篇，三百二十页至三百四十七页。

[5] 见 Leacock 所著 *Elements of Political Science* 一书中之 Part Ⅲ。

[6] Renaissance 是欧洲十五世纪一个时代。其时正当黑暗时代之后，教权盛行，人民没有思想自由的余地。Constantinople 失陷时候，有一班希腊学者从 Byzantine 逃到意大利小城里来讲希腊自由思想的学问；后来历史家于是多半叫那个时代做 The Revival of Learing 的时代。中国人就从 The Revival of Learing 的字面上，将他译作文艺复兴时代，是不很妥当的。当 Renaissance 时代的人物所讲的学问思想，并不是同从前希腊的学问思想一个样子，不过他们用希腊的学问思想做门径，从最新的方面走罢了！Renaissance 一个字的语根，是叫"新产"（New Birth），

我把本志的名称译作"新潮"也是从这个字的语根上着想的，也是从这个时代的真精神上着想〈的〉。

　　［7］中文译作"宗教革命时代"。

　　［8］见 John Ruskin 所著 *Sesame and Lilies* 一书的自叙。

什么是文学？——文学界说 *

（1919）

　　现在我们常常听得"文学！""文学！""保全旧文学！""创造新文学！"的声浪了。但是什么是文学呢？不但读者心里常常有这个疑问，就是我心中也常常有这个疑问。我去问保全旧文学的人，他说："文学就是文学，何须你问。"我去看创造新文学的书，书里也还没有提到这个问题。我急了！就去找中西的书——自然我是先找中国书起。中国书中论文学的篇幅，却也不少，最早的如应场、陆机、李充、桓谭的议论，也有许多的到现在，但是一律是枝叶上的话，具体的譬喻，永没有明明白白从文学本体上着想。刘彦和的《文心雕龙》、章实斋的《文史通义》所论的大都是修词的方法，文体的变迁，也总不会爽爽快快下一条文学界说——中国人无论做什么事都是浑浑沌沌，不愿有个明了的观念，不独文学是如此呢！近百余年来敢明定文学界说的却有两个人：一是阮芸台先生，一是章太炎先生。现在把这两位先生的话写出来供大家参考罢！

　　（1）阮先生的文学界说——"必沈思翰藻，始名之为文。"[1]

　　（2）章先生的文学界说——"文学者，以有文字著于竹帛，故谓之文；论其法式，谓之文学。"[2]看这两条界说都是不明白的。阮先生是个主张骈文的人，他以偶语韵文为文，其余的为笔。他叫儿子阮福做了一篇文笔对，引了许多南史北史的证据，反对当时的古文。他论古文说："非文者尚不可名为文，况名之曰古文乎？"推究他的论调，是因为他同当时的古文争"正统"，所以他从根本上把文学的定义下得极窄。他这样窄的定义，在常识上实在说不过去，因为他胸中存了偏见，我们如何

---

　　* 录自《新潮》第一卷第二号，1919 年 2 月 1 日出版，署名"罗家伦"。

能够全体赞同他呢？我们于讨论章先生所定的界说之先，应当从章先生所用的名词上解释几句。就是章先生所说的"文"，即是我们所说的文学；章先生所说的"文学"，就是我们所说的论文学的学问，——如《文史通义》《文心雕龙》等书便是。章先生分文为无句读有句读的两种。无句读文分图书、表谱、簿录、算草等类。有句读文分有韵无韵两大类。有韵文再分赋颂、哀诔、箴铭、占繇、古今体诗、词曲种种。无韵文再分学说、历史、公牍、典章、杂文小说种种。诸位！章先生以为写在纸上的都是文学，那岂不是世界上的人，无论是阿狗阿猫只要能动起笔来画一画，就可以算文学吗？文学就这么不值钱吗？这样违背逻辑的议论难道可以承认吗？章先生是位小学家，他只拘于故训，不以主观的眼光去看文学的本体，所以他把文字（Language）同文学（Literature）两件事浑合在一处，不知文字一物，仅为传达各样意思的器具。所以一部著名的英文字典说："凡一切声音同声音连合而成的字句，人类用他来表白意思的，都是文字，写的、印的全包括在内。"[3] 严几道先生做了一部《英文汉诂》，第一句就说："语言文字所以达人意，Thought 者也；其所以达者，谓之辞 Language or Speech。"严先生所说的"文字"，就是本文所说的"字句"。严先生所说的"辞"，就是本文所说的"文字"。孔子说："辞达而已矣"。"文字"（Language）这个名词正是这个意思（却非刘申叔先生所谓"辞当作词，词与文同"[4] 的那个"辞"字）。现在我们不叫他做"辞"，而叫他做"文字"，无非因"文字"一个名词普通一点罢了。何必同小学家一样的咬文嚼字呢？明白这个分别，所以我们初学英文的时候只能说我们学英国的文字，不能说我们学英国的文学。我这篇《什么是文学？》乃是一篇中国的文字，不见得是篇中国的文学呢！但是文学的定义究竟是怎样呀？阮先生的太窄，章先生的太宽，都是不合用的。我于是不能不去找西文。西洋的文学定义虽然也不能尽同，但是有许多名人都肯明白拟定，不愿含糊。现在我把几家有势力的学说写下来讨论讨论[5]：

（1）胡思德（Worcester）说："文学是求学的结果——就是知识 Knowledge 和想像 Imagination——写下来保存着的。"

（2）海兰（Hallam）说："文学是知识流传在书籍里的"。

（3）卜鲁克（Brooke）说："文学是世间男女写下来的思想 Thoughts 同感情 Feeling，布置得很好，可以使读者愉快……若是一篇散文里没有体裁 Style，没有艺术的性质 Aristic character，且不是精心结构之作 Curious care，也不得称为文学。"

（4）雅白（Jebb）说："文学必须有固定的形式（此处所谓形式，不但说是要写下来的形式，并且说是有好的体裁 Style，同美学的质量 Esthetic Quality 的好形式）。"

（5）文乃德（Vinet）（法国批评家）说："文学包括一切书写品，凡可以综合的，以作者生平毕现于他人之前的。"

（6）高考尔（Gauckler）（法国著述家）说："文学是一种字句的艺术 L'art de la Parole，所含的种类为诗 La Poesie、散文 La Prose ecrite 和演说 L'art oratoire。"

（7）安乐（Mathew Arnold）说："文学是个很大的名词，一切的写出来印出来的文字一律在内，如游克理的《几何原本》（Euclid's Elements）同牛顿的《学理之原》（Newton's Principia）都是文学"。

（8）赫胥黎（Huxley）说："文学就是美丽的文字 Balles-Lettres。"（现在西洋有许多字典家做文学的注解说："凡表示感情的著作，除了确定的科学同艺术而外，都叫他做 Belles Lettres"，也是受赫胥黎影响而说的话。）

（9）商德尔（Saunders）说："文学是心灵活动的途境同结果。文学的要质就是体裁 Style 和论述 Treatment，因为那二件是真正能构造好文学的。"（见商氏叔本华《文学的艺术》一书的叙言 Preface to Schopenhauers' "Art of Literaure"。）

（10）波斯纳（Possnett）说："文学包括的著作（不分诗文）不但是能表现回想的，并且是能表现想像 Imagination 的；他的目的不但是教导国人与发生一种实际效用的，并且是要给一种愉快把最大多数国民的，所以文学是普遍的 General，不是特殊的学问 Specialized knowledge。"

（11）黑德森（Hudson）说："文学只是这种书组合而成的：这种书第一，能使他主要的道理 Reason of Subject-Master 同论述的神情 Mode of Treating，对于最大多数的人类有兴趣的 General Human Interest。第二，他的形式的本体也能使人愉快的。"

（12）安麦生（Emerson）说："文学是最好思想的记述 A Record of Best Thoughts。"（最近第十一版 Encyclopaed a Brita nica 说"文学是写下来最好思想的最好表现 The Best Expression of the Best Thought"，大约也因根据安麦生的话。）

（13）巴斯康（Bascom）说："一国文学的生命必定是才智的，情感的，而且是很完备的，很合于艺术的。若是没有这种的妙境使有永久的价值，那就不成其为文学。单有思想，也不能成为文学。文学是各方面都完备的，各方面都相称的，而且有精美的形式的。……艺术的性质是文学里很重要的一件事"。

（14）冯克标准字典说："文学是写的、印的，从人类心理综合而成的出品。这种出品必定有高尚健全普遍的思想，有适当纯粹美丽的体裁，而且是合于艺术的构造。"（按：此说出于 *Standard Dictionary of the English Language* 一书，一九〇四年本。该书为冯克等二百多专门家所合编，也是一部很有势力的著作。）

（15）韩德（Hunt）说："文学是写下来的思想的表现 Written Expression of Thought，有想像 Imagination，有感情 Feeling，有风格 Taste，能使普遍人类的心理觉得明了，感着有趣，却非专门学艺的形式 Untechnical Form。"

除了以上几条之外，近来还有许多大学者说："文学是人生的表现和批评 Interpretation and Criticism of Life"，这个话也是极有道理，极有势力的。我们既然知道各家的学说，现在可以开始批评，试用科学的方法，归纳出一个界说来罢！从第一至第十三的各条界说，都是不完不备的。因为他们只能解释文学的一部分，而不是文学全部的界说。十三人之中，安乐也是极有文名的。他做《文学与科学》（Literature and Science）一文，分明说文学的责任是要为人类保全美感，指导操行（Beauty and Conduce）。但是他为了同赫胥黎辩难，又意气用事，把文学界说定得极宽，同科学去争领土，与章太炎犯了一样的毛病。赫胥黎是科学家而兼文学家，他只说文学应当美丽，而不知美丽只是文学性质的一部分，并非全部，所以他同阮芸台的见解差不多。第十四条虽是很好的界说，但是过于偏重艺术同形式方面，而对于文学的精神方面稍为忽略一点。第十五条韩德的话，实在是含蓄最深各面俱全的一条极好的文学界说。他用"风格"（Taste）一个名词，虽然能包括艺术体裁种种方面所能发生的意义，但是过于含浑一点，易使读者不能明了。而且韩氏对于文学本身的体用，似乎不免欠阙，可以有斟酌的余地。最后一说对于文学的体用方面，说得非常痛快，却对他方面又不免有所忽略，不能成一条完备的文学界说。文学界说，本是极不容易定的。因为文学的内含［涵］极大，外周极宽，其本质又极微妙。文学不但是表白思想的

（Expression），并且是深入人心的（Impression）；不但是兴到而成的（Aspiration），并且是神来方就的（Inspiration）；不但是人间的知识（Knowledge），并且是世上的威权（Power）；不但是已往时间的出品，并且是最高理想的策源；不但是个人一生的总的，并且是世界生命的结晶；是爱是憎是喜是悲是雄心是实事，莫不活泼泼的现在文学里面。一篇文学有一篇的精神，有一篇的采色，有一篇的特性。文学是容易许的吗？文学界说是容易定的吗？个中人应当自知甘苦了！现在我归纳各家的学说，觉得凡是真文学都有以下几种要素：

（一）文学是人生的表现同批评　现在许多大文学家都说文学是人生的表现同批评（Interpretation and Criticism of Life），这句话真是很有道理，真是文学发生的根本原因。他人问我文学是因何而有的，我说：文学是因为有人生才有的，若是没有人生就没有文学。人生对于现状有兴会的地方，要靠文学表现出来；人生对于现状有不满意的地方，也要靠文学表现出来。总之，人生一日离不了爱憎悲喜种种的情绪，就一日离不了文学。所以文学不但是表现人生的，并且是批评人生的。明白这个道理，才知道文学的本体，文学的实用。

（二）最好的思想　要表现人生同批评人生不是容易的事，必定要一种很好的思想。缪勒（Max Müller）说得好："哲学是思想的科学 The Science of Thought，文学是表白思想的科学 The Science of the Expression of Thought"。安麦生方才也说过："文学是最好思想的记述"。凡是可以留传的好文学，里面总是有思想的，而且是有最好的思想的。因为思想好，所以能把人生表现得好，批评得当；所以能得人类的爱好心。所以，堆字叠句同《康熙字典》一样的江赋海赋，同印板式的某生某翁的小说，不能算是文学。

（三）想像　想像是文学里最重要的要素。文学家论一件事，说一件事，总要设身处地的设想，以自己的想像唤起他人的想像，使读者脑筋里仿佛有一幅画图，也如身历其境一样。读了《水浒》里的武松打虎就提心吊胆，觉得有一只黄斑大虎猛扑过来；读了《红楼梦》里宝钗、黛玉的生活，就觉得蘅芜院里潇湘馆前的一花一木，宝玉黛玉的一颦一笑，都历历如在眼前，一世也忘他不了，这才真是文学家的手腕呢！

（四）感情　人生是个感情的动物，文学又可以算是感情的出产品。文学家总要以自己的感情冲动他人的感情，以他人的感情融成自己的感情。所以文学不但是主观的，并且是客观的；不但是要写自己的抑郁牢骚的，并且是要写他人的悲欢离合的。总之，文学的第一要义是要唤起人类的同情。读了戴登（Dyden）的军前宴（Alexanders' Feast），就会生出崇拜英雄的气慨［概］；读了虎特（Hood）的缝衣曲（Songs of Skirt），就会生出怜惜女子的情怀。读者自以为可泣可歌可惊可喜，那知道他早被文学家玩弄于掌股之上了。

（五）体裁　人人都说某人的文学有某种的体裁，但是什么教［叫］做体裁呢？不但我说不出，就是近代论体裁的文学家哈礼孙（Prederic Harrison）也说不出。他只能说：体裁是不能教的，不能学的，只能心领神会的。其故因为文学的形体各有不同，文学家所秉的性气又因人而异。就各异的性气，缘附在不同的形体上，所以发生什么，叫做体裁（中国人一定不要误会到什么笔法文例上去）。所以我们读一篇好文学，总觉得作者的性情容止人格，都是跃跃欲现。读莎士比亚的著作，决不会误会到弥儿敦上去；读陶渊明的著作，决不会误会到王摩诘上去——就是这个道理，就是文乃德所说"文学能以作者生平毕现于他人之前"的话。

（六）艺术　有了思想、想像、感情、体裁种种东西，也不能不有一点艺术的手腕来补助他，因为好修饰也是人类的一种天性。分明是一带芜废的东篱，把陶渊明一布置就成了诗景；分明是一座荒凉的钴鉧潭西小丘，把柳子厚一修饰就成了画图。所以每篇文学里面，总要有几处"匠心独出"的地方。但是按照美学的道理，艺术只能辅助天然的美，使他愈增其美，决不能以天然的美来强就他的艺术。以天然的美来强就艺术，那就是矫揉的僵死的。矫揉的僵死的，就不成其为美。西施的美决不在搽粉，约翰孙的夫人再搽粉也不好看。所以希腊主张画裸体美人，我们主张做白话文学，都是这个道理。若是从极细微的曲线里能够表出自然的美来，才真合乎美学的原理，才是真正的艺术呢！

（七）普遍　人类的审美感情想像种种性质，都是人类普遍的天性，都是一触即来的。文学家的责任，就是用这种普遍的灵敏的感觉，为人类保全天真。何必转湾［弯］摸［抹］角、重墙叠壁，有意使他人不懂呢？又何必正色厉声，现出张天师捉妖的神气来呢？若是待读者查几十遍字典都还不能全懂的文章，同读者看了同遇着凶神恶煞一样的文章，还令读者有什么同情，什么美感呢？所以堆叠晦涩同"代圣人立言"的文章，只可以算是少数人的符咒，不能算是人类的文学。人类的文学是明了、有趣，合于人类普遍心理的（此处所谓有趣系包括美学上一切的兴趣）。

（八）**永久**　我们得了一个好思想，总想牢牢记着；见了美人同名画，总是恋恋不舍。难道保存人类思想、世间真美的好文学，就听他作过眼云烟吗？永久，实在是文学的一种特性。真好的文学是经过多次的淘汰的——是经过多次淘汰而不磨灭的。文学永久的价值，是从以上七条性质决定，不必从界说中另行定出。但是界说里必定要说他是写下来的，因为是写下来的，方可以永久保存，这是逻辑上作界应有的手续，省不了的。

从以上八条看起来，文学的体用同特质，我们大概已经明白了。以上各家学说，大致已经归纳无遗了。韩德界说中却还沉重声明"非专门学艺的形式"（Untechnical Form）这几个字。我以为就以上文学的体用同特质而论，文学已经明明白白不是一种特殊专门的科学了。现在欧美的批评家对于吉朋的《罗马兴亡史》同柏格森的《时间与自由意志》等书的文章，虽然也称赞他们做得好，但是不承认他做正宗的文学，只可供文学家的参考。所以我们也不必为对待现在普通的遗传观念起见，就把这话定在文学界说里。我们就归纳之所得的文学界说只是：文学是人生的表现和批评，从最好的思想里写下来的，有想像，有感情，有体裁，有合于艺术的组织，集此众长，能使人类普遍心理，都觉得他是极明了极有趣的东西。

文学的界说，大概是如此了。但是我们回头看中国的文学是怎样呢？从这个地方看出，我们中国文学里有几种同西洋文学根本不同，且同文学原理背谬的性质来。（就最大多数说，法自不能无例外。）第一，西洋文学是表现同批评人生的，而中国文学不但批评人生的没有，并且连表现人生的也很少，大都浮浮泛泛、浑浑沌沌。没有确切的人生观，真是我们中国人一个最大的通病。第二，退一步而论，中国文学里虽然也有表现人生的著作，但是他所表现的，乃是著者个人的荣枯，而不是人类共同的感想。若是著者自己没有荣枯，他就永不愿产生文学。[6]西洋文学家却多半从主观而外，还能以客观的观察唤起人类的同情。第三，即再退一步，就中国文学家述个人荣枯的著作而论，也都是说谎的、不近人情的——看中国名人述怀寄感种种的著作，就知道"假"字真是中国文学的第一个特性呢！而西洋文学家则往往肯说老实话，事事能求其真。第四，西洋文学所重的，是骨子里普遍的思想同美感，为普遍人类的心理可以领略的；而中国文学只讲字面上的雕琢，供少数人的玩具的。第五，西洋文学是极力发挥个人情绪，极有兴趣的；而中国文学只是摆出道学先生的面孔，代圣人立言的。总之，西洋文学是切于人生的，中国文学是见人生而远避的；西洋文学是为唤起人类同情的，中国文学是为个人私自说法的；西洋文学是求真像的，中国文学是说假话的；西洋文学是平民的、天然的，中国文学是贵族的、矫揉的；西洋文学是要发展个性的，中国文学是要同古人一个鼻子眼出气的。所以从艺术而论，中国文学却很有在博物院里的价值。就文学的体用特质而论，我们中国文学还惭愧得多呢！有人说："你这番话只知道崇拜西洋文学，把中国文学说得太下不下去了。你何不把西洋文学的缺点也骂一骂呢？"我以为，我既无好感向西洋亦无恶感对中国。我所说的是从我比较中得来的，是我求学的所得，是我良心的主张。我只知道学问艺术是人类大公的真理，只是有一个的，我不知道有什么国界的分别。我还以为，一个人自己知道自己的短处，总还有改良的一日。若是自己只知道自己的好处，那真不可收拾呢！况且我们学他人，总是学他人的好处，何必学他人的坏处。以我们自己的来比他人的，已经惭愧多了。我们配骂他人吗？若是我们真知道文学的真义，同中国文学的缺点，我想中国现在所需的是种什么文学，读者是可以不言而喻的了。

八年一月一日

[1]《研经室全集》第三集第二卷《书梁昭明太子文选序》。

[2]《国故论衡·文学总略》。

[3] *Standard Dictionary of the English Language*.

[4] 刘师培《中古文学史》第四页。

[5] 以下杂采 Hunts' *Literature，its Principles and Problems*，Hudsons' *Introduction to Literature*，*Longs English Literature* 及其他等书。

[6] 桓谭《新论求辅篇》中所谓"贾谊不左迁失志，则文采不发。淮南不贵盛富饶，则不广聘后士，使著文作书。太史公不典掌书记则不能条悉古今。扬雄不贫，则不能作玄言"。可备此例。

复易君左函　释"今日之世界思潮"文义 *

（1919）

二月五日
君左寄自日本东京早稻田大学

"记者足下"

罗志希先生说过："现在的革命不是以前的革命了！以前的革命是法国式的革命，以后的革命是俄国式的革命"（见本志第一卷第一号）。依我看来，以前的革命固然是法国式，但是以后的革命，除俄国式以外还有一种"……式"的革命。

这种"……式"的革命我不将他填写，恐怕诸君不容易猜着，既填写了，那么诸君一见必大声称快道："不错！不错！就是那种革命！"

我现在从反面来问：诸君问的是甚么呢？（一）德国所以根本上致歉的原因；（二）联合国所以战胜德奥的原因；（三）世界和平之主动力属于何国；（四）现在各国之革命究与何者有密切的关系。诸君试想，这几年来之世界大局，不可不谓为千变万化了，人类本是动物（作形容词用），也混在里面捣乱子。一个皇太子值几文钱，杀了他不过按法抵罪。然而却因此死伤了三千万人，消耗了三千八百八十亿战费。这岂不是大笑话吗？反而言之，世界经此一番大乱后，必有一番大革新，现在这种革新的潮流，早已传到全世界，你道是甚么潮流呢？就是美国式的革命。

我们既知道以前的革命是法国式的革命，以后的革命是俄国式的革命。更知道除此二种革命之外，还有一种"……式"的革命就是美国式

---

* 录自《新潮》第一卷第四号，1919 年 4 月 1 日出版，署名"罗家伦"。

的革命。那么对于这三种革命不可不有一番比较。不然一知半解之人，拿着"花样翻新"的革命，当作他们的试验器。"不管是甚么国家，不管是甚么时代，有如瞎子大闹天宫，这还了得起吗?"罗先生更进而说道："以前法国式的革命是政治革命，以后俄国式的革命是社会革命。"我刚所说的美国式的革命就是思想革命。

思想这个东西以质而论，是流动的；以性而论，是常变的。甲处的思想可以移往乙处，丙人的思想可以感化丁人，所以送他这"思潮"二字。不过我却反对罗先生说的"凡所谓'潮'都是阻挡不住的! 都是要向四方冲决的"这句话的上半截。因为"潮"虽是向四方冲决，然若有坚固的建筑物，也可以抵抗他的进行。比如我们汉寿县年年遭大水，那"潮"也不可不谓为大。有一年筑了新堤，"潮"来时碰了一下，知道不中用，还在堤下"鸣不平"呢! 不过"思潮"乃抽象的名词，本不可以"水"为比。我今另设一喻。法国大革命时代所谓"自由""民权"……岂不是一时代的绝大思潮吗? 何以邻邦的德意志独不受其感化，到现在的革命，还不是法国式，却是俄国式呢? 只因当时德国政治修明，国民思想巩固，不易为外来潮流所动，若不是此次大败之后德国的革命还早得很呢。甚么法国式! 甚么俄国式! 他那里会懂。

政治革命由于君主昏暴、政治颓废，社会革命由于民权发达、社会堕落，思想革命也就是这个道理。原来思想是流动的人常变的! 所以无论何人何时何地，皆在革命。思想越革命，则地位越高，程度越深，效力也越大。这是人生的倾向，不可遏止的。那么"思想革命"又是甚么缘故呢? 只因人各异其思想，比如此处有甲乙丙丁……种种思想，甲种思想若被大多数人所奉行，那少数奉行乙丙丁……种种思想的人，若觉得甲种思想为好，可也要"改党"了。又如法国式的革命非不好，现在流行的又有俄国式的革命。俄国式的革命非不好，现在最流行的又有美国式的革命。□怎么叫做美国式的革命呢，我今略举其特点如下：(一) 大战前德国所执唯一的政策就是军国主义，想以此征服世界，不料大战数年，此主义反为美国所唱[倡]之"民本主义"所征服。(一) 日本对于我国向持"独擅主义"，即所谓特殊地位，优越权，势力范围。现今也将为美国所唱[倡]之"开放主义"所征服。(一) 德意志之强，无人不羡之，于是亚细亚之德意志以起。日本之强，无人不羡之，于是巴尔干之日本以起。十年前最流行的名词就是"强权"二字，无美国主持人道正义公理参加此次大战后，因而得最后的胜利，人人才知道"强权主义"之不可靠。(一)十九世纪以来"国家主义"勃兴，国际间无安宁之一日，此次大战告终，美总统首唱〔倡〕国际联盟，将以保证世界之永久和平，是从前的"国家主义"渐渐都归化"世界主义"了。

以上所说乃是美国近年来所抱之思想。现在这思想塞满了世界，深印于人心，将从前一切"旧思想""不良思想""不合时宜的思想"一扫而尽。我以为支配二十世纪的就是这种思想呢！

法国式的革命已属过去事实，姑不必论。现在中国唯一的要务，在防止俄国式的革命，奉行美国式的革命。俄国式的革命非不好，若行之中国则不妙，罗先生也曾说过。据今日日本报纸局载，俄国过激思想宣传队现已潜入中国，急望我国当局赶早筑成数十万丈厚的长堤，好像我们汉寿县抵御水灾一般。那种"恶潮流"也无由肆其恶了。"恶潮流"既去，我们对于"好潮流"自然是欢迎不暇。因为这种潮流，是合于全世界的，是有益于我国的。所以，我主张的革命不是积极的革命——政治革命社会革命——乃是消极的革命——思想革命。积极的革命乃改造人类外部的行为，消极的革命乃改造人类内部的思想。我们中国如能将内部的思想完全造好，那外部的行为也自然日趋美善，又何必再要社会革命，又何必再怕社会革命！

有人问我道："你所说的法国式的革命呵！俄国式的革命呵！美国式的革命呵！我都知道了。但是我也还有一种'……式'的革命你也知道吗？"我想了许久终想不出。他忽长叹一声说："人家的革命何等轰轰烈烈，讲到自己一事无成，现在已经八岁了，还整天的淘气呢！"诸君试猜，所说的那种革命到底是那种革命。

君左先生：

来书与拙作《今日之世界新潮》一文相辩难，佩甚感甚。今以时间匆促，谨简单致答如下：

（一）思想革命是各种革命的总因。因为人民的思想变了，所以会起革命。革命虽有缓急大小之不同，而其本于思想则一。若是先生单独举出思想革命来，自无不可。若是举出来与政治、社会诸革命相对待，似可不必。

（二）思潮是始终防不住的，因是正当的思潮，就是真理。真理是防不住的，所以思潮是防不住的。先生一面说思潮比水还要流通，一面又说同水一样可以筑堤防得住。这样自相矛盾的比喻，未免有点在逻辑上说不过去。况且法兰西革命的潮流，德意志何尝没有受影响。德国当时民主社会党何等众多，德国政府虽然实行他那种国家社会主义，力谋应付，但是终免不了这次大爆烈。所以要适应现在革命的潮流，那种德国式的国家社会主义已经不能用了，大家另想因势利导的法子罢。

（三）美国式的革命，不成名词。因为 Democracy 在希腊时代已有萌蘖了，以后在欧洲亦复盛行。至于 Cosmoplitamism 也不是美国的特产。（按严格论俄国式、法国式等名词也不很宜用。）即就现在威尔逊总统的主张而论，澳洲的社会党已先他而发，所以欧洲好多记者说他还不过实行澳洲社会党主张的一部分呢！说到□国思想威氏也是佩服的，看他几次到国会的演说，就知道了。先生照日本的常法译 Democracy 为"民本主义"，也有要斟酌的地方。日本吉野博士译作"民本"，因为避君主的干涉起见，然而现在宫崎所办的杂志，就直接译音了。我们中国既是共和国家，有何顾忌呢？

写到此地，忽而看见一本进化杂志，第二期里面有一篇《评〈新潮杂志〉所谓'今日之世界新潮'》一文，把我很很［狠狠］的骂了一番，以为我既提倡社会革命，又说民主主义社会政策，不免自相矛盾。我于是恍然大悟，知道读者把我那篇文字误会了。——我很抱歉，因为恐怕我行文有不明之处，易起误会。我那篇《今日之世界新潮》上半篇乃是说：看现在的世界大势，社会革命的潮流日高，在事实上各国恐怕都不能免，并没有对于社会革命本身加以可否。后半篇乃是说：为适应这事实上不能免的潮流起见，我们不能不实行社会民主主义的政治，以免他日有真正社会革命时发生他种意外的危险。所以我的意见，仍然一贯。我现在所研究的（说不到主张）是社会民主主义（Social Democracy），是想根据现状，以民主主义的精神，先行改决社会各问题。同他们主张绝对的无政府主义的，自然根本不能相容了。

先生所说的末了一种革命，真是现在几千万青年切肤的问题，我盼望大家起来研究。但是总要用科学的方法去研究，而且从建设方面着想，因为空言破坏是没有用的。

三月十五日罗家伦白

今日中国之杂志界 *

（1919）

西洋的定期出版品，或曰 Review，或曰 Monthly，或曰 Weekly 种种。而以上几种常用的名词之中，并没"杂"的意思，所以中国人学日本人把各种定期出版品都叫"杂志"，是有点不妥当的。不过现在已经用惯了，我也不必另改。况且一个名词的意思，随着用处，也常有伸缩的余地。我劝读者只当"杂志"是一个名词，作日报以外的"定期出版品"解，不照中国原有的字面解，那就对了。

我现在既然要来批评中国今日之杂志界，实在有几种困难。（一）中国近年来杂志太多，不能全看。（二）这班杂志，忽生忽灭，不知上年出版的今年是否继续出版。既然有这几种困难，我就难于下笔。好在我们图书馆里还有近年来的杂志几百种，重要的我都勉强翻过。我现在所批评的，只是其中有点势力，可以代表一部分趋向的杂志。有几种明知他早已停版，但是他这种倾向，现在还没有消灭，所以也不妨提出来批评一番。

中国近来的杂志，忽生忽灭，虽然很多。但是归纳拢来，也不过以下几派：

（一）官僚派　这派大概都是政府的机关办的，也有许多是地方公共机关办的。其中所登载的，除命令之外，尽是无关重要的来往公文。其实这种东西，何得名为杂志，不过是官家的"档案汇刻"罢了。我想官家的"档案汇刻"，也应该刻几种重要档案，才合于给大众看的宗旨。何以芝麻大事的稿件，都要刻出来，难道是国家的钱多不过了吗？《内务公报》、《财政月刊》都是这一类的东西。其中惟有《农商公报》一

＊ 录自《新潮》第一卷第四号，1919 年 4 月 1 日出版，署名"罗家伦"。

种，常有许多国外调查，同种植牧畜的方法，是很重要、很出色的。我想这类的杂志，如果要不虚糜公款，应当极力改良。譬如教育部所出的《教育公报》里连篇累牍的毕业生名单同学生改名字改年龄的公文，仅可尽数删去。一面把各处视学所调查的各省教育情形，一律登出；一面请人将东西洋的新教育名著，多多的译出来按期发表。（近来间或有之，但是少极了。）实行第一层有三种好处：（一）可以使国人知道国内教育的真象，能生出种种有益的研究。（二）可以使国人批评视学的调查真确与否。（三）可以使各省办学的人，有点警诫。实行第二层可以灌输许多新学说到中国来，以造成一种教育界的新空气；因为新学说的本身已经很有利益，受人欢迎的，一经教育部提倡，更是容易推广了。那不比以办教育杂志的责任委诸市侩好得多吗？（顷阅新到的《教育公报》已经改良多了，但是还可以改良。）这不过是举出与我们最关切的《教育公报》做一个例罢。其余也可以照这样子因势利导去改良，与中国官僚派的杂志开一个新纪元，才是办法。（昨日接本年第一期浙江省教育会所办的《教育周报》一份。其中"本年宣言书"有四条方针都是很要□的话。而其中第三条谓"本报悯国人之迷惑过深，痛旧染之遗毒太甚，对于过去现在之恶习惯，当力加抨击，词之过激，所不避也"等语真是公办杂志中最有魄力的话。我深望该报极力进取如其所期。）

（二）课艺派　这派的杂志，现在最为时髦。无论那个学校里，都有一两种这类的杂志。这类的杂志既然是学校里的学生办的，我自然也有种学生的同情，何敢求全责备呢？那知道我看来看去，总没有遇着一本满意的。每次翻开这类的杂志来，都觉得有两种最讨厌的东西。一种是策论式的课艺，一种是无病而呻的诗。除了这两种之外，大都空无所有。学校里的当局，总以为这是学校成绩的表示；学生做稿子的人，也俨然以成绩自居。我总想问他们：这种的课艺同诗，就是学问吗？就是学校所欲表示的成绩吗？我翻起上海的交通部工业专门学校学生杂志一看，里面说工业的，占不到五分之一；连篇累牍的都是什么《大学》、《中庸》的序，题校园红叶的诗。若是不看封面，我几乎以为是一本国粹学报。难道这就是工业专门学校所应当表示的成绩吗？天津南开学校有一个校风真是荒谬绝伦。里面所做的课艺，都是什么"学于古训乃有获"、"我战则克"、"汉高祖封项伯"、"斩丁公论"的一类题目。一百十四期里面，居然有位蒲留仙的函授弟子，做了一篇《灵仙》，大为"狐仙"传道。咳！我不料中国著名的教育家办的学校，有这妙的成绩。其余也就可以类推了。我想，提倡这种杂志的学校当局，同做这类稿件的学生，应当有根本的觉悟，革面更心的去整顿。与其登这种头脑不清的课艺，不如请各位多译几篇西洋长短篇关于科学、关于常识的论文；与其登无病而呻的诗，不如请各位做几篇开人智识，有补社会教育的演讲。不然我实在替纸张和印刷材料可惜。

（三）杂乱派　这派大都毫无主张，毫无选择，只要是稿子就登。一期之中，"上至天文，下至地理，古今中外，诸子百家"，无一不有。这派的名称举不胜举，最可以做代表的，就是商务印书馆的《东方杂志》。这个上下古今派的杂志，忽而工业，忽而政论，忽而农商，忽而灵学，真是五花八门，无奇不有。你说他旧吗？他又像新。你说他新吗？他实在不配。民国三二年黄远生先生在主持的时候，还好一点，现在我看了半天，真有莫名其妙的感想。这样毫无主张，毫无特色，毫无统系的办法，真可以说对于社会不发生一点影响，也不能尽一点灌输新智识的责任。我诚心盼望主持这个杂志的人，从速改变方针。须知人人可看，等于一人不看；无所不包，等于一无所包。我望社会上不必多有这样不愧为"杂志"的杂志。

（四）学理派　这派名实相符的很少，有许多是冒充的。我现在不问新旧，不问真假，把这类的杂志，归在一处，再分为两大数：一是脑筋浑沌的，一是脑筋清楚的。每类之中尚可分为小式，待我说来：

（A）脑筋浑沌的　这类杂志，名为谈学理，实在没有清楚的脑筋，适当的方法，去研究学理的真象；只是浑浑沌沌的信口开河。这种谈法，真是误人不浅。大约可以分为两个小式：（一）是市侩式。（二）是守旧式。这班市侩式的杂志，上面高扯学理的大旗；就实际而论，做的人既对于学理无明确的观念，又无研究的热心，不过打空锣鼓，以期多销几分。而且最讨厌的莫过于商务印书馆所出的《教育杂志》。这种杂志里面，虽然也有过蒋梦麟、黄炎培两君所著几篇还朴实点的东西，其余多半不堪问了。还有一位贾丰臻君，专说空话。他做一篇"欧战后学生之觉悟"，说到要旨，只是"其责任之重，重于千钧；时期之急，急于燃眉；地位之苦，苦于尝胆"的几句话。又做了一篇"教育宜保存国粹说"，说到归根，只是"名教中自有乐地，纲常外别无完人"两句。诸位！这种话着一点边际吗？贾君提倡名教，请问名教的界说是什么，是谁造的？说到纲常方面，难道贾君还相信"君为臣纲，夫为妻纲"一类的话吗？听说这位贾君还是江苏第几师范的校长，许多人还崇拜他做

"中国当代的大教育家"呢！还有商务印书馆的一种学生杂志，本是一种极不堪的课艺杂志，然而也要帮着《教育杂志》谈谈学理，论论职业教育。五卷十二期里有一篇"任职之第一年"说："讲究社交之术，养成谦让克己之德，以除学生习气、幻想恶弊。庶几出而任事，有措施适宜，志得意满之乐，得任用者之欢"，我真不解这是什么话？说到学生有"习气"，我是绝对不承认的。"习气"是恶社会污赖我们学生的名词。社会以为是我们学生的"习气"，正是我们没有与社会同化的"朝气"。出来任职，原是契约上的关系。至于要委曲求媚"以得任用者之欢"，那岂不是娼妓行动吗？办杂志的人可以用这种的话，来教我们心地清白的青年吗？其余若妇女杂志专说些叫女子当男子奴隶的话，真是人类的罪人，听说有好几处女学校还只许学生看这种杂志呢！总之这种的谬处，指不胜指。这类的杂志若不根本改良，真无存在的余地。若说到守旧式的杂志所谈的学理，也有许多可笑的地方。这类的杂志从前最出名的就是《国粹学报》，其中虽有不纯粹的地方，但是有极少的几篇，也还能整理出旧学的头绪来。等到后来什么《中国学报——洪宪学报》，那就糟了。其中材料，既不能持旧学作有统系的研究，又不能在旧学内有所发明。古人的年谱同遗着〔著〕，占了极多的篇幅。我以为前人若是有价值的东西，仅可印单行本，何必在杂志上替死人刻文集呢？他们难道不知杂志的性质吗？这种家中枯骨的已往印刷品，我本来不愿批评的，但是我前月还看见北京书坊里有卖他的。社会上还有许多也学他的，所以我不得不乘便说几句，以备一格。

（B）脑筋清楚的　我对于这类的杂志，非常佩服。他们的长处，就是少说空话；著者对于学问多有明了的观念，适当的解决。这类之中作政论的前有《甲寅》，后有《太平洋》。两种的好处，都在能朴实说理，不用感情；而且能用批评的眼光，讨论是非的真象。《甲寅》虽已停版，闻《太平洋》尚拟出版，全用白话，更从积极的新学理方面着想，那更是有声有色的了。（《甲寅》中的"评论之评论"与太平洋中的"海外大学评林"是很难得的。）论科学的有《科学》、《学艺》、《观象丛报》等种，而以《科学》为最有价值。而以前二年的《科学》为更有精彩。我常说中国人思想糊涂，决非空言，所可改革的，最好是传布一点科学知识把他们。若是他们有科学的思想，他们的思想自然会上轨道。因科学的思想是有轨道的思想。我很想科学发达，所以我有三点盼望于科学社的。（一）多做科学方法论，而少有过于专门的东西。因为过于专门的东西，国内中等知识以下的人还看不懂，高等以上的人，大概都可以直接看西文。（这不过就国内现状说法，不是说过于专门的东西不应该有。）而科学方法论实在是改中国人"面涂脑筋"为"科学脑筋"的利器。不但治科学的人应当知道，就是不治科学的人也应当有，而且容易看懂。（二）专用白话。科学的文章贵乎说理明了，一望而可以唤起读者的兴趣。科学上说理的文字，虽然也经著者费了许多苦心做得还好，但是为中国文言本身有许多多歧的地方，所以读者看起来还是很费气力，而且容易生出种种的误会来。若是用赤裸裸的白话文来说科学的道理，我想一定更要真切明了，更可以唤起读者的兴趣。科学社诸君何妨试一试呢？（三）或是专以现在的《科学》作纯粹专门以上的参考书用，而另外发行一种《科学讲演录》说科学上最新的，而比较起来还算浅易一点的道理，以为中等知识的人的参考书。我想这种出品，传布科学的效力更要大。我也知道科学社的经费很支绌，但是我一方面望社会上有慷慨的人为他捐助巨款，一方面也盼望科学社的诸君，赶快着手去做，我们今天要做的事，千定不要等到明天。《学艺》的材料朴实，我是很佩服的；《观象丛报》以政府机关，而能打破官僚习气，不染数千年的秘密主义，尤为难得。不知道我对于《科学》的有的三条意见，他们也可以仿行一二吗？论社会、思想、文学各问题的有《新青年》、《每周评论》两种。《每周评论》虽只一张，而材料的精富，议论的警辟，不但没有一种日报及得他来，就是许多长篇厚本的杂志也都及他不来。其中对于国内外的大事，能作有统系的纪载，令读者一目了然，更是难得。听说不久就要改成小本呢。《新青年》是中国改革事业最新的动机，其议论的澈底，胆量的宏大，真是绝无仅有。他的价值，社会上早已知道，不必我多说。但是我希望《新青年》的还有两件事：（一）是多做朴实说理的文章，多介绍几种西洋的新学说过来。（二）虽然对于现在顽固思想，应当极力扑灭；但对于非绝对不可就[救]药的人，总当与以回头的路。我们言词之间苟能"哀矜勿喜"，那我们革新的事业，更容易推广得多。以上我对于这派脑筋清楚学理派的贡献，不知诸公也以为有可以采择的余地吗？

我对于现在中国各杂志的批评话大概说完了。但是有人问我办杂志究竟应当怎样呢？我为了这个问题，也想了许久。我现在把我对于杂志的意见有几条，与中国办杂志的人商酌商酌。

（一）有一定的宗旨。办杂志的人不是万能的，样样都知道的；看杂志的人也不是万能的，样样都知道的。所以一种杂志必须带一种特别的采色——就是有一种特别的宗旨，然后可以使读者心中有一种的统系，然后这种杂志里的言论会发生一种的影响。若是上天下地，合牛溲马勃融［熔］为一炉，那不但著者浪费笔墨，就是看者也白化［花］脑筋。所以我方才说，人人可看，等于一人不看；无所不包，等于一无所包。所以我劝中国现在可以收集几篇文字，而无特别主张的人，仅可以不办杂志。把这几篇文字送到他人的杂志里去作投稿，还好得多。

（二）有知识上的联合。知识上的联合，实在是办杂志的人的第一要义。譬如论到某个问题，编辑的几个人就应当预先把这个问题，讨论一番。你有所不知的，我告诉你；我有所怀疑的，你质问我。然后将讨论之所得，布告出来请大家看看。这样办法，不但可以使议论精确得多，并且可以省读者许多脑力。美国有一个周刊叫做 New Republic，里面有编辑五六人，都是很有学问的。他们造起图书馆来，大家同在一处研究；研究所得，经大家同意后，以不署名法就宣布出来，以作这个杂志的公共主张。（若是一人特殊的见解，未得大家同意，也可以宣布，但须署名。）所以这个杂志的议论，格外精锐，为美国现在最有势力的杂志。每周之间，居然销到几十万份。这个方法，我们中国办杂志的人，正该模仿才是。

（三）多设周报。现在文化发达的时代，运输知识，贯澈主张的利器，莫过于周报。日报出版的时间，大忽［匆］促，所以除了几条新闻之外，其余很难编辑完善；而且每日的新闻，也很难有连贯的统系。月刊相隔太久，使人等得不耐；而且对于大事的评判和记载，不免过迟。惟有周刊一物，可以有以上两物之长，而无以上两物之短，所以成效更大。现在中国除《每周评论》以外，还有新出的《时事旬刊》，大约也是得了这种觉悟。我盼这类的周报，愈多愈好。

（四）趋重批评。批评这件东西，实在是改革思想、进促现状的妙品。中国人脑筋里没有判断力，所以没有批评；因为没有批评，所以脑筋愈没有判断力。长此以往，我们中国人真要永远做糊涂虫呢！现在补救的方法，就是各杂志里多设批评。不问社会上的阻碍，他人的怨恨，批评家总是按着真理，秉公出来话公道话。对于政治方面，总当不为强权同金钱所屈，据实把是非揭出，以指导一般的国民。对于社会方面，总当把一切顽固不合科学的思想，极力扑灭，做"国民公敌"，也都不顾；对于书籍的批评，更是要紧，一面应当把世界上有价值的书籍，多多介绍过来，一方面将中国现在市侩流氓害人的书籍，一律打倒，免得青年上当。西洋杂志里的"Book Review"，日本杂志里的"蒲鞭"，往往多至数十页；我们看了他们判断的能力，与提倡学术的热心，能不惭愧吗？

（五）有统系的记事。我每每看到西洋几种著名杂志里的记事，十分羡慕，而我们中国杂志里，偏是没有。现在《东方杂志》里虽有国内外的大事记，但是都是断烂的朝报，毫无意识，（两卷以前的《新青年》里有许多国内外大事记是很好的，现在为体裁所限没有了；现在有而且好的，只有《每周评论》一种。）这种有统系的记事，不但对于国民思想上很有关系，就是对于前面的论说也有关系。（对于政论杂志尤其要紧。）近年来我翻开一本杂志，往往看见前面的论说里，高谈国内外重要的政治问题，大有贾生痛哭陈辞的气概；而我对于这件事的原委，遇有不曾明了之处，常常希望后面有详细的记载。那知道看到后面，记事一点没有，所有的只是香草美人的艳诗，枝离琐碎的笔记，我真不明著者命意所在呢！所以我劝国内办杂志的人，赶快把这些无聊的文苑杂俎去掉，留点精神做些有统系的记事罢。

（六）略加讽刺画。讽刺画是改良社会很有用的器具。为英国的 *Punch* 等，都是专等讽刺画而很有身份的杂志。其余若英美两国 *Review of Reviews* 各种杂志里的讽刺画，都是很有兴趣的。但是讽刺画的宗旨，总要含蓄深而寄托远，规劝多而诟骂少。所以大战时代，英美各杂志上间有使德国过于难堪的讽刺画，真有见识的批评家都不以为然。现在上海也有些人专画轻薄无聊的讽刺画骂人，那更是讽刺画的罪人了。

我以上一番话，我知道读者、编者是有许多早知道了。读者、编者知道而不肯说，而不曾改良，所以我不能不说一番。因为批评的责任，只能够就事论事，而不能问人家心里知道不知道，所以我辞费的地方，还要请大家原谅。有人问我道："你专门批评人家办的杂志，你们自己办的《新潮》怎样呢？"我说："我们在学生时代实在没有能力办杂志；但是因为现在我们中国学问界里太寂寞了，所以我们不得不勉任其难。"——这番话，我们的"发刊旨趣书"里已经说明了的，不必再说。我们的志愿，总想学一个西洋好一点的 Review，或 Monthly，而不想办一个中国式的杂志。然而我们又要读书，又要做文，实在异常苦恼；所以力不从心的地方很多，不完不备的地方也总不免。若是有社会上热心的批评家肯费心来指教指教，我们是异常欢迎的。再谈罢！

驳胡先骕君的"中国文学改良论"*

(1919)

解答几种对于白话文学的疑难

近来有一班"烧料国粹家"拍手称快说道:"好了!好了!提倡中国文学革命的学说倒了!因为近来出了一位'学贯中西'的胡先骕先生做了一篇《中国文学改良论》,把他们这班倡文学革命的人骂得反舌无声,再也不能申辩。这班倡文学革命的人,无非懂得几句西文,所以总拿西文来吓我们。我们因为自己不懂,所以回答他们不来,只好拿出'国粹'的名词来勉励一班青年,不受他们鼓动,现在那料出了一位胡先生,也是'寝馈英国文学'的,把他们的黑幕,一律揭穿,痛快!痛快!"以上这番话都是我亲自在北京听得的。我听得之后,心里想文学革命的学说发动以来,还没听得"学贯中西"的有力反对论。若是反对得有道理,可以指正我们的错误,那我们真是受益多多。于是去找了一本《东方杂志》转载的"文学改良论"来一看。初看第一段说"某不佞,亦曾留学外国,寝馈于英国文学,略知世界文学之源流",我不禁为之狂喜,以为胡君既有如此工夫,必有极精彩的话来见教,巴不得立刻读完这篇大作都是好的。那知道愈读愈失望。读完之后,竟不想作答。不过因为胡君的大作里也引了许多西文的字,我恐怕偶有不懂西洋文学的人,见了另生一种误会,所以不能不按条列出,稍说几句,以明真象。但是我既不曾"留学外国",又没有用过"寝馈于英国文学"的工夫,见不到的地方,还要请胡君同读者指教才是。

---

* 录自《新潮》第一卷第五号,1919 年 5 月 1 日出版,署名"罗家伦"。

（A）自陈独秀、胡适之创中国文学革命之说，而盲从者风靡一时……而盲从者方为彼等外国毕业及哲学博士等头衔所震……某不佞，亦曾留学外国，寝馈于英国文学，略知世界文学之源流……今试平心静气以论文学之改良，读者或不以其头脑为陈腐而不足以语此乎。

此段泛无可驳。但是我想问胡君，现在提倡文学革命的人，几时拿了"外国毕业""哲学博士"的头衔来恐吓大众呢？胡君千烘万托，只是在"某亦曾留学外国，寝馈于英国文学"数语，所以大众对胡君的议论是很注重的。还有"不以头脑为陈腐"数字，也颇足动人。

（B）文学自文学，文字自文字。文字仅取达意，文学则必于达意而外有结构，有照应，有点缀；而字句之间，有修饰，有锻炼，凡曾习修词学、作文学者咸能言之。非谓信笔所之，信口所说，便足称文学也。今之言文学革命者，徒知趋于便易，乃味于此理矣。

文学（Literature）同文字（Language）的分别，我们谈文学革命的学问虽浅，但是不等胡君指示，已经早知道了。现在胡君这段的意思可分两层说：第一，所谓文学，果知胡君所说只"须有结构，有照应，有点缀；字句之间，有修养［饰］，有锻炼"就完了事吗？文学同文字的分别，就是这一点吗？还是另外更有伟大的作用同重要的分别吗？请问胡君，文学是为何而有的？是为"结构"、"照应"、"点缀"而有的呢？还是为人生的表现和批评而有的呢？文学里面有什么特质？是否"艺术"而外，还有"最好的思想"、"感情"、"想像"、"体性"（Style字，昔译作"体裁"，今译作"体性"似较妥当）、"普遍"等等特质？仅有艺术，尚且不成其为文学，况且"结构"、"照应"、"点缀"还不过是艺术中的一小部分吗？至于持字句的"修饰"、"锻炼"来论文学的体用，那更远了！胡君乃以修词学和作文学来骄人，不知 Composition and Rhetoric 一样功课，原不过是外国中学里一样初学作文的规律，所讲的不过是艺术的一小部分，上海一带的中学校早有这样功课了！今有读过两本修词学、作文学的人来谈文学，我想胡君也当嗤之以鼻。胡君既然对于文学的体用和特质不曾明了，请将我集各家学说而定的文学界说写下来，以备参考——

文学是人生的表现和批评，从最好的思想里写下来的，有想像，有感情，有体性，有合于艺术的组织。集此众长，能使人类普遍心理，都觉得他是极明了，极有趣的东西。（此处所谓有趣，系指一切美学上的兴趣而言。）

以上这条界说的解释很长，详见我那篇《什么是文学？》。中国人论事做事，只从枝叶上着想，永不从这件事的体用上着想，所以愈论愈远，愈做愈不中用。几千年的所谓文学家，只是摇头摆膝的"推敲""藻饰"，那知道"推敲"还是"推敲"，"藻饰"还是"藻饰"，文学的体用却还是文学的体用！我那里的乡下人说"茅厕板上雕花"，正是这个道理！我们倡文学革命的，就是要推翻这些积弊，从根本上还出一个究竟来。胡君若是明白这个道理，请更进与论第二层。第二，白话就不可以表现批评人生、传布最好的思想吗？更不能有加之艺术，只如胡君所谓"信笔所之，信口所说"吗？论到上一问题，我以为白话文是最能有想像、感情、体性以表现和批评人生的，最能传布最好的思想而无阻碍的。何以故呢？因为我们人生日日所用的都是白话，我们日日所流露的、所发生的种种感情，都是先从日用的白话里表现出来的。所以用白话来做文学，格外亲切，格外可以表现得出，批评得真。文言做的文学，无论写什么人，或为大总统，或为叫化子，都是一样的腔调，一个模形；而白话做的文学，则一字一句之间，都可以写得入微。写大总统说话的口吻，决不会变叫化子，叫化子不同大总统一样，口里文诌诌[绉绉]的。其余无论写什么人、什么事、什么情、什么境，都可运用自由，不生阻碍，并且可以为各人各事保存他们的个性。《红楼梦》里宝钗的生活言动，决不是黛玉的生活言动；《水浒》里的武松打虎，决不是李逵打虎。论到这个问题，胡适之先生的《建设的文学革命论》有一段很痛快的文章，可以写出来再给大家看看——

> 为什么死文字不能产生活文学呢？这都由于文学的性质。一切语言文字的作用，在于达意、表情；达意达得妙，表情表得好，便是文学。那些用死文言的人，有了意思，却须把这意思翻成几千年前的典故；有了感情，却须把这感情译为几千年前的文言。明明是客子思家，他们须说"王粲登楼""仲宣作赋"；明明是送别，他们却需说"阳关三叠""一曲渭城"；明明是贺陈宝琛七十岁生日，他们却要说是贺伊尹、周公、傅说。更可笑的明明是乡下老太婆说话，他们却要叫他打起唐宋八家的古文腔儿，明明是极下流的妓女说话，他们却要他打起胡天游、洪亮吉的骈文调子！……请问这样

做文章如何能达意表情呢？既不能达意，既不能表情，那里还有文学呢？即如那《儒林外史》里的王冕，是一个有感情，有血气，能生动，能谈笑的活人，这都是做书的人能用活言语活文字来描写他的生活神情。那宋濂集子里的王冕，便成了一个没有生气，不能动人的死人。为什么呢？因为宋濂用了二千年前死文字来写二千年后的活人，所以不能不把这个活人变作二千年前的木偶，才可合那古文家法。古文家法合是合了，那王冕是真"作古"了！

因此我说，"死文言决不能产生活文学"。中国若想有活文学，必须用白话，必须用国语，必须做国语的文学。

诸君若是能把狄更司的 *David Copperfield* 同林琴南所述的《块肉余生述》一对照，便更要明白了。至于论表白各种思想，白话更是容易明白。请问胡君得到一个新思想的时候，还是先有白话的意思呢？还是先有文言的意思呢？我想无论什么人都不敢说，他一有思想，就成文言。若是先有白话的意思，则表白的时候，自己翻成文言，令读者了解的时候，又翻成白话，无论几次翻过，真意全失，就是对于时间同精力也太不经济了。总之文学的生命，是附于人生的；文学的用处，是切于人生的。人生变，故文学不能不变。胡君若是明白这个道理，请更与胡君继续讨论这一层的下一个问题，就是白话文里是否要艺术，而且可以应用艺术。白话文既然是要表现批评人生，抒情达意，自然是要艺术的，这话似乎不发生问题。白话文学里究竟能否应用艺术，只要对于文学有点根本观念，而且知道一点世界文学的，也决不会起这种无意识的疑问。但是胡君以为白话文学为"信笔所之，信口所说"，则我不能够不稍微说几句，胡君读过近代世界上的大文学家如易卜生（Ibsen）、萧伯讷（Shaw）、托尔斯泰（Tolstoy）、屠根里夫（Turgenev）的著作吗？胡君能不承认他们是白话文学吗？胡君也读过中国的《红楼梦》、《水浒》吗？胡君能不承认他们是白话文学吗？这些白话文学是"信笔所之，信口所说"的吗？是人人都能做的吗？论起艺术来，白话文学的艺术，比文言文学的艺术难多了！我前次有几句论白话文学艺术的话，也可录下来请大家参观，白话文学的艺术是难是易，当然就可以明白。

……但是按照美学的道理，艺术只能辅助天然的美，使他愈增其美，决不能以天然的美来强就他的艺术，以天然的美来强就艺术，那就是矫揉的，僵死的。矫揉的，僵死的，就不成其为美。西施的美，决不在擦粉；约翰孙的夫人，再擦粉也不好看。所以希腊人主张画裸体美人，我们主张做白话文学，都是这个道理。若是从极细微的曲线里能够表出自然的美来，才真合乎美学的原理，才是真正的艺术呢！

总之近代心理学美学大发达，几乎各种科学都受他们的影响，世界新文学的创造，也是以他们作根据的。今舍此而不问不知，徒以文言的空架儿来论文学，那就真难说了！

（C）或谓欧西言文合一，故文学甚易，而教育发达，我国言文分离，故学问之道苦，而教育亦受其障，而不能普及。……且言文合一，谬说也。欧西文言，何尝合一。其他无论矣，即以戏曲论。夫戏曲本取通俗也。何莎士比亚之戏曲，所用之字，多至万余，岂英人日用口语，须用如此之多之字乎？小说亦本以白话为本者也。今试读 Charlotte Bronte 之著作，则见其所用典雅之字极夥。其他若 Dr. Johnson 之喜用奇字，更无论矣。且历史家 Maoaulay、Prescott、Green 等，科学家如达尔文、赫胥黎、斯宾塞尔等，莫不用极雅驯生动之笔，以纪载一代之历史，或叙述辨论其学理，而令百世之下，犹以其文为规范，此又何耶！夫口语所用之字句，多写实，文学所用之字句，多抽象。执一英国农夫，询以 Perception, conception, consciousness, freedom of will, reflection, stimulation, trance, meditation, suggestion 等名，询彼固无从知之，即敷陈其义，亦不易领会也。且用白话以叙说高深之理想，最难剀切简明。全试用白话以译 Bergson 之创制《天演论》，必致不能达意而后已。若欲参入抽象之名词，典雅之字句，则又不为纯粹之白话矣。又何必不用简单之文言，而必以驳杂不纯口语代之乎？

这般话最足以淆人听闻。所以我们不能不以极分析的眼光去看他。总看全段的大意，胡君对于我们所主张的白话文学所施的攻击，无一中肯，因为他有两种误解：

（一）他以为我们主张言文合一；

（二）他对于白话的意义不明了。

请先言第一层。主张文学革命最集中的学说，首推胡适之先生的《建设的文学革命论》。胡先生这篇文章的主张，只有"国语的文学，文学的国语"十个大字。乃是说，文学是要用国语来做的，才会成真文学；国语有了文学的性质以后，才是真国语。并没有说："国语就是文学，文学就是国语。"今胡君以为我们主张文言合一，就是把"的"改成"就是"，来同我们辩论，真有洪宪时代上海侦探的本事了。文学的界说与语言的界说不同，所以文言合一的话是我们不承认的。这篇文章还在，请胡君看清楚了再说。现今进一步与胡君论各国文学，是否以语言为根据？谈到这个问题，我要先问胡君，人类还是先有语言呢，还是先有文学呢？若是胡君承认先有语言，则胡君不能不承认文学必以语言为根据。所以世界上的语言不见得就是文学，而世界上的好文学没有不是用当时语言做的。英文创造者 Ohaucer Wycliff 所做文学，就是当年英国中部的语言；意文创造者 Dante、Boccacio 所做的文学，就是当年意大利国内 Tuscany 地方语言。其余若法若德也都是一样。后来时代进化，文学随语言而变更，语言亦随文学而进化，虽然也有"外国桐城派"主张古典文言，但是近代那个真文学家不是以语言为根据？即如胡君所举如马可黎（Macaulay）、达尔文（Darwin）等人的著作诚然不是"信笔所之，信口所说"的语言，但是请问胡君是否能否认他是以语言为根据的白话文学？胡君难道以为那是古典文学吗？Charlotte Bronte 的小说，与近代写实文学，有点影响。即他最著名的 *Jane Eyre* 一书，何曾不是白话？胡君以为他们用了典雅的字，就不成为白话。请问胡君，白话是否专以"引车卖浆"者的语言为限吗？再进一步说，我想请问胡君，什么叫做"典雅"？那类字是典雅那类字是不典雅的，请胡君为我明白分析出来。在文学里的字句，只有适当不适当，没有典雅不典雅。胡君！请你仔细想一想看！至于胡君引到 Dr. Johnson 好用奇字的事以助其说，不知 Dr. Johnson 的著名，纯粹因为他是创造大字典的始祖。至于论到他的著作，就是方才胡君自己所引的马可黎先生，也不免送他一个"虚炫的著作家"（Pompous Writer）的徽号。他的著作也有很多，如 *Vanity of Human Wishes*，*The Idler*，*Rassel* 等，除了几个研究古代文学的人而外，还有谁看呢？这也可以为用死文言来做文学的大戒了！若是论到莎士比亚的戏曲，用到一万多字就不是白话，这样的谬见，就同方才论 Bronte 的话一样。英文有字三十六万，一人一生描写各方面的著作只用一万二千字原不算多。莎士比亚的戏曲虽然注重 Metre Rhythm，但是如 *Halmet*，*Merchant of Venice* 里的种种会话，何曾不是当时的白话？胡君知道莎士比亚是种什么著作家吗？他的戏曲所写的什么人吗？他自己是一个贵族的著作家，他所写的人不外君后太子、贵族、豪商、佳人、才子等等，如何胡君拿他们所用的话来同平民日用起居的话来比呢？胡君既然"寝馈英国文学"，似乎不可忽略这点！退一步而论，就算莎士比亚的戏曲正如胡君所说的一样，但是现在莎士比亚在欧洲文学界的声势，还可以同从前情形作比吗？他生平最著名的剧本 *King Lear* 为 Dr. Johnson、Hazlitt、Shelley 佩服得五体投地的。现在把托尔斯泰批评得一文不值。他本国的大文学家 Bernard Shaw 也同时在 *The Irrational Knot* 一书的序上，把他攻击得身无完肤，列在第二流里。欧洲近代文学里进取的精神，绝非中国崇拜千百年前班马扬刘韩苏欧曾种种偶像的思想所可比拟。可怜我们中国人读了许久的西洋书，谈起戏曲来还只知道莎士比亚，谈起诗来还只知道弥尔敦。这也就真算传到他太先生的"衣钵"了，我想若是一读近代戏剧大家 Ibsen，Shaw，Galsworthy，Wilde 的戏剧，更可以恍然大悟白话的妙用！总之胡君把我们做白话文学的主张，误为文言合一，又把欧洲文学，误会了许多地方，所以我不能不详细辩正；但是我辩正的话，不免涉及第二问题，真是无法的事。今请积极讨论第二问题罢！

现在说到第二层，就是说胡君对于白话的意义，没有明了。现在国内对于白话文学，误会的很多，不只胡君，大约可以分为两种意见：

（1）白话文学只是"引车卖浆"的话，所以不屑道；

（2）白话文学虽为"引车卖浆"的话，但是为"通俗教育"起见，不妨一道。

上一种反对的论调，固可以说是不明白话文学的意义，就是下一种赞成的论调，也是不明白话文学的意义，足为白话文学进行的障碍，今请把白话文学的"白话"二字解释一番。"白话"二字虽然现在还没有专文论述，但是据胡适之先生所发表而为我们一班倡文学革命的人所承认的有三条：

（1）白话的"白"，是"说白"的"白"；

（2）白话的"白"，是"黑白"的"白"；

（3）白话的"白"，是"清白"的"白"。

照第一条看起来，白话既是说白，自必以语言为根据。须知"引车卖浆"的有说白，"文人学士"也有说白。"引车卖浆"者的说白可以入文学，"文人学士"的说白也何尝不可以入文学。只看文学家用的时候各得其当好了。胡君若是一读 Galsworthy 的 *Strife* 一书，再读 Wilde 的 *Ideal Husband* 一书，再一比较，大约不会发生这个误会。按照第二条则白话的本质必须洁白，本质洁白然后有艺术种种可言。所以白话文学，决不是旧套的文言的质地，把几个"之乎者也"换成几个"的呢呵吗"就可以冒充的。再考察第三条则无论做白话如何用艺术，总须清清白白的说过去，本质清白的字句，只要不是典故而能使本文愈增清白的，自然能用；但是决不能堆叠晦涩令人不懂，因为人的审美了解种种天性都是一触即来。文学家决不能转湾［弯］摸［抹］角，令其销磨于无用之地。统观以上的条件，则以白话文学来表现批评人生，传布各种思想，真可以无微不到；以艺术而论，亦非第一流的艺术家莫办。胡君乃反谓其不能讲学理，我真百索不解。这个道理我在驳胡君第二段的话里已说明了，不劳费辞。但是我还要问胡君，对于宋明各儒家的语录，曾经看过吗？他们何以要用白话来讲学呢？（人说白话比文言繁多。我说：诚然现在的白话，似乎比文言繁多；但是白话有比文言繁的地方，也有比文言简的地方。试看宋明人的语录里，就有许多道理为一大片文言说不尽，而为几句白话表过的。至于西洋赫胥黎等的白话文，更是精密万分了，只要有人做，白话文的进步，一定无限。）胡君又拿了许多心理学的名词如 Perception（知觉），Conception（概念），Consciousness（意识），Freedom of Will（意志自由），Reflection（反想），Stimulation（兴奋），Trance（出神），Meditation（凝想），Suggestion（暗示）等，来攻白话文不能说理。不知"名词"是一事，"白话"又是一事。白话里仅可以有专门名词；用在适当的地方，有专门名词并不害其为白话，却不是没有专门名词就不成其为白话。所以 Bergson 的 Creative Evolution 仅管有种种名词，仅管还是白话。譬如胡君现在南京高等师范教书，请问胡君在讲台上说的，是文言呢？是白话呢？若是胡君承认说的是白话，请问白话之中，有否名词呢。胡君引心理学的名词来攻击白话文，已经是大大的误解，还要想拿了这些名词去问农夫。哼！胡君！什么是心理学？总观以上的话，用白话文学不但可以表现、批评人生，施用艺术，而且可以讲明一切的学理。白话文学自有白话文学本身的价值，巨大的作用，决不是仅为"通俗教育"而设的教育普及，乃是国语的文学成立后一部分当然的效果。我们做白话文学，是要去做"人的文学"，作人类知识全部分的解放，断不为了他们的所谓"通俗教育"才来如此。请大家不要把范围和因果误会！因为胡君只知道戏曲取"通俗"，所以我推论及此。

现在正意思已经驳完，胡君的话，还有费解的地方，就是说："口语所用之字多写实，文学所用之字多抽象。"请问胡君，"写实"、"抽象"两个名词如何解法？若是说人人口语所说的字多半是"吃饭"、"喝茶"、"棹子"、"板凳"一类的字，而文学所用的都是"玄黄"、"苍冥"、"死生"、"大化"一类的字，则决无这个道理，我想胡君也决不会作如此想。若是胡君拿文学里眼光来看他，则我只知道文学里的写实主义，只问所写的是实有其情，实有其事，实有其境没有，不知道所用的字里，还有什么"写实""抽象"的分别。胡君若是要用这个名词，请将近代"写实主义"Realism 一派详细研究过后，再来使用。

（D）且古人之为文，固不务求艰深也，故孔子曰："辞达而已矣。"今试以《左传》、《礼记》、《国语》、《国策》、《论》、《孟》、《史》、《汉》观之，除少数艰涩之句外，莫不言从字顺，非若《书》之盘庚大诰，《诗》之雅颂可比也，至韩欧以还之奇僻为戒，且有因此而注入枯槁之病者矣。此等文学苟施以相当之教育，犹谓十四五龄之中学生，不能领解其义，吾不之信也。进而观近人之著，如梁任公之《义大利建国二杰传》《噶苏士传》，何等简明显豁，而亦不失文学之精神，下至金圣叹之批《水浒》动辄洋洋万言，苟不痛快淋漓，纤悉必达，读者几于心目十行而下，宁有艰涩之感，又何必白话之始能达意，始能明了乎？凡此皆中学学生能读能作之文体，非《乾凿度》、《穆天子传》之比也，若以此为犹难，犹欲以白话代之，则无宁铲除文字，纯用语言之为愈耳。

这段话的最初，胡君引孔子"辞达而已矣"的话来做他的文学界说，却自己把"文学"同"文字"浑而为一谈了。（此处之"辞"字，原作"文字"（Language）解，语详《什么是文学?》一篇中。）这话姑且不提。今试分析胡君这篇的大意，约有两层：

（1）大家应当做韩欧以还八大家及桐城派的文章；

（2）此而不得，则亦得做《新民丛报》一派的文章，但是决不可以做白话。

胡君这两层意思，都是以为我们用白话文的目的，不过避难就易，同方才他说白话文学只为通俗而设的话差不多。不知白话文学自有本身的价值，巨大的作用，已如我前文所说。今胡君既提出这两条意见来，则我岂敢惮烦。今且就这两条意见而论：第一，文学最重要的体用，既是表现批评人生和传布最好的思想，今就前项而论，则韩欧八家以及桐城派的不足以充分表现批评人生，已于那篇《建设的文学革命论》说得清清楚楚。就后项而论，则古文不能说理，非用白话不可，已有宋明诸儒的语录为证。而且曾国藩也说"古文无所往而不宜,惟不宜于说理",曾氏的确"寝馈"于古文多少年,也算百余年来古文里杰出的人物,还说这句话,今胡君若是以为古文说理也宜,那胡君的古文程度,想必比曾氏还深了!至于说不用奇僻的字,就把文学"流于枯槁之病"的话,则更是奇闻。文学的枯槁不枯槁,首当问实质的多不多,不在乎奇僻字的少不少。古文只顾外形,言之无物,自然枯槁了,与他事何涉。第二,《新民丛报》一类的文字所以不及白话文的地方,有最大两种:(一)不以语言为根据,所以表现批评人生,不及白话文的真;(二)浮词太多,用来说理,不及白话文的切。总之这是一种过渡时代的文学,开始创造的梁任公先生,前次同我一位朋友谈起从前《新民丛报》里的著作,自己再三劝人莫提。现在梁先生身身做白话文已经许久。创作的人倒已经改了,而胡君反劝人去学他的往辙,岂非怪事。

　　(E)更进而论美术之韵文。韵文者,以有声韵之辞句,传以清逸隽达之词藻,以感人美术,道德,宗教之感想者也,故其功用不专在达意,而必有文采焉,而必能表情焉,写景焉,再上则以造境为归宿。弥尔敦、但丁之独绝一世者,岂不以其魄力之伟大,非常人之所能摹拟耶。我国陶谢李杜过人者,岂不以心境冲淡,奇气恣横,笔力雄沈,非后人所能望其肩背耶。不务于此,而以为白话作诗,始能写实,能述意,初不知白话之适用与否为一事,诗之为诗与否又一事也。且诗家必不尽用白话,征诸中外皆然。彼震于外国毕业,而用白话为诗者,曷亦观英人之诗乎。Wordsworth,Browning,Byron,Tennyson,此英人近代最著名之诗家也。如Wordsworth之《重至汀潭寺》(Tintern Abbey)诗,理想极高洁而冲和,岂近日白话诗家所能作者。即其所用之字,如Selcusion,sportive,Vagrant,tranquil,tririol,aspect,sublime,serene,Corporeal,perplexity,recompenes,grating,interfused,behold,ecstasy等,岂白话中常见之字乎。其他若Bergson之The Prisoner of Chillon,Tennyson之aenone,Longfellow之Evangeline,皆雅正之音也。至Browning之Robbi Ben Ezra,则尤为理想高超之作,非素习文学者,不能穷其精蕴,岂元白之诗爨媪皆解之比也。其真以白话为诗者,如Robert Burns之歌谣,《新青年》所载Lady A. Lindsay之Auld Robin Gray等诗是然,亦诗中之一体耳。更观中国之诗,如杜工部之《兵车行》、《赠卫八处士》、《哀江头》、《哀王孙》、《石壕吏》、《垂老别》、《无家别》、《梦李白》诸古体，及律诗中之月夜，《月夜忆舍弟》，《阁夜》，《秋兴》，诸将诸诗，皆情文兼至之作。其他唐宋名家，指不胜屈，岂皆不能言情达意，而必俟今日之白话诗乎。如刘半农之《相隔一层纸》一诗，何如杜工部之"朱门酒肉臭，路有冻死骨"十字之写得尽致。至如沈尹默之《月夜》诗，"霜风呼呼的吹着，月光明明的照着，我同一株最高的树并排立着，却不靠着"，与鸽子牢羊诸诗，直毫无诗意存于其间，真可覆瓿矣。试观阮大诚之《村夜》"坐听柴扉响，村童夜汲还，为言溪上月，已照门前山，暮气千峰领，清宵独树间，徘回空影下，襟露已斑斑"，其造境之高，岂可方物乎。即小诗如"小娃撑小艇，偷采白莲回。不解藏踪迹，浮萍一道开"，亦较沈氏之月夜有情致也。不此之辨，徒以白话为贵，又何必作诗乎。

不特诗尚典雅，即词曲亦莫不然。故柳屯田之"影妳妳兰心蕙性"之句，终为白圭之玷。比之周清真之"如今向渔村水驿夜如岁，焚香独自语"，同一言情而有仙凡之别。然周之"许多烦恼，只为当时一晌留情"之句，犹为普通人所诟病焉。至如曲，则《牡丹亭》原来"姹紫嫣红开遍"一折，亦必用"姹紫嫣红"、"断井颓垣"、"良辰美景"、"赏心乐事"、"雨丝风片"、"烟波画船"、"锦屏人"、"韶光"诸雅词，以点缀之，不闻其非俗语而避之也。且无论何人，必不能以俗语填词，而胜于汤玉茗此折之绝唱，则可断言之矣。

胡君这两段文，本都是论韵文的，所以可相合而论，统观这两段的意思，不过说白话不能做韵文，即做亦不能胜文言，不但在中文如此，即在西文亦如此。今为讨论便利起见，请分三层说：

第一，诗（包括一切韵文）的体用特质是什么？文学是人生的表现和批评，最好的思想里写下来的，自然诗也如此。黑德森（Hudson）在《诗的研究》一篇说，"诗是人生最要紧的表现"；华次华斯（Wordsworth）在《诗的研究》一文里说，"诗是人生的批评而有美感，有真理的"；卡来尔（Carlyle）《诗的辩护》一文里说，诗是"有音韵的思想"（Musical Thought）。这些话本来可以不必引的，不过因为恐怕大家误会，以为诗的体用与一切文学，必有大不同的地方，所以不妨写下来。诗与其他文学稍有不同的地方，只是因为他特别注重三种：（一）想像；（二）情感；（三）音韵。所以无论什么诗，只是有思想能表现批评得人生好，而有那几种特质，就是好诗。因为人类有惊异，欢乐，恐怖，感奋种种心理，所以诗由之而生以表白主观客观两方面，并不是如胡君所谓要"感人美术道德宗教"方才有诗的。什么性格的人有什么性格的诗，也不是如胡君所说一定要"魄力伟大"、"心境冲淡"、"奇气恣横"、"笔力雄沈"，而且须"非常人所能摹拟"、"后人所能望其肩背"种种不着边际的资格，才能算诗的。不明白根本的道理，而斤斤于文言白话，我也大惑不解了！

第二，白话究竟能否为诗，白话诗是否能及文言诗？诗的体用和特质如上文所说，则白话可以为诗，自无疑义。白话可以把人生表现批评得真切，而且声韵亦近自然。白话诗可以比文言诗好，亦无疑义。胡君的"初不知白话之适用与否为一事，诗之为诗又一事也"一语，几乎不承认白话可以为诗，幸得杜工部有几首用白话做的《赠卫八处士》、《石壕吏》等，胡君还承认他为诗，而且称赞他为情文并至，那真是白话诗的大幸！至于近来白话诗在创作时代，自然不能完备，胡君能据此以否认白话不能作诗，而且白话诗永不及文言诗吗？胡君所引的杜工部的"朱门酒肉臭，路有冻死骨"二句，何曾不是白话。至于沈尹默先生那首《月夜》颇足代表"象征主义"（Symbolism），请胡君看懂之后，再来谩骂。至于汤玉茗的《皂罗袍》一曲，原不是完全的好辞，所以曹雪芹也只肯采他几句，而所采之句，如"姹紫嫣红"、"良辰美景"，也都是清清白白为我们文人口里常说的话。请问胡君说这话的主人翁是谁？论到下半段"朝飞暮卷，云霞翠轩，雨丝风片，烟波画船，锦屏人忒看的这韶光贱"几句，则因为堆叠的关系，有许多讲不通的地方，即以词曲的眼光而论，也不能算好。胡君推为绝唱，且请胡君先把中国词曲"寝馈"一番。胡君说："且无论何人，必不能以俗语填词，而胜于汤玉茗此折……"唉！不知胡君，也看过李后主、辛稼轩的集子和元曲里一两部马东篱、郑光祖、关汉卿的著作吗？至于胡君所引的阮胡子的诗，和批评柳屯田、周清真的词的话，稍有中国文学眼光的人自能辨别，不劳我多说了！现在谈中国诗词的语已完，请进与胡君论英国诗。胡君引了一首 Wordsworth 的《重至汀潭寺》（Tintern Abbey）诗，列出 Seclusion（离居）、Spotive（游戏）、Vagrant（浪人）、Tranquil（平静）、Tririol（这个字不但这首诗里没有，连字典上恐怕也找不出，想是原诗第三十四行 Trivial（琐碎）一字之误拼）、Aspect（光景）、Sublime（高大）、Serene（晴朗）、Corporeal（有形体的）、Perplexity（纷乱）、

Recompenes（酬谢）、Grating（激怒）、Interfused（夹入）、Behold（看见）、Ecstasy（喜不自胜）等字来，以为不是白话所应有的。不知胡氏所举的 Seclusion、Spotive、Vagrant 等字，本是极平常的；如 Aspect、Sublime、Perplexity、Behold 等字，虽读过两三本课本的人，都可以认得，不过植物学课本上不经见罢！就算 Wordsworth 这首诗用得字多一点，但是白话诗所用的只能用"引车卖浆"的所用的字吗？Wordsworth 痛恨当时 Pope 等古典主义的诗。文学革命之风始于苏格兰后，Wordsworth 同他的朋友 Coleridge 同住在英伦本部 Somerset，提倡文学革命，极力做白话诗。他们两个人第一次合刊了 *Lyrical Ballads* 一书。Wordsworth 这首 Tintern Abbey 和 Coleridge 的 The Rime of the Ancient Marinere，正是这本白话诗集里的最好两首白话诗。Wordsworth 还是一位文学革命家呢！至于胡君以为 Byron，Browning，Longfellow 诸人的诗岂"爨媪皆解"，则其意尚谓白话诗也是专为"通俗教育"而设，那我也不必再说了。胡君既以"白话之适用与否为一事，诗之为诗与否又一事"，则胡君亦承认"如 Robert Burns 之歌谣……Lady A. Lindsay 之 Auld Robin Gray 等诗……亦诗中之一体"吗？以上把白话是否可以为诗及关于西洋诗的辨正说明白了，请更进与胡君论西洋新诗的潮流。

第三，西洋近来新诗潮流是怎么样？我可简单先说一句，白话不限韵的诗大盛。今舍他国而不言，请先谈英国文学。英文诗里的规律被历代的诗家弄得极严，有 Verse（此等字颇难在中文里寻出恰合的名词，似可译作韵语）、Metre（似可译作格律），其中又分 iambic、trochaic、anapaestic、dactylic、amphibrachic 种种限制，所以虽然形式非常整齐，精神日渐消灭。十八世纪的末叶，一班诗人就问道：还是我们为性灵而有诗呢？还是为形式才有诗呢？Philip Sidney 曾经说过："Verse 不过是诗的一种装饰品，而不是诗的本源。"Coleridge 经过多少研究也说道："最高等的诗，没有 Metre 也能存在。"（Poetry of highest kind may exist without metre）于是一班文学革命家，纷纷以白话做诗，卒把古典主义推倒。等到十九世纪的末叶，当年的白话诗又展转成了一种形式，于是有位新文学大家 Whitman 出来，提倡绝对自由不限韵的白话诗。初做的时候也免不了大家的疑惑，但是他们从诗的本体源流，同新诗的特质研究一番，也就恍然大悟。继续出了 Synge 同 Yeats 两位大文学家，从历代的诗细细研究的所得，知道历代最好的诗，都是用当时的语言做的，于是他们也就极力创造白话不限韵的新诗，成了许多杰作，新诗的势力，从此日见发扬。Yeats 在芝加哥说道："我们现在不但要废除旧诗里修词方法，并且要废除一切诗里用字的限制（Poetic Diction）。凡有是不自然的东西，都要去掉。我们的诗，总要像说话的神情，像极清楚的散文样子。我们所要做的，正是我们心里所要叫出来的"。总观近代新诗的特色约有几种：

（一）重精神而不重形式；

（二）用当代的语言；

（三）绝对的简单明了；

（四）绝对的诚实；

（五）音节出乎"天籁"。

有前三条所以表现批评人生，可以格外亲切。绝对诚实，即所谓 Poetic Truth，也是新诗的特质，所以决不许有胡君大作里"繁霜飞舞"一类的词句。至于说到"音节出乎天籁"一层，更比讲 Verse、Metre 的难了。（近来有许多随便做白话诗，及以为白话诗可以随便做成的人，也要受此警告。）Synge、Yeats 诸人不但是英文学界的太［泰］斗，并且对法国及世界文学界也很有势力。我盼我们谈英文只知道弥儿敦、滕尼孙的人，对于近代这样的世界文学家，也不可不大家起来研究！

（F）以上所陈，为白话不能全代文言之证。即或能代之，然古语有云，利不十不变法。即如今日之世界语虽极便利，然欲以之完全替代各国语言文字，则必不可能之事也。且语言若与文字合而为一，则语言变而文字亦随之而变。故英之 Chaucer，去今不过五百余年，Spencer 去今不过四百余年，以英国文字为谐声文字之故，二氏之诗，已如我国商周国文之难读。而我国则周秦之书，尚不如是，岂不以文字不变，始克臻此乎。向使以白话为文，随时变迁，宋元之文，已不可读，况秦汉魏晋乎。此正中国言文分离之优点，乃论者以之为劣，岂不谬哉。且盘庚大诰之所以难于尧典舜典者，即以前者为殷人之白话，而后者乃史官文言之记述也。故宋元语录与元人戏曲，其为白话，大异于今，多不可解，然宋元人之文章，则与今日无别。论者乃恶其便利，而欲增其困难乎。抑宋元以上之学，已可完全抛弃而不足惜，则文学已无流传于世价值，而古代之书籍可完全焚毁矣。斯又何解于西人之保存彼国之古籍耶。且 Chaucer、Spencer 即近至莎士比亚、弥尔敦之诗文，已有异于今日之英文，而乔斯二氏之文，已非别求训诂，即不能读，何英美中学尚以诸氏之诗文教其学子，而不限于专门学者，始研究之乎。盖人之异于物者，以其有思想之历史，而前人之著作，即后人之遗产也。若尽弃遗产，以图赤手创业，不亦难乎。某亦非不知文学须有创造之能力，而非陈陈相因，即尽其能事者，然亦非既能创造，则昔人之所创造便利唾弃之也。故瓦特创造汽机，后人必就瓦特所创造者而改良之，始能成今日优美之成绩，而今日之汽机，无一非脱胎于瓦特汽机者，故创造与脱胎相因而成也。故史汉创造而非模仿者也，然必脱胎于周秦之文。俪文创造而非模仿者也，亦必脱胎于周秦之文。韩柳创造而革俪文之弊者，也亦必脱胎于周秦之文。他若五言七言古诗五律七律乐府歌语词曲，何者非创造亦何者非脱胎者乎。故欲创造新文学，必浸淫于古籍，尽得其精华而遗其糟粕，乃能应时势之所趋，而创造一时之新文学。如斯，始可望其成功。故俄国之文学，其始脱胎于英法而今远驾其上，即善用其遗产，而能发扬张大之耳。否则盲行于具茨之野，即令或达，已费尽无限之气力矣。故居今文而言创造新文学，必以古文学为根基，而能发扬光大之，则前途当未可限量，否则徒自苦耳。

这一段文章，也是一班"烧料国粹家"所击节叹赏的。照他的原文分析起来，约有三层大意：

（一）白话文容易变迁，不便后世；

（二）做白话文不能保存古籍；

（三）凡事只有"脱胎"，没有"创造"。

今请先就第一层而论。胡君以为白话变迁不定，一有变迁，后人完全不懂，则此日之文化全失，所以白话绝对不能做。这话似乎虑得周到，但是实在是"空着忙"。请问胡君知道凡事进化的阶级吗？语言的进化，是否今天用这种，明天忽而就全体改变得了吗？这种语言，或文学，若是完全适用，继起者自然能够保存。若是有不完备的地方，继起者当然会去改良，改良之后，自然有较良的保全存在。若是不适用，则胡君又何能强继起者以保存呢？若是专为后代考古家设想，则请问胡君，还是现在人类的利害要紧呢？还是将来考古家的利害要紧呢？胡君引 Chaucer、Spenser（按胡君原文作 Spencer，又称其生于四百年前。四百年前只有这个"Spenser"，没有那个"Spencer"，想系拼误。那个"Spencer"乃十九世末叶的社会学大家）的书，来做白话变迁迅速的证据，不知 Chaucer 等为当时首创国语的人，自不能十分完备，所以后改良的地方很多。迨英国国语的文学成立以后二三百年的著作，胡君能看得懂吗？宋元语录与元曲中虽有难懂之处，要亦极少，而且无害大意。现在看宋元诸家的《语录》和《元曲选》正多得很呢！想胡君亦有所闻。国语尚未成立，而白话文学保持至今，还有这样的成绩，实在难得。

第二层，胡君以为做白话文不能保存古籍。不知做白话文是一件事，考古又是一件事。两个问题不一样，决不可合为一谈。请问胡君，我们是为人生而有的，还是为考古而有的？至于说西洋中学校里授及 Chaucer 等人的书，也只一两种，不过教青年知道一点文学变迁的源流。他们所注重的教课是古代文学呢？还是近代文学呢？他们教子弟所学做的，是 Chaucer 的文学呢？还是现代国语的文学呢？稍微知道一点西洋情形的人，自然可以知道了！

第三层，只有脱胎没有创造的话，一班脑筋不清楚的人听了，颇为点首。按照道理一想，实在是说不过去的。胡君所谓"创造"同"脱胎"的真正分别是什么？胡君谓"推陈出新，是为脱胎"，而对于"创造"，并没有定义。看"若尽弃遗产，以图赤手创业"一语，似谓"创造"系无中生有。如此，则"创造"与"脱胎"的性质绝对不相谋。一件事有"创造"就不能有"脱胎"，有"脱胎"就不能有"创造"。而胡君论文，又谓"何者非'创造'何者非'脱胎'"，这种惝恍迷离、各不相谋的话，律以逻辑，只有一笑。请问胡君，现在科学上的所谓的"创造"，是否绝对的无中生有，如宗教家所谓"上帝口里说有光就有了光"一样？按照进化论的道理，万物的进化，都是由于适合。适合不外被动自动两种：被动的适合，都是由于天然的偶合，所以这生物自己不能作主，全凭天择，他的命运，最为危险。自动的适合，是这生物的境遇，本来与他不适合，而他能以自己的力量，战胜境遇，使他适合。世界的进化，全靠这种自动的适合。这种自动的适合，全靠着创造性。所以近代的学者，极力提倡创造，如柏格森（Bergen）著《创造进化论》（*Creative Evolution*），杜威（Dewey）等著《有创造性的智慧论》（*Creative Intelligence*），罗素（Russell）等提倡创造，更是不遗余力。我们的"创造"学理，既以进化学说为根据，则自不能不用已有的材料。"用已有的材料方可从事创造"一句话我们是承认的。我们同胡君主张不同的地方只是，胡君所注重的仅是这句上半句"已有的材料"，而攻击我们"创造";我们则注重下半句"从事创造",当然以已有的材料为用。我以为没有创造,就没有自动的适合。人生当专守着已有的材料去等被动的适合,人类的文化也就危险了!有人以为我们创造新文学不用文言,就是不用已有的材料。这话真不值一驳。近代日日所用的白话不是已有的材料吗?文言以外就没有创造文学的材料吗?"略知世界文学源流"的人,也不说这样的幼稚话!胡君引向来中国绝无的世界语以比中国向来所有的白话,律以逻辑,也是不伦不类。胡君以"俄国之文学出于英法而今远驾其上",诚然诚然。但胡君此语,适足以证明文学创造之功,因为俄国人受英法文学精神影响而后就发生一种觉悟,用他们本国的白话,去创造了现在的新文学。这个情形,正同我们现在的文学革命一样。总之人类文化是大公的,取人之长补己之短,原是不足为耻的事。从前法国文学影响英国,后来英国文学影响法国;从前英国文学影响德国,后来德国文学影响英国。一看欧美文学进化史,则展转影响,不可胜数。而且进步也都是由互相接触得来的。中国这次文学革命,乃是中国与世界文学接触的结果,文学进化史上不能免的阶级,请大家不要少见多怪罢!

现在我把胡君文原的驳完了。胡君此文的全体,名为《中国文学改良论》,实是自己毫无改良的主张和办法,只是与白话文学吵嘴。而且意义、文词,都太笼统,不着边际。所以我把各段分析开来的时候,多费了许多唇舌,实在对读者不住。我驳此文的原因,虽然一方面要辨明胡君对于文学革命和中西文学的误解,一方面也是借问难的机会,多说明一番我们文学革命的主张。自己费了十几点钟的时候,又费了读者许多时候,心中十分难过。

但是我为在驳完此文之后,心里有几种感想,不得不写下来,请大家留意一点,不但同文学革命有关系的,并且同种种思想革命也很有关系:

第一,我们要承认人生的价值。艺术是为人生而有的,人生不是为艺术而有的。俄国的文学何以推作现代最大最好的文学呢?就是因为俄国近代的大文学家如 Turgenev, Tolstoiy, Audrcet Gorki 都是这个主张。法国以前的文学稍微偏于艺术,但是现代大文学家 Romain Rolland 出来以后,也就把思想转移过来了。我们不可永落人后呢!

第二,承认时代的价值。人生所占的不过一个时代,所以我们承认人生的价值,不能不承认时代的价值。我们在这个时代,就当做这个时代的人，说这个时代的话，何必想去做几千百前的死人？不然，哲学上谓之"时代错误"。

第三，承认分析研究的价值。世界上的事，因果非常复杂，要谈某事，非把某事做过一番分析研究，然后从研究所得，选取最精的出来提倡。譬如谈西洋文学，须知西洋固有好的白话文学，也有老古董的古典文学，决不可以为西洋文学都是好的。赞成的人应当如此研究，反对的人更应当如此研究。所以我告诉现在的中国人说："诸公且慢点赞成、反对'新文学'，'新文学'也要几分研究"！

写到此地，想到胡君此文之中，独有劝我们不要相信"外国毕业"的一层意思，是很对的。所以亚里士多德说："吾爱吾师，吾尤爱真理。"我记得去年陶孟和先生在《新青年》上有篇短文，也同胡君很有同情，今请写下来以质胡君及读者：

> 留学生最简单之界说，即曾到过海外之意。曾为学生与否，曾从事学问与否，曾得到真学问与否，果能用其所学以济世与否，概不可知，要亦不必为今日所谓留学生必备之资格也。……旅游最能增扩见闻，进益知识，某厨丁滞留于欧洲者十余载，归来询其所知，惟有鱼肉蔬菜之名及价值，并西语且未能娴熟，更何论彼邦文学界之明星若 Bernard Shaw、H. G. Wells、Anatole France、Sudermann 诸氏乎？噫！

（按）胡君此文仅成上篇，下篇至今未见，而持此篇来质问我的已经很多，所以不及久待，先成此文，请胡君及读者谅之！

志希附识。八年四月九日

复杨钟健函——新潮社员此后自当极力从建设方面切实筹画[*]

(1919)

　　杨先生：来书将社会上误会本志的议论，和先生的意见相告，感谢感谢。今可概括原意，简单作答。大约可分两层：

　　第一，我们以为要改革社会，必须社会里的分子，先有自觉心。使他自己觉得他自己的地位、责任、人生的价值种种，方才能够自己设法去改良。若是人家为他设法改良，他方才能够容纳，不至于反怪他人多事。不然，就是背老虎上树，不但老虎自己不动，并且背的人还出力不讨好呢！可怜我们的现在中国人，更可怜我们现在中国的青年，受了几千年圣贤的欺骗，万恶社会的薰〔熏〕陶，黑暗家庭的压制——他们的心理，以为"我们都受过这种苦来的，你们后生难道受不得"。——于是昏昏沉沉，做一世的牛马，还以为是应该的。有人去解放牛马，不免被牛牴两角，马弹一蹄。唉，杨先生，你说中国人谁不知中国家庭是苦的，但是我请问你，他们知道这种苦并不是他们所应当受的有几个人？到了苦不可言的时候，他们不过暗地里洒几点眼泪，怨自己生坏了命罢了！先生以为他们已经知道苦了，若是知道这个道理，岂不是苦中苦。我以为真正的幸福，是从真正的自觉心里生出来的，真正的自觉心，又是从先生所谓的"苦中苦"里生出来的。处于这种情形，这种理论之下，所以我们见了不忍，对于现状极力攻击，无非想打破"非人主义"，而极力唤醒"人"的生活。我们的话，句句都想为实在的情形说法，而社会上居然有以不关痛痒，为一群枯骨而作的翻案论调相比拟，我们也只得一笑答之。难道他们以为以前的"非人主义"是各事的正当方面吗？

　　* 原文载于《新潮》第一卷第五号，1919 年 5 月 1 日出版。录自《罗家伦先生文存》第 7 册，第 3 页，国史馆、中国国民党中央委员会党史委员会 1988 年 12 月 21 日版。

第二，社会问题，非常复杂，决非忽[匆]促所能解决，亦非三五人或一部分人所能解决的。现在虽然没有适当的方法可以解决，但是问题仍然可以提出，以促起大众的注意。因为要解决一个问题，必先有大众对于这个问题本身的觉悟，继之以观察，继之以讨论，再继之以试验；试验以后，又经三番五次的改正，才有圆满的效果。所以欧、美各国，现在还有几十年前提出，而至今尚未解决的问题。此后我们新潮的社员，自当极力从建设方面，将各问题切实筹画一番，但是也很望全国的人，一同起来研究，才能收良好的结果。若能如此，真是同社傅君所谓"夜猫子叫醒雄鸡"了。

以后如能将对于本社的意见相告，尤为欢迎。四月三十日，记者志希。

五四运动宣言[*]
（1919）

现在日本在国际和会，要求并吞青岛，管理山东一切权利，就要成功了。他们的外交，大胜利了。我们的外交，大失败了。山东大势一去，就是破坏中国的领土。中国的领土破坏，中国就要亡了。所以我们学界，今天排队到各公使馆去，要求各国出来维持公理。务望全国农工商各界，一律起来，设法开国民大会，外争主权，内除国贼。中国存亡，在此一举。今与全国同胞立下两个信条：

（一）中国的土地，可以征服，而不可以断送。

（二）中国的人民，可以杀戮，而不可以低头。

国亡了，同胞起来呀！

民国八年五月四日上午十点钟，我方从城外高等师范学校回到汉花园北京大学新潮社，同学狄福鼎（君武）推门进来，说是今天的运动，不可没有宣言，北京八校同学推北大起草，北大同学命我执笔。我见时间迫促，不容推辞，乃站着靠在一张长桌旁边，写成此文，交君武立送李辛白先生所办的老百姓印刷所印刷五万张；结果到下午一时，只印成二万张分散。此文虽然由我执笔，但是写时所凝结的却是大家的愿望和热情。这是五四那天惟一的印刷品。

著者谨志

---

[*] 本文写于 1919 年 5 月 4 日，收入《黑云暴雨到明霞》，重庆商务印书馆印行，1943 年 7 月出版。该文辑入《罗家伦先生文存》第 1 册，第 1 页。

"五四运动"的精神[*]

（1919）

什么叫做"五四运动"呢？

民国八年五月四日北京学生几千人因山东问题失败在政府高压的底下，居然列队示威，作正当民意的表示。这是中国学生的创举、是中国教育界的创举，也是中国国民的创举。大家不可忘了！列队示威在外国是常有的事，何以我们要把他看得大惊小怪呢？

不知这次运动里有三种真精神，可以关系中国民族的存亡。

第一，这次运动是学生牺牲的精神。从前我们中国的学生，口里法螺破天，笔下天花乱坠，到了实行的时候，一个个缩头缩颈。比起俄国朝鲜的学生来，真是惭愧死人哩！惟有这次一班青年学生，奋空拳、扬白手，和黑暗势力相斗，伤的也有，破相的也有，因伤而愤死的也有，因卖国贼未尽除而急疯的也有。这样的牺牲精神不磨灭，真是再造中国的元素。

第二，这次运动，是社会裁制的精神。当这个乱昏昏的中国，法律既无效力，政治又复黑暗。一班卖国贼，宅门口站满了卫兵，出来坐着飞也似的汽车，车旁边也站着卫兵。市民见了敢怒而不敢言，反觉得他们有神圣不可侵犯的样子。他们也未始不微微笑道："谁敢动我！"那知道一被手底无情的学生，把那在逃的吓得如丧家之犬，被捉的打得发昏之十一章①。他们那时候才知道社会裁制的利害！这次学生虽然没有把他们一个一个的打死，但是把他们在社会上的偶像打破！以后的社会制裁，更要多哩！我敢正式告我国民道：在这无法律政治可言的时候，要

---

* 录自《每周评论》第二三期，1919 年 5 月 26 日出版。

① 疑有误，原文如此。——编者注

想中国有转机，非实行社会裁制不可！

第三，这次运动，是民族自决的精神。无论什么民族，都是不能压制的。可怜我们中国人，外受强国的压制，内受暴力的压制，已经奄奄无生气了。当这解放时代不能自决，还待何时？难道中国人连朝鲜印度人都不及吗？这次学生不问政府，直接向公使团表示，是中国民族对于自决的一声；不求政府直接惩办卖国贼，是对内自决的第一声。这次运动是二重保险的民族自决运动。

总观以上的理由，我也不用多说了。只是高呼道：

学生牺牲的精神万岁！

社会裁制的精神万岁！

民族自决的精神万岁！

杜威博士的《学校与社会》*

（1919）

　　杜威博士是当今世界上最大的教育家。《学校与社会》又是杜威博士很重要的书，所以我不能不尽一点介绍的责任。

　　读者要懂得这本书的价值，请先想一想中国现在学校的状况。中国办学校虽然多年，请问现在中国社会所得到学校的利益有多少？现在中国第一个危险，不是学校的毕业生愈多，而社会愈不见进步；不但社会不见进步，而且一班不稂不莠的毕业生，在社会上一点不能尽力，而且有害社会上经济生活的安宁吗？我们试平心静气想一想，一班小学毕业生出来没有用固不必说，就是中学生毕业以后，不上不下，能够做什么？——固然是社会不要他们做什么，然而他们自己那里有去做的能力？至于大学或高等学校的学生，知识虽然完备一点，然而毕业以后，不是改行，就是变节。请问这样的学校，办得有什么用处？这实在是一个大难题。要解答这种问题，请言杜威博士的学说。

　　杜威博士对于学校的基本观念，就是要使"学校的生活建设在社会的基础上"（参观一四页）。换句话说，就是要使"学校就是社会，教育就是生活"，然后可以"从学校里得到真正适应社会的人材，以创造进化的社会"。从前学校不良的效果，都是旧教育的罪过。旧教育实在有几种根本观念错误的地方：

　　（1）不以儿童为完全的人；

　　（2）不以儿童为有本能，可以自动。

　　因为他不以儿童为完全的人，所以他把儿童全个的生活，分做几部分；全个的教育，也分做几部分。必须几部分全体经过以后，才能算是

---

　　* 录自《新潮》第二卷第一号，1919 年 10 月出版，署名"志希"。

人。譬如树一样，他将一株树强勉锯做几段，然后将几段一齐拼拢来，才可以算是一株树。所以现在学校最可悲的弱点，就是专门想预备儿童将来社会的生活，而忘记了儿童现在就有社会的生活（参观一二页）。他却不知道小树虽小，也是一株完全有生活的树；善种树的人乃是将一株完全的树培养好来的，决不是分开一段枝、一段叶可以培养好的。"儿童的生活，也是一种继续不断的生长（Continuing Growth）"。无论在那级教育里，他们都是一个完全的人，都有完全的社会生活。所以无论他们何时离开学校，也是一个完全的人，也能适应完全的社会的生活。先有了当儿童是人的观念，然后有儿童的本能自动教育可言。旧教育不以儿童为人，所以他当然不以儿童为有本能，为能自动。他只以儿童是静的，收受的。同一个空球一样，教的人想装什么进去，就装什么进去；又同一块白蜡一样，教的人想把他捏成什么样子，就成什么样子。（参观杜威博士《现代教育之趋势》一篇。）这样的教育，那能造成自由发展的个人，以创造永久进化的社会。新教育能推翻这样的观念，以为儿童是有本能的，活动的，不仅能受而是能发的，所以造就出来的人材，自然是有人格的，有生气的，能创造的了。

这样新旧教育学说的变迁，不但根据社会的现状，并且根据于很深的心理学。新旧教育学说不同的地方，正是新旧心理学不同的地方。新旧心理学对于这个问题最不同的，共有三点：

（1）旧的心理学以为人的心理，纯粹是个人的事，与外界没有关系的，只是世上孤单的一件东西。而新的心理学则承认个人的心理，不过是社会生活一部分的机能，自己不能单独发展，常受社会不断的刺激和滋养（九一页至九二页）。

（2）旧的心理学不过是一种学问，理解的心理学（Psychology of knowledge and intellect）所讲的是官感 Sensation，所不讲的是动作 Movement。而新的心理学则知道理解官感种种，从前以为是心理学的最高的用处，现在不过是知识应用时候一部分的机能，有时只可用以指导活动的方向，而非有其他的能力。心理学的责任——特别教育上应用的心理学——是要去求种种人生的真理（Truths of Life）（九三至九四页，并参观哲姆士的《心理学大纲》）。

（3）旧的心理学以为个人的心理是注定的、一成不易的。而新的心理学知道，心理不过是一种进行的"程序"（Process），是一种会生长的东西（Growing affair），能够在不同的时代，作不同的变迁，表现不同的能力和兴趣。这颇足以说明"生活的连续"（Continuity of life）。生活是连续不断的，所不同的地方，不过是职务和需求的不同（九四至九五页）。

有这种新心理学发生，所以有这种新教育学的发生。也可以见得近代心理学——大都从实验得来的——进步的迅速，势力的伟大了。据心理学研究儿童本能质素，更有兴趣；大约分为四种：

（1）社交的本能 Social Instinct

（2）创作的本能 Instinct of Making

（3）考察的本能 Instinct of Investigation

（4）艺术的本能 Art Instinct

有这四种本能，于是有四种兴趣：第一，谈话交通的兴趣；第二，制造物件的兴趣；第三，好盘问好寻找的兴趣；第四，好修饰好表现的兴趣。有这四种的本能，生这四种的兴趣，但是我们有什么教育可以发展他们，满足他们呢？杜威博士研究的结果，试验的结果，就是提倡活动。儿童既然是能动的，能发的，所以决不能专用书本教育。教育的方法，是要顺到他活动的天性，随时随地灌输他各种有兴趣而能适应社会生活的知识。"学校不是为儿童读书的地方，是为儿童实地生活的地方"。真正的知识，不是仅由书里得来的。读书成了书箱，对于社会还是没有用处。要实行这种新教育，最好提倡儿童的工作教育，使儿童有随时活动的机会；教育家就利用这个机会，给他相当合用的知识，自然有良好美满的效果。"这种的工作，并不是以出品在经济上的价值为目的，乃是要因此发展社会的力量；完全放弃狭义的实利问题，而为人类精神上的可能性开多少条路；使学校成文艺，科学，历史联合的中心，作社会实际的活动"（一六页）。这是杜威博士对于儿童工作的真意义，断非商务印书馆派的职业教育家所可假借的。至于儿童工作的价值，还可分开来大致说一说。

（一）可以顺从儿童的本能　儿童的本能既然是动的，所以儿童最痛苦的刑罚，就是不动。现在利用他活动的本能，使他做活动的工作——如纺织、木工种种——自然他觉到兴趣百倍。不但一方面他可以自己知道社会生活的情形；并且教的人可以因时制宜，一方面教他得到许多真正的学问。这样得来的学问，才是真能受用的学问。

（二）可以使儿童得到真正精密的科学知识　精密的科学知识，是要从实地考察、试验种种手续里得来的；且必须如此得来，方为真实，方能精密。譬如当儿童纺织的时候，趁他问的机会，教他轮机转动种种物理上力学的道理；趁他煮饭加盐的时候，教他化学上结晶的道理，自然比较真实。他当时有三翻［番］四次的考察；知道多了的时候，还有相当的归纳，自然思想渐趋精密了。

（三）可以养成儿童进化的观念　凡是儿童的动作，多与初民时代相仿佛的。教的人应当帮助他一步一步去改良，使他们的动作，合于进化的观念。而且当儿童有那种工作，或是使那种物件的时候，教的人就可以告诉他种种进化的阶级，养成他改进的心理。这种方法，关于历史的教授尤为重要；因为历史就是人类生活进化的总帐［账］。真正教授历史的方法，不是要儿童强记人名地名年代，乃是要儿童自己去经验一番历史。

（四）可以使儿童常与自然界接触　人生在自然界中，当然应该知道自然环境的价值，才可以用谋相当的适应。而且自然界是无尽的宝藏，有许多真理要待我们去搜寻出来。捉虾蟆，摸蛤蜊，可以生出达尔文的进化论；大雨放风筝，可以使佛兰克林发明电学。若是儿童常常工作，常常活动，当然会同自然界一天亲密一天。

（五）可以养成儿童创造的能力　人类进化，全仗创造，是一定不移的道理。但是这种创造的能力，最好在儿童的时候，就当养成；而工作是养成创造能力的最好方法。这种的例是举不胜举的了。

（六）可以使儿童做事有一定的计画　工作大都是有一定计画的。譬如使儿童做泥炉，他一定先有一个炉身几高，炉门几宽，炉腰几大的计画。教的人却不必预先为他立定，让他自己去实行；实行到不合的时候，才设法使他自己发现缺点，然后指导他一步一步的去改良，以完成他的计画。这种观念养成之后，对于儿童一生办事，是很有利益的。

（七）可以发展儿童互助的天性　工作有时候不是一人可以做成，而必须数人同时做成的。再譬如几个儿童做泥炉的时候，这个和泥，那个取水，不但他们做的时候有兴趣，并且可以发展他们互助的天性，养成他们共同的工作，共同生活的习惯。

（八）可以免得功课有牵强的划分　儿童既然是一个完全的人，是一种继续不断的生长，所以他们无论何时，当然有一种完全能适合他生活的知识。将人生生活的知识牵强分做几段，当然是不对的；而所生的结果，就同现在中国的学校一样，养成一班不完不备不稂不莠的人。要免除这种弊病，只有教育里采用工作方法了。

以上所举的几条，不可随便举出，以明工作教育的利益；其余也不胜列数。但是有一点极当注意的事，就是这种工作的教育，不是关于狭义唯物或狭义实利主义的事，乃是关于人类智慧的事。心理学对于职业的重要观念，乃是要经验的知识方面和实际方面得一平衡。照这样办法，才可以适应社会的生活，才可以适应进化的社会生活（参观一三一页及一五七页）。

以上所说不过是杜威博士对于学校和社会的大概观念。其余还有一章专讲福尔倍 Froebel 的初等教育学说的，提纲挈领有"以简驭繁"的好处。还有论《历史在初等教育上之目的》等篇，都是极有精彩的，我也不暇多说了。现在原书我已译了三分之一，两月后大约可以印出来，尽我一点介绍的责任。但是我总希望通西文的人，早看原文才是！

八年八月十五日

欢迎我们的兄弟——"牛津大学的新潮"*

（1919）

英国的牛津大学（Oxford University）算是世界上一个最古的大学。他的校舍，大都是中古时代传下来的古迹，他的制度大都不脱封建时代的旧习惯。他的文学，最重的是希腊拉丁的古文；他的学生，最多的贵族的子弟，绅士态度十足的人。历史上的名誉，的确要推牛津大学第一。不料前几天我看见一封陶孟和先生在英国来的信道：

"北京大学有一般青年的学生，受了三五年的新教育，窥见了西洋的思想学术，考究了西洋的文物制度，就想用一种比较的批评的眼光讨论我们中国固有的思想，固有的学术，和固有的制度。一时惹动了一般专门中国文学'经学'的前辈，和以诗家文豪自居的诸位先生。当我离开中国的时候，什么取缔，驱逐的风声闹个不了。这两天我在几万里外读上海的报，这种'新潮'的运动竟酿成了现代一种大冲突。不特冲突，并且要用专制的方法，干涉言论。哈！这是中国！

"不图这次大战之后英国素称守旧的大学的学生，也不先不后于五月发行一种杂志，鼓吹'新潮'。但是他们杂志的名字不像北京大学学生所出的名字容易遭当局之忌。他名叫《牛津的眼光》（*The Oxford Outlook*），底下说是一种文学的政治的杂志。管理编辑全属于牛津大学生。第一期的内容不暇遍述。第一篇就可译为'牛津大学的新潮'。著者说，向来牛津专贩卖古货，从此要把老古董埋在地下了。又说大学是个民主的团体，大学内的变迁，从此要由学生参与了。此外还有激烈的话不必引出。我现在把这报送到北京大学去，能读英文的可以自己去读。但是可惜我们中国专门文学'经学'的，和自认为大文豪的，不识'爱皮西

---

* 录自《新潮》第二卷第一号，1919 年 10 月出版，署名"志希"。

狄'。要是翻了出来，又恐怕不信！

"这期报已出版一个多月，至今教育部也没有想到取缔；也没有人运动议员弹劾教育总长；校长教授也没有宣言干涉；国内的名师宿儒也没有声言攻击。这第一期反有剑桥大学副校长（向来英国校长是名誉职，主持校务者实为副校长）的一篇文章。哈！这是英国！"

我看完这封信之后，高兴异常。第二天果然收到了这本《牛津的眼光》。翻开来一看，看见一篇就叫"牛津大学的新潮"（The Renaissance of Oxford）。中间有许多精粹的话，我现在将他重要的摘择几段下来：

> 从前的牛津大学，我们自己也难于承认。不但我们自己难于承认从前的牛津大学，我们自己也难于承认从前的自己。我们以前简直忘了什么是牛津大学，什么是我们；我们就是牛津大学，牛津大学就是我们。

> 牛津大学同牛津大学生两个名词，是可以交换用的。我们要看见牛津大学现出不同的彩色，必先从改革我们自己下手。我们不必悲哀已往的事，我们且从现在的地位做起，凡是一个人心中有了觉悟，则看见环境无一不可悲。所以我们不必含悲送自己丧仪，只需含笑看自己的再生。我们去同世界接触，要寻出一个从来没有过的牛津大学。

> 从来我们对于牛津大学得了许多错误的观念。普通最流行的就是以牛津大学为古董。大战以前世界的文化，同古董很有关系，所以牛津大学以此得名。他所施的教育，也不过贵族绅士摆架子的教育。但是现在的情形却要不同了。这个变迁，费时虽不免稍多，然而我们此刻看牛津大学已有不同的光景。我们觉得牛津大学除了旁边的顿河以外，其余没有真老的东西。让那班死人去埋他们的死尸，我们活人且去做我们活人的事。

> 我们永不令牛津大学再成老年。因为一成老年，他又要贩卖旧货。他又要注重希腊罗马的文艺；他又要生出许多典上加典的文章；他又要养成一班出言成法的权威，典故注解的好手。他所造就的不过是小说里的鉴赏家，天天在博物院里玩古董的人物。我们以后当不再令牛津大学有这种现状发生。以后的牛津大学不是属于这班古董家，乃是属于青年、热忱、冲动、欢娱这几位先生。牛津大学以后当永远同最年少的未毕业生一样年少。

> 在这种热忱奋发的巨浪前面，从前牛津大学生活里不真的，不实的，矫揉的，奴隶的质素，当一冲洗净尽。现在牛津大学里有了

一科，已经实行了这种主张，未毕业生有发言权，自治权。我们不要将我们的责任卖了！牛津大学当图未毕业生的安全！

在维多利亚的时代，牛津大学只知道要钱。一班养尊处优的饭桶，以教育的酒质，换他们自己吃的好酒。牛津大学完全失了他大学的资格，只是一个绅士资格，饭碗主义的文凭发行所。他为了恢复失去的地位起见，又同那些保守党连络，无论如何改造，也不过造成一种考成的学校；所养成的人物，也不过是普鲁士式的贵族；所授的学问，也不过是书本里的纸片；所模仿的形式，也不过是虚炫腐败的政治。

我们不必回顾已往的牛津大学，我们当逃出武力的军队，入学问的军队。教育里绝对不能容武力主义，用强制的规程，去强迫学生服从。这次的大战，不是陆军大学的教练书可以战胜的；这次的和平能用泼林斯顿大学（Princeton）的一位教授来建设（按此指威尔逊总统），那就是泼林斯顿大学的学问比牛津大学高的地方。

教育不是艰深晦涩的鬼录神符。牛津大学不能为学生指定职业。大学就是民治（A University is a Democracy）。真正能为未来世界造就新人物的大学，当用讨论的方法，不用演讲的方法；采取交际联合的方法，不采取专读书本的方法……

这不过是第一篇里面节译出来的几句话，其余精粹的文章还很多，如剑桥大学副校长 Shipley 的 Yrllk at Cambridge 一篇，Charunood 的 An English Speaking Fellowship 一篇，Nicholas 的 The American Point of View 一篇，都是很好的论文。Lyon 的 The Future of Oxford Drama 一篇论牛津大学戏剧将来的倾向，很有趣味；Eard 的 Oxford Poetry 一篇，乃是论一九一二年起至一九一八年止牛津大学的诗——这都很有新文艺的眼光。其余我也不必细细提出，有机会的人自己能够去看，但是我写到此地，心里有好几种感触：

第一，我觉得世界的新潮流，是阻当〔挡〕不住的。牛津大学不是世界上最古的大学，人家当他作古物陈列所看待的吗？今大战一了，新思潮如山崩海裂的涌进去。"古董"，"贵族"，"绅士"，"贩卖旧货"，"希腊、罗马的文艺"，"典上加典的文章"，"出言成法的权威"，"典故注解的好手"，"鉴赏家"，"古董的人物"，"不真的不实的矫揉的奴隶的质素"……一阵"浩浩滔天"的白浪来，将他洗得干干净净。"让那班死人去埋他的死尸，我们活人去做我们活人的事!"将一所死沉沉的牛津大学化成一所青年、热忱、冲动、欢娱四位先生活泼泼的舞台。咳! 新思潮的势力!"牛津大学以后当永远同最年少的未毕业生一样年少!"北京大学也当同最年少的未毕〈业〉生一样年少!

第二，世界上的新运动，都发生在大学；即不发生于大学，也是大学首先遵应这种潮流。如 Averroes 的"自由思想学派"（School of Freethinkers）发生于法兰西的大学，"李奈桑斯"（Renaissance）发生于意大利的大学，"宗教改革"（Reformation）发生于德意志的大学……至于现在的"新潮运潮"又发生于现在各国的大学。大学能常动不息，常常提着最新的文化，在大众前面走，把人类带向前走，才是真正的大学，才真有大学的价值!

第三，欲求真正的世界大同，必先由各国大学联盟不可。现在的"国际联盟"，是没有用的——各国的智识阶级都还没有互相了解，其余更不知有多少重隔膜，如何可以谈得到真正的"国际联盟"呢? 若要谋世界的大同，必须谋世界的人类互相了解；欲世界的人类互相了解，必先谋各国的知识阶级互相了解；欲谋各国的知识阶级互相了解，非首先由各国大学出来握手，组织"世界大学联盟"不可! 世界上的大学，急急应当有个大机关，互相联络；一面交换教授，一面交换学生，混合人类的知识阶级。

至于其余的感触，更有不计其数。"牛津大学的新潮"呵! 我们的《新潮》是一九一九年一月出世的，你是一九一九年五月出世的；虽然比你大几个月，我们的痛苦却是你想不到的。有人运动军阀来推残，有人利用官僚来干涉，有人提出议案来弹劾，有人压迫教育当局写信来劝告——我们抱定我们的主张是这样做。有人说是"人首畜鸣"，有人说是"洪水猛兽"，有人说是"世有祖龙，一坑之内当不免此辈，一炬之内当不免此书"——我们还是这样做。人家恼了，改变法门，造谣诬蔑我们以快意——我们也还是这样做。做到今天，还有这篇东西欢迎你，为你介绍。"牛津大学的新潮"呵! 我们想你一定快活；但是我们强半心机，都分在这无用的地方，令我们回想起来实在伤——伤心。你且记着，你生在君宪的国家，我们生在"民治"的国家!

"牛津大学的新潮"呵! 我们有了你更自信了，更觉悟了!"让那班死人埋他们的死尸，我们活人做我们活人的事。"奋斗还是奋斗! 奋斗是我们的生活，真理是我们的光! 我们手挽手走到人类进化的路上去!

（八年八月二十四日）

古今中外派的学说 *

（1919）

　　现在中国有一派人，自以为"学贯古今，道通中外"，融会贯通，无所不晓；于是凡是外国所有学说，中国从前都是有的，外国所有的器物，中国从前都是有的——不但有，而且比外国现在的精。这种风气，当今实在非常流行，遗老这样说，遗少这样说，甚至于留学生中也有人这样说。我听了真是奇怪，现在且把我所听得他们学说的大概，略略写出几条，以供大家参考。

　　（1）四川有一位经学家说：中国人在从前就知道八大行星，《诗经》里面说"嘒彼小星，三五在东"，三加五岂非八吗？至于大行星何以说是小行星，乃纯粹是地位太远的关系。"彼美人兮，西方之人兮"，乃是指美国人。"受小共大共，为大国骏庞"一句里，小共乃是小共和国，指瑞士而言；大共乃是大共和国，指美国而言。"受小球大球为大国缀旒"一句里，小球是指地球，大球是指日球。

　　（2）又有一位经学家说："术数之学，肇自华夏。《周髀算经》包罗万有，利玛窦、南怀文之术，实始肇之。至于梅氏，其道益昌，柏林、巴黎罕与伦比"（柏林巴黎四个字用在此地，实在费解）。

　　（3）有一位少年看了一本梁任公的《墨学微看》，见他解释，"圆，一中同长也"，"二，临鉴而立，景到，多而若少，说在寡区"几句话，不但说几何学是墨子创的，并且说墨子发明了照像机。

　　（4）又有位少年看了一本胡适之先生的《中国哲学史》，看了里面解释"万物皆种也，以不同形相禅"，"种有几……万物皆出于几、皆入于几"几句话，就附会演绎，做了一篇《中国之达尔文》，登在杂志里。

---

　　* 录自《新潮》第二卷第一号，1919 年 10 月出版，署名"志希"。

大概说进化论的学说创自中国，西洋不能专美；而且庄子的进化论比达尔文还要精。

（5）有一位大学教授教起西洋诗来，说什么是"外国大雅"，什么是"外国小雅"，什么是"外国国风"，什么是"洋离骚"……要希望学生"沟通中外"。

（6）又有一位大学教授说，不但西洋的精神文明是中国古代所固有，就是西洋近代的新器物也是中国古代所固有的。西洋现在的飞艇，是中国古代所有的——就是墨子的飞鸢。西洋现在的摩托车也是中国古代所有的——就是诸葛亮的木牛流马。我问他中国现在何以一点没有呢？他说："失了传。"（我将来学问够了的时候，想做一本《中国科学失传史》。）

（7）上海有一本叫《三廉》的杂志，第二期第一篇论说就是要通古学以成新器说。讲了许多话，大概说是中国的古学一通，种种机械都会造了。

以上所说的不过略略几条，其余更举不胜举，也可以看见一时的风气。我揣测他们说这种话的心理，大约可以分为四种：

（1）夸大心　这种心理虽然是人类常有的，但是以中国人为特甚。他国人往往以可夸大者而夸大，而中国人则以不可夸大者为夸大——所以往往强不知以为知。一般遗老自己不懂科学，而又要摆出一种不屑治科学的样子，所以往往摭拾旧书里的一鳞片甲，来骄视遗少。他的心理以为我们何尝不知道一点，不过我们不屑学罢了。而一班遗少为见好遗老起见，也不妨如此说，并且可以同时博得学贯中西的美名。

（2）爱国心　他们这种心理，虽然不无可取的地方，但是用了这种心理来讲学问，便大错了。学问不同政治一样，是没有国界的（现在的政治都不限于国界了）；文化是世界大公的；真理是普遍的。取乙国所有，补甲国所无，甲国不为耻；取甲国所有，补乙国所无，乙国不为耻。若是存了先存一个国界的心来讲学问，那就譬如一个人戴了蓝色眼镜，看出来的东西无一不是蓝的，还有什么真理可言呢？若是真存了国界来讲学问，那中学校里的外国文早可废了。罗素仿佛说过："我爱真理，甚于爱英国。"这真是世界学者的模范。

（3）好古心　好古心之强，莫过于中国人的。凡是东西现在不好的，一古了就好了，分明是上古"茅茨土阶"的未开化时代，偏要说是世界未有的文明；分明是当时石匠随意刻的字，偏说是"笔力遒逸，奇气纵横"。朱逖先先生有一次对我说："中国人好古的心理，可以辫子一物为证。满清入关的时候强迫留辫子，有许多人杀了头都不肯留，因为留了不古。过了二百多年辫子古了，也就好了，所以出了许多禁令还不肯剪"。他人事事求新，我们事事复古，如何他人不会进化，我们不会退化呢。

（4）尊人心　中国向来是人治国，所以对于人往往有种迷信。以为人类之中，有一种无所不知的圣贤——如基督教里的上帝一样——他的道理可以"传诸百世而不惑，放诸四海而皆准"。所以同人家辩论不胜的时候，只要捧出圣贤来，就可以把对象吓倒。做起文章来转不过去的时候，只要把圣贤抬出来，就可以使人相信。因为墨子是个贤人，能通工艺，所以能造"中国的飞艇"；因为诸葛亮会做军师，有种种的妙计，所以会造"中国的摩托车"。那知道人的观念倒治好了，事的观念倒弄糟了。

至于说到他们的学说里不通和有毛病的地方，不可胜数，今请言其略：

我最初要说的，就是要说他们没有学术思想进化史的观念。凡是一种学术思想，能够进化到什么地步，都是以前有一种原因，展转递迁，使他们可以发展；发展到这个地步，对于以后的学术思想，一定有种什么影响，而且发生一种什么结果。断没以前无因，以后无果，中间忽而跳出一种不可思议的学问思想来的。所以我们看见管子以前没有法治学说，管子以后贤如叔向、孔子，又没有一点法治的观念，中间忽而生出一部法治大备的《管子》来，我们就可以断定他是假的（参看胡适之先生《中国哲学史》卷上第十七八两页）。因为"这与老子以后一步一步，循序渐进的思想发达史，完全不合。故认《管子》为真书，便把诸子学直接间接的渊源系统一齐推翻"。若是论到西洋的物质文明进化史，更容易明白这个道理。譬如我们看见一只汽船上有纲〔钢〕铁的引擎轮机，我们不能不向上推到纲〔钢〕铁厂，更〈不能〉不推到发明引擎的人；更不能不推到发明引擎轮机以前研究力学的人；更不能不推到发明蒸汽的瓦特；更不能不推到发明地心引力的牛顿；展转相推，至于无限。忽而想到这是汽船，又不能不推到首创汽船的富尔敦；富尔敦以前船只，及富尔敦以后历来汽船改良的情形。断不至于没有经过牛顿、瓦特、富尔敦……种种阶级，就有人突如其来的能够造汽机，能够造汽船，而且能造现在这样的汽船。这是很明显的道理。不但汽船如此，就是飞机、摩托车以及种种机械，无不如此。所以就算墨子、诸葛亮有二十四分的聪明，也断不能一身兼为牛顿、瓦特……而能突如其来有这好的机械学，造出这样精巧、自动的飞鸢和木牛流马。也断不至于发生这样好的机械学以后，对于当时和后来中国的工艺，没有一点影响。这样以讹传讹的迷信，也同鬼神的迷信一样可耻。真是学术思想进化的障碍。我劝他们《梦溪笔谈》的功夫，可以少挈出来罢！

退一步说，就算墨子、诸葛亮当时能造飞鸢和木牛流马，《诗经》上有近代的天文学、地理学，但是既然失传以后，对于现在的人生，可有什么益处呢？譬如一个富贵人家的子弟，当家室中落以后，还要夸耀他祖父在的时候，有多少豪华，多少阔绰，还有什么用处？不但没有用处，恐怕人家还要笑他不但没有创造的力量，并且没有继续的力量。岂不可耻！我记得五年前我在上海，看见一章〔张〕西洋报上说，墨西哥地下发现了一件很古的中国磁器。我当时也不免附会其说，抵掌扬眉，做作一段小文，说美洲在科仑布之前，就有中国人发现了。口口声声说："如此奇迹，科仑布岂能专美于前。"后来自己想道，科仑布发现美洲之所以可贵，因为他事前有多少出众的理想；当事有多少冒险的精神；事后又为多少爱自由的民族开了一片新大陆。若是无论阿狗阿猫走到海洋里，不知不觉的被风吹到太平洋西岸去；事前既没有出众的理想，当事又没有冒险的精神，事后更没有为什么民族开了一片新土，就算他到了，也有什么希奇呢？我们不过知道有这样一个不幸的人，与中华民族的历史上有什么光荣。我自信一念之转，比以前抵掌扬眉的时候，有一种进步。

更退一步说，此种观念，更有一种大害处。这种害处，就是危及学问的本身。大约有两点可说。第一，将学问的本象蒙蔽了。中国谈外国学问，最好的是支离牵掣、附会不经，所以无论那一种外国学问到中国来，没有不受一层魔障的。分明是康德的哲学，他偏要带上一个王阳明；分明是威尔逊国际联盟的主张，他偏要说是"春秋三世之义"。总要弄到乌烟瘴气，黑白不分而后快。学问的惟一条件，就是求真；所以，说什么应当是什么，才可以对得学问住。现在把学问的真相蒙蔽住了，岂不是危及学问的本身吗？第二，使学问丧失真正的尊严，仅供他人的谈助。老实说，凡是每种西洋的学说流入中国以来，有几个人是研究过的，不过大家以他为口头禅罢了。前几年严又陵同赫胥黎合撰了一本中国的《天演论》，于是乎老老小小，没有一个口里不说"物竞天择"

"适者生存"——甚至于官厅的布告里也有这种字样。我曾问过他们说："你们说'物竞天择''适者生存'，究竟有什么证据呢?"他们回答我说："这是赫胥黎说的话，严又陵译的，要什么证据。"我听了只有一叹! 现在大战停止以后，有几位学者提倡"互助"。于是"互助"的声浪，又弥漫全国了。大家一页《互助论》都没有看过，只是口里嚷。大约洛克泡特金的学说，也是可以不要证据的。咳! 这样盲目的讲学，可叹亦复可怜。长此下去，不特中国的学问永远没有根底，并且中国的民族永远没有进化。这就是"古今中外派"以学问为谈资的罪恶! 这就是学问前途的危机!

我们中国的学问真有昌明的一天呵! 我们中国人果能吸收西洋的真正文化呵! 我实在希望他少生几个"学贯古今，道通中外"的大人物!

杜威博士的《德育原理》*

（1919）

　　在这本《德育原理》未出版之先，杜威博士曾经做过一篇讲道德教育的长文，叫做 Ethical Principles Underlying Education，独倡改革道德教育的新义，大大的振动了当时的教育家。以后他又根据研究所得，合以前文精义，成了这本《德育原理》。这实在是教育里一个极重的问题，我们有介绍之必要。

　　现在中国人不是长吁短叹的说些什么"道德堕落"的话吗？但是道德堕落的原因和补救的方法，他们是不问的；只是长吁短叹几声之后，就教小孩子去读经——背些什么"《曲礼》曰：毋不敬"；——上修身课——教些什么《聪训斋语》、《曾文正公家书》，以为自此可以"意诚而后心正，心正而后身修"了。那知道读经只是读，修身课只是上，对于道德的增进一点没有影响，不但没有好影响，并且背了人之后，所做的坏事更要多呢！读者一读中国人的小说和笔记——如纪昀《阅微草堂笔记》之类——就知道那班手擎《近思录》的人，晚上干出什么事情来？我常说：若是读经，上修身课可以增进道德，那中国人个个都是圣贤，何至于害得他们长吁短叹？所以杜威博士在这本书里开宗明义的主张，就是反对专门空谈道德（他称之为 Ideas about Morality），而要在事实上养成道德（他称之为 Moral Ideas）。事实上养成道德的方法，就是提倡自动活动以适应社会的生活，使关于小孩子的行动不论所发的所受的，都能直接间接对于他的行为发生影响。道德全靠实际的表现，不是只会高谈的人就可以做得到的。有一个人看会了泅水的讲义，自己在房间里，关了门，照到讲义上的姿势爬。果然试卷及格了！在泅水函授

　　* 录自《新潮》第二卷第一号，1919 年 10 月出版，署名"志希"。

学校毕业了! 他下水去了! 他的结果，只是向水底下去。（这个笑话见本书一三至一四页，博士前次演讲"现代教育之趋势"的时候，也说过的。）丢开实际的活动来谈道德，也是这一样的情形。你不看许多人在学校的时候，满口仁义道德，一出来应世就张皇失措，无以自持吗? 所以学校里修身一门功课，是绝对没有用的，是应当废除的——北京试行新教育的孔德学校里已废除了，——因为讲得面面有理的道德，尚且非空谈可以奏效，何况那种格言——遗传道德——是重文字，轻精神，重命令，轻自动，不但同"人生"没有关系，而且是压迫"人生"活泼泼精神的东西呢?

什么是道德? 道德不过是人类对于现在社会生活的一种适应。人类离了生活固无所谓道德，而离了社会生活亦无所谓道德——况且社会的生活就是人类的生活，是离不了的; 鲁滨孙漂流荒岛，寂然一身的时候，才有这种感想。所以道德固然不是已往生活的，乃是现在生活的; 并且不是个人生活的，乃是社会生活的。离了水不能学泅水，离了现在的社会生活，就不能学适应现在社会生活的道德。现在学校里没有社会的精神，实在是一个大缺点。须知学校并不是别的，乃是一种社会的组织; 学校里的教育，乃是一种社会生活的进行，所以学校和学校教育并非为儿童将来社会生活的预备，当使儿童有团结，有活动，作现在社会生活的实现。有了这个根据，才有道德教育可言。

但是如何可以使儿童团结活动，去作现在社会生活的实现呢? 大约可分几方面说:

（一）儿童方面，当有各种自动的活动，在学校里的生活当如在社会上的生活一样，凡事都贵乎亲自去试验; 一步一步的试验，一步一步的改进，才是真正自动的适合，才可创造真正进化的社会。总之儿童的天性是动的，不是静的; 是能发的，不是仅能收的; 是能做的，不是仅能听的; 是社会的，不是个人的。所以注重的当在工作，当在团结互助。这种道理，我在前篇介绍《学校与社会》的时候已经说了许多，现在可以不必再说了。

（二）教员方面，当引起儿童各种自动的活动，当知道德教育，不是消极防范的，而是积极提倡的，我们中国道德的基本错误，就是偏重在消极的防范。试一读《曲礼》的《内则》等篇，仪礼的种种礼节，简直把好好的人类，同把戏的一样玩。玩到结果，把人性都戕贼完了，还有什么道德! 所以，真能明白道德的教员当顺到儿童的人性，引他们作种种人类的活动，最好自己也加入他们的活动，以前高坐堂皇，像装金菩萨的样子，现在不能摆了。

（三）教材方面，当为有社会性的学科交互的中心，不在某种特殊的科目，而在儿童社会的生活。工作教育固是很好，而地理历史也是极好的材料。从前历史地理的教法，只是教儿童读书，教儿童记人名地名年代种种，实在一点用没有。历史地理的教材，不在乎书，而重在社会生活的环境。在社会生活环境里选出来的材料，才可以引起儿童兴趣，助长他的记忆，而且说明种种难于抽象说明的道理。（参看杜威夫人演讲的《初等教育》一篇，由我所记的。）历史的用处，不在乎教人记得几个人名地名年代，而在说明社会生活进化的原理。地理的教法，不在乎分成些什么"数学地理"、"地文地理"、"政治地理"、"商业地理"，而在说明人类相互的关系使他们互相了解（参观我所记的杜威女士《历史学的研究》一篇，及本期王钟麒君《拟编高小学史地教材大纲》一篇）。

（四）制度方面，当趋于合乎社会的，而废除不合乎社会的。学校里最应当使儿童有种种社会的结合。一方面可以增进他们活动的兴趣，一方面可以养成他们互助的精神。如考试的制度，是不应当有的；而在初等教育之中，更是绝对不能有的。考试直接所生的罪恶还小（如伤害身体种种），而间接发生的罪恶实大。一种恶只能从本身上发生害处的，还不是真正的罪恶；于本身之外更牵及他事而发生害处的，才真是"罪大恶极"了。杜威博士以为，考试最大的罪恶有三种：（1）养成个人的竞争心，排斥社会性，往往使儿童互相倾轧；（2）使他们专注重表面的形式，致处于被动的地位；（3）考试原不过是侥幸的事，一有失败，往往使心气稍微薄弱一点的儿童，志气颓丧，永以劣等自居，而不能自振，就是胜利的也不过趾高气扬一会，何曾有点实益。中国小学校学生，都有入学试验；去应试验的人往往非常之多，而被自以为严的学校所录取的又非常之少，——所以考小学也同打"发财票"一样。这班办小学的当局自以为"办事认真"，那知"误尽苍生"，已经不少了！况且考试往往专为预备将来而设；那知道将来到［倒］没有预备好，现在所有的经过一考之后，反而丢去！

其余重要的观念，我也无暇多说。总之一方面能实行自动的活动，一方面能适应社会的生活的人材，不但是一个道德家，并且是一个世界改造者！

是青年自杀还是社会杀青年[*]

（1919）

北大学生林德扬君的自杀
教育上转变的大问题

我昨天吃晚饭的时候，有位朋友跑来告诉我说："林德扬君于本日上午在三贝子花园投水自杀了。"我听了愕然许久。这是社会上极重要的现象，我们那能不研究呢？今为研究便利起见，请略举林君未死前，临死时，和已死后的事实公诸国人——至于他的身世，我也不暇详说。

（一）林君是一个热心国事的人，是北大本科三年级的学生。五月初他养病西山——他有肺病，——听到五四运动发生了，他就立刻下山，抱了病来办事。

（二）当时他在国货维持股办事，而每天还送一篇白话文字到新闻股来。每谈国事，愤慨泣下。

（三）他以为救国空言无补，而认定基本计画在实业，于是筹资办第一国货店于东安市场，招股时历了多少困难。他有一位同乡京官答应了几千股而事后变更，于是他可受了无限刺激。他自己拿了七百余元出来，国货店赖以开张。

（四）临死前他嘱朋友好好维持国货店，不要念他，他此后将不问世事，语多悲观。

（五）临死时将长衫脱下，从容赴池。

（六）于死后同学在他住所搜出他致母亲及兄弟信三封；嘱身后家

---

* 录自《新潮》第二卷第二号，1919 年 12 月出版，署名"志希"。

事，又账单一纸，将他欠他人的钱详细开出，一毫不苟；都是前一晚办的。

照以上的情形看起来，林君的自杀，不是无意义的，是可以断言了！有人说他只是因病想免除痛苦而死，我以为是不尽然的。世上患肺病的人很多，何以就只林君自杀呢？观他平素的行为，大家难道还不能了解吗？唉！处于这个国家，这个社会，使优秀的青年，迫而自杀。我书至此，不禁泪下。

林君的死是因为奋斗困倦，不满足于现状，乃不可掩之事实。但是他国也有奋斗困倦而尚不满足于现状的青年学生，何以不因此自杀呢？（外国青年学生自杀者，多因爱情或试验落第问题。）我于这点，发现三种原因：

第一，中国青年社会没有美术的生活。我们一天到夜的奋斗，同机械一样，总是这样转动，实在令人厌烦。所以我有时候于百忙之中，常发生厌世的观念，多少时候变不过来。这都是感情与意志不能调节的缘故。而调节意志与感情，惟赖美术的生活。

第二，中国青年没有社交的生活，更没有男女社交的生活，所以生活更觉得干燥无味。人生有许多事家族至亲不能转移，而被朋友几句话感动过来的；有许多事在家里或学校里抛不开，而在社交场中一刻儿就忘记了的。至于社交之中，尤以女子对于男子的感化力为最大。我有一个朋友现在法国，从前厌世自杀，被家里的父母发现几次，都不自休，后来被他的朋友几句话就劝转过来。我更有一个朋友现在美国的，也想自杀，我们劝过多少次都无效，后来一位女朋友只劝他一番话，他就死心塌地的改变了。这都是我亲见的事实。若是林君有这样的际遇，或者不致演出这样的惨变来。

第三，中国青年现在的自杀，是人生观改变时候的消极反响。我想中国人很多，何以必待青年有志的林君来自杀呢？林君处世已久，患病亦已久，何必待"五四"以后来自杀呢？这个问题，实在很可研究。我以为"五四"以后，我们青年的人生观上发生一种大大的觉悟，就是把以前的偶像，一律打破，事事发生一种怀疑的心理。在中国这样的社会里，自然东望也不是，西望也不是，旧的人生观既然打破了，新的人生观还没有确立。学问又可没有适当的人来作指导，于是消极的就流于自杀。这正是人生观将改未改的"回旋时代"里不可免除的现象。我敢断定说，将来自杀的，正不止林君一人！前天晚上杜威先生对蒋梦麟先生谈话之间，皆谓"中国思想改变的时候，必演成青年自杀的现象"。杜威夫人当时在旁边说笑话道："我不自杀，若是我自杀，必须先用手枪打死两个该死的人起。"（按：这虽是笑话，也可以流露西洋人的人生观。）那知道第二天早上就发现林君自杀的事实。在学理上看起来，我们岂可以"事之偶然"而不注意吗？

我并不是反对厌世自杀的人，更不认自杀为不道德。我常以为中国自杀之风稀少（匹夫匹妇自经于沟壑者不计），正是中国人心气薄弱的一种表现。我在《新潮》第一卷第四号"出世"一文里说："我们这班青年，第一应当奋斗，积极去改革现状，化这可厌的世为不可厌的世。若是奋斗得精疲力尽，智绝谋穷，再不能有一丝一毫的动作了，而于此世仍无一丝一毫的补助，然后自杀。（凡有不曾奋斗，或奋斗而不到最后一步而自杀的，还是懦夫。）像这样的自杀，真是世间最有荣誉的事，惟有最高尚的人格，方才可以办到。"所以我更说："世界上没有自杀决心的人，什么事都办不好。"所以我又尝说，曾国藩以后成功，未始不由于以前几次投江的自杀决心。不过我以林君正当盛年有造的时候，已经奋斗了许久——以林君的志行，我固然不忍以"懦夫"二字加诸他的身上，但是实在不到"精疲力尽，智绝谋穷，再不能有一丝一毫的动作，而于此世仍无一丝一毫的补助"的地位——而且奋斗已经有了成绩，遽尔自杀，实在不值得！肺病非不治之症，世界亦无不救之望，以林君的热心毅力，将来的成就正未可知，遽尔自杀，不特可悲得很，亦且可惜得很呢！

咳！林君的自杀，原来不是自己杀自己，乃是社会杀了他。社会一时不能澈底的改革，恐怕热心的青年，将要一个一个的自杀干净呵！社会早麻木不仁了！教育家呀！请你们打开眼睛看看！

近代西洋思想自由的进化[*]

（1919）

在真正进化的社会里，人人都应当有自由发展的机会，自然人人都应当有思想的自由。思想自由不是说一个人关在房间里，自己爱想什么就想什么。"这种暗地思想的天赋自由，是一点没有价值的。"真正的思想自由，是不但每人自己能作充分的思想，并且要每人能将充分的思想发表出来；因为每人有了思想而不能发表，则不特是事实上为不可能的事，而且他良心上要受无限的痛苦；况且他有一种的思想而不能公诸人群，岂不是一件社会的损失吗？至于因压制思想所生的他种弊害，更不必说了！我们生在世上，小则离不了个人，大则离不了社会，所以为个人的自由发展起见，不能不有思想自由；为社会的福利起见，更不能不有思想自由！

主张思想自由的理由，已经被穆勒（J. S. Mill）在《自由论》一书里发挥得博大精微，淋漓尽致，也不必我再多说。[1]现在我所要论的，就是西洋近代的思想自由，究竟怎样进化才到现在的地步呢？这实在是一个极重要而极有兴趣的问题；当现在中国思想自由方才萌蘖的时候，一定有很多可以"借鉴"的地方，我们岂可存而不论！

我近来从西洋思想史哲学史中的所得，觉得西洋思想自由之所以能到近代这样的发展，凡经过三个步趋：

我们推溯西洋近代文明的发展，不能不始于"新生时代"（Renaissance）了！在这个时期以前，宗教的势力——神权的势力——将西洋古代的文明中断了几百年。希腊罗马的文明已过，近代的文明未生，其间所有了不是十字军的战争，就是宗教的残杀，人人处于神权政治之

---

[*] 录自《新潮》第二卷第二号，1919 年 12 月出版，署名"罗家伦"。

下，还有什么思想自由可言呢！到十四世纪的时候，有一班学者从 By-
zantium 逃到意大利，受了意大利自由都市的影响，就发生种种对于当
时现状的怀疑，他们想自己既有思想，为什么不能自由运用，而须靠着
"圣经"？自己既有能力，为什么不能独立行动，而须听命教会？圣经就
是对的吗？教会就是对的吗？若是说从前遗传下来的应当如此，难道遗
传下来的就是对的吗？难道人生就是这样没有价值吗？从这一点观念
上，就发生人生问题。当时他们翻译希腊的文学，发现希腊的艺术，深
深里受了希腊人"美"的影响，又同时发现了柏拉图的哲学（按：当时
亚理士多德的哲学被教会所利用，统一思想界已久；重行认识柏拉图实
在是当时一个大发现），以 Beauty of the universe 为前提的，于是他们
觉得人生决不是这样服从的、沉闷的、干燥无味的；于是他们认定自己
的价值，成立了一种新人生观。人生观改变了，什么东西当然随着改
变，所以当时这班倡新思想的人都是根据"人本主义"（Humanism），
他们的自身叫做"人本主义者"（Humanist），他们的时代也就叫做
"人本时代"（Humanistic Period）。[2]无论做什么事，我们必定要先立，
把人生观立定了——就是先自己认定自己的价值——才有一个标准。可
怜西洋人中古时代浑浑沌沌的过了几百年，到"新生时代"才认定个人
的价值；可怜中国人到现在过了几千年，还没有认定人生的价值！所以
从人生观说起来，Renaissance 实在是"个人主义觉悟"的时会。这种
觉悟一流入教会里去，就成为"宗教的改革"Reformation。以后西洋
蓬蓬勃勃的文明，都是从这个变更上产出来的。所以我们推本溯源，不
能不承认他第一个步趋就是人本的时代。

　　"宗教改革"虽然是由于个人的觉悟流入教会里，但是当时宗教改
革家如 Luther、Calvin 辈，并不是主张思想自由者。从前大家多半把他
们认错了，Luther 辈所承认的只是他们自己人生的价值，而不是他人
人生的价值；他们所打破的不过是教皇政治的迷信，而不是圣经的迷
信。所以柏雷博士（J. B. Bury）说，他们的改革不过是以"圣经"的威
权去代替教皇的威权，实在是特有见解的话。[3]但是何以从这次改革运
动发生以后，思想自由就更要蓬蓬勃勃，日甚一日，竟出自 Luther 等
意料之外呢？从表面上看起来，固有一发难收之势，因为 Luther 等既
可以打破第一重教皇的迷信，大家就不难进而打破第二重"圣经"的迷
信；然而从实际上看起来，则所以能打破"圣经"迷信的缘故，实因有
一种科学的精神产生于这个时候。科学本于求真的旨趣，批评的精神；

当大家人生态度改变，对于古训怀疑的时候，一定是有这种结果的。宗教家解释宇宙，以为地体居中，是永久不移动的；日月星辰，都只绕着他转，而各有天神主持。从前大家都信此而不疑，等到十六世纪的时候Copernicus出来才敢反对，而发现地球是动的，是绕着日球转的。其后Galileo出来，用望远镜说明地球所以绕日球的道理，那已更进一步了！宗教家以为一切物质，都是造于上帝，我们不能丝毫过问；若是要去研究，那就犯了测神的罪。从前大家也都相率而认此为真，等到Bacon父子出来，居然以归纳的方法，作实地的试验，卒发明自然界无限的道理。同时Descartes等先后继起，虽然分道杨〔扬〕镳，然而也极一时之盛，他们不特对于科学的本身有所贡献，而且使科学的方法得以确立。科学固可贵，而科学的方法尤可贵。从前大家思想的方法，都是演绎的，只从冥推暗想得来的，所以宗教更可以利用。等到这个时代，归纳法发生了，于是归纳与演绎二法，可以并用。凡是遇着什么事，我们总须先行观察；观察有得，然后再假设一理，以从事于推演，然后再作实验以试推演之当否。若是不当，则另创一理以作替代；若是当而不精，则于修改之后，仍加之以实验，而继之以推理。归纳演绎，原是一件事的两面，两者互为表里，而科学方法赖以大致完备。若是有归纳而无演绎，固流于停滞，而有演绎无归纳，则更流入于虚玄。所以必待归纳法大明，而科学求真崇实的精神乃能确立。总之科学上所谓知识，必以事实为基础，以试验为手段，以推理为目标，待证验而后决。对于什么圣人贤人列祖列宗的教训，是一点没有成心的；不但没有成心，而且若是他发现圣贤祖宗的话有不合真理的地方，还要攻击，虽冒危险而不顾，这种就是所谓科学的精神，也就是科学方法的效果。这种方法，不特使科学的知识日渐增加，而其最大的效果，就是使人生得了这种新的思想方法以后，起了一个知识的大革命，开了一个思想界的新纪元，推之于政治社会种种现象，而使他们人生的方面受了大大的影响。这种现象就是十六、十七、十八世纪惟一的成效。经过这个长时期的改革，什么宗教威权的论据，当然立不住了。所以思想自由进化的第二步趋，就是科学的时代。

科学既然发达，无论在原动反动方面，政治社会总不能不有变更。反动方面不必说了，但就原动方面而论，则科学的发展实在是对于旧式政治社会的极大攻击。这有两种的原因：（一）科学既以拥护真理为天职，则凡是不合真理的"君权""阶级"种种，当然须一律排斥。日本现在的黎明会中吉野作造等想以学理阐明国体，正是这个用意。

（二）欧洲从前是政教合一的，现在科学发达，教权受了打击，则政权当然随着摇动。有以上的原因，相鼓相荡，于是在十八世纪末叶暴发起来，就是法兰西的大革命。说一百句空话，不如一次实行，所以法兰西的大革命对于近代思想的解放上，是有莫大的影响的。你看一千年来大家奉为天经地义的"圣经"，到这个时代居然能够废了，来使大家读宪法；几百年来大家以为世袭阀替的阶级，到这个时代居然能够废了，使大家同处于平等地位。这是何等的大变更！人类的思想，那能不受影响呢？老实说，我们对于法兰西大革命久已误解了！我从前说："法国的革命是政治革命，俄国的革命是社会革命"，也是错的！法国革命的真义，决不是仅仅关乎政治的；而同现在社会革命的精神，实在没有不一致的地方。就其国内而论，则法兰西革命后发生了三种大变更：第一，教育的改造，依 Diderot、Danton 的主张，将阶级的教育化成平等的教育。第二，美术的改造，从 Watteau 贵族娱乐的美术，变而为 Grenze 平民写真的美术。第三，政治的改造，就是劳动者得参与政治，从前以为空想的，至此宛然实现了！[4] 至于这次大革命对于世界的影响，也是很明了的。他们当时提出"自由"、"平等"、"博爱"三个信条，公诸世界，而"博爱"一项，就含有社会主义的精神；至于他们出大宗款项为他国运动革命，岂不更似俄国的现状吗？不过可惜当时的平民知识还未成熟，所以这种社会革命的计画，没有完全贯澈；加之以后的历史家又都是帝国主义、贵族、资本家的辩护士，于是法兰西大革命的真精神，到〔倒〕反而湮没了！况且这个时代实在是"社会主义觉悟"的时代，大家都知道要完成个人是离不了社会的，于是此后的政治社会思想和事实都同趋于平民方面，不自由的障碍，当然打破无数。所以思想自由进化的第三步趋，就是民治时代。

以上所说从"新生时代"至十九世纪初叶，思想自由进化的三大步趋我们已明白了。到十九世纪中叶以后，科学与民治二种，相辅而行，同时发展在民治方面，则自一八四八年全欧大革命以后，劳动者一天盛似一天，女子参政权一天发达一天，宪法既一步一步的确定，选举权也一步一步的扩充。这种的例，在近代政治社会史上，也举不胜举。至于科学方面，则更有大大的进步。从前 Copernicus 等发现天体的现象，把基督教已有的解释，虽然一律推翻，但是对于上帝造人的学说，尚无法否认。等到一八五九年 Darwin 的空前绝作《物种由来》（*Origin of*

Species）出现，而进化论的学说，遂以确定。一八七一年他所著的《人所从出》（*Descent of Man*）一书出版，说明人是从低等动物变过来的，于是宗教里 Adam、Eve 的话，完全被他打倒。宗教的第一大敌就是进化论，宗教用了多少方法用［来］压制他，苦战六十年，终没有成功，而且进化论日益发达。一切政治，社会，道德，宇宙观，人生观没有不受他的影响。以后生物学、人类学由此而日益发明，神权一蹶不振，自不必说了！理性与威权竞争许多时期，至此方才胜利，正是民治与科学同时并进的功劳！

到现在世界的思想，可谓蓬蓬勃勃，自由发展极了！这是一个极大的转变关头，我们不能不注意的。这种极大的转变，也是由于十九世纪以来的科学和民治经过了一次大大的改革，又促醒了一种新人生观，所以才能如此。从科学方面而论，自然从十九世纪后半以来，思想界都受进化论的支配了！但是进化论讲到 Haeckel 这班学者时候，虽已达极盛的时代，然而讲到世界的进化，不免落于太机械的弊病。等到新一元论领袖 Ostwald 出来，才大大的昌明了能力（Energy）的观念，知道宇宙是无限的能力构成的，以新的"能力说"（Theory of Energy）去代替旧的"宇宙机械说"（Mechanical Theory of Physical World），把静的世界，变成动的世界；把 Mechanical 的世界，变成 Energitic 的世界。Ostwald 是一位化学物理大家，所以最初不过以这个观念讲化学物理。其后流入生物学里，就大大的发现生物突变的原则；流到天文学里就成了新天文学；流到人类学里就成了新人类学……这个 Energy 的观念，实在影响全世界的进化！从民治方面而论，则我们不能不说这次思想界的新变更，是同这次大战终了有绝大的关系。我方才说"一百句空话，不如一次实行"，所以这次大战也同法兰西大革命一样，对于思想自由是有绝大的贡献的。老实说，历来的思想界，都没有不受国家主义的一层障碍的，而以十九世纪极端国家主义的发展时代为尤甚。今"一世之雄"的德意志突然倒去，自然国家主义受了一个致命的打击。思想界既去了国家的偶像，又去了种种外面势力的障碍，自然有光明的现象了！欧洲的大学者何以到现在才觉悟了，来发《精神独立宣言》?[5] 何以到现在才联络了来发《精神独立宣言》? 大家也就不难推想而知！这是大战后思想所以改变的第一种原因。凡是时代愈乱离的时候，思想愈发达。杜威先生讲"政治哲学与社会哲学"说，"政治哲学与社会哲学的发生，就在政治社会有病的时候"。现在的时代，正是如此。经过这次大大的破坏以后，旧制度旧观念不适用的地方，坏的地方，一齐都发现出来了；于是大家都想乘这个时机，谋澈底的改造，所以百派争鸣，极一时之盛。思想界的自由空气，莫过此时的。这是大战后思想所以改变的第二原因。有这个两种原因，民治的主张，自然比从前更要澈底了！以上是科学和民治双方面影响现在思想的大关键，而其最重要的，还在当今人类的人生观又得一种大改变。我常说，西洋文明的进化，在"新生时代"已经从"神"的时期，进为"人"的时期了！物质本来是供人生利用的，但是到十九世纪的时候，物质的科学极端的发达，而政治社会的科学的发展反及他不上；于是人生受物质文明的支配过了度，几乎变成机械一般。这次大战，也未始不是极端物质文明的结果。于是大家发生疑问道："我们的人生难道只是供物质的支配，而去作他的牺牲吗？"从这点上从新发生了一种人生的觉悟，加之现在科学上 Energy 的原理，改变了世界进化的观念；而新民治的急进，又将一切的碍障扫除，自然大家的人生观上受了一种大大的影响，而成了一种新人生观了！因为这个原因，所以二十世纪可以高唱人道主义！因为这个原因，所以有许多思想家叫现在做"新生时代"！因为这个原因，所以我们从归纳得来的近代思想自由原理是：

      首先改革人生观，以科学的精神，谋民治的发展！

    总观以上的话，我们对于西洋近代思想自由进化的途径和原理，大概已经有了一个明了的观念。但是我还有一句话要请大家注意的，就是世上没有理性不与威权为敌，也没有威权不要压制理性，理性自身本来没有物质的势力，何以能敌得威权住呢？说到此地，我们主张思想自由的惟一妙谛就是"牺牲"了！世界上别的牺牲故且不论，但为真理而牺牲，为主张而牺牲，是绝对值得的！自"新生时代"以来，不问其远，即就本篇所举的，则 Copernicus 因为发现天体而颠沛流连，Galileo 因为更能说明天体而受教廷的鞫讯，Haeckel 因为讲进化论而曾被逐于 Jena 大学……至于三五年来，政府或社会压制思想的势力，还是很利害的。当大战期内法国大社会党学者 Jaurès 因非攻而被杀，英国大哲学家 Russell 因著书而被监视，大文学家 Bernard Shaw 因为做了一篇 Good Sense in Law 而几不见容于全国……这都是很可怕的现象。一直到战事停止以后，到现在还不过一年，欧洲才不听见这样的笑话；但是在东方正难说呢！所以我们不主张思想自由则已，苟主张思想自由，则不能不以坚强的意志，热烈的情感，作真理的牺牲。死固不足畏，但是不到死的时候，就应当——

"出了研究室便入监狱，出了监狱便入研究室！"

八年十一月二十二日

［1］参看 Mill：*On Liberty* 第二章，其中议论，对于各方面均极精辟，而论 Social Utinity 一段尤动人。

［2］参看 Windelband：*History of Philosophy*，pp. 352—354。

［3］参看 Bury：*History of Freedom of Thought*，pp. 76—80。这本书很短小而很精粹，我已将他译完了一半，按日在《北京晨报》上发表，译完后再付印成书。

［4］参看 Lavell：*Reconstruction and National Life*，pp. 38—55。

［5］参看本志本号附录，张崧年君译文及传注。

（附注）我这篇文章做完的第二天，就去听杜威先生"教育哲学"第八次的演讲，其中如"科学方法"、"Energy"等几种重要观念，几乎完全相同。我这番主张在不期然之中，得先生的话来相印证，不禁为之狂喜。所以特别附志于此。

二十四日家伦

学术界的骗局[*]

（1919）

骗中国人和骗外国人

我所要说的，不是说有一种外国人专骗中国人，也不是说有一种中国人专骗外国人。乃是说有一种外国人一方面骗中国人，一方面同时骗外国人；有一种中国人一方面骗外国人，一方面同时骗中国人。这样的双关骗局，真是危险，所以我们有批评责任的人，不能不提出来和大家讨论讨论。

提到上一种人物，现在是很多的。有一个什么卫西琴，从前在袁皇帝时代，就揣摩中国人复古的心理，做了一本什么教育学：说中国以前的教育，是世界上最好的教育；孔子的道理，是"传诸百世而不惑，放诸四海而〈皆〉准"的道理；君主是好的，宰相也是好的，中国的什么东西都是好的。做好之后，请了一位"君子"把他翻译出来。于是一班"夸大狂"的中国人眉飞色舞，以为中国的学问真好，外国人都佩服。袁皇帝见了，果然"龙颜大悦"，送他一个顾问。虽然《甲寅》杂志里有一位记者驳了他一顿，但是他的话，到今日还有人援引。他以后更在外国报纸上发表了几篇论文，外国人也以为他对于中国的学问很有研究。上半年他开了一个音乐会，居然演讲"Music 与音乐之分别"，引了许多《乐记》上的"一生二，二生三，三生万物"的话，恭维中国音乐有"和煦万物之功"，可以使"百兽率舞，凤凰来仪"。我对于音乐虽然没有研究，但是听了也不禁"受宠若惊"！又有一位外国的中国文学

---

* 录自《新潮》第二卷第二号，1919 年 12 月出版，署名"志希"。

教授，叫做 Giles，做了许多论中国的书。如他的一本《中国文明》（*Chinese Civilization*）里面，真是有许多"谬不可言"的地方；有一章叫"哲学与运动"（Philosophy and Sport），大家不必问他的内容，就看他的题目，又如何连得拢呢？他做了一本《中国文学史》（*History of Chinese Literature*），把蒲松龄的《聊斋志异》说了几十页。又有一位外国的中国文学教授——偶忘其名——做了一篇论文叫"中国文学"（Chinese Literature），刻在一本文学丛刊里，将中国的"经"翻作 Classics，"史"翻作 History，"子"翻作 Philosophy，"集"翻作 Belles Letters，并且为他们定了极固定的界说。其内容可想而见了！又有一位外国人，做了一部《中国社会学》，其中引了二三百部中国书，"鱼龙混杂"，不问真假。听说他还在做《中国文明史》，我真佩服他的胆大！这种人一方面可以在外国负盛名，一方面又可以博中国人的赞许，实在是别开生面的投机事业！

说到后一种人，在现在中国的留学生中也很不少。有一位祭孔而穿"章甫黼服"的人，做了一本《孔门经济学》，印了几百页，只是抱了《大学》里"生之者众，食之者寡；为之者疾，用之者舒"几句话，什么"价值论"呀，"分配论"呀……一点说不出。所引的中国书，也是没有真假的分别。无怪他怎样的大著作，不肯译成本国的文字，待不懂西文的中国人领教领教。又有一位老先生，做了一本 *The Spirit of Chinese People*，抹倒百家的学说，谓中国人的精神，只是一贯的尊君尊孔。外国人援引他的话来批评中国人的很多，我真替许多中国人抱屈。又有一位很著名的留学生，做了一篇《中日羊毛之比较》，也在外国得了一个很高的学位。外国人看了莫名其妙，回到中国来又可用留学生的头衔来吓人，也可谓"曲尽其致"呢！

我并不是好揭破人家的黑幕，不过以为他们这样的办法，对于中国将来文化的前途，有莫大的危险。第一，中国现在的读书人，多半是盲从的，附和的，而且往往"妄自尊大"，以为他国都是"夷狄之邦"，那比得上"上国的衣冠文物"。这种的谬见，我们费了多少唇舌，都还打不破。今一旦听了外国人恭维中国人的话，谁肯细心去研究说这话的是那种外国人，就果以为中国的文化真了不得了，"夸大狂"更要增加十倍，那里还有心去研究科学，去吸收西洋文明呢？那不但进化的路与中国永久分开，就是在酝酿中的世界新文化，也就毫无希望了！第二，世界的大同，全靠各国的文化互相了解，因为人类的同情，都是从了解中得来的，现在以这种不真实的材料报告他国人，如何能望他国人的真实了解呢？不但不能了解，并且可以加上许多误会。譬如人家读了 The Spirit of Chinese People，就误以该书能传布中国人的精神，就以为中国人甘心做专制君主的奴隶，请问他们将取何种手段对待我们？第三，凡是学问，都要真实；学者更要有真实的态度才是。现在这种风气，养成这班欺世欺心的人，不但有害于中外的社会，并且害了世界真实的学问。我想到此地，不能不说"危险危险"！

至于补救的方法，我想也有三种：（一）我们赶快去聘请外国的学者。老实说，自来中国所聘的外国人——无论是政府聘的或是学校聘的——大都不是流氓，就是四五等脚色。除了这次北京大学破天荒请了一位杜威博士来，还有一位以政治学著名的芮恩施公使在中国外，其余还有那个是外国学者？中国没有福气容得外国的大学者住，无怪一班流氓或是浅学之徒敢兴风作浪，肆无忌惮了！（二）中国真有学问的人，应当赶快将讲中国学问或情形的书，译成他国文字，令他国人能够真正了解中国的文化。这是一件很要紧的事。这并不是为外国人做工，乃是为中国人自己谋幸福。我还记得大战初了的时候，周纬博士新自欧洲回来。他有一天对我说："我在欧洲的时候，常常见到那里主张公道的学者。我就问他们道：'你们既然主张公道，何以不肯主张中国收回领事裁判权呢？'他们回答我道：'你劝我们主张中国收回裁判权，请问我们以什么中国材料为根据？你走到巴黎最大的图书馆里去，寻得出一部中国法律的译本吗？说到日本，则日本国的法律——无论是民法刑法种种——都有全部的英法德意甚至于希腊罗马等种文字的译本。所以各国人不但以为中国人无法律，并且以为东方的文明，只有日本可以做代表。'"我听了又惭愧，又寒心。我想读者听了也惭愧，也寒心！以后我们不但对于法律应当照这个目的做，对于他种学问也应当照到这个目的做。我所反对的，不是反对留学生将真正的中国文化传到外国去，如胡适之先生能将中国哲学的真正观念输到外国去，是很好的。我所反对的，乃是反对现在时髦的留学生或外国人将假的中国学问去骗外国人或他们的本国人。若是能实行我这个主张，不但对于世界的文化与和平有利益，并且外国人有了比较之后，那班欺世盗名的也就不敢作怪了。（三）这种是很抽象的，就是各种讲学问的人，自己有种觉悟。一方〈面〉觉悟欺人的方法，总是不能长久的；一方面觉悟讲学的材料，不能专靠人家供给，并且要靠自己直接去搜求。若是自己想研究某国而自己能读某国的书，是最好的事，不然专靠人家，总有靠不住的时候。

以上这番话，一定有许多人听了不高兴的；但是为了尽我批评的责任起见，不能不说。

解放与改造[*]

（1919）

现在上海只有新出的两种杂志是有价值的：一是《建设》，一是《解放与改造》。我对于《建设》另有批评，今请先言《解放与改造》。

我做这篇批评的时候，已经看见第六期了。以六期的材料，要作逐篇详细的批评，实在是做不到的事，所以我只得提要一说。其中直率粗疏的地方，还要请他的记者原谅。

这个半月刊有两种特长可以注意的。

（1）注重社会主义。

（2）注重介绍一切新学说。

社会主义的精神，最重要的就是解放的精神，所以在《解放与改造》里谈社会主义，是很合宜的事。现在的《解放与改造》大多数的文章，都是关于促进人道的文章，与强权为敌，与军阀为敌，与官僚为敌，与财阀为敌，与旧社会为敌……这种勇气，我们是很佩服的；长此坚持，实在是日向人类进化的正轨上走。但是我对于《解放与改造》第一层谈社会主义的方法，有三点意见。（1）《解放与改造》中谈社会主义的文章，是很多了；但是我得诸读者的意思，总觉其中所谈的稍微散漫一点。这派未完，那派又起，苟非已得其系统知识的人，恐怕摸不清楚头脑。所以最好莫过于请该社的记者，先译一部"社会主义史"；或是定出一个大纲来，依着次序，分期讨论。这样才可知读者有一个系统的知识，才更可以容易收效。（2）无论谈那派学说的时候，请注重他历史社会的背景。同是马克思的学说，为什么得到英国会变成 Guild Socialism，到法国会变成 Syndicalism，到俄国会变成 Bolshivism，到美国会变成

　＊　录自《新潮》第二卷第二号，1919 年 12 月出版，署名"志希"。

I. W. W. 呢？这都是各有历史和他社会背景的缘故。所以我们要真能了解某种的学说，必先明了他这种的背景；并且知道他未发生的情形是怎样，已发生后的效果是怎样，才可以知道何所选择，何所适应。（3）应用社会之义来谈社会问题。我主张主义当与问题并重。没有主义对于问题因没有基本的主见；但是谈主义而不能应用他到社会问题上去，则这种主义终归于贩卖的，舶来的，定浮而无所依附的，对于社会有什么益处呢？所以我更希望《解放与改造》里的文字，能多应用社会主义来研究解决社会问题。

至于第二层对于学说的介绍法，我自然极赞成他的"读书录"了！"读书录"是《解放与改造》的特色。这种东西，一方面可以综述大意，介绍一种学说或著作，一方面又可以使读者先得大意，引起想读的兴趣。但是最好也有三件可以注意的地方：（1）于介绍某种书的时候，可以略述某种学说的源流。不然突如其来的介绍一本书，往往使读者莫明其妙。（2）对于治某种学问或某种书的基本方法，可以讨论讨论，给读者一个工具。（3）欲介绍某种书，最好对于原文仔细一点，不然恐怕有失我们介绍的本意。在这六期的《解放与改造》里，"读书录"好的很多，但是有好几种我都没有略去看原书。惟罗素（该志"伯罗塞尔"）的《政治理想》一书，我还粗粗的涉猎过。东荪先生所著的"读书录"，不免有起人误解的地方；我们都是为真理而求真理，所以不妨把他略举几条出来，研究研究。我想他一定不会见怪的。

（一）所举罗素的书，不免有点差池。

（a）"Prinpia Mathematica"共四大册，已出三册，系罗素与Prof. A. N. Whitehead 合著，不宜属于一人。

（b）"Principles of Social Reconstruction"一名，于 Resconstruction 一字之前落 Social 一字，甚重要。

（c）"Why man Fight"（原文无问号）一书，即"Principles of Social Reconstruction"，美国人翻印的时候，误改此名，不宜并列。

（d）"Political Ideals"（即本书）误遗一多数 S 之符号。

（e）"Proposed Roads to Freedom"的 Proposed 一字，系美国翻印时所误加；已经有人说他加错了的。此书去冬在英国出版时原名"Roads to Freedom"，似宜从原名。

（二）所译之处，有使罗素的基本主张，不免令人误解的地方。

（a）第十四页第六行：

译文："有一种财可以私人据为己有的，人人都各有一份。"

原文："There are goods in regard to which individual possession is possible, and there are goods in which all can share alike."

原文是两个子句并列，不能拼成一个子句。他的原意以为现在世上的东西，不外公有私有两种。在上一个子句里是说私有的东西，就是那个人所私占的；在下一个子句里是说创造的东西，就是人人有份的，有等份的，能同享的。所以惟有创造东西在这个人可以有，那个人也可以有。此人之所得，非他人之所失。若将以下并列的子句，解释上面私有的东西，以为私有的东西人人也都各有一份，那么，还有什么私有公有的分别？私有又有什么害处？以"各有一份"译"all can share alike"似有不妥，因为对于一大堆东西或者还可以说得过去，若是只有一件的东西就很难说。

（b）同页第七行：

译文："如食物和衣服，是各人一份，不过供给不足的时候，可以取别人用剩了的。"

原文："The food and clothing of one man is not the food and clothing of another; if the supply is insufficient what one men has is obtained at the expense of some other man."

这话的上半句想是承前句"各人一份"而言，但是不如照原意直译为"一人之衣食，非他人之衣食"。

这话的下半句，略不妥：（1）既然说是供给不足，如何会有剩余？（2）退一步说，就认供给不足的时候会有剩余，那种剩余一定是强占者有的，然则强占者可以任不足的去随便取吗？（3）再退一步，若是罗素以为没有吃的人"可以"取别人剩余的东西，这又何必谈社会改造？原文直译系"设如供给不足，一人所有，实由损他人而得"。其意即指一人所得乃他人所失而言，乃正与上段"创造的东西"的真意义相对待。

（c）第十八页第六七八行：

译文："凡是个团体，必定要分内部事务与外部。所以在政治上构成一个集合体的必定对于内部事务，可以完全自决，但与外界有关系的事务则不能纯由自决。"

原文："In the affairs of any body of men, we may broadly distinguish what may be called questions of home politics from questions of foreign politics. Every group sufficiently well marked to constitute a political entity ought to be autonomous in regard to internal matters but not in regard to those that directly effect the outside."

这段译文虽是很好，但是语气轻重之间与本意似有出入。如把 may 译作"必定要"，ought 译作"必定……可以"，ought not 译"不能纯由"，似不免轻重倒置，"所以"二字似可不必加。

（三）译名有可以斟酌的地方，因为罗素也是著名的数理逻辑家，所以我们不能不留意：

（a）Government 似可译平常通用的"政府"，不必译作"政权"。

（b）Force 一字或作"政权"，或作"强权"，或作"权力"，似乎太多。又 Force、Power、Authority 三字都译作权力，似可斟酌。这几个都是极难译的字，所以我们可以仔细讨论讨论。

（c）"私有的冲动"这个译名，斟酌原文，似当译为"占据的冲动"，因为罗素是拿他来同"创造的冲动"相对待的。观"Principles of social Reconstruction"一书更要明了。

其余若第二十页第九、十两行上说"他虽是主张改造的人，但是他不主张革命。他说'革命的行为可以不必要，但革命的思想是不可少的'，所以他也是主张渐进一派的"。这话易起误会。罗素的主张，是极急进的，说他是渐进一派，有点冤枉。看他的"Roads to Freedom"就明白了。他此处的所说"可以不必"，也是或定的，却并不是反对革命。

以上所举的都不过是拉杂说来。我对于罗素并没有什么研究，我的朋友张申甫先生是专门研究罗素的人。所以我得于他的甚多。他这篇译注的《精神独立宣言》中关于罗素一段，可以参观。这段东西不过我于读书的余暇，随笔写来，没有什么意思。不过我们"为真理而求真理"，所以无论对于谁的东西，都可以拿来批评批评。但是在思想学术专制的中国，要作批评，实在是极困难的事。所以我前次在《批评的研究》一文里说："中国人，因为学术思想专制的结果，所以大家对于'批评'和'骂'分不清楚。我们批评他，他就说我们骂他。"若是我这类的批评遇着这位江苏第二师范校长贾丰臻先生，他又要骂我"狂吠"。不过东苏先生是新时代的人物，把从前的旧习惯都早打破，而且我们大家都是极能了解的，所以我敢把这极诚恳的意思写下来。东苏先生在上海极力奋斗，无时不在百忙之中，是我们很知道而很佩服的。这种忙中的疏忽，我也以极诚恳的意思请大家不要生他种误会。

将来我有译著出来的时候，并希望东荪先生和大家细细见教，我才可以常常改正。

我对于《解放与改造》这样的主张这样的精神，是很佩〈服〉的。而且对于他有无限的希望与无限的热诚，谨祝他的发展！

舆论的建设*

（1920）

我有一位朋友从山西回来，说起那位善造格言的"督军圣人"造了一条格言道："人民有三可怕：上帝，法律，舆论。"我听了不禁扑嗤的一笑。不久回心想想，倒也觉得不差。上帝法律暂且抛开不讲，至于现在的舆论，却真是人民可怕的东西呵！袁世凯买了一群"光棍书生"鼓吹帝制，说是代表舆论。安福部请了一群"鱼行伙计"办机关报，也说是代表舆论。然则舆论究竟是什么东西呢？这点若不认清楚，舆论的本身就是绝大的危险。

——舆论只是代表一部分人的私见吗？当然不是，否则"御用报""讼报"也得称为舆论。然则舆论就是代表多数的意见吗？却也不是。若是舆论只以大多数为转移，那就成为一种群众心理的表现。多数不见得就是对的，而以感情冲动之时为尤甚。我们相信易卜生主义的人，尤当知道社会的进化，当尊重少数的思想。然则舆论岂是一族或一群的全部心理动作吗？那也不见得，因为舆论苟为一群或一族的观念所限制，那就有种种习惯、风俗、成见，存乎其间。须知舆论是动的，活的，而习惯、风俗、成见是静的，死的，万万不能以风俗、习惯、成见夹入而为舆论。然则舆论究竟是什么东西？

据 L. F. Ward，J. W. Jenks，A. L. Lowell，A. J. Todd 几位学者的意思归纳拢来（此处不能详说），真正的舆论有四个要素：

（一）真正的舆论当为一种"科学的假定"。凡是发表什么意见，都要有科学的根据、实验的态度。私见固且不能容，即武断的思想，感情的冲动，也是不能加入的。

---

* 录自《新潮》第二卷第三号，1920 年 4 月出版，署名"罗家伦"。

（二）他是一种精当足法的"平民的讨论"。健康的舆论，不见得是多数的意见，我上面曾经说过，多数不见得就是对的；而社会的进化，尤赖少数的思想。群众心理，对于适当的问题，万难有适当的解决；至于适当的解决，尤靠冷静的判断。白芝浩（Bagehot）的意见真好，"舆论主持的政府就是讨论主持的政府"。

（三）他是一种"讨论的结果"。屏弃感情意气而得的精密讨论，才是真正的舆论。如 Senor Huerta 侮辱了美国的国旗，而美国人就主持惩办 Huerta，对墨西哥宣战。这种主张，Toed 就认为不成熟的舆论。真正的舆论，当研究出方法来，如何可以使墨西哥恢复秩序，不致〔至〕于再有暴乱发生。

（四）他虽是一种思想，但是要根据于公共的事情，而负有"公共的责任"。所以既不能为一面着想，又不是漠不相关，隔岸观火的议论。

总观起来，真正的舆论固不是少数的私见，也不是群众的心理，乃是少数的思想，有科学的根据，经过公开精密的讨论，由讨论得着的结果，仍然是为了多数的幸福，所以当负有公共的责任。明白了舆论的性质，那他的职务也就容易明白了。他的职务不外两重：一是社会的保持（Social Control）；一是社会的改造（Social Readjustment）。社会上已有的好东西，固应当由舆论起来保持，不使失堕。但是专保持也是没有用的，必须想法子去革新。进步的社会，是心理常常变迁的社会，以已有的遗传品去谋生活的适应，是不成的；欲求不断的生活，当常谋新的适应，所以舆论的态度当重批评。而舆论的本身在能适应，舆论之所以胜于法律者，就因为法律是固定的，而舆论是能变的。故法律有时而穷，而舆论无微不至。舆论苟欲长期不失其效用，自当常为社会的"动的成分"。

舆论的职务虽然如此，但是要实行达到，却有困难。困难之点凡三：（一）要求讨论，必先事实；而所得的事实，往往难于真确。（二）讨论的人，又难得了解各方面的状况，有各方面的见解，如亚里士多德，贵推，孔德一流的人，终究是很少的。（三）人民平均的知识太低，如向平均在初等小学一年级程度的国民谈重要复杂的问题，恐怕不但不能使他们了解，而且发生他的阻碍。

以上虽有许多的困难，然而总要谋补救的方法。苟知舆论的性质，职务，及其所遇的困难，则欲谋真正建设舆论的方法，也并不难明了的。大约不外两种：

（一）报纸的公开——我们既知道舆论不是少数人的私见，又不是群众的心理，而是科学的假定，由讨论而得的，所以一切报纸必须公开。不但不能受政府或社会的干涉，而且不能为私人所独占，为党派作机关。有什么事实或意见，都须从各方面清清白白的写下来，供大家的发挥。如此则少数的思想有所表现，而群众的心理有所采择，科学的根据，也就日益精密了！若是有私人或党派的报纸不肯如此，社会尽可加以制裁。

（二）大学的努力——各国的真正的舆论，都是以大学为重心的。杜威先生说："大学是造成舆论和指导舆论的总机关"。在欧美各国，不但一切社会问题的解决法出自大学，即政府里的重要问题，如税则交通等等，无一不以大学的意见为转移。因为大学的地位，一方面能容少数思想的发展，一方面又能得多数心理的信仰，大学本身所代表的是智慧的信仰，是真理的信仰，所以他养成专门人材还是小事，而其最重要的还在他的精神，他的方法，能养成人类求真的习惯，独立的判断。而现在文化式的和自由式的大学，更应当知道这个世界是正在创造的，我们都是进化程序中的经纪人。社会是正在演变的，我们应当把他从好变成更好。大学教育的程序，也应当同这种进化和变迁相适应。

我最后还要借西洋一位学者的话作结论道："舆论苟欲名副其实，为民治政体中的正当原动力，必定真正是公的。而民治的政府，正建设于这种舆论的上面。因为他真正是公的，所以多数也不足以当舆论，而舆论也无须全体一致。但只要这种意见，虽出于多数，而少数加入的时候，却是由于他们自己观念改变乐于从事而来的，并非由外界威力逼迫而来的。那才是真正的公。必定要使少数对于多数的服从，都是出于自己本心愿意的，那才是完备的民治！"

批评的研究[*]

（1920）

三 W 主义

中国的学术和社会，到现在真是沉闷极了！不特现在沉闷，简直可以说是二千年来，一脉相传，一点变更没有，一点进步没有。而西洋则除中古时代稍微停滞一个时期而外，从"新生时代"（Renaissance）以后，则无时无刻不在进化之中，蓬蓬勃勃的发达，终究造成现代的文化，这是什么道理呢？据我细细的观察，则创造西洋文化的要素，只有一件东西，就是"批评的精神"！

近代的科学就是这批评的精神造成的，所以不骛于陈言，不拘于故训，不迷信人，不迷信国，而纯粹取一种批评的态度；所以常常有新的事物可以发现，新的真理可以搜寻。从前教会里的威权说太阳绕着地球转，人家以为这是一定不易的道理了，而 Copernicus 敢出来批评他，所以一步一步的研究过去，终竟发现天体。基督教的"创世记"（Genesis）说，人是上帝造的，先造亚当后造夏娃；而 Darwin 出来批评他的荒谬，卒成现代的进化论。若是 Copernicus 同 Darwin 只是天天在故纸堆里钻，天天去教堂中间做祷告，还有什么天文学进化论可言呢！所以温故决不能知新，知新必在于疑故！这就是批评精神的起源，这就是近代科学发达的惟一秘诀了！

至于说到文学方面，则西洋文学所以能进化到现在这个地步，乃是因为他有两种最可宝贵的质素：（一）他自己能作人生的批评；（二）他

＊ 录自《新潮》第二卷第三号，1920 年 4 月出版，署名"罗家伦"。

自身能容人家的批评。文学本是人生的表现和批评，所以决不能空言"文以载道"而泛泛无着的。至于容人家的批评，实在是文学进化的重要原则。文学也可以算是一种艺术，不是不进步的东西，但是要有人去研究批评，才会有进步。断不是同中国古代的文学一样，先立定了一个标准以为极则，而令后人去模仿，一万年也学不到的。你看那班"焚膏继晷"的先生们，"简练揣摩"了几十年，还不过是"逼近太史公""神肖曾子固"而却不能及真的太史公，真的曾子固吗？文学堕落至此，如何会不退步呢？而西洋则批评文学艺术一事，成为一种专门的学问，文学中也有 Criticism 一类，所以无怪他们日进无已了！

若是说到社会方面，则社会的发展改进，也全靠批评的力量。社会里面是有惰性的，所以种种风俗习惯一成，就难得更改。而更改的能力，全靠批评家。一切报纸记者的天职，就是批评社会，是不必说了；西洋还有种种专门批评的杂志，凡是社会上的重要事体，人物，以至于微风细俗，没有不受他的批评。（专门批评的杂志，中国现在实在可以办得。）西洋的社会，不但不讨厌这班批评家，而且喜欢他们。英国有许多文学家以"社会批评者"（Social Critic）的徽号自居以为荣，而大家也以此表示爱戴他们的心理。批评家是社会的针砭，也是社会的兴奋剂。他的责任是天天去激动社会，一方面使社会知道错误，一方面使社会知道改良，才可以步步的走到进化路上去。这是西洋社会组织同中国社会组织精神上不同的惟一原因。

以上所说的不过是科学文学社会三部分，因为没有批评，在中国遂致遇多年的停滞。其实不只这三部分，无论那一部分不要批评，就无论那一部分中国不因无批评而吃亏。然则批评何以不产生于中国呢？我以为这样奇怪的现象，也只有两种原因：

（一）中了政治专制的毒；

（二）中了思想专制的毒。

在政治专制之下，是不能容批评的精神的。"偶语弃市"，"腹诽者族"，自不必说了。就是千余年来取士的方法，为制艺对策种种，又那有逆当局意思而说的余地呢？政治专制历了二千多年，已经够受了；而这二千多年还加上一层思想的专制。思想上专制最利害的，就算儒家。儒家与专制，实在也是分不开的。你看什么"三年无改于父之道"，"非先王之法服不敢服，非先王之法言不敢言"。照这样办去，那里还有一分批评的精神，可以存在人间。也无怪汉代要把他定为一尊，做一个永久的偶像呵！其后经学家的笃守师说，正是儒家精神的惟极表现。几千年来大家都在这样的空气之下，又如何会有科学产生于中国呢？

中国因为向来没有批评这件东西，所以人家对于批评和骂分不清楚，所以我们批评他，他就以为我们骂他；所以他就要记恨，就要真的还骂。所以贾丰臻君因为我批评了他两篇文章，他就骂我"狂吠"！所以人人都不愿意批评，所以中国的批评界也就销沉不响！

现在我们对于批评的观念既是明白了，中国的批评精神也稍微有点萌孽［蘖］了！但是批评的方法怎样呢？请言我的三 W 主义：

我们无论研究科学中那一种原理，或是做那一种试验，我们必先对于这种东西，无论是好是坏，都要先有种观念。无论看那一种或是读那一种文学，必先对于那种文学的本身有一种感想。无论改革或赞助那一种社会，必先对于那种社会的组织有一种觉察。有了这种是好是坏，是良是窳，是进化，是退化的概念以后，然后有继续研究可言。所以我们批评第一步应当注意的就是 "What"，就是 "什么"。

仅仅知道事物好坏等等的观念，是没有用的。譬如 Copernicus 排斥宗教的天文说，认为不对，而不知其所以不对，是不生效力的。Mathew Arnold 批评文学，而不能把那种文学所以当兴当革的地方说出来，是不足取信于人的。Addison 批评社会而不能说出社会所以不满足的理由来，是不能促起大家的觉悟来的。所以我们批评第二步应当注意就是 "Why"，就是 "为什么"。

大凡要说人家的短长，都还容易。若是人家承认我们的议论，而向［问］我们究竟他们底［应］当怎样做，我们就答不出来了！我们很容易说 Malthus 的人口论有许多不对的地方，但是人口增加率究竟是怎样的呢？我们就往往说不出来。我们很容易说现在中国的文学多空诞不合情理的，应当用写实主义来补救他，但是写实主义的文字又应当如何做呢？我们又难于回答。报馆里天天的时评，也会说政府国民这样不好，那样不好，但是问到这班记者先生究竟如何办才是好的，而他们的结论，又不过是"不知政府又何以善其后也"，"国民其知之乎"一类的老生长［常］谈。这样的评论，难道有一毫价值吗？不但没有价值，而且发生两种弊病：（一）使发批评的人妄作空言，有损批评的价值。（二）使受批评的人无所适从，以至于不信任批评。所以现在报纸上的批评，还不如没有之为愈，所以我们第三步应当注意的就是 "How"，就是 "要怎"。

这就是批评的三 W 主义，缺了一个 W 就不足以算是好批评。

　　但是我们还有一件事要注意，就是我们的苟欲批评，必先研究。批评是研究的先声，也当是研究的结果。我们要赞成一件事应当研究，反对一件事更当研究。韩退之连佛老的学说都分不清楚，就要做《原道》，所以这种的议论，是没有价值的。这样的覆辙，我们不要再蹈了！所以我在这《批评的研究》一文的结论道：为研究固当批评而批评尤赖研究！

一年来我们学生运动底成功
失败和将来应取的方针*

（1920）

穷则变　变则通　通则久

无论是赞成的反对的，总不能不认"五四运动"是中华民国开国以来第一件大事。这件事为中国的政治史上，添一个新改革，为中国的社会史上开一个新纪元，为中国的思想史上起一个新变化！

时间飞去了！"五四运动"的第一纪念日却是匆匆而来。逢着这第一个纪念日，不但我们身与其事的人有种深刻的感想，就是一切社会上的人也都有种感想。所谓感想，当然不仅仅想到得意的事，也总会感到失意的事；就是不仅想到成功，也必定想到失败。想到成功失败的结果，才可以推求其所以成功失败的原因；知道因果之所在，才可以知道何者当尽量发展，何者当竭力免除，以研究出一个将来的大计画来！

当然讲到成功，必定要说明这种运动的优点；讲到失败，也就不能不把弱点说出来。有人以为说明我们的优点，可以鼓厉［励］大家的兴趣；若是把我们的弱点也一律暴露出来，恐怕太早一点，不特大家灰心，而且使他人知道详情容易对待。我对于这种意见，却是不以为然的，因为我有几种理由：第一，当局者迷，旁观者清。我们的优点弱点，对于天天在旁窥伺我们的人早已知道清楚了；看他们的手腕，就可以想见。难道还要我们瞒吗？第二，世间最无聊的人才会专想自己的得意事——自己的好处。长此想下去，不但阻碍进化，而且是疾而讳医。第三，我们无论什么事都要取公开的态度。若是我们好，固且要把好的

---

　　* 录自《新潮》第二卷第四号，1920 年 5 月出版，署名"罗家伦"。

地方说出来，使大家能够向着好的方面去；若是自己明知有不好的地方而要蒙头盖面混过去，岂不是我们自己就先成了黑暗势力吗？有这几种原因，所以我良心诏我无所顾忌把两方面穷源溯流的说出来；有了比较，然后有所根据，可以促起大家的觉悟，以谋真正的改革。知我罪我，也就只得听其自然了！

（一）成功的方面

"五四运动"的确有一种大成功。这种成功却不是拒签德约，也不是罢曹陆章。何以故呢？因为德约虽然拒签，而山东问题还未见了结；曹陆章虽罢免，而继任曹陆章者为何如人？国人自能知之。所以斤斤以此为我们的成功，所见未免太小。我们的成功可以分精神、实际两方面说。

当"五四运动"最激烈的时候，大家都在高叫"爱国"、"卖国"的声浪，我就以为我们"五四运动"的真精神并不在此。当时我在二十三期的《每周评论》上（五月二十六日出版）做了一篇《"五四运动"的精神》，其中就声明我们运动的价值，并不仅在乎"外争国权，内除国贼"（其实这两句话是在我五四早上所做的宣言中造成的），我们运动的实在价值之所托，在乎三种真精神。这三种真精神就是中国民族存亡的关键。现在不敢惮烦，可以把这番意思略略重述一道：

第一，这次运动，是学生牺牲的精神。从前我们中国的学生，口里法螺破天，笔下天花乱坠；到了实行的时候，一个〈个〉缩头缩颈。不但比俄国的学生比不上，就是比朝鲜的学生都要愧死了！惟有这次一班青年学生，奋空拳，扬白手，和黑暗势力相奋斗，受伤的也有，被捕的也有，因伤而死的也有，因志愿未达而急疯的也有。这样的精神不磨灭，真是再造中国的原素！

第二，这次运动，是社会制裁的精神。从历史上看起来，无论那种民族，苟欲维持不敝，则其中必有一种社会的制裁；而当政治昏乱，法律无灵的时候为尤重。请出世界上的大历史学家出来，都无法否认这句话的。当今中国的政治昏乱，法律无灵极了！一班蠹国殃民者作威作福，心目中何曾有一点国民在眼睛里。惟有这次运动发生，不但使他们当时累累若丧家之狗，并且事后政府也不能不罢免他们。不但使他们知道社会制裁的利害，并且将他们在人民心目中神圣不可侵犯的偶像，也从此打破。

第三，这是〔次〕运动是民众自决的精神。世上无论那种的民众，都是不能长受压制的。可怜我们中国人，外受侵略主义的压制，内受武力主义的压制，已经奄奄无生气了！这次运动中大家直接向公使团及国外人类表示，是中国民众对外自决的第一声；不避艰险，直接问罪，是中国民众对内自决的第一声。所以这次运动是"二重保险的民众自决运动"。

以上所说的不过是三种伟大的精神。精神是原动力，所以是不能不说的。至于实际方面，也有绝大的影响：

（一）思想改革的促进　新思潮的运动，在中国发生于世界大战终了之时。当时提倡的还不过是少数的人，大多数还是莫明其妙，漠不相关。自从受了五四这个大刺激以后，大家都从睡梦中惊醒了。无论是谁，都觉得从前的老法子不适用，不能不别开生面，去找新的；这种潮流布满于青年界。就是那许多不赞成青年运动的人，为谋应付现状起见，也无形中不能不受影响。譬如五四以前谈文学革命、思想革命的，不过《新青年》、《新潮》、《每周评论》和其他两三个日报，而到五四以后，新出版品骤然增至四百余种之多。其中内容虽有深浅之不同，要之大家肯出来而且敢出来干，已经是了不得了！又如五四以前，白话文章不过是几个谈学问的人写写；五四以后则不但各报纸大概都用白话，即全国教育会在山西开会，也都通过以国语为小学校的课本，现在已经一律实行采用。而其影响还有大的，就是影响及于教育制度的本身。在五四以前的学生，大都俯首帖耳，听机械教育的支配；而五四以后，则各学校要求改革的事实，层出不穷，其中有许多采取的手段，我不能承认学生方面都是对的，要之此日的学生的确是承认自己是自动的，不是被动的，是也能发的，不是仅能收的。而其主要冲突的原因，就是学生想极力表现自己的个性，而职员偏极力去压制他们；学生起了求知的欲望，而教员不能满足他们的要求。平情而论，职教员固是最大多数不对，而学生方面也不免稍稍操切，然而这种现象，不能不承认为教育革命的惟一动机。五四以前那有这种蓬蓬勃勃的气象。

（二）社会组织的增加　这也是五四以来绝大的成绩。请看五四以前中国的社会可以说是一点没有组织。从前这个学校的学生和那个学校的学生是一点没有联络的，所有的不过是无聊的校友会，部落的同乡会；现在居然各县各省的学生都有联合会。从前这个学校的教职员和那个学校的教职员也一点没有联络的，所有的不过是尸居余气的教育会，穷极无聊的恳亲会；现在居然有好几省已经组织成了什么教职员公会。从前工界是一点组织没有的，自从五四以来有工人的地方如上海等处也添了许多中华工业协会、中华工会总会、电器工界联合会种种机关。从前商界也是一点组织没有的；所有的商人，不过仰官僚机关的商务总会底鼻息，现在如天津等处的商人有同业公会的组织，而上海等处商人有各马路联合会的组织。同业公会是本行本业的商人联合拢来的，马路联合会是由本街本路的商人联络拢来的。而各马路联络会的制度，尤见灵活，尤易实行。譬如上海有商店的马路共五十二条，每条马路的商人联合拢来，就成了五十二个马路联合会，再成立了一个总会。现在不能不推为上海商界最有实力的机关。而且各马路的联合会设了各马路的商业夜校，教育本路的商人学徒；各马路的联合会设了公益机关，管理各路卫生清洁；近来于百废俱举之余，并且向租界的外国资本家力争到一部分市民权了。这岂不是商界惟一的觉悟吗？所以我前次在上海的时候，有一个商人对我说："我们前次罢市真不值得；罢了七天，损失了两千多万，仅仅罢免了曹陆章。"我说："先生，错了！你们上次罢市的价值，断不在拼了曹陆章。若是你以为曹陆章果真罢免了，则请再看一看继任他们的人再说。我们的牺牲，代价决不在此。请问没有上次的运动，你们从那里得着许多金钱买不到的觉悟？没有上次的运动，你们从那里能有许多良好的组织？就其最切近的而言，没有上次运动，你们从那里知道市民权？"这位商人低头想了一想，也不能不连声说"是"。若是大家参看毛泽东君的《全国民众的大联合》一文，一定更要明白。

（三）民众势力的发展　自从"五四运动"以来，中国民众的势力，不能不说是一天一天的发展。许多的束缚，从前不敢打破的，现在敢打破了；许多的要求，从前不敢提出的，现在敢提出来了。诸如此类不胜枚举。在当局的无论如何麻木，等到"众怒难犯"的时候，也不能不表示退让；在人民的方面无论如何牺牲，也总觉得至少有我们自己的位置和权力；在他国看起来，也常常觉得中国的管家婆虽庸懦可欺，而中国的主人翁自未易侮。老实说，这一年以来世界各国对于我们的观念，的确是改变过了！看各国报纸的通信，就可以知道他们对于我们学生运动的注意。就是日本大多数舆论，也都攻击政府国民外交的失败。所以日本的外交官芳泽谦吉到中国来也要访访学生代表。这次代表英美法三国到中国来组织新银行团的拉门德君，也费了许多时间，征求中国各民众团体的意见。老实说，现在的当局一方面要外人借款，一方面又要摧残学生和市民，实在是最笨的事。因为现在各国的舆论，都是知道惹起中国国民的反感，是对于他们不利益的。而摧残中国学生和市民的人，是中国国民最生反感的人。他们借款帮助中国国民最生反感的人，中国国民对于他们也就发生反感了！

统观以上精神上和实际上的种种现象，"五四运动"的成绩，也就可以想见。总之五四以前的中国是气息奄奄的静的中国，五四以后的中国是天机活泼的动的中国。"五四运动"的功劳就在使中国"动"！

（二）失败的方面

我写到此地，又复踌躇了一下。我又继续想我方才以为一个人只想到自己的成功是最无聊的事，那知道还是最危险的事，我们现在的失败，就失败在这里。我更想道〔到〕优点弱点是人类都有的，我们学生也是人类，当然也有优点弱点，又何必深自韬讳呢？况且与其让人家冷嘲热讽，阴谋暗算，不如自己明明白白说出来，早自提防的好，所以我就揭开假面具说！

揭开假面具说，我们最近这次失败，是无可讳言的；失败是由于我们自己不明白自己的弱点，也是无可讳言的。这次全国学生联合会总会不问时势，不问实力，没有筹备，便贸然议决全国罢课，是错误的。弄到现在上海发难的地方，工商界都不表同情，仅仅华界罢市，一日后也都恢复；再做也难于做得下去，而各处七零八碎的罢课风潮，又将何以收拾。老实说，这实在是我们一年以来最大最后的失败！事实已经摆出来了，自己想讳也无可曲讳。但是失败也好，因为"失败是成功之母"！因为有了失败，才会去找失败的原因，设法补救，免得下次再弄出这种的失败来。若是失败之后，一点也不反省，只是存了一个"非我也天也"的态度，那失败是成功之母这句话也就不适用了！我现在求这次失败的原因，可以先分学生的本身和社会的态度两方面。

（A）自身弱点的暴露　凡是一件事情的失败，不能专怨他人，也要问问自己。老实说，五四以来我们学生的优点固然是一律表现出来，但是弱点也一律暴露出来了！而最近的失败的原因，实关系于我们最近发现的三种弱点：

（1）万能的观念　自从六三胜利以来，我们学生界有一种最流行而最危险的观念，就是"学生万能"的观念，以为我们什么事都可以办，所以什么事都要去过问，什么事都要过问，所以什么事都问不好；而且目标不专，精力不粹，东冲西突，自己弄得精瘦〔疲〕力尽，而敌人也得乘机而入。何况社会是有机体的，世界上决没有万能的人，也决没有一种特殊万能的社会。平心而论，以现在这样醒龊腐败、草昧蒙塞、百孔千疮的中国交给谁也是办不好的。（这决不是原谅执政者的话。总之国家全体都是不好的，则决没有超越全体而独立的政府。即以贤者代不肖者，而其贤不肖之间亦不过甘心卖国与不甘心卖国之分别，其办不好终是一样，所以这话也非执政者所能借口以为遁饰。）假设现在把中国全部政权交给我们手里，我们怎样办法？当然我们不能同他们一样，我们的素志〔质〕也当然不是同他们一样，总是想把中国弄好来。然则请问我们自己对于全国的财政，能有什么整理的方针；对于全国的教育，敢有什么具体的计画；对于全国的实业，研究出了什么通盘打算的企图；我们自己的选举都办不好，有什么妙策可以整顿全国的选举；我们自己的评议会都往往不足法定人数而且讨论不得要领，我们有什么方法可以组织强有力的议会……这不是我们自己有意苛求我们自己的话；我每逢一往直前、兴高采烈的时候，回想起到此地来，不觉汗流浃背。所以我们自信万能的结果，必至于万不能。所以，我从前总觉政治没办法，后来觉得社会没办法，最后觉得我自己没办法。

（2）学术的停顿　知道一年以来的经过的，往往觉得五四的时候，我们几乎做什么事有什么人；到了现在，做什么事也都没有人。这种情形，也是讳无可讳。难道以前热心做事的，现在都不热心了吗？难道以前出来的，现在都厌倦了吗？难道除此之外就没有人上来补充吗？这都是不尽然的。须知五四运动的所以成功，并不是一朝一夕的缘故，事前已经酝酿许久了！大家有几年的郁积，几年的休息，正是跃跃欲试的时候，陡然一下暴发出来，所以智者尽其智，勇者尽其勇。现在经过一年之久，以前的储蓄，一齐发泄尽了。加之一年以来，大家的生活，都是奔走呼号，东击西应，对于新的知识，一点不能增加进去，那里还有再来倾倒出来的呢？所以我往往见到北京的同人，北京的同人说"不得了，没有功夫读书"。见到天津的同人，天津的同人说"脑子空"。见到上海的同人，上海的同人说"无法想"。可见感受知识的空虚，不够应用，是各处一样的。譬如花一样培养了几年，总结一个小花蕊；现在不但不能天天灌溉，而反天天用吸水纸将他的浆质吸收去，不到几久，这株花能不萎死吗？所以我们若是长此下去，不但人材破产，而且大家思想一齐破产。我的朋友杨钟健君说："一年来我们全国青年学业的牺牲，其总数不止一个青岛！"

（3）落于形式的窠臼　当五四的时候，大家东谋西画，都有一点创造的精神，而如今则一举一动，都仿佛有一定的形式。有一件事情出来，一定要打一个电，或是发一个宣言，或是派几个代表，而最无聊的就是三番五次的请愿，一回两回的游街。推其所以如此的原因，则一方面困于万能的观念，无论什么事都要想有一种表示；一方面又限于思想的破产，想表示也想不出什么表示的方法。于是于无法表示之中，想出一种无聊的表示。我以为我们此后实在不能再有这种无聊的举动了！如果没有良好的办法，仅可以不表示的；倒是不轻易表示，还可以养威自重。若是轻易表示，则不特社会习以为常，丧失我们表示的信用；而且谋害我们的人，也就可以预先想好方法对待。旧墨卷是不可以重抄，抄去就闹到没有意思。

（B）社会态度的改变　人是社会的动物，一举一动都离不了社会；我们做事情所以也不能不看看社会的趋势。这次举动，发难的人既不知自身的弱点，而又不明以下几种社会的趋势，所以终归失败，而且起社会一种反感。

（1）我们这次"五四运动"，实在成功太速，赳然把学生的地位抬得很高，而各界希望于学生的也愈大。平心而论，我们的虚名，实在过于我们的实际。而虚名过于实际，实在是最危险的事。因为社会把学生的地位抬得愈高，所以对于学生的责难也由此愈甚；因为对于学生的希望愈大，所以弄到后来失望也愈多。民国二年一班伟人元勋之所以骤落信用，也是这个道理。

（2）现在的社会也是凋敝之余，有人心厌乱之势。一则因为他们的思想，当然都比学生和缓，要不激底；二则他们当丧乱之秋，有种种困难我们也应当原谅的。平情而论，我们对于工商界终究应当有感激的心思。即以去年的罢工罢市而论，上海一隅已损失到二千余万，并不是为他们自己的利益，不过是激于他们对于我们的同情心罢了！况且他们处于暴力之下，也同我们感受同样的痛苦呢。所以我们现在对于工商界的态度，应当辅助他们，使他们休养生息，培养成一种自动的活动，相机而发；不然一有事就去要求他们罢市罢工，则一次两次他们尚以为我们是爱国，三次四次他们就以为我们是有意向他们捣乱！

（3）五四的时候，我们还没有十分出头露面，独立一帜，所以一般社会都当我们是他们中间的一部分看待，所以同情更增加多。六三以后，学生界奇军突起，恍惚成了一个特殊的阶级，而且这个特殊阶级，往往什么事都要过问，并常常站在监督和指导他们的地位，所以他们也就不能不另眼相看。我以为民国成立以后民党之所以失败，原因也在乎此。在民国求成立以前，民党确乎是一部分的"民"，所以凡是"民"听到了，都起来表同情。民国成立以后的民党，都趾高气扬，去做伟人元勋去了，所以社会上的人看得民党是一个离开了"民"而孤孤另另独立的特殊阶级，所以也因此失了同情，而终究不能不归于失败。大家以另眼看待我们固然是尊敬我们；须知尊敬的背后，同时就有妒忌两个字呵！

合拢以上两大方面看起来，我们的失败当然是出于自身弱点的暴露和社会态度的改变。而其所以逼到这两方面都不能不"图穷匕现［见］"的原因，就是因为我们只知道做"群众运动"。老实话，世界上的运动很多，而群众运动不过是各种运动中的一部分——并不是惟一的部分。现在我们把其他的一笔抹煞，而只知道群众运动，实在错了，而且做群众运动必定要知道群众心理；在中国做群众运动尤不能不知道中国群众的心理。若是不明群众心理而冒冒昧昧的发动，没有不失败的。我常研究何以去年六三时候的群众运动做得起来而现在做不起来呢？说到此地，我们不可忽略了做群众〈运动〉的三点要素：

（1）群众是有惰性的，他们必定要认为只须一举手一投足就能成功的事，方才肯做。各国的成例，举不胜举。即如去年力争罢免曹陆章一事，他们起初也只以为只要政府下一个命令就可以办到的；以后支持到了七天，方才罢免，是他们痛恨政府的事，也是他们"出乎意表之外"的事。

（2）群众运动的题目要简单，最好题目的本身，就有本身的解释，当运动的时候，一要使人转几个湾［弯］去想，就立刻不能成功。辛亥的革命的所以立即成功，和大家所以肯舍身去死，也是这个道理。当时大家对革命的观念，据我所知，实在是很简单的；他们的公式就是"革命——革命就是推翻满洲政府——推翻满洲政府中国就会好"。大家一认定推翻满洲政府中国就会好，所以无怪一齐视死如归了！即如去年的运动能够起来，也是因为"除卖国贼"几个字是本身简单，不费解释的；又加上历史上秦桧、严嵩的观念，自然容易推行了。而"直接交涉"四字，本身就要费许多解释，解释多次，还不能够明了，这也是此次运动的一种障碍。

（3）发动群众运动，必定要一种极大的刺激。因为既然说到群众运动，当然是感情的作用多，理性的作用少。而感情的作用，尤赖乎极大的刺激。老实说，上海的同人果然有心力争外交，则"二四"的时候，失了那个机会，实在可惜。当那个时候，日本的通牒初到，津京初受了一个大大的牺牲，每处受伤至于千余人，闻者孰不感动。然而当时上海的同人，独独不动，到现在各方面都比较平静的时候才来发难，我对于他们的勇气当然十分表同情，但是不免有坐失时机之叹了！

总观以上的三种要素，我们就可以知道群众运动成败的原因。群众运动的好处就是在大家分开来想不出办法来的时候，合拢来的思想就可以凑成一种办法！分开来不敢做的事情，合拢来的勇气就可以鼓励去做。所以真正的群众运动，是要不但能合起来做的，并且要能合起来想的。但是中国的群众运动只能合起来做——有时不免乱做——而不能合起来想的。这是最危险的一件事！而所以构成这种危险的现象，有几点可以特别提出来说的：

（1）群众没有组织，往往一哄而聚，一哄而散，是最不好的情形。而且开会的时候，没有训练，对于开会的规则，一点不能遵守，而且一点都不知道，如何能得一个集合的思想，生出良好的结果来呢？

（2）个人的侥幸夹在群众里面，实在是很不好的事。老实说，群众运动所以不及个人运动之点，也在此地。因为个人运动的个人必须先有自己一定牺牲之决心，才去做这种运动；至于群众运动虽然不能保没有危险，但是个人可以侥幸而免的。譬如我参与一次游街大会，虽然也明知道难免与军警冲突，但是冲突起来首蒙其难的，不见得一定是我；至于将来冲突而我适首蒙其难，也不过是我"偶尔的不幸"（Accident）罢了！我虽然不敢断定作群众运动的都有此心，而此心实群众的一种背景，为心理学上不可免的事实。况且当群众集合的时候，个人激于侥幸心而发不负责任的言论，毫不过问成事败事与否的，多得很呢。

（3）领袖的投机，实在当今作群众运动最危险的事。人类的奋发，多少带点虚荣心的色彩，而在群众前面的表现为尤甚。当这个无组织无训练的群众之前，最危险的就是群众的领袖，不能有正当指导群众的能力，而看见群众稍微有一点向那方面转动，就立刻见风驶蓬，博一时的拍掌。况且当群众运动的时候，愈是"似是而非"的话，愈有效力。而其结果，往往闹到不可收拾为止。至于群众的领袖聚拢来开会的时候，不问时机，不问环境，不问筹备，而只是想由自己轰轰烈烈生出一点事来，以博得群众一时的欢心，而不辜负自己这番会议。这也是一样的投机，其结果亦至于不可收拾。

总观起来，群众运动虽然有许多优点，也有许多弊端，而在未成熟的群众运动为尤甚。所以群众运动决不是我们惟一的方法，我们不能不改变方针了！

唉！我谈了许久群众运动，其实我们那里真配说群众运动。请问北京除了我们两三万较有组织的学生而外，其余那里有一个群众？唉！似群众运动也得先有群众啦！

（三）将来应取的方针

据以上成功失败两方面看起来，我们是决不能不变更旧的法子，而采取一种新的方针。因为照旧文章做去，不但重演几次目前的失败；而且照我的观察，我们现在的举动，实在已经丧失了一定的目标，头痛医头，脚痛医脚，东摸一下，西砸一下，没有计画，只谋应付，仿佛一个船在大海，失了指南针一样，其结果必致全舟尽覆，根本破产而后已！所以我们以后若是要完全停止活动，那我们也不必多说——但是这是做不到的事，因为人类的天性是动的，无论如何，总是要找点动作——若是还要活动，则不能不有一个具体的大计画，只是瞎碰，是没有用的了！譬如造大房子一样，必须由工程师先把全体的图样打好，然后一步一步的造去，才能成一个预定的房子；不然东拼一块，西凑一块，和斗"七巧板"一样，恐怕这房子造了一百年也不能成功。杜威先生常常说，人类种种不经济的牺牲，和旧文明的所以失败，就是由于他们不能用科学的方法，试验的态度，去求出一种具体的计画来，而只是东碰西碰，暗中摸索，其结果遂至于不可收拾，阻碍进化。我们痛定思痛之余，赡〔瞻〕顾将来，那能再蹈以前的覆辙！

我们将来最大的计画想来想去，就只"社会运动"和"文化运动"两种。至于现在这种运动，当然也可以说是包括在内的。

（A）**社会运动**　人是社会的动物，而社会又是有机体的，不销〔消〕灭的，所以我们最切要的运动，当能首先就是社会运动，社会运动之中，又可分成两部分：

（1）群众的 　我方才说我们名为做群众运动而没有群众，实在是很痛心的一句话。不但我一个人做这个感想，就是现在所有的学生，那个不觉得商人不同我们表同情，工人不来帮助我们，农民不来同我们携手……闹来闹去，什么"爱国""救国"的责任，还是我们学生一界担负吗？但是感觉到此地，我们也应该回心想想，究竟还是商人工人农人不知道来同我们表同情，来给我们帮助，来和我们携手呢？还是他们不愿意来同我们表同情，来给我们帮助，来和我们携手呢？孙中山先生唱"知难行易"的话，有许多人不相信，我以为此中很有一部分未经前人发现的真理。因为就个人而论，固然是有许多事是"知易行难"，而就社会全体而论，的确有许多事是"知难行易"。然则他们所以不同我们表同情，不给我们帮助，不和我们携手的缘故，并不是他们不愿，仍然是他们不知。然则何以使他们化不知以为知呢？

使他们化不知以为知，而且要使他们知道之后，能表同情，能给帮助，能来携手，这就叫做"养成群众"，"养成群众"是做群众运动的开宗明义的第一章。而所以养成群众的秘诀，只有一个具体的概念，就是——"养猴子的人，必须自己变成猴子"。

有人说我们懂得劳动问题，我听了不觉失笑。我想我虽然到过多少地方，看过多少工厂，但是想问劳动者三句真正的话都问不出来。为什么呢？因为我们穿的不是劳动者的衣服，吃的不是劳动者的饭，住的不是劳动者的社会，说的不是劳动者的话……所以劳动者看见我们不是劳动者，不过是穿长衫的"先生"。他们既然认为同他们没有关系，又不是同他们的同类，所以无怪连三句真话都不肯说了！听说前次有一位北大的同学到长辛店去演讲，问一个工人的生活丰富不丰富，弄到那个工人瞠目结舌，骇而疾走。这又何怪其然呢！所以真正能养猴子的人，必须身上蒙上猴子的皮，这些猴子总会相信他。

但是要达到这种具体的观念，必定要有两种具体的手续：一是做专门宣传的事业，二是要从解决平民的生计问题着手。

（A）做专门宣传的事业，实在是万不可少的程序。照起中国古礼来，本有"来学"、"往教"两种。但是因为生计的关系，时间的关系，交通的关系……总是有暇"来学"的少，而仰仗"往教"的多。若是孔子不周游列国，也决没有弟子三千人；若是托尔斯泰不做这番苦功夫，他的学说也决不能传播得这样快。我们有志于群众的青年呵！我们也不要怨谁，也不要恨谁，我们当和和气气，诚诚恳恳，不要取教训的态度；商人不知道的，我们当带了秤杆、刀、尺去告诉他们；工人不知道的，我们当背了斧头、凿子去告诉他们；农人不知道的，我们当牵了耕牛，荷了锄头去告诉他们……去罢！去罢！时候不早了！一个人一生只要能专做一件事业，已经为社会立了无限的功劳。

（B）从解决平民的生计问题着手，是他们最关切不过的事，也是他们最感激不过的事。我们回回演讲，出去叫什么"爱国"、"救国"是没有用的！肚子饿了，还要叫他们按着肚皮去讲"爱国"、"救国"，是不成功的！中国亡不亡，对于这班贫民没有关系的！我们同志的青年呵！你看看北京的洋车夫，一天跑到晚还不过赚二三十个铜子，还要养家；你看中国亡了，他们的苦痛，难道还会过于此吗？你看唐山的煤矿工人，在黑暗世界里，一天挖到晚，只得了六个铜子，你看中国亡了，他们的苦痛，难道会过于此吗？我常想，恐怕外国人来了，他们还要讲人道主义一点呢！所以中国对于他们实在不足爱；中国亡了，他们实在不必救。我们以"爱国"、"救国"来号召，是不行的。若是我们能够为他们想一个特别补救的方法，或是教他们一种特别的技能，使他们今天能赚二三十个铜子的，明天可以赚三四十个；使他们今天能赚六个铜子的，明天可以赚八九个；他们今天可以吃捧〔棒〕子面的，明天可以吃小米饭；他们今天可以住漏茅蓬的，明天可以住旧瓦屋……我们说的话要说他们心坎上的话；我们所要解决的问题，要解决他们切肤的问题。那怕不等我们招，他们就会来呢？

除此二种最重要的而外，还有种种平民学校的计画，但是各处都想到了，也都实行了；现在只待扩充，所以我也不必多说。

（2）个人的　　个人运动所以比群众运动高的缘故，就是个人运动没有侥幸心。牺牲固然是好，但是牺牲也要经济。总要以极少的牺牲，谋最大多数的幸福，才合乎经济的原则。但个人的行动，是个人自己的愿影，不能提倡，提倡也无用；而且这种运动，大团体是没有用的。咳！我们也不可厚非辛亥的政治革命，辛亥以前先烈赴汤蹈火的精神，我们现在没有了！

（B）**文化运动**　　在现在最重要不过的根本问题，可以说是文化运动了！我们这次运动的失败，也是由于文化运动基础太薄弱的缘故。因为思想的来源，是一切运动的原动力；没有思想未曾改变而行动可以改变的，所以我们文化运动的目的是——"以思想革命为一切改造的基础"。

我常常想历来各国的革命都可以革得好，何以中国辛亥以来的革命，愈革愈糟呢？我想这没有别的缘故，乃是因为他国的革命，是大家为主张而战的；而中国的革命，除了几个领袖人物而外，其余的人都是被金钱收买得来的，权位引诱得来的。他们原来就没有民主共和的观念，如何可以盼望他们实行民主共和的政体呢？所以各国的学者认为改造政治社会，都非先从改造思想下手不可。大战以后中国思想改造的运动，有点萌蘖〔蘖〕了！五四以前，我们受了多少压迫，经了多少苦战，仅得保持不败，已经觉得是很危险的。五四以后，形势大变，只听得这处也谈新思潮，那处也谈新思潮，这处也看见新出版品，那处也看见新出版品，对于这种蓬蓬勃勃的气象，我们那能不高兴呢？但是现在我细细观察以后，觉得也有未可乐观之处：（一）是觉得根基太薄弱，成熟过早；（二）是觉得大家真正了解的少，而多半借新思潮当作太上老君急急如律令的符咒。任这种情形延长下去，实在有种绝大的危险；出版品虽多，是没有用的。但是在现在想出补救的方法来还是不迟；不但不迟，若是采取得当，还可顺水推舟，扩张思想改造的效力。我对于现在所应当行的方法约有四点可说：

（1）对于现在的定期出版品，不在乎数的增多，而在乎量的改革。五四以来，中国的新出版品，虽是骤然增加四百余种，但是最大多数都是没有成熟的。有次杜威夫人问我道："我们美国办一种定期印刷品很不容易，往往筹备几年，何以在中国这容易，几月之间，增加到几百种印刷品呢？"我当时不好确切的回答，其实我心里想：道〔这〕有什么不容易，不要印刷机，不要藏书室，不要精深的研究……看了几本杂志就来办杂志，有什么不容易？我看见近来的出版品中，有一种最大的通病，就是从研究方面来的少，从直觉方面来的多，往往从旁的杂志上得了一点"端绪"（Hints），就演释成一篇长文。你也是这样演绎，我也是这样演绎，所以仿佛同小学堂的课艺一样，先生出一个题目，教学生大家做。这样的情形，岂不真是"菌的生长"吗？所以我希望现在所有的杂志，不在乎数的增加，就是数目锐减下来，大家合力办几个杂志，也是不要紧的。最要〈紧〉的就是每个杂志有成熟的学说，系统的介绍，特殊的采色；专以供给并改造中学以上的青年，和半开明社会的壮年底思想为宗旨。质的数量增了，杂志的价值方才定了！

（2）宣传的印刷品应当增多。文化运动的目的，是要作人类思想全部的解放，所以断不是同从前口唱"通俗教育"的人一样，自己立在贤人的地位，而随意给一点剩余的知识，把他们"愚民"的。既谓全部解放，所以必须打破一切的偶像观念，也决不能以"爱国"、"救国"一类的名词，去蒙惑他人的。所以我劝那班看杂志而办杂志的人，不要长跟着人家谈些什么"妇女解放"、"劳工神圣"；苟有真正改造社会的心思，还不如脚踏实地的调查一点寒苦同胞的生活情形，斟酌他们的需要，去传布他们一点福音。我听说日本这次的社会运动，是对于友爱会的"青服丛书"（日本劳动者穿的是青服）等等宣传的印制品很有关系的。欧洲各国，也都是如此。须知我们在高深一点的印刷品上高唱"德谟克拉西"，而北京城内的群强报还在鼓次〔吹〕复辟呢。

（3）西洋大部有系统的著述，应当从速翻译介绍了！我们总说严又陵先生的译法不好，平心而论，中国除了严又陵而外，有几个人译了几部大书？中国人看西洋的学说，实在可怜得很，可以说是除了杂志而外，其余简直没有几个看过成部的著作，那能有成熟的学说发现呢？原来中国的社会，也是不求成熟的；"水到成渠"，是中国社会的病根。譬如哥白尼倡地圆说，在欧洲争了几百年，流了多少血；而一到历代"天圆他〔地〕方"的中国来，也就一点没有反响，地球立刻化方为圆。达尔文的进化论说人是动物进化来的。这种学说在西洋苦苦辩论了几十年，演了多少惨剧，而在清季中国严又陵译了一本薄薄的《天演论》出来（或是合撰的），当时的中国"上自宫庭〔廷〕，下至士庶"，深自文人学者的著述，浅自小学蒙馆的试卷，也就"物竞天择，适者生存"起来了！至于近来克鲁泡特金的互助论虽然唱得轰轰烈烈，然按照实际想起来，何曾不是同当年的进化论一样。咳！学问零落至于如此，中国人的思想界那能不破产呢？吴稚晖先生有一回同我说：中国要好好的有三万种书译出来，方才像个国家。咳！这也可以算是"伤心之言"了！

（4）专门学者的培养，实当今刻不容缓之图。我常常愤闷起来的时候想道：若是西洋人骂我们是劣等民族，我简直无法否认。你看现在的中国那里有一种学问配在世界上说话；说到这点，我们中国人连印度人都不如呢！所以现在最要紧的，就是要找一班能够造诣的人，抛弃一切事都不要问，专门去研究基本的文学哲学科学。世局愈乱，愈要求学问。现在是大家分工的时候，不是万能的时候了！我以为中国的社会固然是毁坏学者；而我们现在的行动，也是同一样的毁坏学者。即以我个人经验做一个浅近的比喻——我当然不配成为学者——我的天性，却是在求学方面比事务方面见长。好不容易，辛辛苦苦读了几年书，而去年一年以来，忽而暴徒化，忽而策士化，急而监示，忽而被谤，忽而亡命……全数心血，费于不经济之地。设使我以这番心血，来完成我所想译的三五部书，我对于中国的文明，比之现在是何等贡献？偶一回头，为之心酸。现在虽杜门译述，然已既往莫追。我区区尚感受这种痛苦，我想我们同志中聪明才智百倍于我，而奔走勤劳十倍于我的，不知道几多，所感受的痛苦也必定较我为甚。长此下去，不事分工，我们大家的精神都是要破产了！

总之我们作文化运动的最后觉悟，是要知道现在中国没有一样学问，可以在世界上站得住位置的；无基本文化的民族，在将来的世界上不能存在的！

综观全篇，我们一年以来成功、失败和将来应取的方针，大概可以知道了！"五四运动"惟一的成绩，就是能够使中国"动"。但是动也有"冲动"、"活动"的分别。"冲动"同打吗啡针一样，人到麻木不仁的时候，是非打吗啡针不可，而打吗啡针有绝大的效验。若是既打之后，人已经醒了过来，就应当赶快吃固本培元的药。倘使要接二连三的打吗啡针，那不但吗啡针此后无灵，而且人要被他打死。"五四运动"是中国昏晕后起死回生的神针，但是现在要赶快吃固本培元的药了！本固元培，才可以养成真正永久的活动。

我极相信宇宙的原则是动的，所以我总愿以后可以避免一时的，不经济的"冲动"；而养成永久的，真正的"活动"！不然，长此下去，酿成一个"反动"，则中国的进化，至少又要停滞多少年。民国二年后袁世凯复古的潮流，可为寒心呵！这种反动最不忍说的结果是——

全国的青年破产！

全国的教育破产！

全国的一切新运动破产！

九年五月一日

近代中国文学思想的变迁[*]

（1920）

这篇文章的意思，在我胸中酝酿了许久；现在因为有种种感触，所以才写下来，也可以说是去国时的感想，忽［匆］促间参考不周，还要请阅者原谅。

著者谨志

我常以为西洋近代的文明，在十四世纪以后受空间观念的影响最大。如美洲的发现，殖民地的开拓等事，乃就地上而言；哥白尼的发现天体，盖律雷的远窥星象等事，乃就天空而言。凡是这种空间的开拓，都足以唤起人类的兴趣，扩充人类的眼光，解放人类的思想，影响人类文明的全部。弄到大家对于自然界的观念一变，酝酿出一个培根的"戡天主义"来，树立近代科学的基础。在十九世纪以后受时间观念的影响最大。如支配近六十年来思想界的进化论，乃是由于推求古代生物的演化而发生的。如进化论大家达尔文、瓦勒斯、赫胥黎、赫克尔之流，大都是一班研究生物学、人种学、人类学的学者，冥求精索几千万年来生物演化的来源，才来主张这种学说。所以对于历史的背景，非常注重。十九世纪的文明，有人说是"历史的文明"，也可以见得时间观念的重要。（这不过是就其趋势而言，并不是说这两个是绝对可以分开来的。）到了现在则空间、时间两个观念在各方面都是相提并重，一方面对于空间则注重环境的情形，一方面对于时间则注重演化的程叙［序］。如实验主义在现代思想界中总算是极有影响的，但是他很注重的就是——"此时此地"（"Here，and Now"）。

其实不但是实验主义的学说如此，就是其他的学说，苟能适于世

---

　* 录自《新潮》第二卷第五号，1920 年 10 月 5 日出版。

间，没有把这两个观念忽略过去的；因为这是近代思想受了科学洗礼的缘故，无论那种学说，断不能离开一切，悬空立论。这是就学说的根据而言；至于论到他的方法，也可以证明这种趋势。譬如最初改变近代思想的工具，就要推培根派的"归纳法"（Induction or Inductive Method）了！而归纳的方法往往应用在自然界的现象上居多，当然能特别唤起人类对于空间的观念。再后改变思想最有力的工具乃是达尔文派的"历史法"（Genetic Method），注重在演化的程序，当然能特别唤起人类对于时间的观念。至于现代的"科学方法"（Scientific Method）则兼收众长，确当精密：一方面可以谋环境的适应，一方面可以免时代的错误；所以不但能应用到科学上去，而且能应用到思想上去。推其结果，遂使思想界的全体，都受他的影响。

以上这番话，详细说来，当另有专论，虽万言亦不能已；而我在此地所以必须简单说明的缘故，乃是因为中国人正正害了没有两种大病：

（一）不问环境的情形以求适应；

（二）不知时代的错误以求进化。

举一个明显的例，如中国的历史家，是很错误的。他们所谈的只是"往古"的事，"前代"的事，"盖棺论定"的事，以为必如此方可为史；而对于现代的事，目前的事，活人的事，一概忽略过去。不知道时事是很容易变迁的，有许多事眼见的人，不加细心的研究，也还不能清楚，何况以后的人呢？加之材料是很容易丧失的，如去年我们为国史编纂处搜集辛亥革命时代的印刷品，已经不可多得了，何况再过多少年以后呢？"后之视今，犹今之视昔。"不知道现在的人对于现在的事都还不去求可靠的纪载，又岂可以关于这代完备的历史，责诸后代的人呢？又如中国现在主持言论界的人，对于那国的学术运动，那国的市政运动，那国的劳动运动……说的天花乱坠，但是他们住的城市里讲学术则没有一个图书馆是不问的；讲市政则各处布满了腥臭的街道是不问的；讲劳动则本地不满十四岁的小孩子每天还要做十二点钟以上的工作是不问的……照这样"四大金刚，悬空八只脚"的讲法，虽然把世界上的都说得上天堂去了，我们中国人还在地狱里呀！有以上一种情形，所以使人不明最近的变迁，而陷于"时代错误"的弊病；有以下一种情形，所以使人不知环境的现象，而没有适应补救的方法。所以我们苟欲解决人生问题，解决我们的人生问题，则"此时此地"的观念，也真是不能忽略呵！明白这个观念，才知道我做这篇文章的本意。其实不但我们对于文学思想的态度应当如此，其实就是对于其余一切问题的态度，又何尝不是如此。

我既然说我所以独独提出文学思想来讨论的缘故，乃是因为文学的思想，最足以代表时代的精神。因为文学的思想，也决不是无缘无故生出来的，必定有种人类的生活，做他的背景。所以我以下讨论的时候，也是先把当时政治社会的背景写出来，而后列举文学思想的本来性质。但是我还有二件事要先申明的：（1）文学思想不过是文学界一种重要的趋势，而不见得当时就有成熟的文学，所以下面所举的例，也不必以严格的文学眼光，去作选择标准。（2）所举的某时代某人的著作，乃是就其在某时代的价值而言；至于某人以后再有什么变迁，自属另一问题，不在本文范围以内。

我想近代中国时势的变迁，约分四个时代；所以文学思想的变迁，也正是分四个时代。每个时代文学思想的变迁，正是符合着某个时代政治社会的背景。现在略略写在下面，至于所定的名称，也要请大家会其大意好了！

（一）时代的划分，本来是极困难的事，因为人类的生活，乃是不断的经程。但是生活虽然不断，而时代自有重心。社会譬如一个多角形的物体一样，无论他角度如何多，而能放在地球上面不致颠仆，自有一个重心存在。不过这种物体还是有机的，他的角度，常常会有涨有缩，有生有死。所以社会的危险，就是当角度发展不同，而本体的重心已经改变了的时候，大家还不知道，死守着以前重心所在的那一点。这番话是我不能不先解释明白的，因为生活既是不断的经程，而我们又须注意他重心的改变；所以我论到中国近代的文学思想，还离不了叙述几千年来一脉相传的——

"闭关时代"

这个时代的画分本来是很不容易的。普通人的所指，大概都是指鸦片战争、五埠通商以前而言；所谓"海禁大开"就是说这个时候。但是鸦片之战虽然重要，还不足说中国思想真正转变时期。当时中国虽败，因为内地的交通不变，全国所受的刺激仍然不深。而且有洪秀全之乱，可以借口以为勤王之师未到。所以中国在越南之战的时候，仍然是不服气的。不过当时大家已经略略知道有外国了。而且商埠一开，交通渐渐由此亲密，所以就用那个时代为闭关时代的区分，从广义说来，也未始不可。其实那个"龙墀扶醉贺中兴"的时代，自大的心思还是非常之盛。事实上，理想上何曾有点"开关"的希望呢？所谓闭关时代的情形，自然是几千年一脉相传，不足深论的；所以我也不能多讲。当时大家个个都把中国看得非常之伟大神圣，以为无以复加，其余的外国，都是蛮夷之邦，在"要服荒服"之列，应当"来贡来王"的，所以当时这种心理，酝酿成一种——

"华夷文学"

科举场中的八股不必论了。其余若桐城古文在曾国藩以后而大振；选学借李慈铭辈而方张；其余若侈谈儒学的叶德辉一流人物，不必说了。"文以载道"，道为中国所独有。华夷之界，千古大防。尊华攘夷，便是中国文人惟一的天职。如当时较称明达，而在文学界不无建树的王壬秋在《陈夷务疏》中以为夷事有四不必论，则虽在鸦片战后二三十年，犹不信中国水师不足以敌西洋，而且排斥研究"洋务"。现在写下一段，亦足以代表当时文人的心理：

> 言御夷者皆欲识其文字，通其言语，得其情伪，知其山川厄塞君臣治乱之迹，及其国内虚实之由；其最善者取其军食以济我师，得其器械以为我利；今设同文意亦在此，而臣独以为无益……夫中外之防，自古所严，一道同风，然后能治。假令法国布尧舜之政，读周孔之书，分置师儒，佐我仁政，则诸君将束手坐观，望风赞叹，以为真圣人之国乎！……若使中土赍六艺之文，陈先圣之书，入其国都，宣我木铎，彼之忠臣智士，必宜守桀犬吠尧之义，明国无异政之礼，守死勿听，以为其主耳。……火轮者至拙之船也，洋炮者至蠢之器也。船以轻捷为能，械以巧便为利。今夷船煤火未发，则莫能使行；炮须人运，而重不可举，若敢决之士，奋血临之，骤失所恃，束手待死而已。……（湘绮楼全集卷二）

此种议论，在此时视之固不值一笑，而在当日则未始不令千万人鼓舞激昂，拍案叫绝，以为贾生治安之策，不是过者。其余若此等论调的著作，举不胜举。此篇实足代表闭关时代之精神，而造华夷文学之极点，所以这可以说是中国文学思想的第一个时代。

（二）我尝说鸦片战后，海禁大开，不过是中国思想改变之先声，盖不足以称中国思想的将变。自此以后，与各国之接触稍多，内容能知道一点。迨中法之役，刘永福、岑毓英劳师不胜，一班人始确实有点怕"洋鬼子"的枪炮，但是洋鬼子不过有枪炮而已。中国只要有了枪炮，就可以够了。当时大家的目的，也不过是以复仇雪耻为人生观，以用夷制夷为无上策。各处造船厂制造厂于是纷纷设立，而江南制造厂当这个时候尤为时髦。最早的留学生如容纯甫的议论就是说："对于教育计画，当暂束之高阁，而以机器厂为前提……以今日之时势言之，枪炮之于中国较他物尤为重要。"（《西学东渐记》）并且除此以外，容氏第一个条陈就是合组汽船公司，而且须"向英商借一千五百万购铁甲三四艘"以打日本。到这个时候，全国汲汲皇皇，惟虑枪炮不足，以求添造；所以这个时代可以谓之——

"兵工时代"

要谈兵工，非要懂的"格致"不可的；于是江南制造厂致力译"格致"一类的书。如丁韪良的《格物测算》，罗斯古的《格致启蒙》，傅兰雅的《西艺新知》、《汽机新制》、《体性图说》、《重学图说》、《热学图说》、《光学图说》、《电学图说》等尤属风行一时。于是一般谋国之士，也都挥起鹅毛大扇，以高谈"声光电化"。而且从"声光电化"的用场上谈到那处安水雷，那处设埋伏，那国应该怎样对待，那国应该怎样接战。所以当时的文章，都要简炼揣摩，盘弓跃马，以为必须如此，方"可以说当世之主"。一时大家纶巾羽扇的态度，岂仅仅是学作张佩纶呢？于是风尚相趋遂成——

"策士文学"

这派的趋势，实早开于魏默深龚定庵之流。其后康有为等"公车上书"，更为明显。就形式而论，"公车上书"的文章，自然娓娓动听，大有战国时候苏张的态度；但是就实际而言，芮恩施博士也批评说："康有为等虽然以极有力的文字，鼓吹西学；不过就其内容而言，他们自己也莫明其妙。"（*Intellectual and Political Currents in the Far East*）这也是策士派当然的结果；因为他们的思想，不过是待中国轮坚炮利以后，背城借一，可以富强。当时的《盛世危言》、《富国强兵策》一类的书是很明显的。而这类纵横捭阖的腔调，在梁任公先生所办的《时务报》、《新民丛报》里，更可谓集其大成；虽然不可一例而论；要亦毋庸曲讳。今录其代表此派的文字一段，读者于今日重观当更别饶兴趣：

> 欲言国之老少，请先言人之老少。老年人常思既往，少年人常思将来。惟思既往也故生留恋心，惟思将来也故生希望心。惟留恋也故保守，惟希望也故进取。惟保守也故永旧，惟进取也故日新。惟思既往也，事事皆其所已经者，故惟照例。惟思将来也，事事皆其所未经者，故常敢破格。老年人常多忧虑，少年人常好行乐。惟

多忧也，故灰心；惟行乐也，故盛气。惟灰心也，故怯懦；惟盛气也，故豪壮。惟怯懦也，故苟且；惟豪壮也，故冒险。惟苟且也故能灭世界，惟冒险也故能造世界。老年人常厌事，少年人常喜事。惟厌事也，故常觉一切事无可为者；惟好事也，故常觉一切事无不可为者。老年人如夕照，少年人如朝阳；老年人如瘠牛，少年人如乳虎；老年人如僧，少年人如侠；老年人如字典，少年人如戏文；老年人如鸦片烟，少年人如泼兰地酒；老年人如别行星之陨石，少年人如大洋海之珊瑚岛；老年人如埃及沙漠之金字塔，少年人如西伯利亚之铁路；老年人如秋后之柳，少年人如春前之花；老年人如死海之潴为泽，少年人如长江之初发源。此老年与少年性格不同之大略也。梁启超曰：人固有之，国亦宜然。

像这样的论调，至今读之，不觉失笑，而在当代则风靡一时；而且就思想的改变论，这派的文字也不无功劳存在，因为打破八股拘泥的习惯，是非此不可的。而且这种文章里往往夹入白话，所用之字，在当时实属有绝大魄力，而足以引人入白话可以表现真切思想的观念。这点功劳，也是大家不能不给他的。不过一方面我们要知道他时代的价值，一方面也要明白变迁的趋势呵！

（三）兵器造得很多了，兵船买得很多了，兵士练得很多了！但是政府本身的组织不良，而士卒不肯用命。甲午一败于日本，庚子再败于联军，于是举国震惊，始知道"洋鬼子"不但有兵有炮，而且也有政治法律的组织；日本之所以能胜中国乃是由于明治变法的缘故。于是大家又经过一重大梦，而从事政治法律的改组。此就其一方面而言，至于其他方面则因为兵工稍事发展而感受原料缺乏与输运不便的病苦，于是又急于筑路开矿。有这两个双方并进的原因，所以构成——

"政法路矿时代"

要明白这个时代主要的潮流，不能不明白那个时候政治社会的背景。因为那个时候政治社会的现状不安极了。国家屡败，兵工无灵，于是国民才觉悟到政府的腐败，而要求立宪的呼声日高；政府为大势所逼，也不能不谋适应。所以关于"新政"的上谕，雪片飞下。当时虽然经过一次政变，但是这个潮流终究是遏不住的。那时候的重要人物，也都有一点觉得时政不行。如张之洞的《劝学篇》是当时极有影响的一本书，也颇足以代表当时的思想。他的"五知"就是"一知耻，耻不如日本，耻不如土耳其，耻不如暹罗，耻不如古巴。二知惧，惧为印度，惧为越南、缅甸、朝鲜，惧为埃及，惧为波兰。三知变，不变其习，不能变法；不变其法，不能变器。四知要，中学考古非要，致用为要；西学亦有别，西艺非要，西政为要。五知本，在海外不忘国，见异俗不忘亲，多智巧不忘圣"。以上二知，纯粹是战败后的感想；其后所谓"不变其法，不能变器"，"西艺非要，西政为要"则纯粹是从兵工政策失败后传入政治法律问题的宣言；最后所谓"多智巧不忘圣"，乃是他所提出而当时举国公认之"中学为体，西学为用"的主张了！自此学校渐渐加多，舆论渐渐发达，而国会请愿的运动日甚一日；以颠顸之清廷，最后亦不能派五大臣出洋考察宪政，而颁布筹备到光绪三十二年的宪法，亦可看见当时政治法律，背景之浓厚。至于路矿问题，则芦汉铁路等工程方兴，而沪宁、汴洛、道清等路的款项，也于所谓"癸卯""甲辰"之间，次第订借；山西矿产问题，已发生福公司种种条约。当时全国的目光，除了议政以外，就射在路矿上面。如清末浙路、川路的风潮，铜官山矿产的争执，也就可以知道人民对于路矿的兴趣。这二种趋势，一直到民国成立后六七年都还是如此。只看在这个期间到日本去的留学生大致都是学法政的，到美国去的留学生大致都是学路矿实业的（参观清华图书馆历年派送赴美学生表更要明白），也就可以知道了。因为法律的文字，在字句之间是有斟酌的；而实业的文字，是要获实合乎应用的。所以潮流所趋遂生——

"逻辑文学"

这个时代普通出版品的倾向，大大变了。鼓吹新政的空泛文章，进而为比较精密的法政议论。如《富国强兵策》一类的东西已经减少，出版最多的乃是《宪法古义》、《日本宪法义解》、《日本法规大全》、《政治原论》、《列国政要》一类的书。至于实业方面的著作，虽不重要，但是傅兰雅辈也抛弃了他的《开地道轰药说》，而译《宝藏兴焉》、《开煤要法》种种东西，就可以知道当时大势所趋，莫能遏止。所谓"逻辑文学"，原来不能算是十分确切的名词；不过当时文学的趋势，已确实的向着精密朴茂的方面，而渐渐合于逻辑的组织。如当时文学界最重要的两个人：一个章太炎是对于印度的"因明学"很有研究的；一个严几道是译西洋名学的。太炎的文章一方面有印度思想的条理，一方面带政治潮流的激刺。他当年的《訄书》不必说了，就是后来改订过的《检论》中如"通法官统"、"五术"、"刑官"、"定版籍惩假币"等篇，那一点不足以证明此说。他虽是汉学家，但是利用汉学来讲革命，成了当时的风气。邓实在《国粹学报》纪念辞上所谓"潜德虽久，岂无不发之光；乱贼日多，终有横流之惧。黄冠歌哭，存正朔于空山；断简飘零，访残碑于荒野"也正是指此而言了！至于严几道除译《名学浅说》、《穆勒名学》而外，还有亚当斯密的《原富》、孟德斯鸠的《法意》、穆勒的《群己权界论》、斯宾塞尔的《群学肄言》，和自己译而兼著的《政治讲义》种种，都是风行一代的书。他虽然有较新的西洋哲学思想，但是他对于西洋的文学也不敢提倡，所以他译起书来，还安心做"汉魏六朝的八股"（这个名词是吴稚晖先生送他的）。他对于西洋的政治伦理虽然敢于提倡，但是他对于中国社会伦理是不敢批评的，所以还是安于中国旧式社会生活。他在当时文学上的影响，确是很大。等到后来章行严先生一方面崇拜"吾家太炎先生"，一方面对"候官严先生"也是很恭敬的；又加上民国元二年议政的潮流，制宪的背景，所以《甲寅》杂志出来，可谓集"逻辑文学"的大成了！平心而论，《甲寅》在民国三四年的时候，实在是一种代表时代精神的杂志。政论的文章，到那个时候趋于最完备的境界。即以文体而论，则其论调既无"华夷文学"的自大心，又无"策士文学"的浮泛气；而且文字的组织上又无形中受了西洋文法的影响，所以格外觉得精密。章氏"政本"一文的首段，大足注意："为政有本。本何在？曰，在有容。何谓有容？曰，不好同恶异。欲得其说，最宜将当今时局不安，人心惶惑之象，爬而剔抉之，如剥蕉然，剥至终层，将有见也。"（《甲寅》第一卷第一号）

"有容"是否为政本系另一问题，要之此段文字，很能够说明"逻辑文学"的性质与方法。所谓"如剥蕉然，剥至终层，将有见也"乃正是逻辑的精神，而吾友孟真所谓"螺旋式的文字"。独惜这个时代，大家还只知道注重西洋政法方面的组织，物质的发展，而以为中国的精神文明——伦理的观念、文学的观念等等——还是至高无上，不必采取西洋的；这点不免有点观察不清，或是因为感情用事的缘故。又如最近还有几位从德国学科学的人，至今还以为西洋的物质文明高，中国的精神文明高，这也是同一样不脱"中学为体，西学为用"的观念呢！

（四）世界总是进化的。前一个时代中国人虽然觉得西洋的物质文明以及政治法律的组织比中国高，但是所谓精神文明以及各种社会伦理的组织总是不及中国的。到这个时代大家才恍然大悟，觉得西洋人不但有文明，而且有文化；不但有政治，而且有社会；不但有法律，而且有伦理。这些东西不但不比中国的坏而且比中国的好，比中国的合理，比中国的近情。大家受了这个觉悟，于是进而为——

"文化运动时代"

这个时代，可以算是中国人最近新觉悟的时代了！但是这种觉悟，也不是凭空生出来的；因为有几种极重要的事实做他的背景，乃是进化的潮流所趋，不得不走这条路的。所以我可以特别把他提出来说一说：

第一是由于经济生活的改变。我常说中国思想界的大变化只有两个时期：一是"战国"，一是"现在"，其余几千百年间虽有种种的小改变，但是大致都是一个模形。若说丧乱可以改变思想吗？我也可以承认他是其中的一个原因，但是在中国历史上那朝兴废的时候，不谓过几十年的丧乱？若说是人材的关系吗？此说中国人信得最深，但是人材为什么专生在那个时会？所以我想来想去，只认为经济生活的改变，是最重要不过的原因。因为战国和现在乃是中国经济制度大大改变的两个时代：一是土地分配法的变更；一是西洋工业制度的输入。战国时代的井田制度，虽然现在有是否为"豆腐干块"或是"宝塔形"的争执；但是战国时代封建败坏，开土地私有之端，是不可争论的事实。[如"郑伯以璧假许田"（见于《春秋》）实为土地公开买卖之始，而商鞅开阡陌乃顺着当代的情势，也是明白可考。参看"建设中井田制度有无之研究"及"井田之研究"等篇；著者当另有文论之。]因为人民根本托命的经济制度改变，所以觉得生活不安；觉得生活不安，所以不能不另想解决的方法；另想解决的方法，所以各派的思想争起。至于现在呢？则纯粹是因为西洋的工业制度输入过来，使人民的生活，从手工的进而为机械的。家庭的工作原来不能与工厂的工作相抗衡，况加之以西洋的资本挟雷霆万钧之力而东下。所以中国几千年来死守不弃的家族制度，至此遂一律动摇。家族制度动摇，大家的生活状况也跟着动摇，于是不能不去想种种改造的方法。所以也是各种思潮同时并起，和战国时代一样。这种情形，可以用西洋思想改变的途径，来作比较的研究。譬如西洋思想在十四世纪（新生时代）第一次大改变的背景，不能不说是同"封建制度"的消灭有极大的关系。譬如早就有了神权，何以到那个时代才发生批评的态度呢？十九世纪的第二次大变更不能不说是受了"实业革命"后工厂制度发达的影响。譬如早就有了妇女，为什么到那个时代才来发现她，解放她呢？两方比较，大可参证。西洋由瓦特发明汽机，才百数十年之时间，机械的制度才渐渐发达，而社会上历年的所受的影响已经不缓了，何况现在中国偶然就过着西洋久经发达了的工业制度，那能不起畸形的, 积极的变化呢? 所以我常说将来中国社会上的战争, 不能说是中国资本家与中国劳动者的战争, 乃是外国机械与中国劳力的战争, 也可以见得这种畸形变化的势力了!

第二是由于世界大战的影响。凡是世界上的教训, 一百句空言, 抵不得一件做出来的事; 何况这次大战, 是转斗三五年, 流血数千万的大事呢。大战以前, 军国主义锢蔽思想多少年了! 以德国兵力财力的强盛, 政治组织的完备, 雄视全球, 谁敢非议军国主义的坏处。就是欧美有多少了不得的思想家敢于大胆攻击, 但是实力所在, 大家不会相信的; 在欧美尚且如此, 何况中国西慑于欧美, 东震于日本的国威呢。惟有这次大战, 使赫赫奕奕军国万能的俄德奥一齐崩裂, 而其崩裂的原因, 不在乎联军全付的兵力, 而在乎本国平民的革命。这种惊心动魄的事实, 那能不促起人类思想的变化。军国主义打破, 旧式的政治组织破产, 于是感觉最钝的中国人, 至此也觉得仅仅学西洋的富国强兵、政治法律是没有用的, 是对于人类幸福没有关系的, 将来真正文明的枢纽, 还在乎社会制度的改造。于是乎谈政议法的声浪稍衰, 而社会改造的声浪大盛。这种转变, 颇能促起人类对于人生问题的觉悟, 而打破机械生涯的束缚。偶像的推倒, 实在是思想上一层重要的解放呵!

第三是由于国内政治的失望。在前清的时候, 大家总以为满清政府在上, 所以什么事都办不好; 现在满清政府倒了, 国家的事又办得怎么样了呢? 民国成立八九年了, 辛亥革命以后, 而有二次革命之战, 而有袁世凯称帝之战, 而有张勋复辟之战, 而有段祺瑞定国之战, 此就关于全局者而言。至于关于局部的, 则四川有川黔之战, 有川滇之战; 广东有陆龙之战, 粤桂之战; 湖南有谭傅之战, 谭张之战; 陕西有陈于之战; 福建有陈李之战……诸如此类, 不胜枚举。所以这几年来, 人民的残蔽极了! 旧国会如此, 新国会如此, 此派上台如此, 彼派上台亦如此, 所以人民的失望也极了! 到了山穷水尽的时候, 大家于是觉得以政治去改造政治, 是没有用的; 于是想到以社会的力量, 去改革政治。大战的影响, 是以外力促醒社会的观念; 内乱的结果, 是以内力促醒社会的观念。有这两种社会的发现, 于是"五四""六三"两个运动, 勃然兴起; 算是以民众的力量, 罢免三个国贼; 以民众的力量, 拒签和会的德约; 以民众的力量, 拒绝日本直接交涉的要求——这都是中国历史从来没有的事实。民众既然发现了这个社会了, 而中国的社会, 是非改造不可的。大家同社会的接触愈多, 便愈觉得社会的腐败; 愈觉得社会的腐败，则愈觉得改造的事业难于着手。热心社会事业的人一方面感受自己的思想不够用，一方面觉得社会上普通的思想不改革，社会是不会改革的。于是从改造社会的问题，进而为思想革命的问题。文学革命的发动虽然略早，但是动机也是由此而生。"五四运动"以后文学革命之所以骤然推广，也是这个道理。据新青年社和新潮社的调查，则新出版品愈销得多的地方，愈是残破最甚的地方——为四川湖南——这一点正可以看出此种因果了！

第四是由于学术的接触渐近。这不消说，一方面是因为交通日密，一方面就由于留学生的加多了。因为交通日密，所以留学外国的人亦就日益加多。从前"秀才不出门，能知天下事"的陋见，至此已不能固守。老实说，环境的变迁，是对于思想有绝大的影响。君士但丁的一般学者逃到意大利的自由都市来，就会发生出"新生时代"。大哲学家笛卡儿学说的成立，据他自己说来，是对于旅行很有关系。因为他在这国看见认为天经地义的东西，到那国认为荒谬绝伦，在那国认为神圣不可侵犯的东西，到这国认为一钱不值，他于是恍然大悟，起了批评的精神。这乃是科学方法中所谓"推广经验的范围"，取得比较的材料。有了比较之后，于是大家方才觉得"相较见绌，相形见劣"了！中国年来留学生回国的渐多，虽然莫名其妙的占十之八九，而有比较眼光的，究竟不能说是没有人，至于社会的人道的观念，以法国带回的成分居多，而实际的科学的态度，以美国带回来的成分居多。二者相合，而新文艺的思想遂以发辉灿烂。所以首倡文学革命的不在研钻故纸的老先生，而在乎兼通西籍的新学者，也就可以知道这真正的理由。

社会是有机体的，宇宙是繁复的，凡是某种运动，决非没有背景存在，可以无故发生。有这以上四种重要的原因。于是产生——

"国语文学"

上面种种原因，都是使我们觉悟到以政治的势力改革政治是没有用的，必须从改革社会着手，改革社会必须从改革思想着手，但是改革思想必须有表现正确思想的工具。况且我们现在觉悟到人生的价值了，尤不能不有一种表现"人生正确思想的工具"，所以我们大致都是主张"文学为人生的表现和批评，从最好的思想里写下来的"。而表现批评人生最自然的莫过于国语，记载思想最正确的也莫于过国语，于是"国语文学"应着时代的要求生出来。春天的山青了，化学家染他不紫；秋天的叶红了，植物家培他不绿。时代先生的力量，谁能敌得过他。于是国语文学的传布，为带雨春潮弥漫全国！

国语文学的精神，就是"人生化"的精神，是大家不可轻易放过的。其最近发动之点，不外两个：

（一）消极的——破坏的——是由于旧日文学的反动。既然大家发现人生的价值，而想造成一种"人生化"的文学，所以凡是"非人"的，防害人生的东西，都应当放在排斥之列。但是最没有人性，缚束人生最利害的，就是旧文学了！中国人无处不受"形式主义"的流毒，而以文学为尤甚。黄远生所谓"乌龟八股"中"顾字一承而字一转"的形式，盖无所往而不宜。（远生于民国三四年之际，颇有新文艺思想发现；惜其未能充分发表，即已早死。此段见《国民之公毒》一文。）做古文则有幽渺冥玄的"家法"，做诗则有"蜂腰""鹤膝"的限制……诸如此类，把人的性情，不容一点存在。所以弄到后来，稍微有点天才的人都不愿意做古文律诗，也是这个道理。这样"非人"的出品，一旦"人"觉悟了，那里能够容他存在呢？

（二）积极的——建设的——是由于实际的动机。世界上许多事情，都是由于这种动机要求出来的，不仅文学的运动如此。现在大家既然知"非人"的文学不好，必定要求一种文学出来，能够把人生充分的抄写出来，以满足大家的欲望和要求。而且现在有许多新的道理，新的事实，断不能用已死的文字表现在［出］来的。所以大家更不能不另换材料，另辟蹊径，以求适应人的生活。兼之西洋近代文学的潮流大家不能不感觉一点：两两对照，觉得他人的文学对于人生是何等浓馥，何等活泼，何等真实；我们的文学是何等干燥，何等死闷，何等虚伪。比较的结果，于是创造新文学的材料和路径那能不会决定呢？

有这两种关系，所以新文学的勃兴，乃是人生觉悟后应乎时势所万不能免的。胡适之先生最初倡议的那篇《建设的文学革命论》中所提出来的四条，正是这种精神的表现：

（一）要有话说，方才说话

（二）有什么话，说什么话；话怎么说，就怎么说

（三）要说我自己的话，别说别人的话

（四）是什么时代的人，说什么时代的话

对于新文学的主张，此地真是说得透澈极了！后来周作人先生更明白提出"人的文学"的观念来，把"思想革命"、"文学革命"的意思，合在一起来讲，是分外明析［晰］的；因为这两件东西，原来是分离不

开。思想革命是文学革命的精神，文学革命是思想革命的工具：二者都是去满足"人的生活"的。但是怎样去满足人的生活呢？《人的文学》中有一段很可说明这个道理：

"我们要说人的文学，须得先将这个人字，略加说明。我们所说的人，不是此间所谓'天地之性最贵'，或'圆颅方趾'的人。乃是说'从动物进化的人类'。其中有两个要点：（一）'从动物'进化的，（二）从动物'进化的'。

我们承认人是一种生物，他的生活现象，与别的动物并无不同。所以我们相信人的一切生活本能，都是美的、善的，应得完全满足。凡有违反人性不自然的习惯制度，都应排斥改正。

但我们又承认人是一个从动物进化的生物。他的内面生活，比他动物更为复杂高深，而且逐渐向上，有能改造生活的力量。所以我们相信人类以动物的生活为生存的基础，而其内部生活，却渐渐与动物相远，终能达到高尚和平的境地。凡兽性的余留与古代礼法可以阻碍人性向上的发展者，也都应该排斥改正。

用这人道主义为本，对于人生诸问题，加以纪录研究的文学，便谓之人的文学。其中又可以分作两项：（一）是正面的，写这理想生活，或人问［间］上达的可能性。（二）是侧面的，写人的平常生活，或非人的生活，都很可以供研究之用。这类著作，分量最多，也最重要。因为我们可以因此明白人生实在的情状，与理想生活比较出差异与改善的方法。这一类中写非人的生活的文学，世间每每误会，与非人的文学相溷，其实却大有分别。……这区别就只在著作者的态度不同。……一个希望人的生活，所以对于非人的生活，怀着悲哀或愤然。一个安于非人的生活，感着满足，又带着玩弄与挑拨的形迹。简明说一句，人的文学非人的文学的区别，便在著作的态度，是以人的生活为是呢？非人的生活为是呢？这一点上。"

我常说，世界的进化是从"神的时代"，进到"物的时代"；从"物的时代"，进到"人的时代"。以前一个阶级不必说，等到十九世纪的末叶物质文明可谓发达到极点了，弄得人类几乎做了物质的机械，这次大战尤其是明显的证据。于是大家回心想到，我们发展物质，是否为人类的幸福，为什么我们反而做了他的机械呢？从这一念之转，于是大家更促起一番"人的觉悟"，而回复到人生的价值上面去。哲学界如盛行的实验主义，人本主义不消说了！世界上一切改造问题都是向着"人"的方面解决，也不消说了！就是科学真实，从前以为是绝对客观的，现在也觉得不然，而废不了人的本位这种"人"的潮流，披靡无敌，不独文学界受他的影响呢！

国语文学应着这个潮流而生，自然是时代的骄子。一年前提倡的人八面受敌，到现在风靡一世，自然不能不令人高兴。但是我以为现在乐观，也就未免太早；因为我看见新文学虽然成立，而四面的危机，也就有绝大的危险。这种的危机不在乎旧派外来的攻击，而在乎自己本身的毛病，所以我觉得危险更大。现在我不能解释，也就只到老实说了！

我想我们的文学革命的精神，是和思想革命分不开的，所以中国早就有了白话文，而不能算是"文学革命"。但是现在文学革命起后的所谓新文学中，几乎没有几处不带着中国旧思想的采色。中国几千年来，中"形式主义"的毒实在中得太深了！无论什么东西，只要外面的形式像以后，他的精神和效用是可以不问的。最浅显的例有如西洋的椅子中间高起来，因为中间是汽［气］垫，坐下去可以舒服；而中国仿造的椅子，中间也是高起来的，上面虽然蒙了绒布，但是内里却是铁硬的木板，反而令人坐了难受。又如我们好用钢丝床的本意乃是为其清洁，可以避免臭虫；但是中国自造的钢丝床，用粗木上涂着黑漆，反而令尘垢臭虫进去了，难于看见。这并不是我说笑话，不过可以见得中国人这种旧式的习惯，无处而不流露。凡是一种新东西到中国来，没有不加上一层中国旧式的色采，弄到"四不像"而后已。譬如现在新文学出品之中，思想精密，壁垒森严的固也不少；但是就大多数而论，其中轻佻，谩骂，武断，笼统，空泛，不合逻辑……那一点不是中国旧思想的流露，其所不同之处，不过是以文言的形式，换了白话的形式。这种白话文的出品虽然日见增多，但是可以为新文学前途乐观吗？至于就有思想有艺术一点的出品而论，为什么新的文学之中，以短篇的结构为多呢？因为中国人向来思想的习惯，是散漫的，不耐系统的组织的，所谓"信手拈来，都成妙谛"，最是以代表中国文人的心理。又如新诗，以中国目前的社会，苟真有比较眼光的诗人，没有一种材料不可供给他做成沉痛哀惋，写实抒情的长诗的。为什么反而是"象征派"（Symbolic）的诗，写风景的诗成为风气呢？因为这种诗最同中国的文艺思想接近，而中国之诗人是最好"啸嗷风月""兴而比也"的。诸如此类，流露于不自然面；然而思想界又没有真正的批评家随正指点出来，其将来的流弊有不可言状者。所以这不能不说是新文学的一个危机。

中国人的习惯，不但好自己流露这种中国式的思想，而且拥护这种东方的或类似东方的思想。譬如托尔斯泰的文艺，当然有许多可以佩服的地方；但是他晚年的思想，因为宗教观念太深，有种变态的心理，而发出来的议论有似乎反对科学的——其实他也并不曾反对真正人的科学，第五卷第五期《科学》有文论此——而现在的人断章取义，以为托尔斯泰都推重东方，反对科学，科学是应当反对了！又如太阿儿不过是印度的一位英文诗家，能够把东方的思想做几本西洋书；西洋人以比较的眼光看了，也觉得不无兴趣，有推重的批评。而中国人听得，以为东方有了大哲学家，为西方所"崇拜"的，我们不能不急忙提倡了！其实这种思想，在东方已为"辽东白头之豕"；即其文艺之中，以艺术而论虽然有可以看得的，但是世界上可以介绍的正多，现在还轮不到太阿儿上。至于他的小说如写"心的撒提"等篇，简直是明目张胆提倡寡妇殉夫，这种制度把中国人道灭绝尽了，我们要打破还来不及，难道还要介绍吗？又如某名士在欧洲回来，看见了一点欧洲战后的情形，和欧人在战后心理的反动，回国来就大做游记，居然说是"科学破产"，我真佩服他的胆大！试问我们现在正要用科学来救中国都来不及的时候，中国人又是没有一点科学知识的，试问听到这种议论，其结果至于何如？又如现在有高唱"虚无主义"的人，人家听了，以为这比"无政府主义"还要激烈，一定是很新的了，其实这"无"的观念，纯粹根据于老子，还是中国几千年来旧思想的流露。这类的情形，举不胜举。所以我的朋友从日本考察思想学术的趋势后写信给我说："日本新思想的运动，发动多在法科大学（尤推经济门）；而中国新思想的运动，发动多在文科大学。日本人推重物质，故研究马克思；中国人崇拜精神，故高谈托尔斯泰。"这番话是否没有例外不可知，要之马克思精密的科学的《资本论》，比托尔斯泰宽泛的主观的"泛人道主义"难谈一点；而中国人好笼统的议论，而不好分析的研究，是不可讳言的事实了！咳！思想上不经一番精密科学的洗礼，而专以附和强拉类似东方的思想自重，那能盼望真正的新文学出现呢？这不可不说是新文学的又一危机。

有这两种危机，所以不能不想补救的方法。而补救的方法，我想最要紧的第一步，就是要从事创造新文学的人，应当排除一切客气，保守气，把思想上清清白白的用科学方法洗刷一番。排除一切自来盘据的东方思想，专门研究西洋的学问。固然不要去"妄自尊大"，但是也不要有意去希望"钩通中西"。我们总说是要东西文明接触之后，产出一种世界的新文明来，这个思想虽然很好，但是结果断然不是我们专门倚赖东方思想可以生出来的。譬如西洋近代的新诗,不免受东方诗传布过去的影响,乃是确乎不差的事实,但是这原系西洋人研究东方诗自然结果,断不是中国自己讴歌、赞叹东方诗可以办到的。又如中国的文学革命,自然是受了西洋文学的感应,也是确乎不差的事实,但是这也是中国研究西洋文学者所收自然的结果,断不是中国抱残守阙的老先生们可以发现的。所以东方的材料固然可用,而东方观的眼镜万不可带。我也知道现在西洋人有许多"东方迷",但是无论东方的学问怎样好,西洋人推崇得怎样利害,我们在现在所应当研究,究竟是新的西洋的,不是旧的东方的。我们须知道——西洋人研究东方,是西洋人的责任;东方人研究西洋,是东方人的责任。

将来第三文明的产生,乃是自然"化学的"化合,断不是牵强"物理的"化合。大家相互的势力去做,将来自有定评,又何必现在就"情不自禁"呢?

我们对于西洋的文明,既然有一种纯粹的研究了,第二步当然就是介绍。但是介绍也是不容易的事,因为我们现在断不能做一种不负责任的介绍。介绍的原因,和介绍后所发生的结果,都应当算在介绍者功罪总帐〔账〕里面。所以要能够切切实实的介绍一种学说,或是一个学者到中国来,而且希望介绍之后不发生——或是少发生——一点流弊,则不可不注意以下三点:

(1)某种学说发生时政治社会的背景

(2)倡某种学说者个人生活环境的变迁

(3)中国现在所需要的是那种的学说

现在且分开层次来说罢!第一层,无论那种学说的发生,断不是无故而来的,而他转变之机,也不是无由而发。所以我们要知道他本身的价值和影响,断不能不知道他前后政治社会的背景。我们谈到文学,就应当知道为什么人生派的文学会发生于近代俄罗斯,神秘派的文学发生于近代爱尔兰。这都有深沉的因果;真能懂得这种文学的人,不能不知道。所以断不能仅仅到欧洲看了一点战后变态的心理,就回来说是"科学破产"!第二层,凡是要了解一种学说,必定要把倡这种学说者的个人生活环境,也能了解。因为就是一个人的学说,也每每分几个时代,而每个时代的变迁,都受他生活环境的支配。譬如说到托尔斯泰晚年的文艺思想,就因为他宗教生活的关系,生了绝大的变态。又如梅德林结婚前神秘之义的惨淡著作,和结婚后乐天的论文,差不多绝然两事。我们若是果然要去提倡，这种的地方若是不指点明白，岂不是要误尽许多人吗？第三层，西洋的学说经过各时各地的酝酿，到现在已经多极了！其间有种种关系，不是说凡是学说都能适宜于中国的，也不是说凡是学说都应该提倡的，所以其中不能不有一点分别——至少也有一点先后的分别。我们提倡一种学说，固然要先知道他政治社会的背景和这种学者个人生活环境的变迁，可以减少许多流弊；但是我们也要问问中国现在需要的是那种学说，而且现在中国到了领略那种学说的程度。不然，不但提倡者与领略者两方面的时间精力都不经济，而且流弊也可以同时加多。譬如西洋文学里有神秘主义，但是他们的神秘主义是受过科学的洗礼的，所以达于直观；若是在一点没有科学根底的中国提倡，其结果必流入于迷信。（我有一次译了许多页梅德林的内幕，后来想想此刻以"听灵魂"的戏剧在现在介绍给中国人，总觉有点不妥，所以立志烧了，以待他日再译。我想若是现在把魏得京（Wedekied）的《春觉》（Frülings Erwachen）译出来，无论他艺术主张怎样好，但是中国人看了以为西洋也有"出鬼"的戏，其结果恐怕要摧残一切提倡新剧的潮流，而反之于《天雷报》、《活捉三郎》而后已。这不是我有派别的成见，也不是我以好恶为从违，更不是我有意蒙蔽他人的眼界。我原来是主张各派的思想艺术，中国都应当知道一点的。但是我现在觉得自己既没有说明著者生活环境和他当时政治社会背景的能力，又觉得现在中国还没有到需要这类著作的时机，而且我知道应当介绍的别种东西还很多，所以这种书等别位有学问的去介绍罢。）又如新浪漫主义的文学，我何曾不知道是一种新的趋势，但是不经过相当进化的程叙［序］，是新的都是可以提倡的吗？日本的厨川田村说得好："至于晚近新浪漫派，明明是复归文艺本流的倾向，然与从前的浪漫派比较起来，他的性质早已完全变化了。既已一次通过现实主义的变态，这已是内容丰富而充实的浪漫派了——且是现实觉醒后的浪漫派了。若但闻浪漫派的名，以为就是走马灯的样子，这种人实在未曾明白思潮变迁的真相。"（见朱逖先先生译《文艺的进化》）可见得西洋的新浪漫主义，乃是经过多少年写实主义的陶镕而生的；现在连写实主义都不会产生的中国，配谈新浪漫主义吗？其结果恐怕真要成中国所谓"传奇派"了！不但文学的思想如此，就是哲学思想的介绍也当如此。不知道"唯实主义"的人，决不配谈"新唯实主义"；没有科学根底的人谈倭铿的"精神生活"，一定是弄得"玄之又玄"的。所以我以为就是请外国的大学者也是要小心的（这决不是有学派偏见的话）。譬如杜威的学说，以方法论居多，大家还容易领略一点。罗素的社会哲学偏于感情，大家也还容易领略。至于他的数理哲学我就不敢说有几个人懂得。至于请柏格森来，恐怕就更没有几个人能领略了！至于请倭铿来讲"精神论"，则恐怕同东方的精神相混合，要使中国成一个大精神国呢！我们请一个人来讲学，总希望能把这个人切切实实介绍到中国来，使中国人实在得点益处，不是同从前"迎神赛会"一样，抬了一位"洋菩萨"四处跑的。唉！现在在中国要真正想介绍一点西洋的文艺思想，也就难说了！

总而言之，现在中国的文学思想界，已经有新的动机了！但是只看见肤浅的扩充，而不看见精深的基础，是很危险的。我们现在提倡文学革命热闹极了！但是仔细回心想想，我们究竟介绍了几个西洋文学家，创造了几件代表新思想的文学出品。大家没有人下艰苦卓越的功夫，只是以敷浅的现象为满足，那新文学的前途，也就惨淡极了！我们现在既然是有了"人的发现"而主张"人生化"的文学，须知道人生不过是占时间空间的一部分，时间是容易过去的，空间是容易改变的。我们要尊重人生的价值，当常常带着这两个观念对于表现和批评人生文学思想，加以研究。况且文学的思想，常常站在一切思想的前而，所以我们更不可落在时代的后头。我们所应当做的是——

谋环境的适应，合时代的进化

我想西洋许多大学者年纪虽老，而学说总是新的；但中国则所谓新人，转瞬即成陈迹。我想这没有其他的道理，乃是不愿意不停的进取，而且同时代的思想，隔绝了的缘故。老实说，西洋学者研究进取的精神，实在有令人佩服的地方。他人我不得知，即以我接触稍多的杜威先生，就有一种精神令我感动。譬如我有一次看了几种较新的哲学书，得了一个近代科学中 Energy 影响哲学的观念，颇沾沾自喜，但是不两天杜威先生讲"教育哲学"就提到了。又一次得到一个较新的舆论观念，做了一篇文章，不一星期杜威先生在大学开学演讲，又提到了。这还可以说是他们大学者平日研究有素的问题，自不能与我们浅学相较，但是法国大文学家 Auatole France 对于法国小学教员的演说，由路透电传到中国不及两天，而杜威先生演讲的稿子就引了进去。又如 Einstein 修正"牛顿定律"的学说，证明后在欧美杂志上发表不久，在中国不过新得寄到，而杜威先生讲思想的派别也就引进去。他们这种勇猛精进的精神，那能不使他们永远站在时代的前面呢？所以我们如果不要做"时代落伍者",我们且不要满足现状,且去对新文学下一种艰苦卓越的功夫罢!庄生说得好:"道隐于小成,言隐于荣华。"

"无边落叶萧萧下,不尽长江滚滚来。"环境的变迁是很快的,时代的进化是不迟的。大家请看看三十年前所谓新学者是谁,十五年前所谓新学者是谁,五年前所谓新学者是谁呵!

九年十月三日完于太平洋舟中

哲学改造[*]

（1921）

处于现在的时代，哲学改造到了很高的声浪；而且是时势所趋，不能自已的事。哲学改造不是悬空而来的，因为哲学界受了学术上和社会上三种大影响：

（1）自然科学的新发达：以前则有"能力说"（Energy）及"电子说"（Electron）的成立；现代则有"非游克里几何学"（Non-Euclidian Geometry），"相对原理"（Relativity）的空前进步与发现，诚足影响人类思想的全部，自然哲学界受了大大的影响，并且因此得了许多新材料和新帮助。

（2）人生科学的新开展：以前生物学中"进化论"（Evolution）的影响，已经大极了；况既加之以人类学，又加之以心理学。近代心理学的进步，实属可惊，而"行为派"（Behaviorism）的学说，尤震动一世。哲学界自然又添作许多新感想和新事实。

（3）政治社会现状的新要求：哲学的要务本来是解决人生问题的；而历来社会发展的不平衡，及最近世界战争的酷烈，阶级战争的惨痛，已使世界人类都陷于不安的地位，而急求解决的方法。自然哲学界不但添了新问题而且添了新责任。

有了以上的根基，于是哲学的基本观念确立，而哲学改造为不可缓。杜威先生的《哲学改造》一书于是迎着时代潮流而出。此书为杜威先生集合在日本东京帝国大学八次的演稿而成，出版以后，在欧美哲学界有很大的同情和称誉。此书为实验哲学最近的一种表现，自无

---

[*] 录自《新潮》第三卷第二号，1921 年 10 月出版，署名"罗家伦"。本文是罗家伦对杜威（John Dewey）著《哲学改造》（*Reconstruction in Philosophy*，New York，Henry Holt and Company，1920）一书的介绍。

待言；而最有趣的，就是他能以实验主义的各方面观，公诸世界。著者也以为这是他第一次谋以自己哲学各面的纲领与世人相见。全书共分八章：

(1) 哲学概念的变迁

(2) 哲学改造中之历史的因子

(3) 哲学改造中之科学的因子

(4) 经验与理性两概念的变迁

(5) 理想与实体两概念的变迁

(6) 逻辑改造的重要

(7) 道德概念的改造

(8) 改造影响及于社会哲学

现在我因为想略略介绍这本书的内容，所以将每章的概念，大概加以叙述；但是这书思想的精深，行文的周密，我这篇文字恐怕是很不能表现的。把这本书所引起的问题，加以研究，那只有望诸有心近代哲学的人了！

首先在此书说明的，就是哲学的起源。人类之所以异于低等动物，因为他能保持已往的经验，指挥现在的生活为将来无穷的进化。但是人类是有想像、有情感的动物，初民时代的人之所以能保持已往的经验，最初并不是起于知识的兴趣，乃是起于情感的兴趣（Emotional Interest）（第三页）。所以野蛮民族，战胜其他的民族或动物以后，其所留影响之最大者并不在临阵时苦心搏战的情形，而反在战胜归来的跳舞。种种神话，寓言，生物崇拜，皆起于此；而所谓哲学思想的渊源，亦生于此，以供其情感上想像（Imagination）和欲望（Desire）的满足，并不是为了知识的研究（第五页）。由此而达到哲学的本体，凡经过两个阶级：第一经团体的生活，把这种种散漫的想像神话都凝结拢来了，成为传习（Tradition）；第二经政治的征服和凝结，在上者利用这种传习，为大家公共行为的标准，但是当时也并没有理性的解释、逻辑的证明可言（第七至九页）。这是哲学构成所经过的阶级，却不说是构成哲学惟一的原素。人类因为生存的关系，不能仅有虚玄的想像；对于世界上实际的事物，总是办不了的。为了种种生存的竞争，要想成功，非应付物质，想出步趋来不可，所以当时颇有应用的科学发生。因为应用科学的发展，所以人类的心里，多少养成一种实验的态度（一二页）。这种态度，是为传习所不许的，而且为惯习所看不起的。在希腊的时候，正是二者相争最烈的时候；希腊贤智在上的人，受传习的影响太深，而以实际科学为下等治生手艺而不屑道，以至于把社会弄成了两个阶级，永不相遇。所以无论希腊人的观察能力如何强，科学萌芽如何早，而永不能发达成为系统的科学（一三页）。即如"哲人"（Sophists）和苏格拉底都是想调和这种实验观（Positivistic point of view）与传习观（Traditional point of view），致以摇动社会的基础而不能见容于当世，然哲学却在那个时候而成系统（一四至一六页）。那知道以后实证的知识和批评的精神愈发达，"合理的考察和合理的证明之方法"（Method of rational investigation and proof）也产生出来了；以从前惯习，决不能维持社会的道德，必经一番近乎理性的解说，方可成功，于是哲学里的玄学（Metaphysics）遂用为护法的利器。以前的古代哲学（Classical Philosophy）如此，以后中世纪基督教的哲学（Christian Philosophy）更是如此（一七页）。从根本上看起来：第一，哲学的本源虽然是公开并无所谓伪见的；但是一到发展，则虽在最初的时候，已和本源分离，而带着成见（Bial），以哲学的解答，为已经成立的传习和信仰辩护。所以没有希腊人的宗教、美术，种种希腊的哲学的成立，为不可能。柏拉图、亚里士多德也逃出这个范围不了。中世纪哲学护法的精神（Apologetic spirit），更为明显；近代如黑格儿（Hegel）以他的所谓"理性的理想主义"去解释德国的制度和主张，更是不一而足的了！第二，因为有以上的原因使哲学缺少内动的性质，而常作传习的护符，所以必定造成许多逻辑的形式，分得细如毛发，层层排列，如像示威的队伍一样。虽然白特纳（Bishop Butler）说"或然"（Probability）是生命的指导，但是有几个哲学家肯放弃哲学绝对的观念，而认或然为满足的？第三，因为认定哲学是高悬普遍的，所以把世间的存在，分为二个严定的区域：一方面是传习相沿宗教的超越的世界，以玄学的解答，认为最高最后的实体；一方面是经验的、现象的相对真实的世界，为人生日用所需，包含在实证科学以内永无完备之日的。这都是 Classical Philosophy 牵强的划分，遗传的观念，因此而把哲学强列在纯粹知识的（Intellectual）范围以内（一八至三四页）。哲姆士说得好："哲学是启示"（Philosophy is vision）。（按 Vision 一字极难译，有较前而仍明显，想像而能奋发，惟得之者乃能觉其真实种种含义。此处译"启示"实难尽。）哲学的重要职务乃是使人的思想，脱离成见和偏见而推广对于世界的知觉。杜威先生也以为哲学所贡献的不过是假设（Hypothesis）；而这种

假设的价值，在乎使人的思想，对于人生能格外感觉亲切。用历史法去
推求，哲学的起源，本是发生于情感的（Emotional）、社会的（Social）
材料之中，并非由于知识的（Intellectual）范围以内。我们苟能明白这
个道理，对于遗传的哲学观念，自能一变。治哲学本不能分开人类文明
和文化进步的历史，不能不问到人类学，初民生活，宗教历史，社会制
度等等。哲学将来的责任就是要使人类对于自己当日社会的道德的冲
突，有明了的观念；不在乎侈谈最后的绝对的实体，而在乎对于人生能
激发高尚的兴会（二五至二七页）。这才不负从历史上推求得来的哲学
的本意了！

　　以上我们把最初哲学的起源，已经认识明白。现在更须认清楚哲
学改造，是近代历史上递遭下不可免的趋势。这个趋势，肇于培根。
培根自已〔己〕虽然不能〔是〕创立近代思想的始祖，有如后人过度
的推崇；但是他的功劳并不在他对于学术实际的贡献，而在能唤起大
家对于学术的新态度，新神精。他敢冒当时的不讳，去打倒以前的古
典文学，形式系统，立定"戡天主义"，另辟人类对于自然界的领土。
哲姆士叫他的实验主义为思想的几种老法子的新名字（*Pragmatism：
A New Name for Some Old Ways of Thinking*）[1]乃正是"数典不肯忘
祖"，而归功培根的意思（三八页）。这种新思想的发现，最重要的在
改变人生的目的（四〇页）。以后跟着来的，有几种极大的影响。说
到经济方面则科学革命就紧随着实业革命改变社会的组织。说到政治
方而〔面〕则以农业时代转入工业时代的关系而摇动君权神圣的观
念；民约之说，震动一代。说到宗教方面则早因基督教流入野蛮的日
耳曼民族，及新生时代个人主义流入教会的缘因，久已发生改革；至
此而新教（Protestantism）的势力更觉扩大，并且主张个性的发展。
统观以上历史的因子，使人类的思想发生四种趋势：（一）把以前恒
住的（Eternal），普遍的（Universal）观念，转而为变迁的（Chan-
ging），特殊的（Specific），具体的（Concrete）。（二）打倒以前种种
固定制度和阶级的权威，而注重个人思想的能力。（三）唤醒"进步
的观念"（Idea of Progress），给人类无穷的新希望，新勇气。（四）统
治自然界，以他的势力为社会效用，乃是进步的方法（四七至四九
页）。有这种种思想界的变迁，于是哲学添了许多新责任、新机会。
其最大成绩的表现，就是能以认识论为根据的理想主义（Idealism
based on Epistemology）把古代以玄学为根据的理想主义（Idealism

based on Metaphysics）取而代之。在较早的近代哲学，已经注重到相传的理性论和宇宙观，与个人思想的新兴趣及其新可能之信仰相调和。如英之洛克、休谟，法之笛卡儿，德之康德等学说，以现在而论，虽属过渡，然当时已共同倾向于此。诚然"理想主义已不复为玄学的（Metaphysical）和宇宙论的（Cosmic）而为认识论的（Epistemological）和人生的（Personal）"（五一页）了！近代哲学改造的要义"不是把智慧（Intelligence）当作事物最初的范（Original shaper），最后的因（Final cause），乃是把他当作有意识有能力能为自然和人生中阻碍社会的健全发展的各方面之重行畴范者（Re-Shaper）"（五一页）。现在哲学改造就是依着科学的进步，追溯培根的精神，解除纠缠，为自由无限的发展！

此刻把培根以来，历史上的影响说明了！各种影响，大都根据于科学，但是哲学改造中带着近代科学的因子多少呢？换句话说，到什么程度，为什么原因，近代科学影响哲学如此之大呢？这都是由于科学把人类对于自然和人生的观念，完全改变过了的缘故。从前自亚里士多德以来，都是把宇宙看得是有一定的阶级，一定的种类，一定的形式性质等差，高下有绪，一成不变的。这是一种智识的封建制度（Feudalism）。火的上升，以太的恒住，橡子之所以为橡，鸡子之所以成鸡，都是循着预定的圈儿，完成他本来的面目。这种宇宙观只要万事万物，各守其位，所以纯粹是专制的，阶级的，呆板的（五四至五九页）。等到近三百年前科学的进步，一日千里。"最后因"的观念，被他打破。"变"的观念，乃为无上要义。科学家所讲的不复为"类"为"相"，而为动的定律，变的关连。以前所讲的是常常的存在，此日所讲的是常常的动作。近代科学最早而且最重要的，要推天文学了！其最大的贡献就在打破高下尊卑的观念，其影响及于现代民治主义的潮流（六一至六四页）。在本书六六页上杜威先生说从前的希腊的观念以为宇宙是"有穷的"（Finite），而近代科学以为宇宙是"无穷的"（Infinite），所以更足令人奋发。这话有可以使我们讨论的地方；因为一九二〇年爱因斯坦（Einstein）的"相对原理"（Relativity）证实之后，由此发生的"宇宙有穷论"，遂为世人所注意。一九二一年二月一日爱因斯坦教授在德国普鲁士科学院演讲，更提明宇宙有穷的观念，风传一时，已为世界数学家物理学〈家〉所公认，他按照"相对原理"认定无物量（Matter）即无所谓空间，而"平均密度"（Mean Density）永不能等于零。（譬如平均密度的公式是 M/V＝D，现在如果 V ＝ 8，则 M/8＝0；但因物质有定，平均密度不能等于零，所以空间不能等于无穷。）数学家爱生哈特（Einsenhart）——著［普］林斯顿大学教授现正从事于此问题的推算——也说是这种全体系统的表现，如不用精密的数学，决非通常心理所以想像。这个最近的观念，对于哲学上自然有很大的影响，改变许多的成说。爱因斯坦说："宇宙是否为有穷的空间，在实际的几何上完全可谓有意识，而我相信于可计算的期间以内，从天文的科学求解答，非不可能之事。"[2] 爱生哈特以为迈克生教授（Michelson）发现测算星的物量的原理，即其先声，即其佐谬。（按：迈克生教授为美国最大物理学者，有极重要发现，而与摩勒（Morley）合作，对于地球运动与以太的实验，为学术史上极重要的事实，为爱因斯坦学说的先驱。）譬如我们从前想宇宙是无穷的，乃是因为想到有穷就有边际；好像前多少世纪的人想地球是平面，走到尽处就会落下去一样，——那知道地球只是有穷，而旅行自无尽处。况且爱因斯坦以把三进向（Three Dimensions）的宇宙进为四进向（Four Dimension）的宇宙，而且有光线穹［弯］曲的证明，其解答自更圆满。但是有一点要请大家特别注意，则爱因斯坦的宇宙有穷论，决不是从前的宇宙有穷论。从前希腊以来的观念，说到宇宙有穷，乃是把宇宙认为限制死了的东西。照这个新观念则"宇宙虽是有穷但是无限"（Universe—Finite yet Unbounded）。方才地球的例，虽有深浅不同，但足以说明于万一。爱因斯坦自己也说："这种思考最美之点，在乎认定宇宙是有穷的而没有限。"[3] 而且照从前牛顿的解释，则宇宙无穷之说，更有不能满意的地方。施立克教授（Mority Schlick）就提出来道："照牛顿的学说，则引力的潜性（Gravitational potential）在无穷之间必成为零；宇宙必须样［像］一座有一定周延的海岛一样，四周围着无穷'空虚的空间'（Empty Space），物量的平均密度到无穷的小。但是这种宇宙的形状，是极不能使人满意的。'辐射'（Radiation）向无穷的空间里丧失，则宇宙的能量（Energy）不停的减少；物量（Matter）也渐渐散去。在一定的期间，宇宙就无声无臭的死了。"[4] 这种不满意的解答，多少学者想尽力弥补；如天文学，施利吉（Seeliger）就是致力于此的人。一直等到爱因斯坦的"相对原理"出来，才成新的宇宙有穷说，而得圆满的解答。因为他第一能给我们知道引力的真性质（Nature of Gravitation），以前牛顿定律所表现的不过是一个逼近；第二能对于空间的问题，立一种完全的新观念。现在多少天文学家，物理学家，数理学家都在注意这个问题，（如爱生哈特教授此刻的推算，谓这个宇宙的半径，等于一百万乘一千万，再乘地球对于日球的距离，地球距日球为九二，八九七，○○○英里的长。）说到这问题的内层，需要极高深精微的数学天文学等，非我此地所能说，须靠着专门学者的研究。不过我现在所以提到的原因：（一）表明这种科学的新观念，对于哲学问题的影响，并且改变全人类的宇宙观；（二）表明近代自然科学可惊可愕的进步——物理学天文学尤甚——使国人看看人家知识的活动（Intellectual Activity）到了什么地位，或者也可以激动一点我们学术界惰性。至于杜威先生此处所用"无穷"（Infinite）这个名词，从历史上说起来，仍然是不错的，因为爱因斯坦的学说，至最近方才成立，而以前科学哲学界均受"无穷"的宇宙观念最深。不过如果要为更进一步的申说，为最近的适应，则竟用"无限"（Unbounded）也未始不可。

科学发展以后，人类对于"经验"和"理性"两个概念，也就大大改变了！以前的学说，都是以为经验和理性不能相容，惟有纯粹的理性，是超越无上，统属一切的；经验散乱不定，自不足数。不知近代的经验观，已与希腊时代的经验观迥然不同。柏拉图与亚里士多德所述的经验，乃正是近代心理学所攻击之"上当学乖"的求学方法（Method of learning by trial and error），不是有思想意识的求学方法（Method of learning by ideas）。新经验观如医生治病一样，要综核事实，推求病根，加以判断，设法疗治；所以要有普遍的深见，组织的能力，为行为开一条道路（七七页至八○页）。近代哲学家称为经验派的人物，都有批评的精神；而改革家均属于哲学界之所谓经验派。如洛克以他的经验学说，打破盲目的习惯，强立的威权，偶成的联合种种之重负，才使科学的社会的组织，有改进的余地。而解放人类思想的缚束，最好莫过于从自然的历史上推寻思想习惯的源流和发展新经验观的成立：（一）由于经验的性质，内容，方法实际上的变迁；（二）由于近代以生物学为根据的心理学之发达。最近心理学中的行为派，更有极大的影响，使我们知道，只有生命，就有行为活动。"机体动作，按照他自己的构造，无论是简单是繁复，均影响在他的环境上。后来环境的变迁，又回过来影响在这机体的本身和动作上。所以有生命的动物所经过的，所遭受的都是他自己行为的种种因果。动作的形状，与经过或遭受的形状间密切的关连，就是我们所说的经验。"（八六页）这是实验哲学的经验观，这也是行为派心理学的精义。我们且须知道知识不是与人生分离的。以前理性派认经验派仅以感觉（Sensation）为知识，其实不然。感觉在此不过是认作行为的习惯里面从一种行为转到他种行为的相对关键（八九页）。经验有创造性和统治性。柏拉图以为经验，不过是已往习惯的奴隶。不知现在经验，已非以前所谓经验的，而系今日所谓实验的。所以理性也不是超越乎经验的东西，乃是扩充，加富，有智慧的，经验之处理。理性被康德派弄到愈普遍，愈整齐而愈虚远，愈不重要。现在我们所谓的理性，乃正是科学发达以后才能得着的一种"实验的智慧"（Experimental Intelligence）。智慧不是一下就可以取来的，乃是不停创造的经程，按着所得的因果，为不停的改变（九六至九七页）。当今世界的所以受苦，乃错在将经验和理性，强为划分，以为绝不相容。以为人类不取干枯的片段的经验于这方面，便取强为的，不关重轻的理性于那方面；二者虽皆非所善，然亦必取一端。哲学改造如能打破这个观念，乃正是为人类思想上解除一个重负呢！

说到理想与实际，更是有趣味的问题了！我们常常听得人家说，"理想如此，实际却是不然的"。这虽是把理想看得很清高，却是把他和实际分离。名为抬高理想，其实是厌弃理想。中国的理学先生只是高谈"性"谈"理"，而中国的所谓"经验派"，只是昏昏沉沉，抛弃一切理想，弄到一般人都无宇宙观，无人生观，就正是这种分离的遗害。（中国理学先生的结果，是一种"方士谈玄"，而中国官僚是以"经验"压人的惟一好手，所以中国所谓"经验派"，纯粹是一种"官僚哲学"。）不知理想的起源，本在实际生活；因实际生活不能满足，故把他为理想化。诗之先于散文，宗教之先于科学，正是为此。那知道后来把理想固定了，反和实际生活相分离。柏拉图、亚里士多德至于以变动为可悲观；完全达到的实体——理想——是神圣的，最后的不变的。其结果以悬想的知识，超于实际的知识，以理论超于实验。纯粹的知识，是孤独的，不倚事物的。知道最后的实体——最后的理想——的学问，只有哲学。哲学成为"纯粹的悬想"（Pure Contemplation）最后最高的名词（一〇四至一一一页）。以后"新柏拉图派"与阿格斯汀（St. Augustine）把这种观念，变成基督教的神学。所谓知识，不过是仅仅供旁观实体之用。近代思想，却大大的改变了！"近代的科学不再于变化的程序（Process）的后面，再去求固定的形式（Form）。"以前的实体观不过是美感上的好奇心（Esthetic Curiosity），而现在我们对于自然，已取侵略的态度（Aggressive attitude)。知识不复为玄想的而转为实际的。以物质的工具，理想的方法，统治不可免的变化，是为哲学与科学的握手（一一六至一一七页）。实验的精神并不是说不要理想，乃是改变理想的观念，把他从天的变成人的。以前所谓理想，乃是已经造成的太虚境界，为尘世生活厌倦后遁逃托命之所。而我们现在的理想，乃是一束想像的可能，足以激动多少的势力，促成多少的实现。人类既有生活，不能遁迹玄虚，自不能不有种方法，对付实际的具体的生活现状。知识在实验科学之中，就是一种有智慧操持着的动作。现在的哲学除非能与科学精神完全分离，否则万不能改变性质，再步前尘了！所以近代哲学已从悬想的（Contemplative）进为动作的（Operative）。况且以现在的社会的现象而论，苟欲救济种种罪恶，解除种种苦痛，则实际上科学的态度，与悬想上美感的领略，更不能分。苟无上者，则人类徒为自然的俘虏，莫可奈何；苟无下者，则我们的种族，也不过是物质的大妖怪，又何足取。为人类的解放起见，哲学正何从辞其责呢。

种种哲学，总有逻辑的系统。"语悖名例"，是不行的。但是历来虽然把逻辑看得很重，推为立法的科学，却也把他成为极无聊呆板琐碎的科学。绝不问事实的相符，而只是以理性构成虚悬的宇宙。在逻辑之中，判断（Judgement）不能不说是中心的部分，而判断的本身，却竟不是逻辑的，乃是个人的和心理的。现代心理学的发达，更使思想方法起极大的变化。我们不能仅说是想来这样，并且要问问怎样会使我们想来这样。这种潮流，影响逻辑的性质。如果我们承认思想或智慧是有意识的经验改造之方法，则综述思想步趋的逻辑，决不能仅为纯粹形式的东西。为大家容易了解起见，我们可以说"逻辑是科学也是艺术"。是科学，因为他对于思想确切进行的道路能作有组织的和经试验的描写的记载；是艺术，因为他能根据这种描写的记载，另生方法，使将来思想的运行，避失败而就成功，有所裨益（一三五页）。苟明此义，则逻辑为经验的抑为玄名的，为心理的抑为超越的争端，一齐可以解答。逻辑本来未能脱离经验，而现在"数理逻辑派"不问历史的发生，以为全部数学的构造，都是一下从上帝脑筋里跳出来的（一三七页）。不知逻辑关于人类的重要，正是因为他由经验而构成，以实验而应用。思想的起源，乃是由于遇着困难。如果总是在自然浑沌之境，无忧患去对付，无困难去征服，则人类也就无所用其思想，也决不会有思想。思想本不能与事实分开，所以如果强为分裂，以为观察是一件事，而思想又是一件事，则其为害，殊不可言。思想并不是没有目的的，散荡的，杂乱的；乃是有主旨的，有限度的，有特殊性的。思想的主旨，就在能把纷扰不清的境遇弄清楚来，想在合乎理性的方法，善为应用。所以有智慧的思想，乃是扩大动作自由的范围，解除一切机会和命定的观念。因为他包含动作，同实验室的实验程序一样，故其当否，必以实验的结果而定。无论那种观念，学说，或系统，不问如何精心结构，如何自圆其说，总只能认作"假设"（Hypothesis）。他们既是工具，自然和其他工具的一样；其价值并不在乎本身，却在乎应用后所现的效果（一四四至一四五页）。至于演绎的科学如数学等能表现精微，自不可少；而且这种普遍的工具，不限定于特殊的应用，为未来的适应，更觉相宜。若是一个人想把此种经验应用在他种经验上，则抽象一层，实离不了。抽象本所以解放；但是如果忘却他的职务，以自身为清高不染，而视具体为拖泥带水而不屑顾，则又成为假的抽象主义。普遍的原理也不过是种用途，是种探险。演绎的手续可以下定义，去拘束，澄清本质，整理系统，但是无论如何完备，苟不受具体的实验，总不能保证其结果如何（一五〇至一五一页）。况且论到真理的性质，也并不是一成不变的。"真理本不过是一个抽象的名词，应用在一堆实在的，预料的，期望的事体之上，这种事实，且须能得其工作与结果之肯定。"（一五六至一五七页）真理既随时而进，自不能看得太死。放弃传习的正宗观念，而后有逻辑改造可言。

逻辑的思想既然改变，自然影响到道德的观念上去。自从希腊以来关乎道德的学说，大都是要去找纯一的，固定的，最后的善，而这种善必须有最后的法式畴范，方可统治。但是近代知识界改造的潮流，都是向着变迁的，动作的，个体的现象上进行；其所谓法式畴范，也不过是分析各个情境的知识之工具，绝非一成不变之典章。把一切负担，从以前虚玄固定的道德上，转移到实际进取的智慧上。所以道德的改造，并不是说要毁弃一切的责任，乃是要将责任放在他相当的位置。以前的方法，实在不令人有自由研讯之余地。不问他表面上是如何对于理性有种种名义的美感的崇拜，而实际上禁制怀疑阻碍研讯适足以挫折理性的发展（一六三至一六五页）。人生离不了的是动作，而动作就是特殊的，具体，含个性的；所以对于动作的判断，也必须能与之相应，那就自然不是绝对的而是可以改变的。其所谓善，即存于人生动作的程序之中，也断没有离开人生而有分离独立的善。若是强分，是无异把道德认为一个机械的定形，而把人生硬填进去。弄得结果，反绝无社会的责任，人生的目的可言。以前对于固定价值的信仰，把目的分为有本身价值的（Intrinsic）及仅为工具的（Instrumental）两种，实系一幕悲剧。其所谓有本身价值的善，乃系超绝一切独自清高的；而人类日日的生活，不过是种下级的工具，仅为达到上层目的而设。有这个观念，所以往往贱视人生的工作，而使社会上有牵强的划分。实验主义虽然提倡利用工具，却永远不以人生为工具；不但不以人生为工具，而且人生是应用一切工具的标准。以前传习的观念将"道德的善"（Moral Goods）如所谓德性（Virtues）种种，与"自然的善"（Natural Goods）如艺术，科学，健康，经济的安全种种，强为划分，现在已绝对不能允许，自当一律打破。自然科学现在已不能与人道主义离婚，而且自然科学的本身，已带着人道性质（一七二至一七三页）。道德是智慧的进点，而知识尽当道德化。所以我们的新道德观是：第一，打破以前天经地义的观念，以自由的研讯，谋理性的实现；第二，一切的行动，都有同等的道德上之价值，无牵强高下之分；第三，不虚悬最后的善而注重步步的动作，不为虚矫；第四，注重生长，改良，进步的程序，须知进化无穷，完成无已，如谓道德有最后之的（End），则生长（Growth）就是他最后之的。世之所谓悲观主义，乐观主义，都是一种拍卖的态度。其实世界上并无所谓全体可悲观，或是全体可乐观的事。我们只能分析具体的事实，认定他比较的好坏，以谋改进。所以说是悲观主义或是乐观主义，还不如说是"改进主义"（Meliorism）（一七八页）。快乐就在成功，而成功就是不停的进取。实验主义并不是实利主义（Utilitarianism）。以前实利主义，虽然能注重具体特殊的事实，怀疑最后的，固定的，至高的目的，但是太注重商业的价值而忽略社会的价值。社会化的中心，当在教育；实验主义对于教育在道德上之价值，是认得很亲切的。民治的意义甚多，但是民治如果有道德上的意义，则其最高的试验，在使全体政治的组织，经济的安排，能使社会的每个分子，都能有各方面的生长。

　　这种改造的观念，自然影响到社会哲学。我们对于社会的观念，不外三种：社会是为个人而存在的；个人是社会使他存在的；或是个人与社会相依为生，个人当为社会屈伏，为社会尽职，而社会之存在，亦所以贡献个人而成为有机体的（Organic）。现代的思想，大都是倾向于社会有机的观念。以前学说的遗害，就在好以笼统的前提，压盖一切，不问分析特殊的情形。如产业问题，一方面蒲鲁东（Proudhon）认为产业都是偷盗来的，而一方面黑格尔（Hegel）注重个人的意志，遂认私产为个人意志最高尚的表现。两方都是一口气就全称否定或全称肯定，绝不容人讨论之余地。这种卫道护法的精神，岂为科学态度所允许？（一八九至一九〇页）世界上有多少事都不过一件实体的两方面。如劳动与资本，就有组织的社会全体而论，皆相需为用，缺一不可，何曾真是不相容的东西。男子既然离不了女子，女子离不了男子，则两性之间，难道真有不解的冲突。如说到个人与社会之争，也是不必的。社会固当谋个人的幸福，但是极端个人主义，好像是把个人认为是现成造好的，遂置一切环境的关系，在不足重轻之列。不知社会一面本为人类的幸福及进步而设，而一面也所以创造个人。个性在社会的及道德的意义之中，也是培养出来的。而知识的进步，也靠着社会累积的成就。这都与社会的环境，息息相关。个人原不是一件东西，乃是一个概括的名词，包含无数人性的反应，习惯，气禀，和能力，在相与生活（Associated life）的影响之下，相激相荡而成的。社会这种名词意义也是一样，包括无限的东西，使大家享共同的经验，建共同的利益，起共同的目标（一九九至二〇〇页）。至于国家的制度，乃不过一种范围较宽的组织，也并非与个人不能相容。如德国的政治哲学，以国家为最高神圣，本系不当；而国家本身，实有重要的责任和价值，就是能维持纠正各种社会的发展，订定他们的权界，防制他们的冲突。如大音乐会的指挥者一样，自已虽然不奏音乐，而能使"八音洽和，无相夺伦"。而且其尤其重要的责任，在乎能荫护与同等待遇一切自动团结的活动。再进为国际的组织，亦属可能。世界主义至今日不仅为理想，已具有实力。世界学者的团结如数学，天文，物理化学等集会；工商的团结如商业合资，劳动组织等机关……实为微兆。但是要谋人类全部的了解，还非靠知识的、地理的交通不可了！至于自由与法律，当然能相提并在。个人的自由乃谓生长不受障碍，而适应时能随时变迁；但涵煦个人的社会，如欲强固安健有力，能抵当意外危险，则非全体分子遵守共同的约规谋尽量的发达不可。促成这熙融和乐的人生，尚须加优美的艺术，寄托高洁的想像；纯粹宗教的精神，以陶融科学的信仰与日常的生活。给以兴奋，慰以情感，使大家知道人生也值得一活。

由于我们的智慧和兴奋相离婚，所以我们对于理想的事实，尚欲力薄难赴。环境干燥的势力逼我们在日常的信仰和动作之中，向前而进；但是我们比较内部的思想和欲望，把我向后掣回。若当哲学能与时代潮流相合作，能给人生以清楚紧帖的意义之时，则科学将与情感相沦洽，实行将与想像相偎抱。诗歌与宗教的感情，将为应运而放的人生之花。为此趋势之经营，谋此意义之显现，是为变迁时代哲学的问题，亦为变迁时代哲学的重负。

综观以上全体立论，此书根本的观念，大约明了。此书给实验哲学对于各方面意见与世人；而其精密的思想，优美的表现，我实惭愧未能传达的于千一。我的此文，想尽介绍此书之责，所以照应原书之处甚多，不事自己立论。现在且把我重要的感想，附着写下来，以作此文的结论。

（一）这本书有一个极大的贡献，就是能打破哲学神秘的观念。方士卖药，必定说得这药如何神秘，似乎不如此不足以动大家信仰之心。不料历来的哲学家也是把哲学弄得仿佛是神秘莫测，令人望而生难色，而哲学遂成为哲学家的专利品。现在著者以领袖哲学家的地位，推测哲学的起源由于情感非肇于纯智，所以哲学的思想，人人会有，且人人能够享受；再进而打破正统的观念，把哲学认为"启示"为"假设"：这是何等的态度！

（二）论到他的方法，则全书皆用一个系统的"历史法"（Genetic Method）。凡事认定他历史的来源和改变，爬之抉之，自见真相。如论哲学起源则溯诸初民，如论实验的精神则推诸培根而上，如论逻辑的思想则由希腊中古而至现代。脉络分明，趋向自不至误。这种方法是进化论成立以后的结晶，为近代哲学家科学家所常用的。

（三）其更重要的影响，在能引导人从抽象的到具体的，从普遍的到特殊的观念上去。我想这点救中国的思想界的危机，尤为紧要。世界上近代学术的发达，那一件不是从精微细密，从极特殊的个体中求来，以后所得的普遍的原理，乃是从无限个体归纳得来的结果。达尔文的进化学说乃是几十年细心的观察考求，上至远古的化石（Fossil），下至昆虫的细胞；哲姆士的实验主义乃是几十年心理学实验室艰苦卓越的功夫，才有这个结论。一看近代科学家、哲学家在实验室中的功夫，安得不令人五体投地。（如我在普校听讲的教授 E. G. Spaulding 为近代著名新唯实主义者，而其所作 *The New Rationalism* 一书，乃是在十四年的预备，和在美国 Woods Hole 的 Marine Biological Laboratory 的实验，且与专门学者讨论的结果。）不要说是普遍原理的应用，就是往往书中已有的具体解释，等到自己到实验室里去，也万不是同书上说的简单，说的容易。现在我们国内大家只是我得几个"泛论"（Generalities），几个"通则"（Universalities），以几个大名词碰来碰去，对于学术和社会二者的实际，不但没有裨益，而且有无穷的遗害。学问不是在几个名词之中的，真正的思想不是这样含浑笼统的。大家且改弦更张，从切切实实做起罢！我若能因此能唤起这个观念于万一，那也不失我介绍这本书的原意了！

[1] 按：哲姆士原文为 A New Name for Some Old Ways of Thinking，而杜威先生书中作 A New Name for an Old Way of Thinking，想系笔误，但与本义无妨。

[2]《纽约太晤士报》（*New York Times*）本年二月二日有关于爱因斯坦演讲一长电，后附 Prof. Einsenhart 一文。

[3] Einstein：*Relativity*（tran. by Prof. R. W. Lawson），第一二八至一三四页。

[4] Mority Schlick：*Space and Time in Contemporary Physics*（rendered into English by Henry L. Brose）第六七七五页 The Finitude of the Universe 一章。

一九二一年三月美国普林斯敦大学院

精神破产之民族 *
——我反对直接交涉的根本观念
（1922）

一个人要是能生存在世上，能成其为人，必定要有一个意志，一个一贯的意志。国家是人类的集合，也应如此！

我们不签巴黎和约为什么？三次四次拒绝与日本直接交涉为什么？三年以来全国之牺牲奋斗，青年志士之丧生绝命为什么？这正所以表现我们"不为不义屈"的精神，是我们国民的意志！到今日岂有不以正义诉于世界，而私自与日本直接交涉之理。

现在居然直接交涉了！为什么要直接交涉？因为美国要中国直接交涉，英国要中国直接交涉……所以直接交涉。难道他国要中国直接交涉，中国就是直接交涉吗？有意志的国家，岂当如此？

直接交涉之害处，不在其本身能够收回权利之多少；其害处在无异实际上承认不签字的巴黎和约，承认威胁成功的二十一条，在丧失一切中国在正义上之立足地。不然直接交涉无根据可言！

即就直接交涉本身能够收回之权利而言，也是空的。分析起来看，青岛名义交还而辟为实际上日本的商埠，与日本目前占据何异？路矿与日本合办，与日本独办何异？日本军队退出山东，但中国没有海防，以后仍然朝发夕至，与不退出何异？即不直接交涉，或提出和会而失败，实际上也不过如此。何况这些空名义还在未定之天！

我也知道提出会议很难有胜利的希望。美国不愿意会议失败且影响其减军备案，不能帮中国，英国与日本有密约及同盟关系，对于此事未怀好念。法国深［生］怕修改巴黎和约而与英国同是签约国，根本不赞成。……所以中国希望极少。但是我们明知失败，也应当提出，以正义

---

* 录自《东方杂志》第十九卷第一号，1922 年 1 月 10 日出版，署名"罗家伦"。

告于世界。中国而失败，乃是世界各国还不配领略正义，不是中国的罪过。中国不能丧失其民族生存之精神，就是"不为不义屈"的意志！

有人说："直接交涉不可，提出会议又无把握，山东问题究竟怎样办呢?"我说："无疑问，提出！"我们不可把历史看得太短了！这次失败，下次开会再提；下次失败，再下次再提！……我们这个民族总是这样干！他国可以加我们以物质的压迫，不能屈伏我们的意志！世界一日无正义，中国一日无能力恢复受非正义的损害，则山东问题一日为悬案！至于争到为止。

历史上争至数百年之问题很多。民族的意志一日不破产，则最后的胜利属于持正义者！我们所要的是正义，不是恩惠！是主张，不是调和！

近年来我愈佩服爱尔兰的民族。为了自治——独立——的主张，争了几百年。羁縻不能受，武力不能屈。一旦总司令部不知何所的"新芬军"对英国宣战了，则全国遍地无老无少就从处处打起来！到现在居然衔居爱尔兰总统的华列拉受万人空巷的欢迎，到伦敦与英首相路德乔治开对等和议。可佩服的民族！有人格的民族！有民族意志的民族！

这并不是唱高调，我从事实方面也深深的想过，这是我忠诚的主张。这是我们人生观上的根本问题，也是民族争生存的根本问题！

反对直接交涉是有意志的国民所当做的事！

十年十二月三日纽约

科学与玄学（节录）*
（1924）

自　序

这本书的内容，与从前国内发动的所谓"科玄论战"毫不相关，虽然著者发动写这本书的时候，多少受了那次论战的冲击。

著者的意思，以为不问中国有那次论战与否，以下三个基本问题：什么是科学？什么是玄学？科学和玄学的关系怎样？是有志治一种科学，或有志治一点哲学的人，不能不知道的。所以他排开那次的纷争，独立的想综合西洋思想界研究的所得，经过自己一番的反省，用剥蕉抽茧式的讨论法，去说明科学与玄学本身的性质，其所研究的问题，所用的方法，所具的特长，所受的限制等方面，想使大家把最近代科学与玄学的地位和关系认个清楚。

本来著者仅想做一篇长文，结果他的思想和研究不能停止，竟费了四个整月在图书馆日夜的工作，写了这本书。所用的重要参考书籍约四百余种。这书的小注甚多，似乎麻烦；但是读者果有心看完这书，不想生出误会来，则看小注的麻烦是万不能省的。

这本书于 1923 年的秋天，成于纽约哥伦比亚大学的图书馆。以后著者把他带往欧洲，放在身边一年多，修改过几次，方才寄回中国付印。

借这个机会，著者谨致谢意于 Dewey，Woodbridge，Montague 和 Spaulding 几位教授；他平日常得他们的教益，而且当写这本书的时候，

---

* 本文作于 1924 年 10 月 1 日。录自商务印书馆 1999 年版。

他们曾不吝和他讨论，而且给他鼓励。

赵元任先生于在柏林短促的居留期间，把全稿从头至尾看过一遍；王抚五先生和朱经农先生于此稿寄回国内以后，又校看一遍：这都是著者所感谢的。

在欧期间，与俞大维先生和傅孟真先生——著者两位最敬爱的朋友——对于这问题作多次的辩论，被他们唤醒著者好几处不曾注意的地方，是他很受益处而当感谢的。不过本书如果仍有错误，或不完备之处，责任还完全在著者身上，不涉及以上所致谢的诸位。

最后诚恳的谢意，谨致于穆藕初先生为社会而提倡学术的创举，设如著者不在国外的学术环境里面，则这一点不值什么的工作，恐怕也因为缺乏研究的便利，不会发生。

罗志希

柏林 1924 年 10 月 12 日

分析的内容

（Ⅰ）楔子

学术争论与学术界之价值观——中国所谓玄学与科学之争——张、丁二派不足以代表玄学与科学——所争之缺陷——所争内容的倾向之分析——本书之目的及其所研究之问题——其态度，方法，与所遇之困难。

（Ⅱ）正文（一）

（科学部分）

Ⅰ

科学之萌芽及其发展——知识界对于科学观念之变迁——近代对于科学性质之真认定：描写的（自物理学，数学，心理学方面之说明）——哲学思想之影响科学基础态度者："休谟精神"（明早的大阳）——观念之相契不相契与事物本体——科学定律之性质——因果律之批评——自因果律至经验共性论——近代科学家对于科学之态度（马赫、波伊宁斯诸氏之征引）——认清科学性质为科学思想中之大解放。

Ⅱ

"描写"与"解答"之区分申说（开普勒与行星轨道之解答）。

科学之特点使其成为近代科学者：（一）共相关系的描写推广知识范围——（二）经验的核准（量子说）——（三）准与确（水星轨道差池与相对论）——（四）简单与完备并重（牛顿力学与爱因斯坦学说）——（五）抽分与整理：分而后治，科学非仅为系统知识——（六）历史的描写法：生物学所辟的蹊径——（七）屏斥个人的性格好尚及成心（对于斯宾塞派进化论方法及其态度之批评）——（八）化通常认为不可测度之现象为可测度的（几何学，力学，心理学之成就及趋向）——科学之贡献。

Ⅲ

科学在本身性质上所受之限制及科学家所当注意者：——（一）知者一重关系之不可忽略与所谓纯粹客观之不可能（拉普拉斯对于力学之观念）——（二）感觉张本的范围之限制——（三）精确张本之不易：平均、概然与推论（罗兰之征引）——（四）定律仅为实验的假设，其修改及其真实之程度——（五）因参考系之不同而当留意其差别（征一：近代几何之新观念；征二：历史科学之困难）——（六）于相互现象之中抽其一种，于相连程序之中抽其一段（引力说与气体律之征释）——（七）以已知论未知，难定其孰为更基本（征一：质与电；征二：物积与物能）——（八）全部建筑根据于数项基本的假定之上（几何与时空）。

科学不当受之非难与误解：——（一）仅系应付事实而缺乏美感——知识真美的意义——梦；诗人与科学家——科学的美感（柯勒律治与桑塔亚纳之征引）——（二）科学重在实用仅系功利的——纯粹的知识探求之使命（征一：圆切体之研究；征二：遗传律之研究）——以功利观念治科学违背科学精神而阻碍其发展——纯粹科学与实用科学（培根之征引）——中国学术独立之应有准备与方针。

Ⅳ

科学分类问题及其解答——历史上各家分类之研究与批评：——柏拉图——培根——洛克——法国百科全书家——孔德——斯宾塞——皮尔逊——汤姆森——赫胥黎——贝恩——文德尔班——中国论者所持之精神科学与物质科学——强分之不可能——不能因参考系不同而以为实体本身可以割裂——就方法而论亦难强为分划——自来之分类皆系心理的而非逻辑的；态度的而非本质的；便利的而非严格的——为认清科学之本身而助其发展，可大概分"纯粹科学"与"实用科学"——但此亦就态度方面所注重者而言——实用科学必借纯粹科学为基础——历史上分类努力之动机及其作用。

（Ⅱ）正文（二）

（玄学部分）

Ⅰ

玄学的性质及其内容——自科学到玄学——玄学名词之由来及其误解——诠释之困难：因玄学家以各自之玄学为定义——了解玄学内容当从明白玄学所研究之基本问题着手——玄学基本问题之列举——玄学内部注重方面之变更——此种问题之不能不问，与人类天性上玄学之要求（康德、叔本华之征引）——马赫诸氏不过另建一派玄学——一贯的科学存疑主义为不可能——区分仅为妥适的玄学与不妥适的玄学——詹姆士之观念——近代哲学家对于玄学之态度及其趋向。

知识论在玄学中之位置及其发展——知识论与本体论——洛克对于近代知识论之建设——贝克莱之继续事业：唯心论及其批评——休谟之奋进及其影响——康德之真正贡献——康德后之两支：叔本华之主张，及黑格尔系统之中心——马赫派之知识论——彻底经验主义与新唯实主义之争点在知识论问题——其主张之异同——知识论与本体论之所以难分及其关于玄学全部之重要。

Ⅱ

玄学的职务及其方法：——（一）批评的——玄学比科学深入一层之事业——（1）科学所假以建设本身之基本观念——空间与时间观念之变更——牛顿——康德——柏格森——明科夫斯基与四进向之观念——（2）审察所有根据科学研究之论断——相对论之宇宙观——彭加勒之相对的空间时间说——玄学上之逻辑的难关——（3）关于论断方法之严格批评——归纳法之二难推理——矛盾律之蔽——芝诺之谜及其解决——近代之不失真相的分析——（4）批评及于哲学内部各种系统之基础——笛卡尔"我思故我在"之不当——最近哲学界对于"思"的见解——玄学为科学本身作洗伐事业，使其愈趋精纯——为科学引起难题，非科学不能解决的问题之"逋逃薮"。

（二）玄想的——玄想非幻想——玄想部分必以批评部分为根据——（1）综合各知识系统——寻绎各种系统所得之逻辑的含义与其基本条件——宇宙的本体问题——合理的宇宙观之建设——纯粹的理智的沉思之价值——（2）综合知识贡献而处分价值问题——价值问题之

迫切及其重要（文德尔班与罗伊斯之征引）——合理的人生观之建设——"工具的价值"与"本身的价值"——理想与实现——必认清其在宇宙系统中之位置而后知人生之真正尊严及其意义——玄学问题与科学家。

Ⅲ

玄学程序中之危险与困难及玄学家所当注意者——（一）不当超越知识范围——知识的可托当为一切研究之先假——霍尔丹子爵之征引——（二）因超越知识范围，遂取非常知识论的手段以解决问题——康德超象主义及柏格森直觉主义之批评——（三）陷死于一组命题之中不能解脱——两种上帝存在之证明——芝诺与康托尔——开辟新的蹊径——（四）最好当有相当的科学的背景及其训练——历史上哲学家的准备——（五）但当注意持一种科学系统以作全体推断之危险——科学内部之繁复性——杜里舒派生机论之批评——（六）与其取科学结果毋宁取科学方法——"能力不灭说"之今昔——"突变说"之变迁——（七）免除堕入"伦理的成见"——罗伊斯与斯宾塞——"成见"与"动机"之差别——（八）武断之避除——玄学所求在于最后的，但各系统本身并非最后的。

Ⅳ

玄学不当受之非难及通常对于玄学之误解——（难一）玄学是不进步的——玄学所以不及科学——（答一）玄学不进步观念纯是幻觉——贝克莱对于桌子的分析——唯实观的今昔——詹姆士的意见——（难二）玄学只是文字的，人人能谈而无人能知的——（答二）任何思想不能不借形象表现——玄学不止于名词而追问名词在本质上之包含——康托尔诠定"连续"为喻——（难三）玄学领土日削为其破产之征——（答三）玄学自有其本职，并不要包括所有的科学——孔德进化三时代的批评——必须有精晰的科学以后方有精纯的玄学——（难四）玄学的问题纵或重要，但玄学家亦不能最后解答——故不当有——（答四）玄学问题本不能有最后解答，但不能有最后解答非谓此种问题不当问——玄学的好处只在教我们问有意识的问题——（难五）玄学不能有实证——（答五）狭义实证论之不通——理性可靠之先假——实证与演证——近代实验说之真义——（难六）玄学系统分歧，内部不一致——（答六）参考系不同为一切知识普遍现象——玄学各系统之扩大与加精——一元论、二元论及多元论之今昔——目的仍在最后理性的公认——（难七）玄学所谈的不切实际，故玄学与人生无关——（答七）实际的误解——玄学对于人生的影响——历史上的证明。

玄学与哲学的关系——两个名词通用——至近代所谓哲学即系玄学——詹姆士的意见——留在最后对于名词上的申明。

与治玄学最切近的科学——逻辑——心理学——伦理学——美学——其在近代与玄学之关系。

（Ⅲ）尾声

科学为知识的枝干，而玄学根据知识的进步建设森林的全景——玄学家与科学家——玄学精神流入科学后之贡献——近代科学逼近玄学问题之良征——两者之分工与合作——理性派与经验派之争为自来所有——但非玄学与科学之争——这本书的责任和希望。

学术独立与新清华[*]

（1928）

在中国近代史上，革命的潮流当是发源于珠江流域，再澎湃到长江流域。但是辛亥革命的时候，革命的力量到长江流域就停顿了，黄河以北不曾经他涤荡过，以致北平仍为旧日帝制官僚军阀的力量所盘据，障碍了统一的局面十几年。这回国民革命军收复北平，是国民革命力量澈底达到黄河流域的第一次，这是中国历史上一个新的纪元。国民政府于收复旧京以后，首先把清华学校改为国立清华大学，正是要在北方为国家添树一个新的文化力量！

国民革命的目的是要为中国在国际间求独立自由平等。要国家在国际间有独立自由平等的地位，必须中国的学术在国际间也有独立自由平等的地位。把美国庚款兴办的清华学校正式改为国立清华大学，正有这个深意。我今天在就职宣誓的誓词中，特别提出学术独立四个字，也正是认清这个深意。

我今天在这庄严的礼堂上，正式代表政府宣布国立清华大学在这明丽的清华园中成立。从今天起，清华已往留美预备学校的生命，转变而为国家完整大学的生命。

我们停止旧制全部毕业生派遣留美的办法，而且要以纯粹学术的标准，重行选聘外籍教授，这不是我们对于友邦的好意不重视，反过来说，我们倒是特别重视。我们既是国立大学，自然要研究发扬我国优美的文化，但是我们同时也以充分的热忱，接受西洋的科学文化。不过我们接受的办法不同。不是站在美国的方面，教中国的学生"来学"，虽

　＊　本文作于 1928 年 9 月 18 日，为就任清华大学校长时的演讲。曾辑入《文化教育与青年》，重庆商务印书馆 1943 年 3 月版。收入《罗家伦先生文存》第 5 册，第 18 页。

然我还要以公开考试的办法，选拔少数成绩优良的学生到美国去深造；乃是站在中国的方面，请西方著名的，第一流的而不是第四五流的学者"来教"。请一班真正有造就的学者，尤其是科学家，来扶助我们科学教育的独立，把科学的根苗，移植在清华园里，不，在整个的中国的土壤上，使他开花结果，枝干扶疏。

我动身来以前，便和大学院院长蔡先生商量好如何调整和组织清华的院系。我们决定先成立文理法三个学院。文学院分中国文学，外国文学，哲学，历史，社会人类五系。理学院分数学，物理，化学，生物，心理五系。我到了北平以后，又深深的觉得以中国土地之广，地理知识之缺乏，拟添设地理一系，为科学的地理学树一基础。我们不要从文史上谈论地理，我们要在科学上把握地理。至于工程方面，则以现在的人材设备论，先成立土木工程系，而注重在水利。因为华北的水利问题太忽视了；在我们附近的永定河，还依然是无定河。等到将来人材设备够了，再行扩充成院。法学院则仅设政治经济两系，法律系不拟添设，因为北平的法律学校太多了，我们不必叠床架屋。我们的发展，应先以文理为中心，再把文理的成就，滋长其他的部门。文理两学院，本应当是大学的中心。文哲是人类心灵能发挥得最机动最弥漫的部分，社会科学都受他们的影响。纯粹科学是一切应用科学的基础，也是源泉。断没有一个大学里，理学院办不好而工学院能单独办得好的道理。况且清华优美的环境，对于文哲的修养，纯粹科学的研究，也最为相宜。

要大学好，必先要师资好。为青年择师，必须破除一切情面，一切顾虑，以至公至正之心，凭着学术的标准去执行。经改组以后，留下的十八位教授，都是学问与教学经验，很丰富而很有成绩的。新聘的各位教授，也都是积学之士。科学是西洋的，科学是进步的，所以我希望能吸收大量青年而最有前途的学者，加入我们的教学集团来工作。只要各位能从尽心教学，努力研究八个字上做，一切设备，我当尽力添置。我想只要大家很尽心努力，又有设备，则在这比较生活安定的环境之中，经过相当年限，一定能为中国学术界放一光彩。若是本国人材不够，我们还当不分国籍的借材异地。一面请他们教学，一方面帮助我们研究。我认为罗致良好教师，是大学校长第一个责任！

至于学生，我们今年应当添招。我希望此后要做到没有一个不经过严格考试而进清华的学生；也没有一个不经过充分训练，不经过严格考试，而在清华毕业的学生。各位现在做了大学生，便应当有大学生的风度。体魄康强，精神活泼，举止端庄，人格健全，便是大学生的风度。不倦的寻求真理，热烈的爱护国家，积极的造福人类，才是大学生的职志。有学问的人，要有"振衣千仞冈，濯足万里流"的心胸，要有"珠藏川自媚，玉蕴山含辉"的仪容，处人接物，才能受人尊敬。

关于学生，我今天还有一句话要说。就是从今年起，我决定招收女生。男女教育是要平等的。我想不出理由，清华的师资设备，不能嘉惠于女生。我更不愿意看见清华的大门，劈面对女生关了！

研究是大学的灵魂。专教书而不研究，那所教的必定毫无进步。不但没进步，而且有退步。清华以前的国学研究院，经过几位大师的启迪，已经很有成绩。但是我以为单是国学还不够，应该把他扩大起来，先后成立各科研究院，让各系毕业生都有在国内深造的机会。尤其在科学研究方面，应当积极的提倡。这种研究院，是外国大学里毕业院的性质。我说先后成立，因为我不敢好高骛远，大事铺张。这必须先视师资和设备而后定。二者不全，那研究院便是空话。我上面指出来要借材异地，主要的还是指着研究院方面。老实说，像我们在国外多读过几年书的人，回国以后，不见得都有单独研究的能力。交一个研究实验室给他，不见得主持得好；不见得他的学问，都能追踪本科在世界学术上最近的进步；不见得他的经验和眼光，能把握得住本科的核心问题。所以借材异地是必要的。不过借材异地的方法，不能和前几年请几位外国最享盛名的学者，来讲学一年或几个月一样。龚定庵说"但开风气不为师"。这种办法，只是请人家来"开风气"，而不是来"为师"。现在风气已开，这个时间已过。我心目中的办法，不是请外国最享盛名的人来一短期，而是请几位造诣已深，还在继续工作，日进未已，而又有热忱的学者，多来"为师"几年。在这期间，我们应予以充分设备上和生活上的便利，使他安心留着，不但训练我们的学生，而且辅导我们的教员。三五年后，再让他们回国；他们经营的研究室和实验室，我们便可顺利的接过来。我认为这是把科学移植到中国来的最好的办法。但是这需要不断的接洽，适当的机会，不是一下可以成功的。假以时日，我一定在这方面努力进行。

一切近代的研究工作，需要设备。清华现在的弱点是房子太华丽，设备太稀少。设备最重要的是两方面，一方面是仪器，一方面是图书。我以后的政策是极力减少行政的费用，每年在大学总预算里规定一个比例数，我想至少百分之二十，为购置图书、仪器之用。呈准大学院，垂为定法，做清华设备上永久的基础。我想有若干年下去，清华的设备，一定颇有可观。积极设备，是我的职责；但是我希望各院系动用设备费的时候，要格外小心。我们不能学美国大学阔绰的模样。我们的设备当然不是买来摆架子的，我们也不能把什么设备弄得"得心应手"以后，才来动手做研究。我们要看英国剑桥大学克文的煦物理实验室的典型。这个实验室在一八九六年方得到一次四千镑的英金，扩充他狭小的房屋及设备；一九〇八年才另得一项较大的数目，七千一百三十五镑英金来做设备的用途。当一九一九年大物理家卢斯佛德教授（Rutherford）主持该实验室的时候，每个部门的研究费每年不过五十镑，而好几位教授争这一点小小的款子，来做研究。但是这个实验室对于世界科学的贡献太大了！

我站在这华丽的礼堂里，觉得有点不安；但是我到美丽的图书馆里，并不觉得不安。我只嫌他如此讲究的地方，何以图书的位置如此之少。所以非积极扩充不可。西文专门的书籍太少，中文书籍尤其少得可怜。这更非积极增加不可。我以为图书馆不厌舒适，不厌便利，不厌书籍丰富，才可以维系读者。我希望图书馆和实验室成为教员、学生的家庭。我希望学生不在运动场就在实验室和图书馆。我只希望学生除晚上睡觉外不在宿舍！

至于行政方面人员的紧缩，费用的裁减，我已定有办法。行政效率不一定是和人员之多寡成正比例的。我们要做到廉洁化的地步。我们要把奢侈浪费的习惯赶出清华园去！

还有一件事我不能不稍提一下，就是清华基金问题。几个月前我担任战地政务委员主管教育处来到北平的时候，知道一点内幕。我现在不便详说。其中四百多万元的存款，已化为二百多万元。有第一天把基金存进银行去，第二天银行就倒闭的事实。这不是爱护清华的人所忍见的。我当沉着进行，务必使他达到安全的地步。这才使清华经济基础得到稳定。各位暂且不问，这是我的责任所在。我更希望清华改为国立大学以后，将来行政隶属上，更能纳入大学的正轨系统，使清华能有蒸蒸日上的机会。

总之，我既然来担任清华大学的校长，我自当以充分的勇气和热忱，要来把清华办好。我职权所在的地方，决不推诿。我们既然从事国民革命，就不应该有所顾忌。我们要共同努力，为国家民族，树立一个学术独立的基础，在这优美的"水木清华"环境里面。我们要造成一个新学风以建设新清华！

军事训练的意义和使命[*]

（1928）

军事训练绝对不等于兵式操！兵式操不过是军事训练里的一小部分。若是把这两件事弄混了，那便是完全误解军事训练的意义！

军事训练不仅是体魄的训练，乃是精神的训练，是习惯的训练，当现在的中国，更是一种民族求生存的训练！那种训练只有借军事的方式，能够得着，能够有效力的得着！人类有多少种高尚宝贵的道德，为人类生存所需的，也只有借军事训练的方式，才能得到最适宜的发展！

我们中国民族到现在不但体魄衰落，而且精神颓唐不振，习惯浪漫不羁；没有自卫的能力，以致失去自尊的勇气。这种民族的堕落，若是不赶快由大家觉醒转来，设法挽救，那我们的民族，是不久将没有生存余地的！

设如到东京或伦敦街上一走，只要看他们国里人走路的神气，再一回想北平的路上，就觉得不等宣战，中国和外国的胜败，已经可以决定了。我在柏林正当鲁尔被占，马克暴落一日数次的时候，见到每一面包店前都是数百人雁行似的排着，长过一条大街。多少青年老妇，一手按着饥饿的肚皮，一手提着一篮马克，静静等着，绝不争先恐后。再一看国内银行兑现的时候，叫号拥塞，连日都有被挤死的人。不禁叹道：中国民族什么样的丑都在这些时候出尽了！难道所谓受过教育的学生青年，会好了多少吗？平日落落拓拓，以为名士风流。遇着国家大难的时候，会发不负责任的议论；主张对外宣战，说什么投笔从戎。结果笔纵投了，枪仍然是肩不起。在军队里一星期的生活过去，便想开小差。这

---

[*] 本文作于 1928 年 11 月 2 日。录自《文化教育与青年》，重庆商务印书馆 1943 年 3 月版。收入《罗家伦先生文存》第 5 册，第 27 页。

种现状,不一而足。犹忆民国元年南方有一队学生军,在操场听到开拔,全体抱头痛哭。队长虽然破涕劝勉一番,但是归队以后,自队长以下,一律向侧门逃走。一共只有大门口两个卫兵,尚荷枪而立。有人前往一问,方才知道他们是雇来的!

诸位!这不是说笑话的时候!大家应当知道中国民族到现在什么弱点都暴露出来,大家应当想想法子,使这些弱点,怎样才不会从自己来表现!但是大家遇着国难的时候,则激昂慷慨,要对外宣战;等着自己要受军事训练过纪律生活的时候,则又不免怨道:我们是大学生,是要求高深学问的,可不是来当兵的!唉!一般青年心理如此,无怪没有学校敢行军事训练!无怪最好的也不过以一曝十寒的兵式体操来做点缀品!一个民族的青年,畏难苟安至于如此,这个民族还有希望吗?

我来办国立清华大学的时候,清华学生会代表屡次向我要求"实行军事训练",我觉得是青年健康的表现,是民族复兴的征兆。我们都知道军事训练与兵式操的分别。军事训练的生活不仅是几点钟操场的生活,而在其以军队之纪律,精神,及生活习惯,以改革中国民族衰颓浪漫,骄夸偷惰之恶习。这种改革是应当从现在的青年开始的。

我们要认定经军事训练的生活是有纪律的生活,守规则,重秩序,能令能受命,整齐严肃,务须铲除浪漫的习惯!(须知现在中国政治的紊乱,也大都那些无规则,无秩序,既不能令又不受命的浪漫习惯,浸入民族心理中所以酿成的。)我们要认定军人的精神是振作的,前进的,扬发踔厉的,所以必须革除萎靡不振,退缩颓唐故态!我们要认定军人的精神,是勇敢的,牺牲的,急公为义的,大雄无畏不为不义屈的,所以必须革除已往怯弱的,庸懦的,妥洽的,勇于私开而怯于公愤的颓风!我们要认定军人的精神是光明的,正大的,爽直的,简截了当的,所以必须革除阴险的,卑狭的,勾心斗角纠缠不清的恶习!我们要认定军人生活是朴实的,浑厚的,刻苦耐劳的,所以必须革除一切浮薄的,纤巧的,淫靡的生活趋向!仪表为军人风纪之表现,我们尊重仪表!名誉为军人第二生命,我们尊重名誉!军队生活是整个有机体的生活,是社会生活最整齐完备的表现,我们当身体力行这种生活,以为社会生活的准备!我们认定这些军人的优美道德,是人类最高的道德;这些道德,只有借军事训练才能直接的培养成功!

况且我们处现代的中国,军事训练更有其他的重要意义。我们的民族,处于帝国主义环攻之下:我们民族的独立自由平等,是他们最忌的。我们国民革命的军事在国内虽然成功，但是不平等条约尚未废除，外国的军队，还是侵入我们的腹地，其他严重的压迫，无论何时都可以加在我们身上。我方才说过，无自卫的力量，便无自尊的勇气。无自尊的勇气，决不能起他人的尊敬。近年以来，每逢国耻，如五九，五卅，及此次济南事件发生，全国学生辄风起云涌，要求军事训练，但不及数月，事尚未过，境尚未迁，则已血温低落，此种"应时小卖"的风气，实为民族之大耻。真有坚定意志与远大眼光的青年，宁该如此？须知澈底的体魄锻炼，相当的军事实习及军学学程，如野操，战术，典范令之要则，阵中勤务之规条，以及指挥统帅之方法等项，实为健全国民必备的知识。必须能起帝国主义者的敬畏，方才不会受帝国主义者的侵略；必须优秀国民均有相当军事常识及军人资格，方才可以永久防止军阀的产生；必须有能力可以遏止土匪及他项恶势力的暴动，方才可以不使土匪及他项恶势力暴动！中国民族求生存的出路，端在于斯！

现在国立清华大学开始军事训练了！学生的希望，也达到了！须知军事训练不是儿戏的事！不是一时高兴的事！现在军事训练部大队长、队长及军事教官都是很有军事学识和经验的。一切规程都是在不可再减的限度上规定的。老实说这种规定，去真正严格的军事训练，还是不知道多远！若是这最低限度的规定还不能执行，那军事训练的意义，便完全丧失了，这不但是清华军事训练的耻辱，乃是中国民族，中国青年，到现在还不知振作的表现！我不愿意看见中国民族的弱点，在清华的大学生身上暴露！我愿意清华学生能从军事训练上表现自己是中国民族复兴时代的青年！

从树立学风到树立政风 *
（1931）

最不足奇怪的事，是我这次回到中央政治学校来。政校前身党校是我参加筹备的，现在的校舍是我看定的，我在清华大学任校长时，有事到南京来开会，总住在本校。所以我这次来可以说是归来。

我辞清华大学校长职还没有蒙准；但我因为厌倦教育行政，决心摆脱，以期重理自己学术的工作，于是飘然远避，到武汉大学去任历史学教授。不料本校校长蒋先生去年到武汉时，要我回清华，不回清华就得到南京来帮忙。后来又蒙蒋先生提请中央，教我来主持教务兼代教育长。我辞谢不获，只得前来；对于自己的初愿和任教的大学，实在惭愧。

我既然回校，便当对于本校的教育和训练上有点贡献；对于本校的性质和基础上，有一番检讨与确定。我一再请示蒋先生以后，商决了几项重要的方针。

我相信知识技能的训练，是要经过相当长期的。"欲速则不达。"所以党校的教育，当时我由六个月延长到十足的一年。政校初定两年半，后来我到南京开校务委员会时主张定为三年，再加半年实习。我现在主张确定四年的大学制，虽然其中三年级的上学期仍留为实习期间。我不主张徒惊虚名，把本校改名政治大学，但是我要确立本校四年制的大学部，为本校的骨干。"名者实之宾也。"我们要务实才是。

我相信现代的行政，已日趋于专门化。政治不是空泛的名词，政治的各部分都有专门的业务。我并不主张现在美国盛行的专家政治

---

* 本文为1931年1月26日在中央政治学校的演讲。录自《文化教育与青年》，重庆商务印书馆1943年3月版。

(Technocracy) 学说，但是我却主张从事政治的人，要有专家的训练，才能统驭纷繁的现象和精密的问题。因此我以为本校所用一般法学院的分系方法，是可以改变的。在一二年级的基本训练以后，到三四年级便应当于系下分组，让大家各择一组，按着划定的范围去求专精，以免除各位将来自以为事事能办而一事不能办好的流弊。这种制度如果实行有效，也可以供其他大学中法学院的参考。

我更相信从事政治的人，不只是有专门知识技能的训练，而且必须要有深厚的政治修养。眼光要大，心胸要宽，魄力要雄伟，人格要健全。不然的话，我们只能培养出有一技之长的书吏，有只会活动的政客，而不能希望产生转移国运的政治家。固然有人说政治家是天生的，但是任何天才不能离开教育。先天一定要靠后天来培养。我主张在教育方面，要养成各位知识的纪律，独立的判断。大家要取得丰富的常识，历史的教训，世界的眼光。我决定每年指定每级学生阅读中文和西文的名著各一种，作为课外必修的参考书。平时要写札记，学年终了要考试，不及格者以全部学课不及格论。或者大家以为这种担负太重，规定太严，但是我有决心要大家一定做到。这类名著的选择，是很审慎的。大概一二年级所指定的，是伟大人物的传记和他们的一般论著，要大家受他们人格上的启发。三四年级所指定的乃按各系的性质而分，大都是有关的重要名著，要大家从这些著作里认识伟大思想的体系。这对于开豁心胸的影响大极了，不只是获得知识而已。各位现在恐怕要怨，但是将来一定知道这种规定的好处。我一切施教的方针，是要大家取法乎上。

我们对于政治，不要仅存批评现状的态度，要存如果自己接上来干，如何可以干得好的心理。我们痛骂贪官污吏是不中用的，我们要自己平时有很好的修养，将来自己出来决不会做贪官污吏。我们固然要造成廉洁政治，但是仅仅廉洁政治决不够。泥塑木雕的偶像，可以廉洁极了。所以我一定要造成廉洁而有作为的政治。

政治的好坏，系于一种风气，学校的好坏也系于一种风气。风气一经养成，则在这风气感召之下的人，自然感觉到一种环境的压力——这就是道德的压力——使善者日趋于善，恶者不敢为恶。潜移默化，一道同风。这种风气在政治上叫做政风，在学校里叫做学风。本校是中央政治学校，顾名思义，各位是将来要从事于政治的人。但是各位将来在政治上一定不能随俗浮沉，一定要转移风气。要肃清贪污风气而树立廉洁风气；要打开无动为大的风气而树立果敢有为的风气；要破除狭小倾轧的风气，而树立广博雄厚的风气。律己要严正，对人要宽厚。做的虽是小事，顾的要到大局。我们要从建立良好的学风，进而建立良好的政风。

研究中国近代史的意义和方法 *
（1931）

真实的时间和空间相合而构成"事"（Event）。事和事是互相推动，互相影响的，所以无论什么事都有历史。事之中以人事最为复杂，最为灵动，最有趣味，而且关系人类的生活也最大，所以研究人事历史的需要也最切。至于史书，不过是这种人事历史研究过后，史学家认为值得记载的记载。

因为事与事间的推动和影响，常有交互联系的轴纽（Axis），一切事物如此，人事更是如此，——所以历史有各种的组合，各种的集团。如人事历史的研究，就其所处地域来分，便有所谓国别史等等；就其所发生的时间次序来分，便有所谓通史断代史等等；就其某项事的组合的重要性来分，便有研究专题的史，如文化史，经济史，某次战史等等。这都是就研究的便利，和谋研究对象易于专精而划分的。

人事间相互的推动和影响，也和自然界受动力的支配一样，愈近的力量愈大。用一个粗率的譬方来说，好象水中抛了一个石子，最近的圈子所受的推动最大，愈远愈淡下去了。（这还是从内心看到外边去，其实应当反过来看。）所以最近人事的历史，影响于人类，或是人类的某一部分——民族——也最大。要知人类或民族过去的来历和演进，现在的地位和环境，以及他将来的生存和发展，都非研究他近代的历史不可。这不是说远的古的不要研究，或是研究了也不重要，乃是说近的切的更当研究，尤为重要。所以做近代的人，必须研究近代史；做中国近代的人，更须研究中国近代史。

说到时间空间的本质，原来是不可以割裂的。所以历史有两个特

---

* 录自武汉大学《社会科学季刊》第二卷第一号，1931 年 3 月出版，署名"罗家伦"。

性：一个是连续性，一个是交互性。近代史的名称，也不过是就研究便利而划分的一个段落。就历史的连续性而论，不是说近代是一个特殊的时代，可以不问过去一切的。如西洋近代史，有许多西洋史家只从法兰西大革命讲起。这不是说法兰西大革命以前，西洋就没有文物制度。也不是说法兰西大革命一起，西洋的文物制度，一齐变了。巴斯梯陷落的日子，不能把全法国的公鸡变成母鸡。文物制度的变更，虽不能拿这话来做极端的形容，但是要把他一旦变了，其困难和不可能，也差不多是和公鸡变母鸡同样罢。须知巴斯梯陷落以后，法国人还是照样的生活照样的起居，不过史学家为研究便利，和认定这件事对于某方面的重要性起见，姑且把他做一个重要时代的开始。若是把中国近代史从鸦片战争起，也不是说近代的中国，就始于鸦片战争。别的不说，即就中国对于西洋交通一事而论，也不是从这个战争开始的。近之如十六世纪中西海路交通，如方济各，利玛窦的东来，和西洋文化与商品的输入；远之如中西当汉唐时代在中央亚细亚的交通，和中国由西北所受希腊与亚剌伯文化的影响，那一件不应当提到。鸦片战争以前中国，不能真正闭关；海禁大开，也只能注重这个大字便了。如果史学家从鸦片战争开始讲中国近代史，也不过是为研究便利，和认定这件事对于中西短兵相接后，所发生的各种影响的重要性起见，把他当作一个重要时期的开始而已。原不是认为这个时代，可以和以前的一切历史分开的。

就历史的交互性而论，则中国近代史是一个最好的例子，而且是一个最有趣味的对象。我方才说过，中国和西洋的接触，并不从最近开始；但是在最近一段里，中国确是和西洋一天一天的增加了许多国际的关系，发生了许多深刻的影响。不只是军事，经济，和所谓一切物质文明，因此发展了新的局势，而且政治制度、社会制度和文化基础，也因此受了剧烈的震动和变更。现在没有几件中国的事实，是可以离开世界的环境讲得通的。要研究中国政治的改革和变动，非打通国际的情形来看不可；要研究社会的改变和生活，非综合他国的现象来看不可；要研究文化的演进，非考察世界的学术思想不可。（从具体的一件军事来讲，譬如英法联军战争一役，英军因亚罗号事已于一八五六年十月二十三日起开始军事行动，攻下炮台，炮击两广总督衙门了，到一八五七年全年几乎战争中止，大家都很莫名其妙的；——叶名琛则相信扶乩，乩仙说过了阴历八月十五日英军不来，则不再来！——那知中止的原因是因为一八五七年五月十三日的印度叛变，英国大使额尔金（Elgin）把英国调来的兵，在中途——新加坡——转调到印度平乱去了。到该年年底，印乱已平，英兵来华，于十二月十九日与法国合兵攻下广州；于一八五八年一月四日叶名琛被俘。设如不打通世界大势来讲，则战事中断一事，如何可以讲得通？设如印乱不平英兵始终不来，则叶名琛的乩仙，岂不真是千灵万灵，有退兵之术吗？）若是从大家可以看得见的方面来讲，则在这个时期之内，发生了五个重大的对外战争：鸦片战争（公元一八三九至一八四二年），英法联军战争（一八五六至一八六〇年），中法战争（一八八四至一八八五年），中日战争（一八九四至一八九五年），八国联军战争（一九〇〇年），——那一个不是和外国直接的冲突，那一次冲突不在国外国内发生重大的影响？还有两次大革命——一次是太平天国革命，一次是辛亥革命——也是这个时代的产物。何况产业革命，思想革命，和国民革命，正是继续进行，没有停止呢？所以这个时期，实在经验了亘古未有的大变。我们无论是对于历史的真象负责，无论是对于民族生存的适应负责，能够不研究吗？

研究中国近代史是实际的需要，也是知识的要求；但是中国现在看重这种研究的很少，——当然，带营业性的中国近代史出版品也很多，学术界却不能认为研究；——这也有些缘故。第一是因为学者的好古心，觉得材料愈古的愈可尊重。（不可一概而论，有许多真正的古史学家，并不忽视近代史的重要。）第二是因为恐怕时代愈近，个人的好恶愈难避免，深〔生〕怕不能成为信史。第三是因为恐怕有许多材料不能公开，将来发见，以后他人再来重写，自己的著作不能成为定史。其实这三点都不能成为研究近代史的理由。第一，从学术的眼光看去，什么材料，都应当平等看待。古代的残砖断碣对于历史的重要不见得就高于近代的告示公文。我们不能因为他难得而重视，更不能因为他常见而鄙弃。须知今日的告示公文，若是保留到几千年后，将来史学家何曾不是把他当作巴比伦的残砖，埃及的古碣，或是"流沙堕简"，一样的重视，加以冥思暗索呢？同是史料，与其等将来稀少的时候，再来视如拱璧，何如当现在多的时候还有较大比较研究的机会呢？史迹重在亲见。从前司马迁研究孔子，自己说："适鲁观仲尼庙堂，车服礼器，诸生以时习礼其家，低徊留之，不能去焉。"司马迁这种实地考察的精神非常可佩。但是可惜他所看见的，还不过是汉朝孔子庙堂里的车服礼器，设如他能看见孔子时代的车服礼器，岂不更好吗？还有许多实际的情形，是要靠当代人口述的。章实斋说："余修永清县志，亲询乡妇委曲。"设如时代湮远，生活态度改变，章实斋又何从得乡妇而亲询？第二，因时代太近，恐怕牵涉自己的好恶，的确是一件可顾上的事。史学家重在客观，不能以主见来影响事实的真象。这是一件很重要的事，也是史学家一个重要的信条。（但是史学家对于史料的选择，和史事的了解，自有标准。史事被史学家了解的时候，已自成一轴纽。这个道理，和我在本文头几段所说的道理，当另有一文讨论。）"不识庐山真面目，只缘身在此山中。"这话是近代史学家应该刻刻记在心衷［中］的，但是却不能因噎废食。孔子是最明白这道理的人，所以他作了二百四十二年的春秋，其中有七十三年，便是他自己经历的时代。司马迁做《史记》，不在汉武帝以前停止。再举西洋的史学家来说罢。西洋史学界的父亲 Herodotus 所记，便是他从埃及等处亲自见闻得来的。希腊大史家 Thucydides 是亲自参与 Peloponnesian 战役的人，但是他写的 Peloponnesian 战史，是一部很可靠而不废江河万古流的著作。就我个人的经验而论，关于民国十七年国民革命军克服泰安的战役，据总司令部致《中国国民党第三次全国代表大会军事报告》说是四月二十七日克服的（见报告第五十七页）。但是我于五月一日过泰安，看见泰安城上，还是褚玉璞的兵。设如后来发现任何人在泰安围城中的日记，便要起争论了。因为负责的机关长官，向负责的会议的报告，一定是很可靠了，而且就情理而论，那次战事早经结束，对于一个城克服的迟早，断无早报以跨［夸］张武功之可言。但是围城中被难人的日记，也是很可靠的。这个官司，也许后人引经据典，争个不了。那知事实是那次国民革命军北伐的战役，往往把敌人包围在城里，不等城池攻破，即已前进，泰安也是如此。而执笔写报告的人，以为军队已过泰安，即算克服泰安。这个疑团，是我亲到泰安城下，目击情形才能解决的。又如报纸或定期刊物，也是一种重要的史料。研究鸦片战争的人，不能不参考当时广州英国人出版定期刊物，共二百四十号，名叫"Chinese Repository"。这是一种重要的史料，但是这只是英人的记载。当时中文还没有报纸，可以供我们的比较。现在上海《字林西报》对于中国，特别是对于中外关系问题的记载，我们就知道注意纠正了。就以中国现在的报纸而论，言论记载，各有不同；我们天天看各种重要报纸，而且知道各种报纸的背景，所以能够知道各报所载事实的真相。若是等到千百年后，各报之中，只有一种是保存全部的，而且他的背景，——甚至于某年某月一段时期的背景，——后来的史学家无从知道，只根据他的记载来做史料，来下判断，岂不是大大的上当吗？第三，说到许多文件不能公开，的确是史学家一件憾事。写史书的人，谁不愿意把所有在他研究范围以内的材料，通同看见，成一种名山不朽的著作。但是这是一件不可能事。在搜集可能范围以内的材料，未始不可供史学家毕身精细的工作之用；而且不能公开的材料，除一小部分外交政治的秘密而外，其他的还是汗牛充栋。况且历史的著作，并不限于外交政治秘密的方面。即就外交政治秘密的材料而论也不是绝对不公开的，——虽然常有年度的限制。（但是我承友人的介绍，到法国外交部去看有关中国问题的档案，也开放到一八六〇年为止。至于他们本国人和政府有接洽的，当然看到的期间更迟。如 G. P. Gooch 写《大英外交史》，便参考过英国外交部最近的材料；而 H. B. Morse 写 "The International Relations of the Chinese Empire"，也看过英国外交部关于鸦片战争的档案。）并且谢谢俄国的革命，把以前帝国的秘密文件，一齐发表或是公开出来。他们的红档里面，不但有许多是关于西洋外交史的材料，而且有许多是关于中国内政外交极重要的材料。（现在外交档案全部不公开的，恐怕只有日本，这件事很受西洋学者的非难。）大战以后有许多条约，也只是公开的秘密。如威尔逊文件的发表，Col. House 文件的发表，还有许多自传，回想录的发表，都是留心的史学家最好取材的宝藏。就以中国近代史而论，除了民间社会的材料而外，就是政府的文件，最大部分也是公开的。如"内阁大库档案"，"军机处档案"等等，都分藏在故宫博物院，历史语言研究所，和北京大学等处，可以自由参考。从总理衙门，外务部，外交部一贯下来的档案，都有抄档可以调阅。况且中国的外交内政，简直没有多少的秘密可言。史书的定本一层，却是更难说了。老实说，史书就永久不能有最后定本的。古代史的标准著作，常常因新的发现，新的采掘，而有变更。如殷墟的发掘，便变更了许多我们对于殷代文化制度和世系的观念，值得我们重写一部殷代史。就是没有新的发现，则因后来的生活愈益演进，对于前代的了解，愈益增加，并且愈有不同的观点。（这个道理，我也在另文研究。）知识的探讨如果一日不停止，则谁敢说他的著作，是最后的一部呢？

比较起来，"文献足征"，而且"所见异词"，优于"所闻异词"，是研究近代史所占最重要的优势。在目前的不研究，难道等到将来湮没以后，对荒邱〔丘〕而太息吗？所以我觉得在国外受过近代史学训练的人，应当积极研究本国史，或是本国近代史。我不是说中国人聪明才力，尽心去研究外国史，不能和外国史学界权威抗衡，乃是说除非他能终老于外国，不然即以材料的不方便而论，要与外国对于史料予敢予求，终日摩娑的学者，去争一日之短长，或是百年之大业，是很难的。况且学术的眼光，是把一切材料都作平等待遇的，不见得远方来的药材，便要灵些。又何必舍近就远，舍己耘人呢？

近代史的文献虽然多，——不只是文献，就是实际的物件等等也是多，——但是丧失的快，也是可以惊人的。鸦片战争时所用的喷筒，——当时重要的火器，——至今我不过在南京第一公园里，看见一个。庚子战役时的武器，旗帜，告示，以及民间所贴的"花纸"只有外国的博物院和图书馆里，还可以看见。就是辛亥时候的报纸杂志，现在中央党史编纂委员会四处登报招求，已经有许多是不可再得的了。建筑雕刻最近被毁于水火兵灾的，更是不可胜数。这种文物的沦亡，是极可伤心的事。如实际的物件等等之保存，只有靠国家或是大规模团体的力量，和一般人民的历史兴趣。如国立历史博物馆，是亟亟于要建筑的。至于档案一层，更非靠国家的力量不可。如英国的 Public Record Office 是一种最好的制度，但是中国还没有谈到。十七年国民革命军进北平的时候，我眼见各部档案散失，并且想了许多法子去挽救；虽然不无效果，但是终因范围太大，机关太多，致告束手。曾经建议设立档案保管局也因为财政困难，不能实现。从研究史学的人看去，是多么可以痛心的事！有如太平天国的文件，当时因触犯禁忌，几乎全部消毁掉了。在国内除故宫博物院里略有发现而外，我想太平天国灭亡以后，两江总督衙门和布政司衙门里，一定还有存着的。但是我访求了两三年，知道经过迭次的兵灾，完全丧失。英法联军战争以前，中国的外交中心是两广总督。但是两广总督衙门的档案，在一八五八年广州失守的时候，大部分丧失，一小部分被掳到欧洲去了。只落得我在欧洲的时候，还在旧书摊上，买回一百多件。（其中有一件是葡萄牙驻澳门理事官诿嗦哆，关于禁烟问题，向林则徐具的甘结：有亲笔签字和火漆印章。）国内总理衙门及以后外交机关的档案，却有二万多本的抄档，虽经拆订了一部份〔分〕，弄得很凌乱，已经是最难能可贵了。（至于原档，已经凌乱损坏散失不堪。譬如十八和十九两年，我去研究中日战争档案的时候，想调阅李鸿章和俄国所订《中俄密约》的原文，登记簿子上说是存在一小白皮箱里；据一个从外务部到外交部服务将三十年的职员说，此项密约原文和这个箱子，早已不见。当华盛顿会议的时候，与会的国家，要求中国发表原约，但是遍寻不得，后来一个不重要的职员，在地下的乱纸堆中发现出来，现在又不知去向。华盛顿会议的记录上所载的是否即系原文，抑系译本，中文原文如何，均不得知，真是可惜。）如袁世凯的时代国务院的公文信件，我为清华大学图书馆论斤的买了许多，燕京大学也买了不少。可见其余机关档案散失的情形，真是一幕惨剧！若不积极保存，将来更不知道散失到了若何地步。

国家的档案，当然主要的还只有靠国家保存；但是在国家的力量和当局的认识，还没有到这问题来的时候，各处图书馆应当尽他充分的力量；而史学家的寻访搜集，也是一件极重要的事。虽然不能和国家去全部保存的那样痛快，却也是一个不小的力量。"世上无难事，只怕有心人"；"千仞之冈，始于培塿，九达之衢，肇于跬步"恐怕要成寻访搜集史料者的格言。寻访搜集以后，还要继之以整理，考订发表。其实什么是历史研究法？严格的讲，历史研究法只是史料研究法。德文所谓"阿瑞斯踢克"（Heuristik）的学问，正是搜集史料的学问。发表一层，也很重要。虽然不能全部发表，不能不有精密的选择（选择标准一层，自不能不起争论），但是为自己和后人的运用，以及将来的流传起见，这种困难是不能免的。在写史书以前，史料丛书的编订，是必经的阶段。如德国的"Monumenta Germania Hitorica"，英国的"Rolls Series"，和法国的"Collection des Documents Inédits Sur I, Histoire de France"正是这一类的重要贡献。最近德国的"Die Grosse politik"，也是一个史料的宝藏。中国以前的"长编"也仿佛有同样的性质。所以章实斋关于史料整理的意见，说是理宜先作长编。长编既定，及至纂辑之时，删繁就简，考订易于为功（参看章氏遗书卷十三）。章氏论史，以"记注"与"撰述"并重，因为名词的用法不同，他所谓史学，只限于史书。他说，"整辑排比谓史纂，参互搜讨为史考"；但是纂史考乃是达到精确的史学所必经的阶梯，所以他说，"史之为道也。文士雅言，与胥吏簿谱，皆不可用，然舍此二者，无所以为史也"。（参看章氏《文史通义》，此处所谓史，系指史书本身而言。）可见这种认识，是中国从前的学者有过的。为求中国有科学的史学和精确的史书起见，史料丛书的编订，实在是基本的工作，而且是刻不容缓的工作。将所有的史料一齐发表，固不可能而且不必。但是将其有重要性的下一番"整辑排比"，或是"参互搜讨"的功夫，实在是新史学的基本建设。若是真有重要的史料，能得其完整的更好，万一不是完整的，也不当遗而不收。"吾犹及史之阙文"，岂不也是一件可幸的事吗？

近年来中国很有人注重历史研究法。这虽然是一种很好的现象，但是高谈方法而不去做实际应用方法的工作，是不成的。读一百部科学方法论，决不能产生一个大科学家，或是一个重要的科学贡献；读一百部历史研究法，决不能产生一个大史学家，或是一部重要历史的著作。大科学家和重要的科学贡献，是从实验室里，繁琐而极费耐心的工作里，产生出来的；大史学家是从史料的灰堆和凌乱的文件里产生出来的。"大匠能授人以规矩，不能使人巧。"巧是一切发明贡献的基本条件。巧是从运用一部分确定范围以内的材料到精熟的程度，才能产生的。现在西洋大部分的史学家，真所谓"席丰履厚"，有人已经替他们做过了搜寻整理的工作，（但是研究西洋中古史的人，便不见得有这种的福气；还有许多"银拉丁"的材料，非自己整理不可的。）在中国的史学家便不能袖手旁观，要有自己的工作，非自己下手不可了。再限定范围来讲。我觉得现在动手写中国近代史，还不到时期。要有科学的中国近代史，——无论起于任何时代，——非先有中国近代史料丛书的编订不可。所以若是我在中国近世史方面要做任何工作的话，我便认定从编订《中国近代史料丛书》下手。这件事我不问自己的力量薄弱如何，确有具体的计画。材料的搜集，自当随地留心。材料的编纂，也有确定的分类方法。因为材料不是全部可以收齐，所以只能随得随编，不能问年代的顺序，或是事件的先后。不望在短期有大批的发表，只望能够持之以恒，做一种日积月累的工作。因为公家的机关常有变动，往往人存政举，人亡政息；为持久计，所以不能不借重商业机关。这件事当然不是一手一足之烈，所以更渴望国内有志研究中国近代史的人，随时予以帮助。我所谓研究中国近代史的方法，主要的部分，就是整理中国近代史料的方法。

要整理浩瀚而且零乱的中国近代史料，来编成丛书，我以为应当分成三大部分，可以称为"类"，以下再分为"编"。

第一类便是中国文的史料。研究中国史，当然中国的材料，是最重要的部分。外国"汉学家"研究中国史不能及中国学者的地方，就是中国学者运用中国材料，比较便利比较丰富。如 H. B. Morse 虽然参考了许多西洋的材料，但是对于中国材料，便无法用以佐证。无论他如何精细，但是他运用的材料，只是使他看见一件事的半边。而中国人则除看中国材料而外，还能通外国文字的也很多，本来大可有为，只是弃而不用罢了。中国史料，大致可以分为以下几部分：

（一）档案　除了散失的而外，所存档案，还是浩如烟海。即就当年中央政府的档案而论，则军机处和内阁大库的档案，存在故宫博物院所属的大高殿和历史语言研究所与北京大学的博物馆或图书馆里，已经充栋，运起来一定可以汗牛；其中有许多是没有发表过的。近年如故宫博物院刊印《夷务始末》和各种定期刊物，与历史语言研究所刊印《明清史料》等书，都是很有价值的工作。留中的密折，故宫博物院也有过刊印的提议，希望能够早日实现。这种大规模的刊印，当然只有希望这几个主管机关办理；但是散失在外的档案，如我在欧洲所得两广总督衙门的档案，未始不可印行。最近林璧予先生刊印林则徐《信及录》，也是禁烟的重要档案。许地山先生从英国牛津大学图书馆抄回刊印的《达衷录》，乃是一种公私混合的档案。（当许先生在牛津读书时候，我到牛津去搜集史料，和他在图书馆同发现这部书。因为他也是很有历史兴趣的人，所以我极力劝他抄回。他抄写的方法和他嘱咐排印的款式都极好，若是可能的话，其他史料的印行可以取法。）研究档案，自然也还要批评的眼光。蒙混圣上"睿鉴"的奏折，亦属不免；但是关于年代时期等项，档案比较可靠。

（二）官书　从先中国每个朝代，都有钦定的官书，如《平定粤匪方略》等等都是的。其中粉饰的地方很多，但是苟能辨别，也有许多可用的史料。如许多清代的《实录》，都存在故宫博物院里，没有刊行。名为《实录》，其实有许多"不实不尽"的地方。不实的地方，不能尽举了。即如不尽的地方，显然可以露出来的很多。我在故宫博物院里调阅光绪一朝的《实录》，翻到庚子拳乱的几个月，关于拳乱的上谕，几乎完全没有；只存了一个上谕，说是叫董福祥把在北京应办之事办完，可以分兵到天津去。这分明是指打公使馆了。自拳匪在北京猖獗，以至于议和开始一段期间的上谕，本来是在事后有上谕取消，要重付审查的。所以《实录》自然不录。要查这个时代的上谕，还得找当年的《京报》，和天主教的中法文汇刊的拳时上谕，但是这些《实录》，也应由主管机关刊印为是。《东华录》可以说是一部"半官书"，并且介于档案和编年著作之间，里面的材料，实在很多。但是我发现几个上谕和奏折，有和故宫博物院所藏的原稿不同的。若是有人考订出来，或是将散漫无系统的纪录，按题分类的辑录，和蒋廷黻先生编的《中国外交史资料》一样，自然也有相当的用处。

（三）禁书　消灭犯当代忌讳的文件书籍，在中国是很平常的事。如太平天国一代的文献，便消灭殆尽，在中国是很难找到的了。太平天国所刊布的书籍，有目录可查的计二十一种。我在伦敦大英博物图书馆，牛津大学波德林图书馆，巴黎国家图书馆，和东方学院所看过的有十九种；而且把最大多数的手抄了带回国来。如《天命诏旨书》、《太平军目》、《太平礼制》、《天朝田亩制度》、《天父下凡诏书》（不同的两种）、《太平劝世谓》、《十全大吉诗》等等，都很可以研究太平天国的组织和思想。如牛津所藏洪仁玕上洪秀全的《资政新篇》一书，可以代表太平天国里面的开明思想，简直把康有为的《公车上书》提早了四五十年。（在东方学院的部分，程演生先生曾经抄了回来，刊为《太平天国史料第一辑》；但是很不完全，有重刊较为完全本之必要。）至于曾国藩教他的属员张德坚等编纂的《贼情汇纂》一书，其中关于太平天国可靠的文件甚多；虽是官令编纂的书籍，供他研究太平天国内情之用的，然其终未刊行，恐怕也有当心触犯禁忌的关系。像这类的史料，也应当刊行。这不过是举太平天国一件事做例，其余的禁书一定很多，不过有时要"礼失而求诸野"罢了！

（四）当事人的文件和记载　档案虽有不公开的，但是在当事人的文件和记载里面，公开的实在不少。如曾国藩的《曾文正公全集》，胡林翼的《胡文忠公遗集》等等，都是关于太平天国最重要的史料。研究中国近代外交史的人尤其是少不了李鸿章的《李文忠公全书》。这都是指主要人物的而言，至于次要人物的，更举不胜举。其中未刻的还是很多，就是已刻的，也有许多难于收集。如《景善日记》的原稿，一部分则藏在大英博物图书馆，一部分还在 J. O. P. Bland 家里。E. Backhouse 和 J. O. P. Bland 合著的 China under the Empress Dowager 中曾发表一部分，是 Backhouse 译的，而 Bland 嫌他的英文不好，自己不按原本，以意修改，所以发表以后，许多汉学家以为是 Bland 伪造的。Bland 为自己洗刷起见，将一部分存在大英博物图书馆里，我亲自看过抄过，真实无疑。但是还有一部分至今未曾发表。近来国内出版了许多重要的日记，如曾国藩，翁同龢，李慈铭等日记，都是几十年连贯下去的。这是史学家最可欢喜的事。如郭嵩焘的日记，至今未印。最近如谭组庵先生的日记，不知何时可以发表。这都是应该即速印行，或是妥为保存的。至于这些日记之中，有许多顾忌太周，或是有重写嫌疑的，如翁同龢关于戊戌政变的日记，从史学家的眼光看来，都应当细细侦察。这些全书和日记，卷帙浩繁，而且有许多不关史料的地方，似应按照问题，分别节刊。这也可以使将来的史学家，省不少的时间和精力。

（五）专家著述　关于中国近世史的专家著述，本不算多，但是也不能说是没有。如魏源的《圣武记》，王定安的《湘军记》，杜文澜的《平定粤匪纪略》，姚锡光的《东方兵事纪略》，易孔昭等的《平定关陇纪略》等书，也未始不是费了许多精力的著作。这都是已经刻过的。没有刻过的如梁廷枬的《夷氛闻纪》（记鸦片战争），琴阁主人的《触藩始末》，都是应当刊印的史料。不过许多错误疏略的地方，最好能有相当的考订。

（六）定期刊物　这差不多是研究近代史独有的材料，虽然在中国发达较迟，却也有半世纪以上的历史。如北京的《京报》，虽是公报性质，也有不少的材料。鸦片战争时代澳门的报纸，以及后来上海香港等处的报纸，都是很好搜集史料的地方。不只是新闻可用，就是广告也可看得出当代社会制度和生活的情形。（如 J. M. Vincent 在 *Historical Research* 一书上说，看一七七〇年一月二十九日美国 "Boston Evening Post" 一个卖黑奴的广告，可以看出当年美国奴隶制度的情形，和当年社会对于黑奴问题的心理。）不过这种繁重的材料，应当按照问题去选择和录取，并且要明白各种刊物的背景，运用明锐抉择的眼光，不然是要误事的。至于不定期刊物，虽是间断的连接下去的，也应当注意。

（七）图画　中国史学家最不注重图画。要使史书有生气，图画是一种有力的帮助。如一八五九年大沽口之战，中国炮台打沉了四个英法的兵船，重伤了六个，可以说是近代对抗外国海军惟一的胜利。而大沽口炮台的建筑，和竹签泥港的排列法，只是外国还有图画。就是什么"刘大将军大败法兵图"，"李中丞联团杀败洋兵团"这类的花纸，也可表现当时中国的武器，中国的群众心理，中国人对外的知识等等，正不必以其愚昧为可耻。当民国十六年清共的时候，日本人将上海的各种标语，照下像来印成二册。这是何等留心！何等利害！从史学的立场上来看，搜集，甚至于选择，这种材料中有价值的来复印，以备将来的史学家应用，也不是枉费精力的事。

第二类便是外国文字的材料。因为这类的材料，中国史学家还少有利用，所以我愿意特别说明他的重要性。（元史方面，近来已经有好几位学者注意西文的材料；但是他们还大都免不了间接取得的障碍，却已经是难能可贵了。）若是把法官断狱来譬方史学家著史，则一件案子的两造，三造，甚至若干造，必须一齐问到才是。还有人证物证，也应当通同调齐。断没有仅看一造的口供，就成立定谳之理。不知道他国材料，或是不能运用他国材料而写中国近代史，则一定使他的著作，发生一种不可补救的缺陷。何况知用，能用，而不用呢？近代的中国，不但在国际战争或外交方面，受外国的影响，就是内政的变动也何尝不受外国的影响。或是直接的公文报告，或是间接的观察调查，在外国文字里，都有重要的文料；而且他们的观察调查，有时比我们自己的还清楚。他们的文书之中，当然有许多为自己回护的地方；遇着这样情形，史学家正应当运用自己的眼光，判断，方法，去识别，决不能掉首不顾。就是发现中国方面的错误，史学家为对于真理负责起见，也尽可明白承认，做后来的借鉴，不应当讳疾而忌医。并且因为国际关系的复杂，和国际间利害的冲突，往往有许多第三国的记载，是很确实很公允的，——第三者有时常能站在公正人的地位。如关于中英的冲突，美国法国方面，或有持平的论调，可以供采取的。这也是近代史学家一种特殊的便利。还有一层，中国官书的陈述，往往有粉饰"夸大"虚报的地方。私家著述，有时也脱不了华夷——或是种族——的成见，二者所应当纠正的地方，正是很多。西洋的官书和私人著作，有时也不能免。如大战时代各国发表的蓝皮，黄皮，黑皮，白皮等书，往往于选择材料之间，有意为自己辩护。但是在事实方面，他们大致都比我们谨慎。（如英国发表关于达达纳尔海峡战败责任的官书，就是很坦白的。）讲到中国近代史方面，则鸦片战争的各个战役，中国那次不战败，败到可掩饰的地步，当然文书上是转败为胜，败到不可掩饰的地步，——如炮台或城池失守，——也是我兵虽败，但夷船被炮打沉了几只，夷兵溺死无算，甚至于海上飘流了夷帽甚多。好得事在海上，"朝廷"是无法追究的。如一八四一年虎门之战，中国方面的水师提督关天培战死，炮台失守，这是瞒不了的事；但是官报和私家著述，都说是夷兵死伤亦四五百人。英方的负责报告，则虎门攻陷，得炮三百八十门，中国官兵伤亡约五百人，英兵无一人阵亡。（在其他战役，英兵伤亡者都有名册可查，因此我认为这种报告真确。）所以中国方面所谓四五百人，恐怕只是"夫子自道"罢！又知三元里民团抵抗英兵这件事，是中国人最引以自豪，而史学家如魏源，也深为太息痛恨，以为可以挽回败局的。以后这件事辗转传说，几乎成为神话。中国在鸦片战争受了这种的巨创深痛，事后还是不知发奋图强，三元里这件事的抵消力，自不在小。（因为大家都相信官弱民强，汉奸急于求和；我却不相信到了十九世纪的世界，还可以执挺［梃］以挞坚甲利兵。）据中国方面的记载，则三元里九十余村的义民数万，合围英军，声震天地；当时英军四面突围，均不得出，结果英军死了数百，其统军大帅和军官霞毕，都死在里面；不是汉奸广州府知府余保纯前去解散民众，则英军可以一鼓就歼。但是据英国统帅 Gough 于一八四一年六月三日致印度总督 Earl of Auckland 的正式报告，则此事的详形，是五月三十日广州竖了白旗以后，英军驻在广州城的东北村中；他们发现大群民众，鸣锣击鼓，执刀持矛，由前面距离约三英里的高地而来；他们立刻派第三十七和第二十六两队迎敌（两队合计只二百八十人）；后来第二十七队前进过远，失了联络，他们又派了印度骑兵第三队去救；因为天热，Major Beecher 中暑死了（这想去是霞毕颠倒的译音）；而继之以大雨，他们的子弹受潮，不好使用；以后接济又到，终能支持；不过因在稻田中遇大雨，所以窘迫的情形，是可想而见的。英兵以毁广州城相恐吓，所以第二天广州府知府来劝散了。这天英军死了五个人，伤了二十三个，都是注明阶级的，所以很实在。三元里事件的真象，不过如此而已！又如一八八四年中法海军在马尾的战争，据张佩纶的奏折，和他《涧于集》里的文件，"酣战"了多少时候，抵抗是何等英勇；但是据外国文的纪载，则中国方面十一只船，法国方面十只船（连两只鱼雷），于八月二十三日下午一点五十六分开炮的，到两点零二分战事即已终了，中国的船通同毁了。这个七分钟的战事，也是一个破天荒的纪录！诸如此类的例子，举不胜举，也可以看见参考外国文史料的重要了。

外国文的史料可以分为以下几部分：

（一）档案 各国的档案开放给学者参考的，各有年限的不同。欧美重要的国家，在一八六〇年以前，大致都可开放。所以鸦片战争和英法联军两个重要问题的文件，大致都可以看见。其余的只要有相当的介绍，也可以有限度的公开。他们还有许多公使馆和领事馆的调查报告，关于中国各种问题，都有重要的材料在内。有心研究的人，应当细心去研究，抄录，翻译，分类汇合起来发表。还有许多档案附录，或是夹杂在当事人的纪载，或是在学者的著述里发表过的，如 D. Mcpherson："Two Years in China" 后面所附的军事报告，H. B. Morse："The International Relations of the Chinese Empire" 后面所附英国外交部的文件，H. Cordier："L'Expédition de Chine de 1857—58et 1860" 和 Baron Gros："Negociation entre la France et la Chine en 1860" 等等，都是应当随时综辑，翻译成书，以备学者应用的。

（二）官书　外国文中，很少有钦定的书籍，和中国钦定方略一类的。有许多官书，实际上还是公开档案的性质，但是内容却很重要。如英国的 "Parliamentary Debate" 和 "Blue Books" 里面，都有很重要的东西。如关于鸦片战争问题，Macaulay 和 Gladstone 两派的辩论，可以使人明了英国作战的目的，借口，和战争责任问题。关于鸦片问题，如 "A Copy of all Papers and Despatches at the Indian House on the Subject of Hostilities between the Chinese and British Subjects Engaged in the Opium Trade from 1830 to 1836" 等等，都是研究鸦片战争必看的材料。看英国国会里的委员会召集广州英籍的鸦片商的问答，可以明白林则徐缴烟时候的情形，可以解决一般英国书籍所说林则徐想饿死英商，是否事实问题。如关于太平天国的外交及其内部情形，英国蓝皮书 "Taiping Rebellion：Papers respecting the Civil War in China" 从一八五三到一八六三年出版的各册，是供中国人研究太平天国问题必须翻译的史科〔料〕。其余各国这种出版的文件尚多，举一反三，大家也就可以跟着这个线索去搜集。

（三）当事人的文件和记载　这种史料的重要，不必再说了。研究鸦片战争的人，总得参看 W. D. Bernard："Narrative of the Voyages and Services of the Nemesis from l840 to 1843"。（"Nemesis" 是英国第一个铁甲船，开来远东作战的。这是根据舰长 W. H. Hall 的记载。）或是 Mcpherson："Two Years in China" 等书。研究英法联军战争的人，总得参看 L. Oliphant："Narrative of the Earl of Elgin's Mission to China and Japan"（他是英国大使额尔金的个人秘书），或是 H. B. Loch："Personal Narrative of Occurrences during Lord Elgin's Second Embassy to China in 1860"（他是机要秘书），或是 R. Swinhol："Narrative of the North China Campaign of 1860"，或是 De Keroulee "Souvenirs de I'Expédition de Chine"（他是法国大使格罗的参赞）等书。如一八八四至八五年的中法战争，中国人都说法国海军提督孤拔被中国方面打死了。孤拔是否打死，可以看孤拔的信札（"Lettres de I'Admiral Courbet"）或是 Pierre Loti 在法国 "Revue des Deux Mondes" 上发表描写孤拔临死时候光景的文章。还有 A. Gervais："L'Admiral Courbet" 也

可参看。看完以后，才知道孤拔被打死的这件事，只是中国人的一场春梦！如中法谅山之战，也是中国人铺张得有声有色的；但是谅山之战的实情如何，就不能不看 Commandent Le Comte："Lang Son：Combats, Retraite et Négociations" 的上下两册，因为他是当时法国军部的参赞。关于中日战争，不但有外国文的记载，并且有好几个外国军官，是参与战役的。如曾任中国海军要职的汉纳根（Von Hanneken），便是在高升船上被日本军舰击沉后泅水得活的；后来他回到德国，在 "Die Rundschau" 杂志上发表了三篇文字，记载中日战事甚详。第一篇就是 "高升的沉没"，讲高升如何先遇中国兵船，如何遇敌，如何交涉，如何击沉，真是详详细细。请问从高升船上事后逃出的人，有几个呢？关于庚子战役，几乎各国文字里都有史料。讲到史〔使〕馆被围和防御的情形，可以看 Allen："The Siege of the Peking Legations"（他是英使馆的牧师），和 E. Darcy："La Défense de la Legation de France à Pekin"（二书均系日记体裁）等书。而联军统帅，鼎鼎大名的德国瓦德西死后，他人为他编订发表的三本回想录（"Die Denkssivurdigkeiten des Grafen von Waldersee"），在第三本上，几乎全是关于拳乱的事情。外国人私人的记载，也有许多没有发表过的。赫德（Robert Hart）虽然是一个总税务司，但是李鸿章对外国接头的事情，常是找他；差不多有三十年间，他是中外交涉的枢纽。他有七十四本日记，当然是极可宝贵的史料。H. B. Morse 曾经提到过。他说赫德允许他用，但是他始终没有机会用过。这部日记，现在不知道到那里去了，我曾经打听过赫德的儿子，连他也不知道。（真是不肖之子！）若是真不见了，岂不是中国近代史料——特别是外交史料——上的一件大损失。总之这类的史料，是有翻译，或是节译，和考订出版之必要的。

（四）专家著述　我常说外国汉学家关于什么老子庄子的著作，最容易骗人，最没有价值；但是如研究中央亚细亚东西文化关系的著作，研究雕瓷器的著作，研究中国音韵学的著作（如最近瑞典学者格兰的著作），和研究中国外交史的著作，的确是许多值得注意的东西。即就外交史而论，他们对于外国文的材料，真正下过一番工夫。如 H. B. Morse："The International Relations of the Chinese Empire"，H. Cordier："I'Histoire des Relations de la Chine avec les Puissances Occidentales" 和 T. Dennett："Americans in Eastern Asia" 一类的书，都值得翻译。（不过他们立论有他们的眼光，翻译的时候，最好加以考订。）其余如各国教士和学者研究中国风土，人情，及迷信和秘密结社的书，因为他们深入内地，而且研究的期间很长，也是值得注意的。

（五）定期刊物　外国人所出关于中国的定期刊物，很有许多重要的。如"The Chinese Repository"，"The Chinese and Japanese Repository"，"The Chinese Recorder"；专门性质较重的如《通报》（Le T'oung Pao），"Journal of the China Branch of the Royal Asiatic Society"，"Ostasiatische Zeitschrift"，"Revue de l'Extreme-orient"等等，都有许多可以参考的史料。如法国的"Revue Maritime et Coloniale"一类的东西里面，颇有在中国军事行动的记载。我在法国的时候，并且常时去买十九世纪的旧杂志的零本，如"Revue des deux Mondes"之类，寻找里面有关中国问题的文章，颇有所获。在中国出版的日报，如《字林西报》等等，不问他对于中国的态度如何，却是许多可用材料的渊薮，就是在外国出版的日报也有用得着的地方。譬如李鸿章使俄和欧美各国一事，他行动的详形，甚至于来往的文电，《李文忠公全书》里面几乎全部删去。虽然有一部《傅相壮游日录》，但是无关重要。而李鸿章在外国的行动言论，各国报纸都天天替他做起居注；因为各国间互相猜忌的关系，而且特别侦察得非常留心。若是搜集起来，不但有意思，而且有趣。

（六）图画　外国人写史书的时候，对于地图画片（在近代是照片），常是采取很多。如 Lavisse 所写的"l'Histoire de la France"这部大著里，不知包含了精印的像片多少。因为这不但使史书有"活气"，而且使读者脑筋里有一个深刻的影子。关于中国的事物，中国人不曾注意到的，外国人却已为我们制成了多少画片。如鸦片战争时候中国兵船的样式，和英国兵船的样式，正是两方武器和实力最好的比较研究。如大沽炮台的形式，只有英国画册里面才有遗容，我以前已经说过了。

外国材料固须充分参考，但是他们的态度，立场，背景，是时时应当放在心上的，而且真伪问题，也须注意。不是外国人都是诚实的。如一个名叫 W. F. Mannix 做了一部《李鸿章回想录》（"Memoirs of the Viceroy Li Hung Chang"），并且有美国外交家 J. W. Foster 替他做了一篇序；当时许多所谓汉学家，被他骗过了。（并且我不久看见中国留学生的博士论文，还当他真的材料引用。）其实李鸿章并没有写这件东西，已由李经迈否认。后来西洋景拆穿，那知是这位 Mannix 关在檀香山监狱里，没有事做，扯了一个大谎！我在美国的时候，常常看见火车站上有一种警告牌子，写着"妇女们当心，处处都有拐子"。我们也可以换一套字句，在史料架子上钉一块牌子，写着"史学家当心，处处都有骗子"！

第三类就是专题研究的结果，也就是分题研究的结果。在西洋这种工作的成绩，就是"摩洛格拉夫"（Monograph）。没有一种史学要成为科学的史学，不经过"摩洛格拉夫"这个阶段的。不要说一部十七史从何处说起，就是历史上一个较大的问题，也从何处说起，若是不经过分题研究的话。因为一个大问题里面，往往包括许多小问题；非先将他打散来，分别研究清楚不可。譬如鸦片战争问题里面，便包含了道光时代银贵铜贱问题，禁烟问题，通商及关税问题，沿海军备问题，英国向远东商业发展需要问题，具结问题，林维喜案及治外法权问题等等。英法联军战争问题里面，便包含了中国履行南京条约问题（其中包括广州入城问题），法国保护天主教问题，护海问题，卖旗问题，英国企图开发扬子江问题，叶名琛个性及其外交方式问题等等，都是一时不能尽数，愈研究发生愈多的。必须把这些单独的问题，研究得有眉目了，综合起来研究大问题，则对于这种大问题的著作，方才可靠，方才不致图托空想。在中国近代史方面，还有许多工具的著作，要先准备的。如中西历的对照，幸而己〔已〕有陈垣先生的《中西回日历》。（徐家汇天主教士 P. Hosng："Concordance des Chronologes Néomeniques Chinoise et Européenne"实在是精心创始之作。这个人的苦工，值得表彰的。他是中国人，可惜他的中国名字，我至今还不知道。）但是关于太平天国的历本和其他历法的对照，至今还难推算准确。再如这个时代大事年表，也是应当先有的。郭廷以先生从事于此，关于太平天国一代，已经大致完成，我希望他能仔细修正，从速完工，以后再及其他时代。又如外国人的中西名字对照表，也不可少。往往同一个人，而中西名字，绝不相同，可以使人看了甲而不知其为乙的。如南怀仁的原名是 Ferdinand Verbiest，汤若望的原名是 Adam Schall，张诚的原名是 Gerbillion，这都是极端的例。其他如 Gutzlaff 的译名是郭实猎，Henri Cosdier 是高亨利，这还勉强易于想像。外国人给〔译〕中国，或是中国人译外国的地名，也有许多难猜的地方。如 St. Johns Island 就是上川岛，而葡萄牙就是大西洋，都是显著的例。像这类的情形，都应当有对照表，或是词典。我曾经随手记录，摘了千条左右，想积成一部字典，但是不知何年何月，有积成的希望。我是极希望有人先我而做的。总之这种专题研究的工作，非积极着手不可。外国大学里面的博士论文，教授也大都是指导学生做这种工作。因为这不但是一种极基本的工作，而且是一种极好的训练。我希望除专家从事以外，国内大学历史系的研究院，赶快着手。

综括起来，我们大致可以认识历史的性质，意义，——尤其是研究中国史中近代史一部分的意义。我们不能不放开眼光，扩大范围，随时随地，和猎狗似的去寻材料。除本国的而外，向外国文字里去找材料，以资参证，不但是有用，而且是必需的。我此地所举的，不过是找材料的路径的大概，当然不能包括无遗。我所提出的例子，多在军事，政治，外交方面，不是说史书所顾到的只是这几方面，乃是其他的方面，不及备举。材料得到以后，还有整理，翻译，考订的苦工。而分题研究，所谓"摩洛格拉夫"的工作，尤其是科学的史学的阶梯。必须有这各部分的史料丛书几百种以后，才可以动手写科学的中国近代史。做学问应当有不计近功的精神。所以就是有人笑我们"只见锣鼓响，不见人出来"，也是不要紧的。建筑华厦于流沙之上，或是用纸壳子来糊成房子，风雨一来，全部崩溃，是最值不得的。只要我们有决心，肯耐苦，把这基础，或是基础的材料，准备好来，也无须一定要自己来写成全著。所谓"勤成删定，归之于后来之笔"。正不必自我成功！

新文化运动的时代和影响[*]

（1931）

我们现在是处于国民革命时代。国民革命的产生，是由于一种思想的变化，一种思想的革命。思想的革命，差不多可以说是一切革命的先驱，因为人类感应得最快的是思想。思想有了变动，没有旁的力量可以压制他的。只有以正确的思想和主义才能领导。我们看世界各国，没有一种革命之先，没有思想上的大变化，法兰西大革命，创造了民主共和政治，打倒了数千年的欧洲君主制度。在法兰西大革命前一百年，没有人敢对君权怀疑。他们以为君权是神圣的，是天授的。到了法国思想家卢骚出来，倡导民约论，摇动了君权神圣之说，人民才澈底觉悟过来；所以有人说法国大革命的火，是卢骚放的。

美国的宪法，是近世最早的三权宪法。但在美国革命之先，则有孟德斯鸠主张三权分立的学说。所以美国的革命及其宪法的形成，实深受这种政治思想的影响。俄国革命也是如此。没有马克思等人提倡社会主义，则苏维埃政治决不会产生。中国的国民革命，又何尝不是这样？中国国民革命，是由于总理三民主义思想而产生，但同时也有一种很大的运动，即改革中国思想的新文化运动，在做推动的助力。这个运动，总理是极力赞成而且极力提倡的。这个运动，不但转变了文学的趋势，并且转变了我们的人生观，改变了我们对政治社会的态度；其于国民革命，影响非常重大。

我们中国，受了几千年传统闭关思想的支配。到一八三九至一八四二年的鸦片战争，始开海禁。在这个时期以前，中国以是国家为天下

---

    * 本文为 1931 年 5 月 4 日在南京五四运动纪念会上的演讲。录自《文化教育与青年》，重庆商务印书馆 1943 年 3 月版。

的，经过了鸦片战争，中国便正式同欧美各国接触了。鸦片战争固然失败，但是中国自己还不服气，也不反省，依然以外人为夷狄，以自己为华夏；看见了西洋人，即骂为洋鬼子；以赔款为"抚夷银两"。在此种自大神情之下，要吸收西洋文明，是不可能的。所以这个时代，可以名之曰华夷时代。全部中国人为华夷思想所支配。

公历一八五七到一八六〇年，另外一个战争起来了，这便是英法联军之役。联军打进了北京，中国数千年文物精华的圆明园，被英国工兵营长，以后做清廷提督的戈登，放火烧了。中国军队，丝毫不能抵抗。华夷观念，受了这一次的刺激，微微摇动，晓得夷狄是船坚炮利，而有各种制造工业的。但是这时期所认识的西洋，也只是他的船坚炮利。所以华夷思想，一变而为坚甲利兵思想。当时上海设江南制造局，马尾设造船厂，湘军淮军，逐渐变为半新式的军队，就是这个原因。

当时中国名流，像张之洞等的思想怎样呢？我们可以用他八个字来代表，就是"中学为体，西学为用"。他们以为西学是无关主体的，只是应用而已；要学西洋，不必学西洋的精神。精神方面，中国最为高尚，中国的政治组织也最好。当时国内只办电报铁路等项，也就很够了。这是第二期，可名之曰坚甲利兵时代。

此后又经了两度的挫折。最明显而重要的是一八八四到一八八五年的中法战争，同一八九四年到一八九五年的中日战争。在中法战役中的马尾一仗，中国兵船共十一艘，法国兵船九艘。从那一天中午十二点五十七分开炮起到下午一点零四分止，七分钟以内，中国的兵船完全消灭了。这是世界最短的战争！这个刺激，对于当时的国人是很大的。那知更大的还有中日战争。

中日战争，即甲午之役，中国的铁甲船在大东沟一战即败；陆军经平壤一役，也失了战斗力。这次事件，给中国人以更大的教训。使大家明白专是学外国人的船坚炮利，工业制造，是没有用的；中国的政治，根本要不得。为什么日本以一个小小的国家能战胜我们呢？当时大家归其功于日本的立宪，因为明治维新，实行宪政，团结了整个日本国民，一致对外，故操败〔胜〕券。中国人受了这一个刺激，往日只知坚甲利兵的人，也昌言政治改革。总理的革命组织和运动，也在此时开始。中国当时已进至第三个法政时代了。

在清季光绪末年，宣统初年，大家都发狂似的，鼓吹宪法。尤其是一批从日本回国的学生，因为受了日本的刺激，对于祖国政制的改革，最为热烈提倡。他们口不绝谈政治问题，他们已明白西洋文明除了船坚炮利以外，还有政治组织。这个观念，已经算进步了；但是对于西洋的人生态度，道德标准，还是一概不问。这种主张的结果我们很明白的看到：人家很好的国会制度，到了中国，成为猪仔的集团，贿赂的机关。我们民国十多年的政治，腐败到这个地步，社会精神，麻木到这个地步，使我们相信只是有西洋的政治制度是不够的，使我们觉悟到要采取西洋的人生态度——人生观——做社会国家改造的原动力。

这样，便由第三时期到第四时期了。在思想上，便产生了新文化运动；在政治上，便推进了国民革命运动。

新文化运动以前，已有一种酝酿：就是大家感觉到有采取西洋文化精神和科学方法的必要。我们不能盲从西洋，我们也不能迷信中国。我们要用新的科学方法，来判断一切，来估定一切中国文化中国社会的本身价值。新文化运动，分析起来，就有下列三种特质：

（一）新标准估量旧文化　用新的标准，估量中国已有的文化，是这个运动的特殊色彩。我们知道判断一件事的是非和价值，要有一种合理的标准。以前我们对于中国的文化，只有感情的拥护，是不能批评，不能估价的。现在，我们知道对于中国文化适合人生的一部分，固然要保存，而无用不适的一部分则要改革。我们用科学态度，来分别何者为适宜，而有保存之价值；何者为糟粕，应当予以淘汰。以前认为天经地义的圣经贤传，现在却要用科学的度量衡来重新估价了。从前孟子以为无父无君便是禽兽，现在我们依旧有父，但无君却也是事实，而我们并不曾变成禽兽呀！从前以为男尊女卑，女子不准有才有学，故谓女子无才便是德，女子不准出闺门。现在用新标准来看，女子的才力，与男子同样的可以发展；男女子同是人，女子便应该与男子同样有享受教育与一切公民权利的资格。我们不能教四万万中国人的一半，成为装饰品，成为弃材。举凡这一类的旧道德，旧思想，旧制度，都要放在科学审判台上，下个总检阅。

因为用合理的标准估量全部中国旧文化，便引起了多少中国社会问题的讨论。以前以为是当然的事体，现在用显微镜和望远镜一看，都变成问题了。譬如工人问题，以前雇主压迫工人，榨取工人，是认为应该的，当然的，现在便晓得这是最不合理的事。过去不合理的制度，我们都要加以严正的批评。这是新文化运动一贯的态度。

（二）新文学表现新人生　关于这一点，是非常重要的。我们的思想，是要用文字来发表的，但是中国传统发表思想的文字，早已不适用了；换言之，中国已经失去了发表现代思想的工具。诸位大概都受过这种痛苦的，在书房里先生教你读非明白说文训诂不能懂的经书，当时只晓得高声大嚷，而不明白他的意思。要学这种过去的文字来写现代的思想，简直是不可能。所以几千年来中国文学界的成就，只有陈陈相因，气息奄奄。官厅出一个布告，不是用佶屈聱牙的古文，便是用华丽典雅的骈文，他的本意是要大家知道，而结果大家看不懂。你要说话却去说古人的话，怎样能表现你自己活泼泼的思想呢？

所以新文化运动便要提倡国语文学，以表现活泼新鲜而切于人生的思想。举个很普通的例子：诸位把陈寿的《三国志》，和罗贯中的《三国演义》对着看，到底那一部书有生气？陈寿《三国志》中的人物，是死的，单调的；而在《三国演义》中，则关云长有关云长的性格，孔明有孔明的神气，各不相同，但各人都是生动的，是活的。我们以前以为做白话的人因为不会做古文，所以来别开生面，用取巧的方法；现在存这思想的恐怕少了。欧洲民族文学建立的过程，也是这样。即以德国而论，以前德国是宗奉拉丁文的，不但艰深难学，而且不适于表现日耳曼思想。以后德国由马丁路德用德文来译《圣经》，使德文普遍化，再由哥德、席勒诸位文学家加以纯熟化，于是德国的本国文渐渐成立。这不仅是为普及教育和思想，乃是要大家从文学里了解人生；不但了解，而且了解得更真切，更新鲜，更生动。有这种切合于人生的文学，才能表现出新思想，新人生；有这种切合于人生的文学，才有新的民族精神，解放出来。

（三）新态度促进新社会　用新标准来估量旧文化，还是不够；提倡新文学，初期不过是改变思想的工具，但其目的却是要促进新的社会。促进新社会最重要的条件，是要有新的人生态度。中国传统的人生态度，如老子的无动为大，庄子的虚无思想，同现在动的社会，有为的社会，是不合的。人家来攻击你，来侮辱你，你还不动，不抵抗，不挣〈扎〉，你像病人卧在房中，直让强盗夺取你的财产，支配你的生命，这成什么话说？更如儒家乐天知命，随遇而安的态度，佛家涅槃消极，否定现世的态度，在中国人中都很流行。更如独善主义在中国，尤其通行无阻。"各人自扫门前雪，休管他家瓦上霜"，以此为口头禅，无怪中国人没有团体的动作，没有合群的习惯，没有合作的道德。在英法等国，如果有人跌倒在马路上面，大群的人便来扶起他，安慰他，送他到医院里去，或是送他回家去。在中国，如果有这样的事发生，大家只在旁边哈哈大笑。我们民族，散漫到这样程度还行吗？外国社会个人之间互助合作的，中国却是独善其身的，自私自利的，这种态度不改，民族根本没有希望。中国的做官人，所带个人和家族利益的观念是很浓厚的，升官发财，显亲扬名，是中国官僚最高的理想。西洋则不如此。西洋的做官人，虽不会完全由于利他之心，然大部分的人，并不是因为经济冲动而做官的。他们要发财的到工商界去了。正所谓"争名者于朝，争利者于市"。而中国做官的则要"名利双收"，世界上那有这好的事？如美国驻英大使，其薪金不够开支，每年要赔十五万美金，是美国公传的事实。大使做了四年一任，要赔六十万元；如果随着总统连任，则八年就要赔一百二十万元。假使做官出于为钱的心理，谁又肯干此傻事？以上不过是个极端的例子。总之西洋人做政治事业，不纯粹由个人经济观点出发，中国则以个人及家庭为中心，鲜有以国家及社会为念者。我们要中国政治社会进步，不可不把这种态度根本革除。诸位都是从事革命工作的人，如果为个人利益去革命，则与军阀时代的精神有何差别。不！诸位是要把生命贡献给国家的。不但诸位应该这样，全中国的人民也应该这样。

以上略言新文化运动的特质，兹再略叙这个运动经过的概况：

北京大学，后［以］前也是一个腐败的学校，在京师大学堂时代，进士馆里，差不多每个学生有个当差。上课铃打了，由当差来请"老爷上课"。民国初年，北京出名的八大胡同里，有两院一堂之称。两院是参议与众议院，一堂便是京师大学堂。到民国六年蔡元培先生长校，以人格的影响，变更这个风气。他教训学生，来北大求学，不是为将来升官发财而来，也还不是为个人求学而来，是要为国家为民族着想，要负起贡献世界文化的重要使命而来的。所以那时的北大，气象一变。他更以广大的态度，集合了当代许多学者，在那里研究讨论哲学，文学，人生以及各种社会问题。文科教授办了一个杂志叫《新青年》，高揭文学革命的旗帜，已经够触目了；还要讨论社会问题，对于不合理的制度，予以抨击，在旧社会的人看起来更是大逆不道。不久学生中我们一班朋友，又办了一个月刊叫《新潮》，以"初生之犊不畏虎"的精神，支持这个主张，更为积极，于是愈触犯了卫道先生们的大怒。大家知道封建的残余势力，是以北方为根据的。军阀是有一班无聊的文人和老朽做卫星的。他们在道理上不能争胜，于是想用他们的护法金刚，以暴力来压迫，来摧残。但是态度谦和而主张刚毅的蔡先生，始终不为所动，公开的发表了一封《答林琴南书》，为新思潮张目。他们骂我们是洪水猛兽。蔡先生又发表一篇文章，叫《洪水与猛兽》，主张以新思潮的洪水，来驱逐军阀的猛兽。在当时的环境之中，这是何等伟大的魄力！《新潮》以一个大学生的刊物，第一期出版不过一月，竟至三版，销路达到一万。自从五四运动发生以后，社会观念转变得非常剧烈，于是新文化运动更为澎湃。这两个大运动性质虽然不同，精神却是一贯。说是五四运动是由新文化的刺激而生，也不是过分的话。那时候这一班主张文学革命的教授和学生，更觉得批评和研究当代政治社会问题的重要，于是又合办了一个小型周刊，叫《每周评论》，专以短小精干的文字，讨论国际国内的现实问题。这是一个当时很有力量的刊物，风行一时。总理是主张革命要先革心的人，他又是最能领导时代的人，于是他就教戴季陶先生集合同志，在上海办了一个《星期评论》，以新文化运动为主要的目标，而兼及政治问题。于是南北两个刊物，正如桴鼓相应。总理在这期间，更潜心他思想的系统工作，完成了他的"孙文学说"、"建国方略"和三民主义的深切研究。他又教胡展堂、朱执信、廖仲恺诸位先生办了一个《建设》月刊，更发挥他建设性的主张。他们和北大几个刊物的主持人常常通信，而且在刊物上有讨论的文章发表。当时"孙文学说"和《建设》只有很少的几份流传北方，也只有北大这几个刊物敢公开的响应。总理对于新文化运动和五四运动是非常重视。只看他在民国九年《致海外同志书》中说：

> 自北京大学发生五四运动以来，一般爱国青年无不以革新思想为将来革新事业之预备。于是蓬蓬勃勃，发抒言论，国内各界舆论，一致同倡。各种新出版物，为热心青年所举办者，纷纷应时而出，扬葩吐艳，各极其致，社会蒙极大之影响。虽以顽劣之伪政府，犹且不敢撄其锋。此种新文化运动，在我国今日，诚思想界空前之大变动。

这便是总理对于新文化运动正确的评价。

至于这个"思想界空前之大变动"所发生的影响是怎样呢？作兴时代远些，更要看得清些；但在今日来看，至少有以下四种：

第一是为中国树立一个新的学术风气，为学术界开阔广大肥沃的田畴。以科学方法整理中国旧学问的成绩，实在不算坏，这是有许多事实可以证明的。吸收西洋的文化，也逐渐到了含英咀华的阶段。许多科学研究的工作，尤其是纯粹科学研究的工作，也在这时候开始。哲学的研究，是从这时候起首的。只有在这个精神之下，中西文化将来才能得到真正融和，以产生新的世界文化。

第二是为新文学打下了理论的基础，为近代中国人提出了一种表现近代人生的工具。这对于精神上和思想上解放的力量，非常重大。虽然现在还不曾看见伟大文学的作品产生，但这是时间问题。只要大家继续努力，是不愁没有的。至于教育因此大大的推广，民众所得的福利真是大极了。使中国人民在知识上的进步，不知道提前了多少年。至于自从小学和中学采用国语教学以来，幼童和青年脑力的节省，精神上痛苦的减少，更是不消说了。

第三是批评旧的社会组织和风俗习惯，引起了社会里许多观念和机构的合理化。单就妇女解放问题来说罢。在当时提出这问题，在卫道先生看来，简直是离经叛道；在法律上巴不得把提倡的人判一个诱拐的罪名，监禁几年。但结果是无数的妇女同胞，得到了幸福。大家不要忘记，女子教育，尤其是女子高等教育的扩大与加速，是新文化运动以后的现象。一种观念改变过来，是在社会上最有影响的事。其余经观念改变后而进步的社会现象，也就不必列举。

第四是加速国民革命运动。在军阀和旧势力的巢穴之中，抨击军阀和旧势力，这是"不入虎穴焉得虎子"的办法，所以影响格外普遍。在当时当地的人，是要有点勇气才敢做的。参加新文化运动的人，当时不见都是革命分子，但是他们散布的却是革命的思想。只就一件事来说罢。因受新文化运动和五四运动的影响而投身国民革命的分子，要有多少？有多少黄埔的同志，坦白的和我谈起，说他们都是在中学时代受到这两个运动的影响，以后到黄埔去从军的。好在这个潮流，总理已有定评，我也何须多说？

有人以为新文化运动是中国的启明运动，等于欧洲十八世纪的启明运动（Enlightenment movement）。这是很相似的。也可以说是新文化运动是欧洲文艺复兴运动（Renaissance）与启明运动合而为一的运动。就人本主义和对于古代文化重行评价一方面来说，则新文化运动颇似文艺复兴运动。就披荆斩棘，扫除思想和制度上的障碍，及其在政治社会上的影响来说，则颇似启明运动。有人说他当时破坏性的工作太重，也是当然的。没有伏台尔（Voltaire），卢骚，第笛卢（Dideiot），达能泊（D'Alembert）一班人的工作，那有近代欧洲的文化和政制？德文称启明运动为扩清运动（Aufklärung），是一个很有意义的名词。不除荆棘，那有嘉禾？收获的情形如何，却全看以后继续的努力了。

新文化运动不过为近代中国做下了披草莱，斩荆棘的工作，开辟了一条思想的大路。至于整个的文化建设，决不能希望他于短促的期间完成。即如一般国民的新人生态度之确立，还得要有相当的时候。而且思想道路上的荆棘，是随时可以产生的，所以就以扩清工作而论，大家也还得继续努力！

不知时不能论世。这是历史学上的名言。不知新文化运动产生的时代和环境，不能对新文化运动加以正确的批评。

知难行易学说的科学基础*

（1931）

（一）哲学观念与人生

（二）"孙文学说"的背景

（三）科学态度之必需

（四）"知难行易"与"知行合一"

（五）何谓"行为"及"知"与"行"之分别何在

（六）人类文化演进的三阶段

（七）从心理学证明"不知亦能行"（1）本能（2）反射弧（3）习惯（4）情操［绪］（2）［（5）］下意识动作

（八）知的性质

（1）准确性（Exactness）（A）错觉之避免（B）幻觉之避免（C）讹传之避免

（2）完备性（Completeness）（A）完备的张本（Data）（B）精密的审察（C）正确的判断

（3）进展性（Evolution）（A）进展的宇宙与人生（B）进展的经验与知识

（4）小结——由知的性质断论知难

（九）能知必能行：

（1）科学上的因果与条件（Law of Causation and Conditions）

（2）社会现象之经验的共性（Uniformity of Experience）

（3）人的意志为社会现象之重要条件

---

* 录自《文化教育与青年》，重庆商务印书馆 1943 年 3 月版。本文未能考出具体日期和原文出版处，但考出作于 1931 年。

（4）求知的重要与能知必能行

（十）求知的要诀：

（1）经验之无限扩充

（2）知识之不断进展

（3）在"行"中求"知"

（4）真知必能行

（十一）总结：

（1）总理学说与现代科学之一致

（2）求真知贵力行

（一）哲学观念与人生

我们知道，总理孙中山先生的一切学说，及其一身为人和努力革命事业的态度，俱由一根本观念出发；这个根本观念，中山先生自己称为"孙文学说"。中山先生认为要打破中国数千年来传统的观念，使中国人个个能建立一新的做人态度，或新的人生观，非树立一新的哲学理论不可。故中山先生乃有"孙文学说"之确立。"孙文学说"，即"知难行易"学说，亦即中山先生新的哲学理论。

凡任何一件事体，皆有一种哲学，为其出发点。从广义讲，哲学可以说是一种态度，不必一定视为一极奥妙的东西。原来，哲学有深浅之分，有经过系统研究与未经过系统研究之分，有正确与不正确之分。但人之一生，各有其行为的态度，有其人生的态度，有其对于宇宙的态度。凡此种种态度之中，无形间即包含有哲学的道理。如美国哲学家哲姆士（William James）在他的著作里面引过一句话，说"牧童你有哲学吗"这问牧童有无哲学的话，看去似乎近于滑稽，然而绝非戏语。其真义，即在表示哲学是一种极普遍弥漫的道理；在任何细微的社会现象中，都可以发现出来。

（二）"孙文学说"的背景

中山先生之伟大，不仅是因为他对于现实问题，即政治问题，有主张；乃是因为他想以一种哲学思想，去影响中国整个民族在行为上的变动。故中山先生不仅为一个政党领袖民族领袖而已，他是一个有伟大哲学思想作其基础，而从事于革命事业的思想家。中山先生自民元以后，发现中国民族的病根所在；知道他的主张之所以不能实行，完全由于一般人深受了一种传统观念的影响，不相信他的理论，这就是因为大家都守住知易行难学说的缘故。所以当时都说中山先生的主张是空想，甚之于诽谤他为"大炮"。并且，当时还有"孙理想，黄实行"的话。所谓"孙理想"者，就是中山先生的主张，为不能实现的空洞理想。至于"黄实行"者，乃指黄克强先生是实行家而言。当时一般人不明白绝无真理想而反不能实行的道理，所以就发生两种趋势：一种是信仰中山先生的理想，一种是佩服黄克强先生的实行。在当时，中山先生有很多主张，如中国须建二十万里铁路，即是当时受指摘的理想之一。这个主张，本来是极普通的一回事，我们看近代各先进国家，那一个不是有多少万里的铁路，并无若何奇怪的地方；乃当时的人，则谓这是不可能的理想，而称中山先生是"大炮"，此可见当时风气是如此的难于转移了！当时的人，不敢有高的理想，只看见眼前的事实。并且有许多党内的同志，因此背叛，所以当时中山先生很觉痛心。他认定中国民族的传统哲学观念不打破，则他的一切主张，均难实行。那时，陈英士先生给过黄克强先生一封信，列举事实说明已往历史的错误，皆因党人不相信中山先生的主张，和不能实行中山先生的主张的缘故。总理曾经将那封信，印入他"孙文学说"之中，深认中国民族的哲学观念之应急待改革的必要。这就是酿成"孙文学说"的背景了。

(三) 科学态度之必需

几千年来，中国人受了"知之非艰，行之惟艰"这个学说的影响，无形中造成一种普遍的哲学观念，养成一种"无动为大"，不愿从事实行的心理。这种学说，实与近代科学研究的结果相反。须知近代科学的方法，乃系先设假定（Hypothesis），而后到实验（Experiment），而后有实证（Verification），经过实地证明之后，真理方可确立。循着这个步骤，不特可以补助已往经验的缺陷，并且因之而能发展新的理论。如不经过假定，实验，实证，而后确定真理的步骤，则西洋的全部科学，亦无发展的希望，且无以建立动的文明。

（四）"知难行易"与"知行合一"

王阳明倡"知行合一"之说，谓"知而不行，不得为之真知"，极力主张知行须合一，自有真理。现在一般人乃以为与中山先生"知难行易"的学说，完全反对，其实不然；因一则为难易问题，一则为同一问题。我们的研究，是重在难易二字。讲到"知"与"行"的问题，应该从心理学上去讨论。本来"知""行"均系同一本质，不过在发展的程序上，是有难易之分的。此种"知"同"行"的难易问题，可由哲学或认识论方面求证明；或者由人类学及社会学方面给以解释。由前者——就是由哲学或认识论方面——去证明，恐太抽象，不易明了。由后者——就是由人类学及社会学方面——去解释，则例证太多，举不胜举，而他人于反证方面，亦可找出许多事实，反足以增加辩论的纠纷。

中山先生以饮水为证，以用钱为证，以作文为证等等，即系以社会事实做根据。戴季陶先生的著述，亦以政治现状之例证为多，未曾涉及这种学说在纯粹科学上的基础。

还有许多普通科学的现状，可以佐证的。如中国以前绝无系统的近代自然科学，但有许多实际应用自然科学原理的现象。如水夫挑水，恐水外溢，则放一木块或一片荷叶于水面。从物理学上讲，这是适应水的波动减少的紧张性，正合乎表面张力（Surface tension）的原理，而水夫则绝对不曾知道。又如北方卖菜的人，冬天怕菜冰冻，就把菜放在地窖里；如在地窖中还会冰冻的话，则于菜旁放一担有水的水桶，菜就不会冻。这正合乎物理学上隐热（Intent heat）的道理，而卖菜的人并不知道。这类的事实，不胜枚举。这是科学发达史上的例子，我不过附带的引到，也还不是以科学原理来证明"知难行易"学说的本身。

（五）何谓"行为"及"知"与"行"之分别何在

"知"和"行"是心理学上的问题。心理学是近代发展的纯粹科学，所以我们专向心理学方面来讨论罢。但我声明，我绝不是专讲行为学派的心理学，因为行为学派的理论，多少有些偏狭的地方。但无论心理学中何派学说，都当注重"行为"的问题，而且必须根据科学的研究来讨论。

人类的行为，无论是已表现的，或未表现的，都是"行为"（Behavior）。即内心的动作与外肢的动作，都是整个宇宙系统内真实的事（Event）。就哲学来讲，构成宇宙的因素，都是"事"，都由不可分割的空间和时间相合而构成。电子的发射，与思想的动作，都是同样真实的。不过各事的关系不同，事与事间的交互点不同，所以有各种现象的差别。所以"知"与"行"在本体上也是一样的，不过因关系和交互点不同，凝合的程序不同，以致表现出来，有区别罢了。所以"知"乃是"内动的行为"（Implicit behavior），"行"乃是"外发的行为"（Explicit behavior），一切"行"和"知"，在本体上一样；只是"行"到了相当的阶段，便加上另外一种关系，便发生一种"觉性"，由此"觉性"，发生新的认识，使成为"知"。这种新加上的关系，必须行为进展到相当时期，才加上的。往往是由反想的动作加上的。有时候，即加上这样动作，还不能得到相当的"知"，可见"知"是不容易的了。

（六）人类文化演进的三阶段

中山先生谓人类文化之演进，分三阶段：（一）"行而不知"时期。在此时期的人，浑浑噩噩，行了多少而尚不知。（二）"行而后知"时期。此时期经过许多的"行"以后，能从行的经验里，抽出多少原则，发明许多原则出来，这真是进步多了。（三）"知而后行"时期。此时人类于未行以前，先是充分求知，细心考察，研究，准备，知道明白，然后再去实行。如工程师一样，先研究建筑工程等学，然后考察实地工程情形，再须劳心焦思，制成图样，然后再招工运料，开始建筑。这是知而后行的办法，这是科学时代的办法。

（七）从心理学证明"不知亦能行"

就整个社会进化而言，是如此；就个人的行动而言，也是如此。个人许多基本的行为，是自己并不知道其所以然而发出的。且从心理学里，抽出几种来讲：

（1）本能的动作（Instinctive action）　　所谓本能，就是人生不学而能的动作表现。如初生婴孩，即知吸乳；睡在摇篮里，即知向光；这都是没有人教过就会的。人长成后，许多的活动，都建筑在这种的基本动作方面。现在虽然有一行动派的心理学家，否认本能；但是否认的动机，还是在否认以前许多心理学家，以本能为一组单独的个体，并且把本能分为若干种别的学说。于是近代有许多心理学家，为避免两方争执起见，不用"本能"（Instinct），而用"本能的"（Instinctive）这个名词。无论叫他什么名词都好，至于这种不学而能的基本动作的表现，乃系事实的现象，不可否认的。

（2）反射弧（Reflex arc）　这种动作，心理学叫做反射动作（Reflects）。只要有三个神经原（Neurones），即构成反射弧。一个是输入神经原（Afferent neurone），由脊髓传入中枢神经原（Central neurone）；由这个联络，达到输出神经原（Efferent neurone），由最简单的反射弧，构成最复杂的动作。譬如拿一根烧热了的铁针，和手指一相接触，手指立刻缩回。这是就最简单的而言，至于若干个神经原合并的动作，自然更要繁复得多。

（3）习惯（Habit）　"知之而不著焉，习矣而不察焉，终身由之而莫知其道。"最后两句，便是习惯作用了。我小时候，有一个亲戚住在家里；我每日晚饭后，必到他房里去坐；以后这位亲戚搬走了，我每日晚饭后，不知不觉到他房里去一次，看见房门关了，重新退回，日久方能打破这种习惯。又如吾人常走之路，其凹凸高下，久而惯熟，于是在走路的时候，凡起足落足，不假思索，自然能发生极安全的动作。所以习惯是很重要的，因为他在无形之中，支配人的行为。俗语说"三岁看大，七岁看老"。又说"小时偷针，大时偷金"。这都是表现习惯的重要。哲姆士在《心理学原理》（The Principles of Psychology）一书里，有"论习惯"一章，极为著名，可以参看。他引了一件故事，说一个马戏班子所养的一只老虎，忽然出柙，四处咆哮，不可制止；想尽方法，都捉他不到；后来马戏班子的主人，想了一个方法，把养老虎的笼子担出来，老虎一见，便摇尾贴耳的走进去。这可见习惯势力之大了。

（4）情绪（Emotion）　近代心理学中，发现过一种新颖的情操〔绪〕学说，就是"哲姆士和郎格的情绪说"（James-Lange Theory of Emotion）。大意就是说：情绪是身体感觉的表现。肌体受了刺激，发生复杂的感觉（Sensation），发为行动，而情绪以生。譬如一个人遇着老虎便逃，不是他知道害怕而逃的，乃是他先逃而后知道害怕的。因为这种由逃而生的身体上的变化，构成他紧张的情绪，使他不自然而然的发生害怕的心理。这话骤然看去，似乎与常情相违背，在科学上则有许多实验的证明。近代也有心理学家如夏云顿（Sherrington）等反对此说，但是主张此说的也自有人在。中国书上所谓"张脉奋兴，阴血周作，进退不可，周旋不能"。正是这种情绪动作的绝好描写。

（5）下意识（Subconsciousness）　下意识的动作，是动作的人不明白知道的动作。积下的记忆，似乎已经忘了，但是到适当环境之下，仍然能够积极活动，支配人的行为，使被支配者有许多动作，简直自己莫名其妙。譬如我记得小时候家里有一个厨子，半夜里起来挑满了两大缸水，约有七八担之多，但是第二天醒来，自己甚为惊诧，说是"世界那里来一个这样的好人，昨夜为我挑满两缸水！"至于近代所谓"心理分析"的学问，正是研究下意识问题的努力。催眠术的利用下意识，更不必说了。

（八）知的性质

我们既然明白心理学上所谓"本能的动作"、"反射弧"、"习惯"、"情绪"和"下意识"等项产生的基本行为，足以说明不知亦能行的原理，现在我们要追问下去的便是知的性质究竟是什么？知的性质，共有三种。第一便是准确性。我们所谓知，当然不是随随便便"自以为知"的知，或模模糊糊"强不知以为知"的知，知一定首先要具备准确性。在科学发达的现代，以前多少的传说，多少的迷信，多少不明了不准确的附会和推断都要扫除净尽，求出准确的"真知"。心理学已经告诉我们，有许多场合，使我们容易发生错误，不能得到真知。第一就是"错觉"（Illusion）；普通一般人的知识，很多是由此而来。譬如说"杯弓蛇影"的故事罢。因为在朋友家里吃饭看见杯中的弓影，便疑是蛇而生起病来，以后再看清楚，才知道是弓影，病也因此好了。这个普通的故事，很可以拿来做"错觉"心理现象的代表。错觉便是误甲为乙。错觉是最容易使人的知识失掉准确性的。第二就是"幻觉"（Hallucination）。要明白什么是幻觉，请先举两个例来说明：我从前有一个朋友在美国做博士论文；因为用心太久不免头脑昏倦，有一次有人请他到某处讲演，他已经坐上美国的火车，却看见许多的中国人熙熙攘攘从他前面经过，其中有许多是苏州人挑着小菜豆腐之类在卖，并听见他们乱讲着苏州话。他这样的经过了一段不短的时间，才清醒过来，知道自己是坐在美国的火车上。此外，我还听说曾经有一个研究生物学的人，某天夜间，无意中发现许多许多的鬼头在他自己书桌上滚来滚去。定神一看，却没有了。我们中国平常讲起鬼的故事来，也类多如此，大概都由于人之神智仿佛所致。像这样"无中生有"的情形便是"幻觉"，和"误甲为乙"的错觉，同样是容易使我们的知识陷于错误的。由上面所述的两种心理状态，便可以看到我们有许多的知识，如果说是完全无所知，既不见其然，如果说他是真知，却又远离事实。再有"以讹传讹"也是通常习见的事实。传说和讹闻在物质科学里比较容易断定，因为我们可以随时利用种种人工的设备予以试验；只有在人事方面的讹传，便比较难于纠正了。譬如通常对政治上的种种谣传，种种揣测，多半是似是而非的，我们既无法可以绝对否认，更无法可以为之证应。又如中国人谈鬼的也最多了，然而在座的那个真正曾经活见鬼？要是我们追问普通一切鬼的故事，往往都是由某家老太太，老姑太太，甚至于是身心变态的人传出来的，如何可说是什么知识。现代的知识，一定是要科学知识，就是要淘汰过去种种不正确的知识后而铸成的可资实证的知识。一言以蔽之，现代的知识，一定是要有准确性的。

知的第二个性质便是"完备性"。普通人往往"知其一不知其二"，或以一部分的知概括全部事物之真象。错误的危险，往往由此而生。所以现代的科学研究，必须先搜集完备的张本（Data）以为精详的论断。因为客观的事物，常在不断的进展，其范围既非如我们自己脑海内所想像的天地那样狭小，而我们每个人又常为环境——特别是地理环境和知识环境——所限制，所以很难获得完备的知识。譬如生长在广东南洋各地的人，终年不曾见过雪，便难免不以为天地间没有雪；又如我们常说"天下老鸦一样黑"，苟未将天下老鸦的种类，一齐统计过，似乎也不能遽作定论。所以知识之完备，与个人的环境，经验的范围，关系很大。上面的例，还仅就物质环境来讲，若就知识环境的影响来说，那便更复杂了。一个人若是有了先入的成见，则势必基此成见而对于客观的事物，发生排斥的作用，往往使我们难得比较完备的张本。而完备的张本又为使我们的"知"能完备第一要件。其次，我们求知，不仅是搜到许多完备的材料堆积起来便可了事，我们必更进一步，对这些材料，加以严切的体察，精密的审定，删弃其糟粕，抽释其精华，从而获得真确的知识。讲到材料的审定，无论在那一种科学——尤其在历史的科学方面——是一件不容易的事。平常以为耳闻目见的事物总算是可靠了，然而自哲学言之，皆不过一种感觉的张本。他只够在一定范围，一定关系以内供人审定而已，并不就是最后可靠的东西。德国教授李资特（Liszt）在教室里曾做过一个心理学的实验。他起初不告诉学生将有何动作；忽然由一学生提出关于宗教的问题来讨论，其中有某句话，在另一学生认为是对于他所信仰的宗教，加以侮辱，于是彼此争吵；一个拔出手枪来相恫吓，于是全班的秩序大乱，等了一会儿才镇静下来。李资特教授要在教室诸生把这场争吵的事情，记录作为报告。本来这场事情自教授发问至全班镇静止，共经过了十四个步骤，都是预定的；而记载的结果，虽同在一个教室内，其错误多者甚至百分之八十，至少也有百分之二十五；其情节之增加遗漏者，自然很多。这个事例，一方面可以解释知的准确之难，一方面又可看出知的完备之难。大家都想必知道瞎子摸象的故事，摸着脚的说象如柱子，摸着耳的说象如扇子，摸着尾的说象如绳子，摸着肚子的说象如天花板……各人因经验之不完备，于是各有不同的结论。我们切不可只笑他们是瞎子，也得当心自己的经验，总要审察得准确完备才好。

再次，我们已有完备的张本，又经过缜密的审定以后，若不能加以明确的判断，仍不能获得最后的真知，所以判断又是科学方法中一个重要的步骤。本来所谓科学的训练，就在能搜集事实，识察事实，最后来判断事实。判断的时候，千万不可犯心理学上所谓以意为断自圆其说（Rationalisation）的毛病，这就是依据自己理性之偏见，或特殊之倾向，来随便下判断。我们看到各种知识的错误，差不多都由此种危险的步骤而生。这是要大家特别留心的。

知的第三个性质便是"进展性"。大家都知道知识是动的不是静的；因为知识是由于经验而生，经验既是不断的进展，知识当然也就随之不断的进展。整个的宇宙为一不断的变动，整个的人生为一不断的推演。整个宇宙与人生的系统既然如此，人类的知识，自然也是随着无时无刻不断的在进展。因为知识的推进，乃由于我们对于宇宙间的事物感觉到困难，感觉到问题发生而已有的经验知识不足以应付，于是不得不求取新的经验，去打破困难之所在。所以知识乃由应付环境之变动而发生，而推演无已。好像在前线作战，每一个情报都是依据敌人的行动而来的；敌人的行动变化不已，我们的情报，也就继续无穷。假定这些情报都准确的话，则第二个情报一定要比第一个切合于真实的敌情，第三个又要比第二个更切合，愈是后来的情报愈要值得注意。所以做主将的断不可依据先到的情报说后到者无凭，搁在一边。若然，势必自取灭亡了。人们之求经验知识，亦复如此。如果知识的进展一旦中断，则对环境的应付，和求生存的适应，也立刻要失败了。所以一个人要无时无刻不在求知，知识要无时无刻不在进展。在前的观念往往不能自己永保其真确，也没有一种知识到某一个时代就完止，所以就是历来多少圣哲的学说，也靠后人多少经验来证明和发挥。从以上几种知的性质看来，我们认识"知"不是一回容易的事了，不仅要求其准确完备，还要求其按着整个发展的步骤，进展不已。知识是不停的！没有一个时候可以说那一种知识是最后的知！这番话切望大家认明。

我们在行的方面，虽可"习焉而不察，终身由之而不知其道"，但是在知的方面则要求到正确的知识。知识范围既如彼之广大，其方法又如此之繁难，已如上面所说，那么，我们现在对于中山先生告诉我们的知难行易的道理，也就可以体会出来了。

（九）能知必能行

不知亦能行的学说，很容易了解。但中山先生又说，"能知必能行"，这是怎么说法呢？这话也不是很简单的。从前的科学，都讲究因果律（Law of causation）；认为凡事有其果必有其因，依次追索，因上有因，然至最后，必至无因可追，所以斯宾塞尔（Spencer）也只好把最后因归之于"第一原理"——上帝。到十九世纪后期，大家知道在科学中不能求到最后的因，同时又发觉因果往往相关，因与因亦常常交相为用，因与果也可同时发生，所以到最近科学发展的结果，已不讲"原因"（Causation）而单讲"条件"（Conditions）了。知道一件事情之形成，乃由于若干条件之完备的凑合。这种说法，大都是依据现代科学里"经验之共性"的观念而来。从机械的物质方面来讲，则向天掷一石子，必然下落，无论在喜马拉雅山巅来掷或至吴淞口海滨来掷，无论在欧洲来掷或在亚洲来掷，其结果绝无不同。又如取一炭［碳］（Carbon）与氧（Oxygen）化合，则必成二氧化炭［碳］之气体。这都是显明的经验的共性之例释。至于从人类社会的事例来讲经验的共性，则比较困难，但自数字侵入社会科学的领域以后，人们对于社会现状，常作客观的研究，使吾人认识在一切社会现象中，若是条件具备，也是可以找得出多少共性来的。就是许多历史的事实，也是可以拿经验共性之说来解释的。譬如讲法国大革命：若是君主昏暴如彼，若是宫庭［廷］奢侈如彼，若是贵族横虐如彼，若是僧侣腐败如彼，若是社会经济崩溃如彼，若是天灾饥馑如彼，若再有卢骚学说之传播，和密拉波（Mirabeau）但汤（Danton）辈的奔走呼号，要想大革命不发生，那简直是不可能的事。然则依此解释社会现象，岂非机械的定命论吗？我们却并不主张社会定命论。我们认识种种条件之中还有人的条件存在。这个人的条件是活的，是可以运动其他条件的。所以中山先生在"有志竟成"一章中开宗明义就说："夫事有顺乎天理，应乎人情，适乎世界之潮流，合乎人群之需要，而为先知先觉者所决志行之，则断无不成者也。"所以客观具备的条件虽多，若是无先知先觉能认识清楚，决志行之，也是徒然。有次我和一位国民革命军总司令部的参谋长，谈到某次战役，他的结论是：当两军相接之际，双方面在军事上都有很多的破绽，但对方不善于利用我们的破绽，而我们却每发现他们一点破绽，并作充分的利用，所以我们的兵力虽然不比他们强，却因此终能战胜。这话使我深切的感到人之运用客观条件的重要。总而言之，社会非一副死板的机械，其中个人的坚强意志，及其远大眼光，同为社会进化的重要因素。在同一客观条件之下，遇到但汤辈则成为法国大革命；遇到列宁则成为苏俄的革命；遇到张献忠、李自成则成为明末的流寇。中国若没有中山先生来领导革命，也许不过仍旧演出一套更朝换帝的把戏，也许革命者本身只是将国内大杀一场，但是决不能有创造民国，发动国民革命这段轰烈的经过，为中国几千年历史上开一新页。所以在全部社会演化中，人的意志，尤其是先知先觉的倡导，实在是最重要的条件。但是这是一个最不容易的条件。不然，其他一切的客观条件虽经具备，也是不会成功的。如果有了，则好像炮位的子弹碰针等等一律装配齐全，只要炮手一算距离方向，扳放轮机，就可以发放命中了。

大家或许还要发生一个疑问，说：我们不是都知道要打倒帝国主义吗？为什么帝国主义到如今还没有打倒呢？我觉得这还是大家对于知的本身尚未认清，所以有这疑问。要知道帝国主义，不只是一说打倒就能倒的。正如一个将官不能口说破敌，在纸上谈兵，便能克敌致〔制〕胜一样。所以我们要打倒帝国主义，一定先要能随时洞悉帝国主义和我们自己的虚实准备，然后才能如兵法所谓"知己知彼，百战不殆"。或者有人再进一步说：我们已经知道帝国主义如何施其经济的侵略，如何操持我们的海关，如何利用其破坏中国司法权的领事裁判权而作恶等等罪状，还不算知道打倒帝国主义吗？我说：你如果以为这是知道打倒帝国主义，那我们一定三揖三让地推你到打倒帝国主义的大本营里做参谋长。可是你所知道的，不是如何打倒帝国主义，而仅仅是知道帝国主义应该打倒，但是这已经不容易了。中国受了帝国主义多少年的压迫，到了现在还只有一部分人知道。若是你真要打倒帝国主义，那我劝你还要更进一步。这一步不只是研究经济学，国际法，国际条约，外交史等等科学，还须不断的知道四周帝国主义的国家的内容，他们一切的准备和我们一切的准备，然后才能相机而动，经过长期的搏战，以达到打倒帝国主义的目的。倒数上来讲，必须经过这第三步，才能说是知道打倒帝国主义，第二步不过是知道应该打倒帝国主义，第一步不过是只认识"打倒帝国主义"六个字。世界上没有不知己知彼而可以打胜仗的局面，更没有一举而万事俱备的局面。所以我们总要求真知，求有准确性，完备性，和进展性的知。

（十）求知的要诀

求知的要诀，就是要随时随地增进经验，再从经验中吸取准确完备的知识。因为全部的知识，都是不断的在进展，所以我们绝对不能梦想在某一个时间内，吃下一颗知识万宝丸就可以知识充足，终身受用不尽。像各位在大学读四年书，大学既不能制出知识万宝灵丹教各位吃下，至多也不过把求知的方法和步骤告诉各位，自然各位在知的方面，还差得远。还有，各位求知，不能专在知的方面努力，那是不够的；必须更从行动中随时扩充自己的新经验，发现新困难新问题，从而求得新知识。书本不过告诉前人的经验。我们除此以外，对于四周的环境切身的经验，不可不细心体认。处处要能利用人家的经验，扩充自己的新经验；一定要突破生命过程中一切的困难，去获得知识，这才能得到"真知灼见"。大家万不可故步自封，尤不可知而不行。所谓推陈出新的学问工夫，若是非把推字作"推开"或"推进"解释还可以，不然，是我们不能效法的。宇宙是整个在变动，人类的经验知识也在不断的演进，我们也得要不停的行动才是。所谓行，自然不是盲目的乱动，也不是根据一知半解去胡行，我们必须顺从中山先生所讲的三个步骤，由不知而行，做到行而后知，再进到知而后行。现在各位受高等教育，只是受这第三步的训练。然而要从不行动以求知，则知决不能不断而来。要得坐享其成的知，那真是所谓"痴子望天坍"了，所以我希望大家在"行"

中体会"知",终身在知识上体悟追求,以锻炼出百炼精金的真理来,从而养成健全的理智,远大的眼光,高超的意境,再以坚强的毅力,敏捷的行动,去左右客观的环境,以完成伟大的事业,作进一步新知的实证。

(十一) 总结

是真的知识,必定可行的,这是中山先生给我们的教训。中山先生虽非研究心理学的专家,然而从他的领悟,理解,博学和经验所产生的许多真知灼见,往往与现代各种高深科学的道理不谋而合。我这话并不是有意来附会,只不过表明中山先生之眼光的深锐与现代的科学家相符合而已。

关于中山先生的学说,望各位再继续努力详细研究;现在我所讲的也只是一种新的发凡,指出一条新的研究途径来,希望大家能从这条途径上继续工作。

读标准的书籍　写负责的文字[*]

（1932）

尝听见中国一句古话道："开卷有益"。

这话是对的吗？大大的不见得！开到不好的卷，反而有非常的害处。错误的，不正确的知识，比毒药还要厉害。毒药不过毒坏人的身体，坏书简直毒坏人的心灵。一包毒药不过害死一两个人，一本坏书可以害死无数的人。

所以有"知识责任"的人，不只是盲目的劝人读书，而且要教人读好书——标准的书。

一个时代要产生标准的书籍，必须这个时代著作的人，能够有种著作的道德，去写负责的文字。这两层是不可分离的。

中国古人有著作数十年，还不敢拿著作出来问世的。也有如顾亭林写《日知录》一样，费了许多时日，还不敢写定一条的。西洋那类审慎的作家，自然更是不少。这实在是他们的美德，也可以见得出他们的责任心。因为他们觉得写出一点东西来，第一他们对于知识的本身——真理——负了一种重大的责任；第二对于自己的天良负了一种重大的责任。他们决不肯写出对于真理信不过，天良对不住的东西来，所以他们能产生"不废江河万古流"的著作。

但是我们中国现在许多英勇的作家，那管这些。弥正平"笔不停缀文不加点"，是多么可风的事。胡想也好，乱想也好，错误也好，荒唐也好，只要我能有这勇气写下来，自然会有投机的书店去印，倒霉的青年去买。看见中国出版界风虎云龙的盛况，雨后春蕈的刊物（有人以为

---

　　* 本文作于 1932 年 7 月 19 日，载于《图书评论》创刊号。录自《文化教育与青年》，重庆商务印书馆 1943 年 3 月版。

蕈字是笋字的笔误，我倒想笋还可以成材，蕈则半天太阳一出，不萎缩也溃烂了，所以还是用蕈字适当），谁能够不有"却羡前贤愧后生"之叹呢？

自然也有好些比较成熟的著作，构成光荣的例外，但是拿这些和出版品的总量来比真是少极了。就一般而论，却不能不使人感觉到下面所说的现象：

关于编著的书籍，有一类是草率肤浅，不肯费脑筋写的，使青年读了这类的书千本百本，还是一无所得。有一类是由于著者自己根本不懂用外国标准的书籍，或是知道了而自己看不懂，专靠"重译来朝"，再加上一点自己的一知半解，便弄到一塌糊涂。有一类是著者自己根本不知道自己说的什么话，反故作玄奥以自欺欺人。而读者不懂，便以为其中有莫大的深微奥妙，不敢厚非。如从未读过一本黑格儿原著的来高谈辩证法，于是辩证法便成为太上老君的灵符了。有一类是别有用意，而假借一种科学名义来欺人的。如分明是宣传某种社会主义，偏假托为社会科学的便是。有一类分明是摽〔剽〕窃他人的著作，却觍颜据为己有，如一部讲"甲午战争"的书，里面整页的，接连几十页直抄姚锡光的《东方兵事纪略》，却不曾看见一个引号，想必是手民脱落了罢。有一类引经据典，故炫博雅，却是转引而来，或竟向壁虚造。前几天有一位朋友告诉我，说是有一位做带专门性质的简任官的先生，做了两本《国际公法》，内中说是所引见于某书第几页的，等到向某书第几页一查，简直绝无其事。我想我的朋友一定错了，因为著者所见的国际公法是三千年前的古本！像这样的情形，一类一类的举不胜举，而且都有事实为证，只是现在没有这许多篇幅罢了。

关于译著方面的书籍，也不免有同样的现象。一种是译者根本不知道外国标准的书籍，反而把外国不值一钱的东西，向中国乱介绍。胡适之先生前年告诉我，他在新书店里发现一本书籍，原文是四十年前美国一个皮匠做的一本小册子。不是说皮匠就不能写好书，不过这位皮匠写的只是宣传社会主义的肤浅小册子；外国讲社会主义的也自有权威，轮不到这位皮匠。但是这位皮匠在中国却遇着了知己，他这本四十年前的小册子居然现在译出来了。不过译的文字如此之深，胡先生竟然无法看懂！又有一种是译者自己的外国文太坏，望文生义，信笔直书。有的是不愿意查字典，有的是即查字典亦无办法。最后一种情形我亲眼看见过的。有一位研究元史的老先生要想到英文中去找元史的材料，请到一位先生去翻译。这种眼光和精神，都可使人佩服。但是我看见这位先生翻译这部《蒙古史》的时候，遇着了 In spite of 这个成语，便在 In 字底下注道"在内"，spite 底下注道"毒意"，of 底下注道"的"。于是再从"在内毒意的"里面引伸出一个意思来。可怜这位老先生，竟不知不觉受这"在内毒意的"支配了。还有一种是自从直译硬译的妙用受了提倡以来，这种妙用，更可为不通的讳饰。谁说我不通？我是直译的。根据上面所说愈不懂愈觉奥妙的原则，直译是无怪花冤钱买书的青年所不敢批评的了。于是中国象形的文字，真成了一副七巧板，随意拼凑，随意猜度，都可以见仁见智！有一篇宣告"普罗文学"主张的文字，骂一般"资本主义的文学家"，说是我们一定要"奥伏赫崩"你们。这"奥伏赫崩"四字，我的笨脑筋想不出，后来一位精通音韵学的朋友，一旦豁然贯通，想出了告诉我道，这原来是德文的"Aufheben"，有推倒的意思！这是"普罗"，也就是民众的文学！

出版界的情形到了如此，不但说不到对真理负责，便是天良也恐怕早已抹煞了。天良这件迂腐抽象的东西，本可不谈，但是大家忍看多少有志看书的青年，就永久在这迷阵里面，耗费构成生命的光阴，以致一无成就，白白的受了残害吗？老实说，这种情形，不是政府的力量可以禁止的。事实告诉我们，愈是禁的书，大家愈觉得他神秘，愈要设法找得来读。这只有靠一种知识的力量，社会的力量，无所顾忌，把这些西洋镜一律拆穿，使大家知道内容，那就不攻自破了。所以各国都注重出版品的评论，一面扫除无价值害人类而且害真理的书籍，一面积极鼓励和介绍值得看的标准书籍。

在现在的中国，不但要扫除本国文无价值的书籍，而且要注重防止灌输外国文肤浅而不合相当标准的书籍。万不可教中国人拾到外国人的麦梗，当作王令官的令箭。近二十年来有一件可伤心的现象，就是美国的普通教科书，充满了中国的"学府"。教授讲的美国教科书，学生读的美国教科书，"学者"书架上所常发现的也大都是美国教科书。不错，美国教科书中也有很好的，断不可因为他是美国教科书便存了藐视的态度。至其材料分配的平均，教时计算的准确，文字的清顺明晰，都是他的长处。只是像现在中国许多"学府"里一样，把他当做标准的著作，以为天下之大道尽在于斯，那便酿出大大的错误。方才所说他的长处，也都变成他的短处。最坏的影响，就是养成知识界浅薄的心理。

美国自有精深的学者，标准的著作，能够引起我们充分的尊敬。不过，平心而论，有一部分美国人，特别是在中国知名的美国人（杜威除外），著书真是太容易一点。有些一年一厚本，好像出书的机器。如写社会学的罗斯（Ross）在中国是有许多人知道的，欧洲有一位学者就给他"最知名最肤浅"几个字的考语。如阿格（Ogg）与巴恩斯（Barnes）最近几年来在中国也渐成为"大好老"了。有一个星期六的下午，我在拉斯基（H. J. Laski）家里坐；他曾在美国教过书，对于美国知识界的遗闻逸事，是知道很多的；他的批评又很深刻，词锋又很犀锐，所以他说的话颇足发人深省。他历数某学年某位前辈教授在哈佛大学教某样功课，结果他并未出书，而他的高徒阿格不久就出了一大本著作。某学年另一教授教某样功课，阿格又复如此。这种"述而不作"的精神，殊堪钦佩！他又说，巴恩斯这个人，读了一大肚子的书，但是总不肯细心的批评，充分的消化。你把他所写的多少关于史学史的著作，和谷趣（G. P. Gooch）所写的《十九世纪的史学与史学家》一书来比较。巴恩斯则不知剪裁，不顾分量的比例，只要是他知道的，就连篇累牍的写下去，不知道的，虽然原著者和原书非常重要，却也一字不提。一看谷趣的著作，则某人的地位，在全书中应占多少篇幅，便只得多少篇幅。这当然是靠著者成熟的判断，但没有成熟的判断，如何可以大胆著书呢？就历史方面的著者而论，在中国最出名的便要算鲁滨孙（J. H. Robinson）了。鲁滨孙自有他的贡献，但是他的贡献还是在西洋中古史方面，而不是他近年来继续不断出版的课本。同是差不多的材料，他忽而这样一编，就成为"Development of Modern Europe"，那样一编就成为"History of Western Europe"，再一编就成为"Modern Times"，又一编更成为"Odeal of Civilization"。一碗水倒来倒去，真是讨厌。原来他当年研究中古史的精神已过去了，现在不过把历史通俗化而已，值不得我们什么崇拜（说起来我还听过他的讲）。我这番话也不是攻击西洋学者的个人，尤其不是攻击美国学者，不过是说明学术界中的标准著作与非标准著作，自有分别，不是从一般人看过去的难易和爱憎而定的。非标准著作不只是产生在美国的应当指出来，即在任何国产生的也应当指出来。有位朋友说，"你把标准提得太高了。就我多少年教书的经验而论，现在许多大学生只要肯读，能读你上面所指出的几家书籍，已经很好了，你何必还要求全责备。请杜威来不能请他教实验逻辑，只能请他教教育哲学，请罗素来不能请他教'Principia Mathematica'，只能请他教社会改造原理的国家，还讲得上什么西洋标准著作。你不对我说过在大学试卷里看见'温德华士与查理斯密者近代两大数学家也'之妙文吗？"
我说惟其如此更要提倡读标准书籍，要大家一开眼界，知道知识不是这
样浅薄的东西。"取法乎上，仅得乎中；取法乎中，其将若之何？"

　　我不是说在初学的时候不要读课本，课本自有课本的用处；我只是
说老守着课本而不见知识界天地之大，乃是一件极不幸的事，可以把一
切学问上进的萌芽，摧毁殆尽（至于连西洋课本都不能读，专门看小册
子和ＡＢＣ的大学生，那就根本和知识学问不发生关系，用不着说了）。
性质类似的课本甚多，是读不尽的；无论在那国，比较肤浅的著作，总
是占比较的大量。人生那有许多无聊的时间，费在这里。若是说到标准
的著作，那就不同了。他是伟大心灵的结晶，他是惨酷不停留的时间所
淘剩的遗产。学问固常有进步，但他在进步的流中，有屹然不能毁灭的
价值，——这不只是他在某时代的历史价值，而且是他有永久启发后人
的价值。柏拉图的《共和国》已经二千多年了，现在研究政治学说的人
还不能不读，预料不久什么格特尔（Gettell）等之政治学课本已经被人
用了去盖咸菜罐子，而柏拉国的著作还闪烁的好像星辰。哲学家伍特不
列治（F. J. E. Woodbridge）前十几年在课堂里对学生说，他三十年来
每年读 Locke："Essay On Human Understanding"一遍；每读一遍，
总得到一些新意思。这话真是经验之谈。莫说哲学，就是自然科学也有
类似的情形。遗传学虽是近代进步的科学，但是重读嘉尔顿（Francis
Galton）的著作，还足以令人神往。数学在近代的发展更可惊人，然而
从笛卡儿（Descartes）与莱不尼兹（Leibnitz）诸人的著作里面，仍然
可以得到无穷的启悟。多读几本名家重大的著作，不但是一种知识的训
练，而且是一种知识的修养。我不是注重古书，我只是注重标准书。古
时的标准书要读，近代的标准书一样要读。不过因为时间太近，定评较
难，辨别近代标准书，是比较不容易的事。但是也有补救的方法：如请
求某项学课内的权威作系统的介绍；和留意名家的书评，都是有益处
的。若是和现在许多学生一样，翻开一本书一看，不问看得懂不懂，只
见是一九三一年或一九三二年出版的，便油然而生敬仰的心理；如果一
看见是一九二〇年出版的，便说"旧了旧了"，望望然而去之，——若
是对于研究学问的态度如此，那我在本文所说的一切都是废话了。

　　我总想青年的时间精力，特别是有志向学的青年的时间精力，应当
宝贵，应当让他循着经济的方法，费在有益的书籍，有效的研究里面。
不然，徒费了许多生命的质素，民族的元气，反让青年脑筋里装满了许

多错误的，肤浅的，半生不熟的思想，是多么可悲哀，可害怕的事。所以要负起知识的责任（Intellectual responsibility）来的人，应当集中力量，努力以下几件事：

（一）征集中外学者意见，按照学科门类，选定标准书籍，列表公布，予有志研究者以正当的路径。

这种书目，如果精当，一定有很大影响的。不看张之洞的《书目答问》支配了中国学术界几十年吗？

（二）有专刊批评和介绍书报，即普通定期刊物，也可以多附书评。遇着好书应当提出内容，详细介绍，引起读者的兴趣，进一步去读原著。遇着不够标准，不负责任的文字，应当请一班人，预备好铁扫帚，破除情面，把他们打扫个干净。

（三）由国家或负责文化机关，以不谋利的动机，来编译标准书籍。可用悬奖征求稿件方式，如有特殊稿件，即予以重大奖金，仿佛诺贝尔奖金一样。在国家与读者既得标准书籍，为大学教授计亦可少兼课兼事，谋正当学术事业之发展与竞争。

只是有两点要青年自己努力的：第一是要肯看书，不要把宝贵的时间精力浪费在风潮打架上面。第二是要能看书，那就非把外国文和工具的知识准备个充分不可。读外国文不是做帝国主义的走狗，这话想来是不错的。德国的中学和大学里注重英法文，英美大学里注重德法文。在学术很发达的国家，还是感觉到本国文的书籍，不够供专门的研究，何况在学术贫乏的中国。所以像这样工具的准备是省不了的。若是青年不肯安定下来，准备工具，专心治学，那又是什么都谈不到了。

我想我们所希望的事，不是绝对不能实现的，只看我们能不能转移风气。为青年，为民族，为学术，为真理，大家应当努力造成一种读标准的书籍，写负责的文字的风气！

中国若要有科学，科学应当先说中国话*

（1932）

记得当年在德国的时候，看见《哥德全集》里有句话说："德国若要有科学，科学应当先说德国话。"

原来在十八世纪的时候，德意志民族从所谓野蛮民族蜕化过来还不久，科学的基础还说不上，凡是在宫庭［廷］里和受过高等教育的人，都以说法文是自己文化修养的象征。拉丁文的演说，是牧师所必会的一套；大学生毕业的口试，最好用拉丁文应对。一直到十八世纪末叶十九世纪初叶经哥德、席勒的努力，和以后许多科学家，哲学家，文学家直接拿本国文字来应用的结果，德文才成为德意志民族酝酿和发展学术思想的文字，也就是酝酿和发表近代德意志民族文化和民族精神的文字。可见循着这条轨道演进的，还不只是科学！

但是近代科学文化占民族文化的重要部分，而近代科学在中国可是外来的种子，在我们自己的园地上还未曾根深蒂固，所以我想起中国科学的前途，不禁发生和哥德同样的感想，虽然不一定能希望得到自十九世纪中叶到二十世纪初叶德国在科学方面的收获。这不是感情的话，也并不是被民族感情冲激而发的话。这话里自有科学的理由。

思想和符号关系的密切，已经是许多心理学家，哲学家和人类学家所公认的事实，也是近来他们积极研究的问题。这种关系，密切到这般地步，甚至于没有相当的符号就不能产生某种思想。某种符号的不完备或不适用，竟致使某种学术不能发展完备，或是迟延其产生。希腊文宜于表现希腊的哲学思想，拉丁文宜于罗马法律条文的应用，已经有过专

---

　　* 本文作于 1932 年 10 月 4 日，载于《图书评论》。录自《文化教育与青年》，重庆商务印书馆 1943 年 3 月版。

家的定论。中国的事情，特殊的很多，我也不敢说得一定。恐怕苍颉老翁的创制，不适宜于在中国有牛顿、莱不尼兹和劳不杰斯基诸位的高深数理科学的产生，也是一个相当合理的推论罢！

思想不只是运用死的机械的符号可以构成的，也不是和过去心理学家所想像的一样，画一个脑袋，指定某部分是智，某部分是情，某部分是意，于是再咬定智的部分，教他产生思想的。近代心理学告诉我们，一个人的思想，不只是全脑的工作，而且是全身的工作。一种思想的产生，不只是纯粹概念的运用，其中还有情绪的成分夹在里面。不只是思想唤起情绪，而且情绪更可以唤起思想。凡是文字的符号里面，总留着不尽的情绪遗痕，或是包含着唤起情绪的联想的因素，于无意识中，酝酿出创获的思想来。

带着情绪最丰富和联想最充分的文字，自然要推本国文字。华勒斯（Graham Wallas）所谓"为我们具有情绪的联想，很易于引起新的活泼泼的思想来的"文字，当然本国文字最能备具这种资格。文字还要被运用得最熟，才能使运用者从熟中生巧。文字必须是潜伏在下意识里的，才易于酝酿出新的思想来。况且每个有文化的民族的文字里面，总带着他民族里特殊的知识的流风余韵，为外人所不易充分领略的，这于知识的保持和进展，也有重要的关系，不可忽视。

从上面几层理由看来，可以知道一个民族要把科学思想并为己有，一个民族要谋自己对于学术文化的新贡献，则非先谋运用自己语言文字的符号，来做工具不可。向人家借贷来的，总不能得心应手。纵有极少数经过长期训练的人或可办到，也不能期望于一般有心研究学问的人，都可如此。语言文字本是整个民族生活的一部分，也是形成民族性的一部分，因为他是融洽在民族的下意识里面，不可分离的。要本国真有科学的基础，必须使科学的思想，都有本国适当的语言文字，可以表现出来，逐渐的流入民族下意识里面，不知不觉无时无地的不在酝酿不在运用。必须如此，科学在这个民族思想里面，久而久之，才能生根，才能发生自己的科学。不然，总不过飘蓬断梗，断无含苞结实之可言。

但是现在中国科学界关于学术思想的情形是怎样呢？这种近代的科学，本非固有，以前已经说过。现在把他移植到中国来的人，虽然有很好的志愿，却没有很好的方法。只顾运输，不顾栽种。只要求一般人先读好外国文字去学，不设法把他的根基，培养在本国文字的土壤里面。我们有时已经感觉到要用外国文字去想，想到后不能得适当中国文字去表现的痛苦（这点我自己有时也深感惭愧）。但是我们还能勉强运用外国文字去想；至于强迫一般稍读外国文的人这样去做，则几乎是不可能的事。于是顿成一种生吞活剥，格格不相入的病症。昔人有所谓食古不化，近人乃至食洋不化！

这种知识的不消化病，实际上还是知识的懒病。这种病症，由来多年。一般留学生回国任教者（自己也在其列），不肯把舶来的科学，从本国文字中求表现，实在是重要的原因。此项工作，本不容易做，但是也不是绝对不能做。一种文字，在最初表现外来的学术思想的时候，自难刚刚恰好，若是一再锻炼，也何尝不能运用自如。有几种自然科学，本来有一种国际符号，不必另创本国符号来代替；只是我想不到为什么三角不能说，一定要称 Triangle，蒸溜〔馏〕水不能说，一定要说 Distilled Water，甚至于"自然""所以""于是"这类字，都没用，要用洋文。（自然这是由于方便来的；不过只图方便，便带着惰性。）说到自然科学还有让步之余地，至于社会科学也和本国文字无缘，则真不知道何如说法了。十五年〈前〉北方有一位大学教授，讲经济学是用英文讲的，他"自己编的"讲义也是用英文写的。有一段是征引美国的事实的，他大声念出"Our Country"（我们的国家）来。学生接口问道"Whose Country"（谁的国家），他脱口答道，"Of Course America"（当然是美国）。（因为听说当时是以英文问答的，所以此处请恕我以英文为主体，以存真相。）这是十五年以前的事。现在这种情形，想不至于发现。但是这种用外国文讲授外国讲义的风气，也未能全改。听见上海某大学政治学一课，分为二班，一班是用英文讲的，一班是用中文讲的。据办学的人说，"英文讲的这班，程度要高些!"

用外国文讲授，讲得好也是一件很不容易的事。国内不少这种的人才，值得我们推重。至于外国文学之类，自非用原文讲授不可，我决不反对，而且赞成。至于一般的社会科学，总得渐渐的以中国文讲授为宜。若是长用外国文字，一方面使中文将永无机会去表现社会科学的思想，一方面使社会科学也减少吸收中国材料的机会，逐渐成为中国的产品。至于学生方面则对外国文既听得一知半解，无法问难；即使听懂，也须把外国文经过一道翻成本国文的手续，实须多费脑筋。比方说簿记学的记账，是没有什么不可用中文的。听说十五年前又有一位教授将付 Wool（羊毛）价格二千元，对学生解释道："付 Mr. Wool 二千元"。于是学生全堂大笑。如果讲义上是印的中文羊毛两字，便不至于连先生的脑筋都一时转不过来，闹这场笑话了。（这个故事可以表现本国文字与非本国文字对于人的思想官能上所唤起的直接反应力。以上均就学术方面的现象而言。至于现在学校里通用关于体育的名词，都是英文的。仿佛中文没有"球门"二字，一定要说"Goal"，中文没有"触网"的意义，一定要说"Net ball"，还有"fifteen, thirty"这一套。设如德法等国人听了，真觉得中国是英国人的殖民地！这种现象，确关系民族精神。只是非本文范围所及，故不具论。）

要挽救这种风气，要运用中国文字来写科学的著述，以至于从中国文字里来产生科学的贡献，我以下面的办法，或者有可以供采取的地方：

（一）决定标准的译名　这点对于科学，尤关重要，因为没有标准的译名，则名字所代表的对象，总不能被认识确定和清楚。中国近年来对于这方面的努力，也不算少，但是成效终不见大。这也有几种原因。第一是，译名的人，多好独出心裁，自心裁独出以后，便好坚执己见。我以为这是可以不必的。名字本不过是一种代表的符号；不问他妥不妥，习用以后，自有他适合的含义产生。譬如"化学"这个名词，本来不甚妥当。严复译作"质学"，论理比化学好多了。但是大家习用"化学"，提起"化学"来大家就知道他等于英文所谓"Chemistry"，包括"Chemistry"这名词一切的含义，又何必定要"质学"方妥呢？又如译"Economies"为"经济学"，也是违反中国经济两个字的原义的。中国从前所谓经济，乃是"经邦济世"或是"经国济民"的意思，所以光绪末年还开"经济特科"。但自从"Economies"译作"经济学"以后，"经济学"便承受了"Economics"这个字的一切含义。更何必要成什么"依康老密"呢？第二，是译名和造字似乎过于复杂一点。无论音译义译，总以简单易解为上乘。译音固须求音的准确，但是不必为过求准确而用不经见或是笔画太多的字。术语固宜于精密，但是译的方法也不可过于拘泥。添造不够的字我也赞成，但是却千万不可以过于复杂。第三是既定好的译名，往往有人不用。往往使人看到甲书里的甲名，悟不到就是等于乙书里的乙名，因为二者之间，竟可绝不相似。这样下去，开千百次科学名词审查委员会也是没有用的。这层固宜要求著作者的合作，但是教育部审查教本的时候，更当注意，凡是用不统一的名词的书籍，一律不予审定。若是向这几个方向做去，统一译名的工作，必定有相当的成功。

（二）编制标准大学教本　近年来书店出版的教本，已渐由小学注意到初中，由初中注意到高中。中小学教本好的固少，但是大学教本好的简直绝无仅有。大学是到学术独立发展的一个重要阶段，所以尤当注意他的教材。大学教授能够独立编制教材的很多，若是大家都从用中文编制教本的方向做去，则逐渐的自能无求于人，也不会再有现在的流弊，就是学校和学生都是以用外国文课本自豪，结果学生并不能融会贯通，反变为每课都是读外国文字的功课！

（三）用重写或改写的方法来译名著　老实说在短期间要希望有创获的著作出版，是不可能的，或是可望而不可即的。莫说是"生译"、"硬译"、"直译"、"曲译"，就是忠实的译笔，也常有文字和读者的头脑发生格格不相入的危险，何况要把思想符号一齐流入一般人的下意识里去呢？其实有许多外国文著作里的思想，不是无法离开蓝本，为运用纯粹中国文字所不能表现的。但看译述者（一）能否将原意澈底了解，（二）能否将中国文字完全驾驭。若是能够，则尽可以在不违背而且能引申原意的修［条］件之下放手重写。在西洋本有取材另写的一格（所谓 Adaptation），倒比翻译有效，而且教人领会容易，传播也容易，我们为什么不可以采取？若是有高妙的著作家，不屑此道，而能径自著作，那更是求之不得的了！

我急于要声明的，就是请读者不要误会，以为我前面的主张是反对读外国文。无论一国的文化发达到如何程度总不能不吸收外面［国］学术文化，以滋营养。所以国内的学者，要研究科学的，总得要准备一两国以上的文字。中国学生，如果能从外国文的书籍里做研究工作，我真是欢欣鼓舞之不暇，岂有不赞成的道理。不过我方才所说的，乃是中国学术文化百年之大计。认为若是要把近代科学在中国生根，则只有将科学思想用中国文字符号表现出来，流入和潜伏在民族的下意识里面，不时酝酿发酵，才可以希望他有独立的发展和不断的推进，成为中国文化中一部分不可分割的光荣，以至于无尽。否则拾人牙慧，承人唾余，终被人笑道：

"鹦鹉能言，不离飞鸟！"

中央大学之使命 *
（1932）

当此国难严重期间，本大学经停顿以后，能够以最短的时间，由积极筹备至于全部开学上课并且今天第一次全体的集会，实在使我们感觉得这是很有重大意义的一回事。

这次承各位教职员先生的好意，旧的愿意继续惠教，新的就聘来教，集中在我们这个首都的学府积极努力于文化建设的事业，这是我代表中央大学要向各位表示诚恳谢意的。

本人此次之来中大，起初原感责任之重大不敢冒昧担任，现在既已担负这个大的责任，个人很愿意和诸位对于中大的使命，共同树立一个新的认识。因为我认为办理大学不仅是来办理大学普通的行政事务而已，一定要把一个大学的使命认清，从而创造一种新的精神，养成一种新的风气，以达到一个大学对于民族的使命。现在，中国的国难严重到如此，中国民族已临到生死关头，我们设在首都的国立大学，当然对于民族和国家，应尽到特殊的责任，就是负担起特殊的使命，然后办这个大学才有意义。这种使命，我觉得就是为中国建立有机体的民族文化，我认为个人的去留的期间虽有长短，但是这种使命应当是中央大学永久的负担。

本来，一个民族要能自立图存，必须具备自己民族文化，这种文化，乃是民族精神的结晶，和民族团结图存的基础，如果缺乏这种文化，其国家必定无生命的质素，其民族必然要被淘汰。一个国家形式上的灭亡，不过是最后的结局，其先乃由于民族文化和民族精神上的衰

* 原文载于《中央周报》第二百二十九期，1932 年 10 月 24 日出版。录自《文化教育与青年》，重庆商务印书馆 1943 年 3 月版。

亡。所以今日中国的危机，不仅是政治社会的窳败，而最要者却在于没有一种整个的民族文化，足以振起整个的民族精神。

我们知道：民族文化乃民族精神的表现，而民族文化之寄托，当然以国立大学为最重要。英国近代的哲学家荷尔丹（Lord Haldane）曾说："在大学里一个民族的灵魂，才反照出自己的真相。"可见创立民族文化的使命，大学若不能负起来，便根本失掉大学存在的意义；更无法可以领导一个民族在文化上的活动。一个民族要是不能在文化上努力创造，一定要趋于灭亡，被人取而代之的。正所谓"子有钟鼓，勿鼓勿考，子有庭内，勿洒勿扫，宛其死矣，他人是保"。其影响所及，不仅使民族的现身因此而自取灭亡，并且使这民族的后代，要继续创造其民族文化，也一定不为其他民族所允许的。从另一方面看，若是一个民族能努力建设其本身之文化，则虽经重大的危险，非常的残破，也终久可以复兴。积极的成例，就是拿破仑战争以后普法战争以前的德意志民族。我常想今日中国的国情，正和当日德意志的情形相似。德国当时分为许多小邦，其内部的不统一，比我们恐怕还有加无已，同时法军压境，莱因河一带俱分离而受外国的统治。这点也和我们今日的情形，不相上下。当时德意志民族历此浩劫还能复兴，据研究历史的人考察，乃由于三种伟大的力量，第一种便是政治的改革，当时有斯坦（Stein）、哈登堡（Hardenberg）一般人出来把德国的政治改良，公务员制度确立，行政效能增进，使过去政治上种种分歧割裂散漫无能的缺点，都能改革过来。第二种是军事的改革，有夏因何斯弟（Schaunhorst）和格来斯劳（Gneisnau）一般人出来将德国的军政整理，特别是将征兵制度确立，并使军事方面各种准备充实，以为后来抵御外侮得到成功的张本。第三种便是民族文化的创立，这种力量最伟大，其影响最普遍而深宏，其具体的表现便靠冯波德（Wilhelm von Humbaldt）创立的柏林大学和柏林大学的弗斯德（Fichte）一般人。所以现代英国著名的历史家古趣（G. P. Gooch）认定创立柏林大学的工作，不仅是德国历史上重要的事，并且是全欧洲历史上重要的事。尤能使我们佩服的便是当年柏林大学的精神。在当时法军压境，内部散乱的情况之下，德国学者居然能够在危城之中讲学，以创立德意志民族文化自任。弗斯德于一八〇七至一八〇八年间在"对德意志民族讲演"里说："我今天乃以一个德意志人的资格向全德意志民族讲话，将这个单一的民族中数百年来因种种不幸的事实所造成的万般差异，一扫而空。我对于你们在座的人说的话是为全体德意志民族而说的。"现在我们也需要如此，我们也要把历史上种种不幸事实所造成的所有差异，在这个民族存亡危迫的关头，一扫而空，从此开始新的努力。德意志民族的统一，就是由于这种整个的民族精神先打下一个基础。最后俾士麦不过是收获他时代的成功。柏林大学却代表当时德意志民族的灵魂，使全德意志民族在柏林大学所创造的一个民族文化之下潜移默化而形成为一个有机体的整个的组织。一个民族如果没有这种有机体的民族文化，决不能确立一个中心而凝结起来，所以我特别提出创造有机体的民族文化为本大学的使命，而热烈诚恳的希望大家为民族生存前途而努力！

讲到有机体的民族文化，我们不可不特别提到其最〈重〉要的二种含义：第一，必须大家具有复兴中国民族的共同意识，我们今日已临着生死的歧路口头，若是甘于从此灭亡，自然无话可说，不然，则惟有努力奋斗，死里求生，复兴我们的民族。我们每个人都应当在这个共同意识之下来努力。第二，必须使各部分文化的努力在这个共同的意识之下，成为互相协调的。若是各部分不能协调，则必至散漫无系统，弄到各部分互相冲突，将所有力量抵消。所以无论学文的、学理的、学工的、学农的、学法的、学教育的都应当配合得当，精神一贯，步骤整齐，以趋于民族文化之建立的共同目标。中国办学校已若干年，结果因配置失宜，以致散漫杂乱，尤其是因为没有一个共同民族意识从中主宰，以致种种努力各不相谋，结果不仅不能收合作协进之功效反至彼此相消一无所成。现在全国大学教授及学生，本已为数有限，若是不能同在一个民族文化建设的目标之下努力，这是民族多大的一件损失。长此以往，必至减少，甚至消灭民族的生机。人家骂我们为无组织的国家，我们应当痛心。但是我们所感觉的不仅是政治的无组织，乃是整个的社会无组织，尤其是文化也无组织，今后我们要使中国成为有组织的国家，便要赶快创立起有组织的民族文化，就是有机体的民族文化来。

我上面就德意志的史实来说明我们使命的重要，并不是要大家学所谓普鲁士主义，而是要大家效法他们那种从文化上创造独立民族精神的努力！

我们若要负得起前述的使命，必定要养成新的学风。无论校长教职员学生都要努力于移转风气。由一校的风气，转移到全国的风气。事务行政固不可废，但是我们办学校，不是专为事务行政而来的，不是无目的去办事的，若是专讲事务，最好请洋行买办来办大学，我们必须有高尚的理想以为努力的目标，认定理想的成功比任何个人的成功还大。个人任何牺牲，若是为了理想，总还值得。我认为必须新的学风能够养成，我们的使命乃能达到。

我们要养成新的学风，尤须从矫正时弊着手，兄弟诚恳的提出"诚朴雄伟"四字，来和大家互相勉励。所谓诚，即谓对学问要有诚意，不以为升官发财的途径，不以为文饰资格的工具。对于我们的使命更要有诚意，不作无目的的散漫动作，坚定的守着认定的目标去走。要知道从来成大功业成大学问的人莫不由于备尝艰苦，锲而不舍的做出来的。我们对学问如无诚意，结果必至学问自学问，个人自个人。现在一般研究学术的都很少诚于学问。看书也好，写文章也好，都缺少对于学问负责的态度，试问学术界气习如此，文化焉得而不堕落。做事有此习气，事业焉得而不败坏。所以我们以后对于学问事业应当一本诚心去做，至于人与人间之应当以诚相见，那更用不着说了。

其次讲到朴，朴就是质朴和朴实的意思。现在一般人皆以学问做门面。尚纤巧，重浮华，很难看到埋头用功不计功利而在实际学问上为远大艰苦的努力者。在出版界，我们只看到一些时髦的小册子短文章，使青年的光阴虚耗在这里，青年的志气也销磨在这里，多可痛心。从前讲朴学的人，每著一书，往往费数十年；每举一理，往往参证数十次。今日做学问的和著书的，便不同了。偶有所得，便惟恐他人不知，即无所得，亦欲强饰为知。很少肯从笃实笨重上用功的。这正是庄子所谓"道隐于小成，言隐于荣华"的弊病。我们以后要体念"几何中无王者之路"这句话。须知一切学问之中皆无"王者之路"，崇实而用笨功，才能树立起朴厚的学术气象。

第三讲到雄，今日中国民族的柔弱萎靡，非以雄字不能挽救。雄就是"大雄无畏"的雄。但是雄厚的气魄，非经相当时间的培养蕴蓄不能形成。我们看到好斗者必无大勇，便可觉悟到若是我们要雄，便非从"善养吾浩然之气"着手不可。现在中国一般青年，每每流于单薄脆弱，这种趋势在体质上更是明白的表现出来。中国古代对于民族体质的赞美很可以表现当时一般的趋向。譬如《诗经》恭维男子的美便说他能"袒裼暴虎，献于公所"，或是"赳赳武夫，公侯干城"。恭维女子的美便说他是"硕人其颀"。到汉朝还找得出这种审美的标准。唐朝龙门的造像，也还可以表现这种风尚。不知如何从宋朝南渡以后，受了一个重大的军事打击，便萎靡不振起来。陆放翁的"老子犹堪绝大漠，诸君何至泣新亭"，虽强作豪气，已成强弩之末。此后讲到男子的标准，便是"有情芍药含春泪，无力蔷薇卧晓枝"一流的人。讲到女子的标准，便是"帘卷西风，人比黄花瘦"一流的人。试问时尚风习至此，民族焉得而不堕落衰微？今后吾人总要以"大雄无畏"相尚，挽转一切纤细文弱的颓风。男子要有丈夫气，女子要无病态。不作雄健的民族，便是衰亡的民族。

第四讲到伟，说到伟便有伟大崇高的意思。今日中国人作事，往往缺乏一种伟大的意境，喜欢习于小巧。即论文学的作风，也从没有看见谁敢尝试大的作品，如但丁的《神曲》，哥德的《浮士德》，而以短诗小品文字相尚。我们今后总要集中精力，放开眼光，努力做出几件大的事业，或是完成几件伟大的工作。至于一般所谓门户之见，尤不应当。到现在民族危亡的时候，大家岂可不放开眼光，看到整个民族文化的命运，而还是故步自封，怡然自满。我们只要看到整个民族生存之前途，一切狭小之见都可消灭，我们切不可偏狭纤巧，凡事总从伟大的方向做去，民族方有成功。

我们理想的学风，大致如此。虽然一时不能做到，也当存"高山仰止，景行行止"的心理。若要大学办好，学校行政也不能偏废，因为大学本身也是有机体的。讲到学校行政，不外教务行政，和事务行政两方面。关于前者，有四项可以提出：第一要准备学术环境，多延学者讲学。原在本校有学问的教授，自当请其继续指教，外面好的学者也当设法增聘。学校方面，应当准备一个很好的精神和物质环境，使一般良好的教授都愿意聚集本校讲学，倡导一种新的学风，共同努力民族文化的建设。在同学方面，总希望大家对于教授有很好的礼貌。尊师重道，学者方能来归。

第二是注重基本课程，让学生集中精力去研究。我们看到国内大学的通病，都是好高骛远，所开课程比外国各大学更要繁复，更要专门，但是结果适得其反。我们以后总要集中精力贯注在几门基本的课程上，务求研究能够透澈，参考书能看得多。研究的工具自然也要先准备充足。果能如此，则比较课目繁多，而所得者仅只东鳞西爪的更要实在。

第三是要提高程度。这是当然必要的，但我们如果能做到上面两项，则程度也自然能提高。我们准备先充实主要的课程，循序渐进，以达到从事高深研究的目标。

第四是增加设备。中大前此行政费漫无限度，不免许多浪费的地方，所以设备方面，自难扩充。我们以后必须从这点竭力改良，节省行政费来增加设备费。这是本人从办清华大学以来一贯的政策。

关于学校事务行政，亦属重要。现在可以提出三点来说：

第一是厉行节约，特别是注重在行政费之缩减。要拿公家的钱浪用来做自己的人情是很容易的事。一旦节约起来，一定会引起多少不快之感，这点我是不暇多顾的，要向大家预先说明。

第二是要力持廉洁。我现正预备确立全校的会计制度，使任何人无从作弊，并且要使任何主管者也无从作弊。本校的经费，行政院允许极力维持，将来无论如何，我个人总始终愿与全校教职员同甘苦。大家都养成廉俭的风气，以为全国倡。

第三要增加效能。过去人员过多，办事效能并不见高。我们以后预备少用人，多做事，总希望从合理化的事务管理中，获得最大的行政效能，使每一个人员能尽最大的努力，每一文经费获得最经济的使用。

本人自九月五日方才视事，不及一月，而十月三日即已开学，十一日已全校上课，在此仓卒时间自有种种事实上的困难，许多事未能尽如外人和本人的愿望。这种受时间限制的苦痛，希望大家能够有同情的谅解。不过居然能全部整齐开学上课，也是件不容易而可以欣幸的事，希望全校的努力把中大这个重要的学术机关，一天一天的引上发展的轨道，以从事于有机体的中国民族文化的创造。我们正当着民族生死的关头，开始我们的工作，所以更要认清我们的使命，时刻把民族的存亡一个念头存在胸中，成为一种内心的推动力，由不断的努力创造有机体民族的文化，以完成复兴中国民族的伟大事业。愿中央大学担负复兴民族的参谋本部的责任。这是本人一种热烈而诚恳的希望。

民国二十一年十月十一日，于南京，国立中央大学

中央政治学校的当前重任
造成共同建设的政治意识[*]

（1933）

准备太平洋战争！

惨痛的一年过去！更严重的一年来到！无情的光阴，带我们向着未来的太平洋大战——我们生死存亡的一战——更逼近一年！战争是惨酷的，不是一般人所愿意的。但是这次太平洋大战，不问如何惨酷，总是避免不了的。中国民族愿意也得战，不愿意也得战，因为客观的环境固不许我们不战，自己的生存更不许我们不战。

"生，人之所欲也，所欲有甚于生者。死，人之所恶也，所恶有甚于死者。"

为奴隶百年而生，不如为人格一战而死！

于九死之中，才能得必生之道！

准备太平洋战争！抱欢欣的态度准备太平洋战争！

战争是民族有机体的整个活动！战争是民族意志的伟大表现！所以战争必须赖整个的政治组织和共同的政治意识去支配运用。

整个的政治组织，尤赖共同的政治意识去做发电机。

民国二十年一月间我就提出一个主张，要把我们的中央政治学校办成法国的政治学校。那年九一八国难发生我们更提出一个显明的口号，就是"我们要担负普法战争后法国政治学校所担负的责任"。当时我更进一步和大家说，"我们要造成共同建设的政治意识"。

这个政治意识就是"我们要在三民主义之下以革新内政为雪耻图强的基础"。

　＊　原文载于《中共政治学校校刊》第 49 期，1933 年 1 月 1 日出版。录自《文化教育与青年》，重庆商务印书馆 1943 年 3 月版。

　　多少年来，国家办理教育，费了不少人民的膏血，但是学校里面，从没有把政治意识这个重要问题看重。加以过分自由的发展，反而从学校里培养出多少"反抗的政治意识"，没有"建设的政治意识"产生。所以结果弄到知识分子，都带着浓厚的"既不能令又不受命"的空气。意见复杂，力量抵消。国家也就四分五裂，国事也如筑室道谋。等九一八事变一起，反使日本笑我们是"无组织的国家"！

　　挽回国难，雪此奇辱，我们不但要造成"建设的政治意识"，并要造成"共同"建设的政治意识。不是共同，便无力量！

　　准备！准备！不只是"磨刀霍霍"便算准备战争。凡是教室图书馆实验室工作以及日常生活中的行动习惯，苟有可以培养"共同建设的政治意识"，增进我们的力量，以供太平洋战争时全国动员的运用的，都是实际的准备。

　　准备！准备！且看我们中国人能不能把自己的中国整顿好！且看太平洋战争发动时，中国是不是有组织的国家！

　　　　　　　　　　　　　民国二十二年，于中央政治学校

在运动场上训练国民的政治道德 *

（1933）

运动会关于发展国民体魄的重要，是大家所知道的，但是运动会还有更重要的意义：就是训练国民的政治道德！

什么是重要的国民政治道德？

第一，要能恪守规律，在大众监视之下，作公开竞争。

第二，失败了要能坦白承认失败，不可怨天尤人，甚至以不正当手段图报复。

必须如此，政治方能上轨道，国家方能有秩序。但是这种训练，要求普遍，最好在运动场上。

作伪取巧，暗箭伤人，是政治上最大的罪恶，也是运动场上最不能容忍的行为。运动是凭自己真实的技能，按照运动的规则，在万目睽睽的监视之下，去求得人家公认的胜利的。以欺伪取胜，是谓无耻；纵然人家一时没有发觉——永久不会不发觉——自己的人格已经贬落到十八层地狱以下去了。十几年前我在美国普林斯顿大学看普大与耶鲁大学比球的前一夜的誓师。他们是举行宗教仪式；他们的祷告词是"我们不希望一定胜利，但是我们要打一个干净手（'to play with clean hands'）"。当时全场肃穆，使我非常感动。所以我回国以后办学，常是对学生运动员说这两句话，今日还要把这两句话献给全国的运动员，就是：

"宁可得光荣的失败，不要不荣誉的成功！"

不但运动的时候应当如此，在任何做人做事的时候，都得如此。

千万人赛跑，第一总只一个。失败了有什么要紧？失败了，下次还

* 录自《文化教育与青年》，重庆商务印书馆 1943 年 3 月版。本文作于 1933 年 10 月 10 日，载于南京《中央日报》国庆纪念增刊。

是按照规则，重新来过。我们中国人有一个普通的弱点，就是自己总是好的，自己失败了总是人家的不好。所以失败了，自己不认，还要倾轧排挤，用种种不正当的手段，无根据的谣言，去陷害胜利者。在政治上则一旦自己失势，便是天下事从此不可为，非用阴谋来推翻政敌不可。在运动场上，野蛮起来，还要打评判员。这是何等的没出息。还记得前二十年左右上海某某两大学比赛足球的时候，两方面都带好了旗子。甲胜了，于是甲方对乙方"呜乎〔呼〕某校"的旗子，一齐从腰边扯出来招展。甲方败了，于是乙方对甲方"呜乎〔呼〕某校"的旗子，也是同样的飞舞。失败的由胜利的以爆竹送出大门，胜利的由失败的以嘶声送出大门，试问运动至此，有何话说？须知美国共和民主两党大总统选举竞争，开票完毕以后，当选者所得到的第一个贺电，一定是落选的政敌方面来的。其措词大意总是："我们两个人各以政纲政策，公诸国民，请国民取决，现在国民选择你的，我敬贺你成功，和为国家服务的顺利。"这是何等风度！但是这种精神，和运动场上打过网球，不论胜败，隔网一握手是同样的精神。可见政治道德与运动道德，实无二致。所以我还有二句话献给全国的运动家，就是：

"胜不骄人，败不尤人。"

必须有这种的态度，这种的心胸，才配得上讲运动。

总之，国家办这样大规模的运动会，大家这样热烈的来参加这运动，决不是为几个人的锦标而发的，其中必有更深远，更重大的意义。如使全国青年亲爱团结和训练大家习于协调的动作等等，都是很重要的。但是训练国民政治道德，是培养民族根本的精神生活。大家都应当养成真正运动家的风度！从运动场上，培养出国民的政治道德来！

运动会的使命 *
（为南京四校联合运动会而作）
（1933）

运动会有两种意义：

第一是增进民族健康，养成健全的体魄。

第二是培养运动家的风度，以为民族的道德概范。

第一点的意义很明了，健全之心，当宅于健全之身，何况中国民族前途的艰难困苦正多。设新兴的一代，没有持久耐劳的体魄，其何以担负建国的责任。大器晚成，世界多少大政治家、大军事家、大学问家、大事业家的成功，都在五十六十岁以后；而中国人到了五十六十，往往就是衰老退休，行将就木。设不从发展体魄来挽救，民族前途，何堪设想。

关于第二点尤为重要，我所谓"运动家的风度"，就是中国古代所谓"君子之争"，就是英文所谓"斯柏兹门悉普"。"君子无所争，必也射乎？揖让而升，下而饮，其争也君子"。近代运动有一定的规律，按着这些规律，在公开场所，万目睽睽的监视之下，以争胜负，不用阴谋，不施诡计，不作规外的行动，以自己的努力，就大家的公判，胜不骄人，败不尤人，如网球竞赛以后，胜败两方隔着网互相握手，大家应当知道美国大总统竞选失败以后，失败者尤允向胜利者拍电致贺，大意说是我们两个人同以我们的政纲，公诸国民，国民选择你的，我敬向你致贺，祝你为国服务的顺利和成功。这种精神，正是从运动上来的。那和中国政家一样，一经失败，便以天下事不可为，要用种种的阴谋，去

* 原文出自《体育研究与通讯》第一卷第三期，1933 年出版，署名"罗家伦"。《教育周刊》第 176 期转录，1933 年 10 月 16 日出版，署名"罗家伦"。

暗中捣乱。中国政治的不上轨道，也就是由于一般国民，缺少运动家的风度。要中国社会有轨道，非培养运动家的风度，以为国民道德的标准不可。

运动会不是为个人争锦标的，运动会的使命，为培养运动家的风度，以团体协调的动作，共同发展健全的民族体魄，俾将来共同担负建立新中国的责任。

中国大学教育之危机 *

（1934）

现在提出一个问题来向各位报告和讨论，就是目前中国大学教育之危机。大家都知道国内各方面希望于大学教育的非常殷切，而大学教育是否能副一般人的希望，实是一个疑问。兄弟这几年来继续不断的办理大学教育，已有八年，在八年中间，目击身受的事情很多，所遇见的困难也不少。总理说：革命的基础在于高深的学问。但是中国目前研究高深学问的机关的状况究竟怎样，我们不能不加以深切的反省和考察。一个国家的现状，往往就是过去大学教育的反映。现在中国的情形，正可以说是十年以前中国大学教育的反映。（当然，中国的教育情形比外国复杂得多，除了国内的大学教育以外，还有国外大学教育的影响。）无论政府与党部各机关服务的人员，大多是十年或五年前受大学教育的人。现在国家到此地步，老实说一句，我们十年或五年前受大学教育的人，至少应该负大部分的责任。现在这样，再看后十年的情形也是这样。后十年的国家时事，就是现在大学教育的反映。现在的大学教育好，将来的情形也就会好；现在的大学教育坏，将来的情形也就会坏。后之视今，犹之视昔。想到这一点，我们实在有点觉得不寒而栗！

教育的目的，在培养国家和民族的元气，本来是不能计近功的。目前国家不知有多少重要的问题需要解决，而尤其急需着手的，莫过于民族生存的力量培养问题。在这一点上，现在的大学许多不能符合全国人民的希望。现在中国的大学，所感到的困难很多，有的是自身应当解决的，有的乃是在本身以外的。举其较重要者，约有下列几端：

---

* 原文载于南京《中央日报》第一版，1934 年 1 月 16 日出版。录自《文化教育与青年》，重庆商务印书馆 1943 年 3 月版。

　　第一是基础教育问题。我们知道大学是教育最后阶段的陶冶，而每个青年，从家庭，幼稚园，小学而至中学，大部分的性情在入大学以前，已经陶冶成功一个畴范。要在大学教育的短短四年中间，加以改革，把根基不好的从新建筑一新，是很不容易的事情。这几年来，国内中学大部分实在办得很有缺陷，而大学直接与中学相衔接，因之也受到很密切的影响。固然中学办得好的也是不少，不能一笔抹杀，但大部分的中学实在办得太坏。兄弟这几年来大约考过两万以上的高中毕业生，每年至少要与二三千以上的中学生接触，发现现在中学生的缺点太多，尤其基本知识的训练太过贫乏。国文的试卷，不论文言或白话，通顺的很少，外国文之坏，也出乎意料。从前的大学预科程度相当于现在的高中，过去大学预科毕业的学生，大多能够直接看外国文书籍，而现在的高中毕业生能够看原版书籍的，就不多见了。中国人是向来讨厌数目字的，"大概""大约"等笼统副词每每是中国人的口头禅；一般中学生也都有讨厌数学的倾向，因为文艺书籍的引诱，常常以"性情不近"为理由，就将数学一笔抹杀，这实在是最危险不过的事情。现在的科学是建筑在数学上面的，数学打进去的学术才能确定成为科学。譬如数学打进了天文的范围，天文学就成为准确的科学；其他物理学化学心理学经济学等也莫不如是。这几年来各大学生入学考试，一千本数学试卷中间，打零分的总在五百本以上，数学程度低劣到这个地步，还谈什么科学的研究！此社会科学中间，史地程度之坏，也是无以复加。这一点影响民族精神很多。有一次某大学新生入学考试，西洋史试题中有一问题："凡尔登在何处？在欧战中占何重要地位？"有人答道："凡尔登在江苏阜宁县，地位非常重要，如果西洋人听了，就有亡国灭种之忧。"又问："日俄战争在何处发生？"有人答："日俄战争发生于香港广州之间，日本人用飞机炸死许多广东人民。"又有一次问："鸦片战争始于何时？终于何时？"有人答："始于明朝，终于元朝。"诸如此类，简直是骇人听闻。现在国内无论那一个大学，新生入学试验成绩全部在六十分以上的，很难到百分之一二。当然我们并不是因为大学办不好，来责备中学，大学办不好，办大学的人固然应负之责，但是中学是大学的基础，假使大学的一二年级还要拿来补习中学的功课，则四年的光阴如何可以支配。兄弟目击身受，感触太多，所以止不住多说几句。当然对于办理成绩卓著的几个中学，依旧表示十二分的钦佩。

　　第二是大学本身课程不甚适合实际要求，而且往往教学不认真。许多基础教育缺陷的中学毕业生到大学里来，大学加以切实整理，已属难事，何况大学本身的课程，也有缺陷。现在中国的大学课程往往太多，名目太好，而实际不能相符。拿中国国内大学的课程和国外有名的大学相比，恐怕他们都还不及中国的完备。大家都说，大学不是灌输知识的地方，是研究学术的场所。这话很好，德法的大学，尤其能副这种企求，但是德法的中学生是受过怎样的训练！例如德国的中学学生，在第八年已经读完微积分，和许多基本的科学；读文科的除希腊、拉丁文之外，至少还读好一种外国文字，可以看书。经过这样长期的铁的训练以后来进大学，自然可以切实进行研究的工作。美国的情形，便稍有不同，所以美国的大学比较严紧，学生的听讲笔记和实习报告，都是要限期呈缴的。中国现在的大学，则因陈义过高的结果，弄到教课既感不足，研究亦复不够。至于功课的组织，也成问题，希望国内学者，能急起指教。现在国内大学的功课，往往缺有机体的组织，应用的对象也不甚确定。按照中国的实际环境，我们究竟需要造成那种研究最切，那种人材最殷，实在值得我们慎重的考虑。大学的功课本有许多是不计近功的，如纯粹科学原理的研究，本来很难指定其有什么用途。譬如牛顿发明三大定律的时候，决想不到后来在机械方面会有这么广大的利用。这种纯粹科学的研究，自然需要，但是时代和环境所需要的学问，也同样需要。因为做纯粹的学者，以谋对于人类知识总量的贡献，虽属可贵，却不能期之于人人。大学的经费来源是国家的税收，是出于人民的负担，所以大学对于国家民族的生存问题，不能不负一种责任。大学的课程，断不可把外国大学里好的都采取过来，还要问问自己国家民族的需要。譬如研究植物的人，断不能只知道外国的植物，而不辨乡里田园的蔬果。又譬如学财政经济学的人，只知道马克思、蒲鲁东、李嘉图、亚丹斯密士的学说，而忽略了本国经济的情形和田赋租税的状况。环境要认明，对象要确定，这样则学的人也就易于感受兴趣了。

第三就是感觉到设备不充分。中国的大学，设备大都不够。工欲善其事，必先利其器。现代的科学，尤其是需要设备的。设备是研究学问的重要工具，也是研究学问的重要鼓励。办教育的人，应当节省任何费用，以从事设备，国家也应当尽力补助学校经费，指定不为扩充行政之用，而为其增加设备之用。中国是穷的国家，我们决不是也决不当拿设备来做装饰。设备当以实际研究的工作为对象。利用设备的人，也应当体念民生物力之艰难，充分爱惜，充分利用。西洋也有几个学者，在不完备的实验室里，倒有很好的成绩，以后到富丽堂皇的实验室里，成绩反不如前的现象。不过就国家立场，要就不办大学，要办大学，便应当把他的设备弄好来。还有因为大学科系性质重复的太多，未加整理，以致同样初级的设备太多，高深的设备，因经济分散，反而太少。这也是可惋惜的事。

第四便是感受师资人选的困难。这或者也是因为大学太多的缘故。中国的大学，依照人口作比例，当然不算多，但就延聘师资而论，则中国的学者实在不敷支配。因为愿意一生一世献身于学术研究的人，虽然也有，却也不多，这种现象不只中国如此。在中国更加上政府与学校抢人，学校与学校抢人，于是人才更感恐慌。现在政府的行政效率，无论怎样，但是任用留学生与大学毕业生数量之多，确为从来所未有。学校经费较为困难，以致教授待遇不及政府人员之优厚。如普通大学教授的待遇，至多不过三四百元，而政府荐任官吏，可以高至四百元，简任官吏高至六七百元，所以与其在大学作一教授，不如在政府做一技正或科长司长。大学教授的待遇如果不能提高到相当限度，要大家安心研究学问，恐怕是很困难的。

照上面说来，中国的大学似乎很难办好，其实也不尽然。我们只要明白症结之所在，而有整个计划与决心以赴之，是可以根本改进的。大学办不好原因，有几点是属于大学本身的，当然应该自己去努力；也有几点是属于大学以外的，当然需要各方面的通力合作。第一基本教育应严格办理，尤其是中学。学生基础不好，补救实在困难。政府对于各公私立中学，也应严加考核，去年实行会考以后，各大学入学考试的成绩就比较好一点，这也是一个很显明的证据。同时，大学对于新生的录取，也应严加选择，因为大学教育本不是普及教育。就是苏俄的教育计划，也只听他们努力造成多少万工业技术人才，没有听说他们扩充多少万大学生名额。可见大学应该重质不重量。质好了，一个人可以抵几个人用。现在美国和日本都感觉大学生太多。中国的大学生虽然不能说多，但大学毕业生及其失业者的比例，却是很大。有许多毕业生社会简直无法容纳，尤其以在法科毕业的为最多。所以我们主张，第一步中学严格办理，第二步大学严格考录新生。每一个大学生，按每年国家所费于他的钱平均来计算，约在一千元以上。这都是老百姓的血汗，全国人民的担负。所以如果不想造就人材则已，否则就要使造就的人材个个精纯，个个有用。第二办理大学应有确切的方针。分别认清学术的本体，和环境的需要，使课程的组织，成为精密而系有机体的。既定以后，就须严格执行，不以虚声相向，不求名目好听。务使其对于民族生存问题，发生密切的连锁。若是大家把课程的对象和意义认清楚了，不但可以助长学术的发展，并且可使学的人也知道努力的方向。第三要集中人力财力，先从整顿几个重要的大学着手。政府应该下决心，首先尽力发展几个大学。集中有限的财力和人力，充分给予经费，以供设备。把几个大学整顿好来，才能造成新的学术重心。所谓转移学风，不是下几道命令可以做到的，唯一的方法，是要认定几处地方，集中一批真能努力研究的学者，予以较优的待遇，和充分的设备，让他们以身作则，天天在研究室里做功夫，做出一些榜样给学生看，使青年知道真正的学问是什么，是怎样做成的。不愤不启，不悱不发。这种事实的昭示，实在重要。如果能使青年天天目濡耳染，潜移默化于这种浓厚的学术空气之中，自然能够兴奋，自然能够走到学术建设的路上去，自然能有好的学风发生。若是再能通筹全国大学之内容设置，把各重复的院系，予以合理化，也可使人材经济，都宽裕得多。譬如某一都会，共有六个心理学系，分设各大学之中，对于心理学可谓注重极了。但每系学生人数，都很有限；教授却也要有相当人数，方能分担各种应用的功课，以致许多很好的学者，每耗费精力于担任初级课程，研究的时间自然少了。这也是经济人材经费之道，值得注意的。

现在大学生的不能得到社会的信用，或者有人责备社会不好，以为社会没有同情，不肯扶植，甚至于排斥大学生。我们站在大学方面对于这种论调，也有同情。但是从社会方面看起来，则以为大学生的信用所以不能树立，是因为大学太过于粗制滥造的缘故。几年来兄弟也曾参与主持几次留学考试，和与研究院性质相似的学校考试，感觉到外间的责备，不无可以原谅的地方。有一次口试的时候，兄弟问到一位大学毕业生："井田是一种什么制度？"他说："是日本人"。更问道："赤峰在何处？"他说："赤峰是日本的一个海岛。"我们不禁喟然长叹，知道热河之亡，不只是亡于汤玉麟。大学毕业生不知道赤峰是中国的领土，中国还不应该亡吗？这当然是极端的例，不是以律一般，但是说出来也可以供我们警惕一下。所以国家对于大学首先要有通盘打算，继之以严格办理。国家究竟需要特别发展那几种学问，造出来的人材应如何容纳，都应当打算进去。务必人不滥造，造就一个就有一个的用处。不然，学生毕业后就要失业。一毕即失，岂不糟糕！年来政治与社会之不安，都是肇端于此。现在社会紊乱的情形,使学生在未毕业以前,睁眼一望,就觉害怕,所以活动的学生在学校里就想出种种风头,也有甘愿受人利用的。他们希望将来的出路,是其中一个重要的原因。甚至对于系主任和教授的批评,不以其学识,而以能否将来替自己找出路为断。这虽是例外,并不尽是如此,但是已经可以使学术前途发生悲观了。

从前曾国藩谈用人,注意三事:一为转移之道,二为培养之方,三为考察之法。经过以上三个阶段,才能训练出一个真正的人材。现在的学校至多不过做到转移和培养的一部分工作;进一步的培养和考察,则有赖于青年问世以后的社会。在紊乱的社会之中,主管人员对于用人一项,往往不问被用的人的人格学问,而只问其背景如何,谁人介绍,以为登庸的标准。这样社会的组织,真是危险极了!用人自然不限于政府,一般社会也能容纳许多人材。所以我们现在不但需要一般国家的事业发达,并且需要一般社会的事业发展,方能解决大学毕业生的出路问题。如美国的一般大学毕业生,都不愿意走到政治路上去,就是因为工商业方面发展的机会很多,而且前途的希望较好,大家何必挤到政府里去抢饭吃?譬如福特一个人,他公司里的员工就有几十万人,全世界各重要都市都有他的分公司和办事处,比公使馆领事馆还要阔气,他宛如终身的小诸侯,何必定要做总统?但在中国则不然。中国的各种事业太不发达,而官厅很发达,并且许多官厅里冗员既多,事务轻减,报酬也较丰,于是青年都不愿到农村里去,而愿集中于都市。明明知道失业很痛苦,但是失业也愿等候。明明知道职业不稳定,但是可以舒服一天,还是舒服一天。像这样情形,不但政治不安,而且社会道德也一天一天的惰落下去。假使各种工商企业一起发达起来,其希望待遇,都较官厅为好,则青年自然望风景从,其精力既有所发泄,其事业心也可以发展,既有领袖欲的人,也可以借此发挥,用不到大家挤到政治界里去,你爬在我背上,我爬在你背上,结果一齐掉深坑,同归于尽,至于新事业可以吸收大部分的人材,是显著的事实。例如新近通车的杭江铁路就可证明。有天曾养甫先生和我说,杭江铁路任用国内外的大学毕业生约有四百人。请看一条六百三十多里的轻轨铁道路,已经可以容纳这许多人,则其较大规模的事业,自然不必说了。这一二年来,有一个可注意的现象,就是大学农工三科的毕业生出路较好。而政治经济法律等系的毕业生则特别感到就事的困难。因此这几年来青年升学的趋向也有改变,投考理工农三科的人,比投考文法的人来得多。北方的大学有此现象，南方大学也有此现象。这是一个健康的征兆。这还是因为近来政府东设工厂，西设农场，南造铁路，北造公路的缘故。但专靠政府，总是有限。若是社会上各种事业，一齐发达起来，那前途更可乐观了。

至于文法等院毕业生的出路，则大部分要靠政府容纳，政府为拔取真材，澄清吏治，安全社会起见，应该严格实行公务员考试制度。现在两年一次的高等考试，还是不够的，应该年年举行，给优秀大学毕业生以充分的服务机会。现在各机关用人，大都要靠介绍信，实在是不好的现象。弄到像兄弟这样不足重轻的人，一年不知道要写多少封介绍信出去。明知无用，然而要信的人非要你写不可。这是因为政府登庸进陟，并无确定的方法，于是谋事的人，奉一纸八行书为至宝。那找不到旁人的于是找到我，真是惨极了。西洋各国则公务员的任用大都有确定的制度，其中以英国的为最好。美国从前的仕途也是很乱的。十九世纪美国有位大总统杰克逊（Jackson）便公认当时官吏任用制度为分赃制度（Spoil System）。他还为这种制度辩护，说是很好，借此可以使政权轮转，免得偏枯。于是政党交替之际，不问青红皂白，把异党的旧人，一概赶掉，政治成为轮盘赌，影响自然坏极了。以后社会上起了多年的运动，以前的大总统罗斯福尤为努力，于是逐渐采用公务员考试制度。现在美国联邦的官吏约有六十余万人，其中有四十五万是经过考试而后任用的。还有十五万人，不免受政党变更的牵涉。然在英国则内阁更替，不过调换几个部长，下面的事务人员，绝没有调动的危险。所以无论内阁改组多少次，政治决无纷乱。说到中国，则"一朝天子一朝臣"；没有八行书，就换不到委任状。真是笑话。大家要认识确定公务员考试制度，是澄清吏治的先决问题。第一届高等考试录取的人员，事实上百分之九十五已有实职。第二届录取人员，也已分发。但是我总觉得一般人对于高考，总还没有达到应有的热心。国人对于高普考试的信仰心，也还未确立。有其他侥幸的路子可走的人，还是走侥幸的路子，不愿意咿咿唔唔从三考出身。这都是因为怕考取了以后，政府无法位置，分发各机关里去坐冷板凳的缘故。然而在政府方面，也同样感到困难，若是考取一百个人就要添一百个官，那不是高考录取愈多，政府官吏愈多，老百姓担负愈重吗？要确立大家对于考试的信仰心，要真正澄清吏治，我以为每届高考或普考的时候，非抽调各机关现有的公务员来考不可。每届至少抽考各机关公务员百分之五或百分之十，并不妨害这机关公务的进行。取了则准他复职，并加一重保障，不取则以新取的人选补。这样一来，不但全国的人对于考试制度，确切信仰，并且现任公务员也有所警惕，常常研究，不至离开学问。无用的人员，不裁也就自裁了。像这样有系统的进行，在十年或二十年之内，能够把中国公务员任用制度树立，且能为青年展开希望，为社会保持公道，并间接的促进大学教育的发达，关系诚非浅鲜。否则，专靠八行书任用官吏，吏治永远不会清明，政治永不会上轨道。

最后，兄弟希望全国人民，认清大学教育如果办不好，实在可以危害民族的生命。所以社会对于大学，应该取爱护扶植的态度，尤其绝对的不要利用青年。大家要知道，利用未成熟的青年，不啻斲丧国家民族的元气。因为青年的光阴非常短促而且宝贵，我们不可使他浪费，千万不要给他们不纯洁的印象，而且要充分培养他们的人格，给他们高尚的理想，使他们望见前途的光明。不要使他们脑筋里充满了低等唯物的观念，抛开学问而从侥幸里面求出路的心思，这便是斩断了他们前途一线的生机。国家的元气，也因此受了无穷的损失。我们要知道中国此后所需要的，不是奔走开会，小智自私，要发挥自己小领袖欲的人，乃是沉着前进，有专门知识和切实办法，公忠无我，以为国家社会服务的人。要有这样的人，才能解中国的问题。我们万一自己不能看见中国复兴和强大，我们还希望下一辈的人可以看见！

历史的先见[*]

（1934）

在现代历史演进程序剧变的时代，我觉得"历史的先见"（Historical Foresight）很关重要。凡是处理一切事体，都应当根据历史的教训。如果不明了历史的教训，历史就会很惨痛的重演一遍。法国政治家杜哥说："见，为的要先见。"没有先见的动作，便是瞎冲，便是盲动。

先见与远见，原来是差不多的。就一件事体一层一层的关系论，就是远见；就一件事体在时间上的次序论，就是先见。人类的行动，不当是毫无意义的。我们所以不会盲动，就是因为对事实的步骤，有了相当的见解，经过思虑，成竹在胸。

历史原则与科学定律——不过人事最为困难，历史尤其较自然科学困难。对于自然科学，一个人只要把各种事物的普遍现象找出来，形成定律，则对于任何其他事物，都可拿这定律去运用。自然，到现代自然科学还有许多不完的地方。他对于时间空间上一切的原理和定律，并不曾都发现。但是在一定事件的范围以内，许多自然科学的定律，是相当够用了。有如牛顿的万有引力学说，在普通的力学方面，便已够用。我们在黄浦江边投起一个石子，它会往下落，在喜马拉亚山顶上抛掷一个石子，也会往下落；在欧洲如此，在亚洲也是如此。只是历史是管人事的，人事虽然也有原则来作规范，然而他的不完全性和弹性，比较自然科学大多了。所以往往为一般人所忽视，所轻视，甚至于否认。当然历史的原则，不能和自然科学的定律一样，可以用客观的方法来实验和证明的。这是因为历史的现象发生时，条件太多，关系复杂，加以人事

* 原载于《中央政治学校校刊》第 74 期，1934 年出版。录自《文化教育与青年》，重庆商务印书馆 1943 年 3 月版。

变动无常的缘故。这也就是因为人类的心灵活动，很不容易用机械的方法去断定的缘故。但是历史的事实终究是事实。事实就有他本身的真实性，有他相互的关系，也有他演化的趋势。历史科学就是要认识这些历史事实的真实性；在千头万绪五光十色的事实当中，抓住他们相互间主要的关系；再能从时间的系统中，寻出他们不断演进的趋势，则融会贯通，自能发现一种原则，以指导人类和民族的命运。历史的先见，就是以这个历史的原则为根据的。若是自作聪明，以为历史的原则可以一笔抹煞，那他一定会陷落在悲惨的错误之中。

把握历史先见的困难——历史的原则既不易求，而且求得之后，往往有可以认为同样的现象，只因一二条件的不同，便全部变更面目，使人茫无所措。这是研究历史科学的人无可讳言的困难，不过这并非毫无办法解决的事实。因为历史并不是一团大混乱。如果真是这样，那我们不但无法研究历史，并且无法研究社会科学。惟其我们知道历史研究的困难，和发现支配人事原则的弹性，所以我们更有兴趣去研究；所以我们更要想出方法来，作有条理的研究；所以我们更不能存着偏见，怀着成见去研究。我们不只要认识历史的事实，我们还认识这些事实的底蕴和关键所在。这更进一步的所获，就是历史的先见。历史的先见，是根据我们对历史的真知灼见而来的。我们对于每件历史的现象，不只是求得通常的认识后就可满足，还要有一种犀锐的眼光，照射到他的隐微深秘的里面去，然后可以通古知今。

要求历史的先见，颇需要直觉的帮助。此地所谓直觉，并非幻觉，并非一种浮光掠影的感觉。历史科学所需要的直觉，是要从深沉的知识，广博的见解，明察的智慧里发出来的。他也可以说是一种心灵的颖悟。治史的人，耳目所注意〈的〉是纷繁的事物，但他心灵笼罩的是变迁的全景。他不但能把握住事，并且能把握住事的意义。他智珠在珠〔握〕，心领神会，于是能见事变于几先。

若是要有先见，一定还要先有一种了解。先见不能离开了解，对于事实要能够设身处地的推敲，把灵活的思想钻进事实的底里去；更要有充分的批判力，和充分的同情心，然后才能够把真切的了解得着，才不致〔至〕于蒙蔽自己，也不致〔至〕于误解他人。

但是时至今日，历史的事实如此之多，事态的变化又如此之复杂，要想得着完全的了解，是极端困难的。就是要对于各种的事业，求到较为完全的了解，也得靠大家的协作。因为完全的了解是一件协作的事业，所以历史和社会科学，均须分工合作的去研究。集合各方面可靠的图样，才能构成一个建筑的全景。

历史先见与惯常——我们知道许多历史和社会的现象，不一定都是新异的，而惯常行动的表现实在很多。大家不要看轻惯常。社会的构成，惯常是种基础。整个的社会，日常都凭借着惯常在运动。许多动作，是由顺乎习惯而来的。自然科学研究的现象，有些简直是数学式的惯常。生物科学里低等动物的行动，更以惯常为主要的部分。智慧高明的人类社会，又何独不然。社会有了惯常以后，才趋安定。没有惯常的社会，便是不稳定的组织。历史的原则自然也更难于建立了。但是惯常如太固定，太完备，则人类的智力用处愈少，社会的进化，也愈停滞。所以说整个惯常的完成，便是智慧的隐灭。况且社会的进化，往往是由打破惯常得来的。可见惯常没有不行，太固定也不行。善于运用历史的人，能顺天应人，是利用惯常；能革故鼎新，是打破惯常；能移风易俗，是改造惯常。取惯常之长，略惯常之短；体察惯常以定其经，超越惯常以达其变；为惯常之主，不为惯常之奴；这就是先知先觉者的事业，这也就是领导时代，创造历史的人的事业。

历史先见与进化——我们知道，世界愈进化，则进化的时间程序愈缩短。譬方在星云时代，时间是那样的长久；经过了几万万年，天体上才有新的形成。地质上的变动也是一样，要经过千百万年才有一个新的世纪。人类历史上的变迁，在最初也是很慢的。从猿人到石器时代，新石器时代，每生一个变动，其间相隔几万年几千年不等。中国天皇氏、地皇氏、人皇氏治三万六千年的传说，也可以说是代表一种时代变动迟缓的象征。西洋古代历史的变动，最初何尝不迟缓？以后因为工业用具的发明，和科学专门知识的进展，于是历史的演进，也就随时间而加速。譬如西方自西历纪元一百年美索不达米亚文化时代，经罗马帝国以至一四〇〇年中世纪将结束时代，这一千三百年间，各种带近代科学性的发明是很少的，所以历史的变动也很少。一四〇〇年至一七〇〇年三百年间，西洋的发明发现渐多，所以他历史的变动也愈大。自十八世纪末叶至二十世纪初叶，近代科学日趋昌明以后，变动之大为自来所未有；其变动之速，也是自来所未有。生活方式不断的改变，政治社会的组织也不断的改变。从前从事社会政治的人，以很简单的方式，很粗浅的原理，就可以处分的事，到现在复杂的情形之下，就不成了。从前用不着多少先见的地方，现在可用得着了。有如从前航海的人，只要有罗盘的设置，看清视线以内的气象，预料到密接现在的将来，就可以从事航行。而现代航海的人，就非有海洋的图表，气候的预测，以及无线电的设置，把海洋各处的情形，澈底明了，罗列在他的胸中和眼底不可。看不清远的情景，就无法处置目前的事变。所以说进化愈快，变动愈多，则时限愈短，历史的先见愈为重要。

历史的先见要靠哲学的修养——本来澈底了解人事的变迁是很困难的。除掉知道物质条件之外，还需要有对社会的认识，和对人性的了解。要达到这个目的，我们固要虚心去研究；但是专从事实堆中去研究，是不够的。我们不只要埋头的研究，我们还要凌空的观察。我们的身在故纸堆中，我们的心却要在瞭望台上。当今研究人事现象的人，常有一种危险，就是只顾求一部分专门的知识，而忽略了全盘的理解。这也是现代专家常有的流弊。我对于专家所下的定义是：对于一个很小的范围以内知道最多事实的是专家。专家有时和冬天的蚂蚁一样，只知堆食成山，藏身其中，而不问外界的危险。大家不要误会，以为我菲薄专家。不是的。专家真确的知识，是大家最好的参考。我只希望专家之知识之上，还有一种哲学的了解，以求领会到全部人事变迁的迹象。这是历史的先见所必备的基础。只是要有哲学的了解，必须大家平时在思想上养成一种哲学的习惯。不但要知道事物的本身，而且要追问他本身的含义。不但要审察事实的真象，而且要了解事实的精神。不但要认识树，而且要认识森林。不但要认识近况，而且要认识远景。这种哲学的了解，要靠哲学的素养。遇事必须不怀成见，心无所蔽的去观察。把个人的喜怒哀乐，好恶爱憎，一齐丢开，才能够从繁复的事实之中，透视出光莹的历史的全景。

历史的先见，并非一种预言，乃是进一步的认识，深一层的判断。他的正确与否，常因其能影响人的行为，而左右我们整个民族和国家的命运；甚至于左右人类的命运，也就是整个历史的命运。我们的民族不只是要保存历史，而且要创造历史。我们要避免人类过去所犯的错误，建立我们未来应有的光荣，则我们对于历史的先见之寻求，断不能说是不必要。

现代青年修养的要素[*]

（1935）

　　要造成现代的国家，必须先造成现代的青年，要有健全的国家，尤非青年有健全的修养不可。

　　我们不要忘记我们所处的世界，是二十世纪的世界；我们国家的环境，是二十世纪国家的环境。旁的国家都蒸蒸日上，由现代化而达到强盛的境界了，我们的国家断不能固步自封，墨守成法。其他国家的青年，都是现代式的；我们的青年，更不能死气沉沉，和当年八股时代的青年一样，作博物院里的陈设。

　　做现代健全的青年，不是立刻可以达到的，必须有适当的修养，而且要有长期适当的修养，因为修养两个字里面，就包含着多少时期以内潜移默化的意思。所以现代青年的修养，至少也须在求学的时期以内，对于知识习惯道德各方面受着适当的陶镕，于不知不觉之中，形成终生做人处世的准则。

　　怎样养成现代的青年呢？在他们修养方面，至少可以提出三个要素：

　　第一是科学家求知的精神。本来科学的精神，就是求真的精神，用可靠的精密的方法，虚心的诚实的态度去求真理。所以科学的结果，是可靠的，是经得起复核的。科学知识的可贵，不只是他的结果，而是求得这种结果的步骤和过程。必须一步一步的推求，一步一步的实验，才肯放心；必须人家也经过同样的过程作精密的复核以后，这学说才能成立。科学家决不是自欺欺人的。在求知的过程当中，稍微觉得心里有点

　　* 原文载于南京《中央日报》第三版，1935 年 9 月 19 日出版。录自《文化教育与青年》，重庆商务印书馆 1943 年 3 月版。

不安，便不肯放过；稍微有一点不透澈不准确的地方，情愿从头再作；必须这样求来的知识，方才可以树立其深信。深信是研究科学的人最重要的一件事。深信就是对于真理负责的基础。凡是经过科学的辛苦得来的知识，是不容他人假借的，也不容他人附会的。断不能一方面读物理化学和各种研究宇宙基本构造的科学，一方面还相信求签扶乩的邪说；一方面学生物生理和各种研究人身基本组织的科学，一方面还相信五行三焦的谬解。设如有这种的矛盾，那不是自己对于所求的知识不真确，便是自己对于所认识的真理不负责任。这都是现代青年所不应当如此的。要做现代青年的各位，赶快从基本的科学方面，澈底的用功罢！

第二是军人的生活习惯。在我们内忧外患极严重的国家，非全国青年养成军人的生活习惯，断不足以救亡图存。中国的积弱，正是由于一般国民的生活习惯，同军人的生活习惯太背驰了。不但一般成年人涣散委靡，向着骄奢淫佚的路上走去，就是一般的青年，也不知不觉的受成年人的影响，无形中踏进他们灭亡的路上去。其实军人的生活习惯，并没有什么难的地方，为一般国民所做不到的。军人的生活习惯第一便是守纪律。纪律是国家组织的基础，也是人类生存的条件。没有纪律，便没有组织，便不能生存。若是每一个人都顺着他自己的愿意和自己的方便，那他什么事都可以干得出，这个社会还成什么社会？第二便是刻苦耐劳的精神。我们中国生产的方式，还是中古以前的，而我们消费的程度，倒是二十世纪的。在这样的情形之下，民族经济如何能够维持？我们现在只能模仿人家生产的方式，断不能希望达到人家消费的程度，因为我们苦的日子正在前面！第三便是勇敢牺牲的训练。退却就是羞辱，规避就是无耻。军人的训练，便应当是争先恐后，赴汤蹈火在所不辞。须知二十世纪的世界，不曾为懦夫准备容身之地。第四便是敏捷干脆的行动。生存竞争，现在已经发展到了极度。迟缓犹疑，便是落后，落后便是失败。我们一般青年不但做事拖拖沓沓，就是说话也忸忸怩怩。这样的积习，非以军人的生活习惯来纠正不可。

第三是运动家的竞赛道德。体育固然是为发展青年体力的。健康的心灵，总是住在健康的身体里面。但是政府提倡体育，费了多少金钱人力，开全国运动会的意思，还有更深于发展青年体育的一层。体育断不是为选手争纪录，计较一寸一尺，一秒一分的短长的。若是花了这样的气力，为选手争一秒几分之几的纪录，那真是太不值得了。讲跑，我们跑得过汽车吗？讲游泳，我们游得过潜艇吗？讲到飞行，那我们更不必说了。可见运动的意义，自有更深的一层。运动家竞赛的道德第一便是不做假。坦坦白白干干净净地在万目睽睽的监视之下，把自己的本领拿出来，按照一定的规则，受大家的裁判。做假就是作弊。中国一切的病根，在于作弊。运动家则在竞赛的时候，情愿光荣的失败，不情愿不名誉的成功。若要打破我们中国成为"弊国"的耻辱，大家非积极提倡运动的道德不可。第二便是不侥幸。世界上没有侥幸可以成功的事。侥幸之心是国家和社会一切不上轨道的根源。在运动场上大家拿出真本领来，丝毫的差别，都是不能假借的。能够不侥幸，才肯服输；肯服输才能够从自己方面来努力求进步。悻悻之心和倾轧排挤之念，自然一概消灭了。第三便是协调的动作。运动场是训练自动的协调的动作最好的场合。人自为战，虽然是在危险的时候，人人所必具的精神，但是无联络无组织的人自为战，决不能成功大事业的。各项运动里面我最爱的是球类运动。拿足球来作比喻：每方十一个人，人人都有指定的工作，但是必须人人都能联络，才能取胜。踢进对方球门的球，决不是一个人盘进去的。善于踢球的人，断不在乎直冲，而在乎传递。若是人人都只知道逞自己的英勇，那可以说守球门的人真是冤极了。因为攻进对方球门的工作，他绝对无分，但是输了球，他倒不能卸责。然而在全部的球局里，却断断乎不能少他。因为全局的胜负，是大家协调的力量造成的。这种运动的方式，有军队纪律的长处；而从自动性和活泼方面看来，还可以补军队训练之不足。无怪有些国家，都以此项运动在军队方面竭力提倡。至于他在国民训练方面的影响，更不必说了。

现代青年所应当修养的方面，恐怕还有许多，不能尽讲。但是以上三点，我认为最重要，最容易着手，而且这都是和一般青年，尤其是和求学时代的青年之日常生活，不可分离的。我们不要责备他人，应当首先责备自己。我们不要专门指摘他人的缺陷，而不知道修补自己的缺陷。若是大家能够按着上面所说的三点从自己下手，切实做去，那么，大家才真能成为健全的现代青年，才真能成为民族复兴的前锋！

"新民族"的前奏曲[*]

（1938）

感谢日本的飞机大炮，把我们散漫的民族，轰炸成铁的团结，把我们沉迷的大众，轰炸得如梦方醒；把我们衰弱颓废的思想，轰炸得烟消云散；——不把我们包裹重重的脓血炸开，那有新的肌肉产生？

保留我们对固有文化一切优美之点的十分尊重，我们只觉得我们的过去，至少是最近的过去，不免太松懈，太颓唐，太苟安，太脆弱，太无机构，太少丰富进取的生命了。感谢日本的飞机大炮，把这些弱点一齐暴露出来。我们应该在这被炸的丘墟上再种鲜艳的玫瑰。

我们首先应该的就是重作人生哲学的检讨，重行省察我们的思想行动，重行估定我们生命的价值表。新的民族是要新的人生态度的。大家应该努力为民族建设一个主人道德的标准，把握住时代演进的潮流。

生命是离不了现实的，所以我们对于现实的政治社会国际教育等问题，应该讨论。不但应当讨论战时有用的问题，并且应该讨论战后建设的问题。讨论的时候，大家应该根据详细思考和研究的结果，发表负责而有建设性的文字。不必求同，也不可立异。教书的人办杂志，自没有共同政纲可言，但是整个国家民族利益的立场该共守的，在抗战中同时建国的意识，是大家共有的。

文艺是生命情绪的表现，所以应该有文艺。只是我们所希望有的，不是尖酸刻薄培养全民族内猜忌怨恨的文艺，也不是享乐颓废供少数人玩弄的文艺。我们希望文艺里面，不但有充分的生命，而且有充分的同情心。我们相信在这热烈时代里，一定会有充满了生机的充满了真理的伟大文艺产生，虽然不知道产生在什么地方。我们只希望文艺去烧起民

---

* 录自《新民族》创刊号，1938 年 2 月 23 日出版。

族同情的烈焰，去掀起民族精诚的爱潮。

这个刊物，是一群大学教书的人在兴奋苦恼自责自忏的谈话场中产生的，所以没有固定的社员可言，凡是同情我们见解的人，都可以做我们的投稿者。我们对于文字的去取，也只以合于建设新民族的主张与否为标准。

我们仿佛听见旷野的呼声，说是在中华民国的领土上有一个新的中华民族降临，赶快预备他的路。我们只不过是这新中华民族降临前的一个小小号兵。

建立新人生观[*]

（1938）

建立新人生观就是建立新的人生哲学。人生哲学在英文叫做"Philosophy of life"，在德文则为"Lebensanschauung"，正是人生观的意义。它是对于生命的一种透视（insight），也可说是对于整个人生的一种灼见。人生的意义是什么？我们应该做怎样一种人？这些问题，我们今天不想到，明天不定会想到；一个月之内不想到一次，一年之内不定会想到一次。想到而不能解答，便是人生的大危机。若是永不想到的人，这真是醉生梦死，虚度一生的糊涂虫了。想到而要求适当的解决，那就非研究人生哲学不可。我们本是先有人生而后有人生哲学，正如先有饮食而后才有医学里的营养学。但是既有人生哲学以后，人生就免不了受它的影响。也只有了解人生哲学的人，对于人生才觉得更有意义，更有把握，更有前途。不但学社会科学的人应了解，学自然科学的人也应当了解；广义的说，凡是做人的人都应该了解。普通稻田的农夫，尚根据传下来的经验，有所谓拇指律（Rule of thumb），为一生做人的准则，何况知识与理性都已发展到高度的青年？

在现时代，人生哲学更有它重要的意义和使命。因为在这时代，旧道德标准都已动摇，而新的道德标准尚未确立，一般青年都觉得徬徨，都觉得迷惑，往往进退失据，而陷于烦闷与苦恼的深渊。在中国有此情形，在外国也是一样，外国从前靠宗教信仰维系人心。现在宗教信仰已经动摇，而新的信仰中心也未树立，在青黄不接的时代，更显出许多迷路的羔羊。读李勃曼（Walter Lippmann）《道德序言》（*Preface of Morals*）一书，知中外均有同感。因此在这个时代更有应重新估定生命

---

* 录自《新民族》创刊号，1938 年 2 月 23 日出版，署名"罗家伦"。

的价值表，以建立新的人生哲学之必要；否则长久在烦闷苦恼之中，情绪日渐萎缩，意志日渐颓唐，生活自然也日渐低落。矛〔茅〕盾所著三部曲，一曰《动摇》，二曰《追求》，三曰《幻灭》。这三个名词，很足形容这时代青年心理的动向和惨态。现在想的已经动摇了，大家拼命去追求新的，如果追求不到，其结果必归幻灭。幻灭是何等凄惨的事！有思想责任的人，对于这种为"生民立命"的工作，能够袖手旁观吗？

要建立新的人生哲学，首先要明白它与旧的人生哲学，在态度上至少有三种不同。有了不同的态度，才能对于新的生命价值表加以估定。

首先要认定的是新的人生哲学不是专讲"该应"（ought），而是要讲"不能"（cannot）。旧的人生哲学常以为一切道德的标准，都是先天的畴范，人生只应该填塞进去，新的人生哲学则不持先天畴范之说，而只认为这是事实的需要，经验的结晶。应该不应该的问题较空，成不成，要得要不得的问题更切。譬如拿文法的定律来说，本不是先有文法而后有文字，文法只是从文字归纳出来的。文法的定律并不要逼人去遵守它，但是你如果不遵守它，你就不能表白意思，使人了解。你自己用文字来达意表情的目的，竟由你自己打消。所以这是不成的，就是要不得的也就是所谓"不能"的。

其次新的人生哲学不专恃权威（authority）或传统（tradition），乃要以理智来审察现实的要求和生存的条件。权威和传统并不是都要不得，只是不必盲目的全部接受。我们要以理智和经验去审察它，看它合于现代生命的愿望，目的，以及求生的动态与否。这不是抹煞旧的，而是要重新审定旧的，解释旧的。旧的是历史，历史是潜伏在每人的生命细胞之内，不但不能抹煞，而且想丢也是丢不掉的；但是生命之流前进了，每个时间的阶段都有它的特质，镕铸过去，使它成为活动的过去，为新生命中的一部分，才能融合并提高现实生存的要求。

还有一层，新的人生哲学不专讲良心良知，而讲整个人生及其性格风度的养成，并从经历和习惯中树立其理想的生活。它不和旧的一样专从良心良知中去求判别是非的标准，以"明心见性"去达到佛家所谓"身是菩提树，心如明镜台"的地步。它更不是建筑在个人的幻想，冲动或欲望上面。它要从民族人类的历史中，寻出人与人的关系，以决定个人所应该养成的性格和风度。它是要从个人高尚生命的实现中，去增进整个的社会生活与人类幸福。觉得如此，方不落空。

新的人生哲学根据这三种的态度以重定生命的价值表，以建立新的人生观。它并不否认旧的一切价值，乃是加以必要的改变而已。它把旧的价值，重新估计以后，成为新的价值标准，以求人生的实现，更丰富和美满的实现，这才是真正"价值的转格"（die unwertungaller werte）。

我们不只是要求人生更丰富更美满的实现，我们还要把人生提高。平庸的生活，是不值得活的。我们要运用我们的生力，朝着我们的理想，不但使我们的生命格外的崇高伟大，庄严壮丽，而且要以我们的生命来领导，带起一般的人，使他们的生命也格外的崇高伟大，庄严壮丽。所以我们要根据新的人生哲学态度，建立三种新的人生观：

第一是动的人生观　宇宙是动的，是进行不息的，人生是宇宙的一部分，所以也是动的，进行不息的。希腊哲学家海瑞克莱图斯（Heracleitus）说："你不能两次站在同一个河里"，孔子在川上说："逝者如斯夫，不舍昼夜。"都是这个道理。何况近代物理学家更告诉我们分子无时无刻不在震荡的道理。人生在宇宙中间，还能够停止，不运用自己的生力去适应宇宙的动吗？不能如此，便是"贼天之性"。何况人群的竞争，异常剧烈，你不动，他人动，你就落伍。落伍是生命的悲剧，中国受宋儒"主静主敬"学说的流毒太深了。这种学说里面，本来含着一部分印度佛教的成分，是与孔墨力行的宗旨违背的。我们要把静的人生观，摔得粉碎，重新建立动的人生观来。

第二是创造的人生观　我所谓动，不是自动，是有目的的动，有意义的动，是前进的动，不是后退的动。这就是我们创造性的发挥。我们不只是凭自力创造而且要运用自力，以发动和征服自然的能力来创造。譬如宇宙间无穷的电力，我们以智慧来驱使它发光发热，供一切人生的需要，这个就叫创造的智慧。人类之有今日，是历代先哲创造的智慧所积成的。我们不能发挥创造的智慧，不但对不起自己的人生，而且对不起先哲心血积成的遗留。保守成功吗？保守就是消耗，衰落，停滞，腐烂与毁灭。又如前代的美术创造品，是有伟大的，特出的，设如你不把它吸收孕郁［育］到自己的创造的智慧里去，再来努力创造，而专门实践旧的，那不但旧的不能成为新人生的一部分（我们至多不过享受而已），而且新的伟大美术作品永远不会出来。保守的方法无论如何好，旧的□为时间的剥蚀，总有销毁的一天。纵不销毁，那伟大的创作，终久是前人的创作，前时代的创作，有限的创作，而不是本人的创作，现时代的创作，无限的创作。我们不但要"继往"，更加要"开来"！

第三是大我的人生观　我们不要看得人生太小了，太窄了。太小太窄的人生是发挥不出来的。它一定没有雨露的花苞，不但开不出来，而且一定萎落，一定枯死。我们所以有现在，是多少人的汗血心血培成的。就物质而言，即我们吃的穿的走的住的，那一件不是农夫工人商人工程的发明家这一般广大的人群所贡献。就精神的粮食而言，那一项伟大崇高的哲学思想，美丽谐和的音乐美术，心动神移的文学作品，透辟忠诚的历史纪载，凡是涵煦覆育着我们心灵生活的，〈无〉不是哲人杰士的遗留。我们负于大社会的债务太多了。只有藉它们方能充实形成小我。反过来，也只有极力发挥小我，扩充小我，才能实现大我。为小我而生存，这生存太无光辉，太无兴趣，太无挑战。必须小我与大我合而为一，才能领会到生存的重要。必须将小我来提高大我，推进大我，人群才能向上，不然小我也不过是洪流巨浪中的一个小小水泡，还有什么价值。这就是大我人生观的真义！

人生观不是空虚，是要藉生活来实现的。不是身体力行，断不能领会这种人生观的意味，维持它的崇高。所以要实现这三个基本的人生观，必要靠以下三种的人生活方式。

第一是力的生活　宇宙没有力如何存在？人生没有力如何生存？萎靡柔懦□人生的大敌。力是生机的表现，是自强不息的活动，是一种向上的欲望。你愿意人叫你软骨动物吗？做人不但要有质的力，而且要有精神的力。不但行为要有力，而且思想也要有力。有力方才站得住，行得开。科学的好处就在不但能利用自己的力，而且能用宇宙的力。我们对宇宙的力要能储蓄待用，对自己的力也要储蓄待用。不要轻易的发泄，还要留作伟大的发挥。我们不忘□了。生命就是不断向上向外向前的努力。

第二是意志的生活　在这沉迷沦陷于物质生活的人群中，有几人能实行意志的生活，能领会这种生活的乐趣？不说超人，恐怕要等那特立专行的人罢！非是坚苦卓绝的人，怎配过意志的生活？因为这生活不是肉感的，不是享受的，生命的扩大，那能不受障碍，障碍就是意志的试验。意志薄弱的见了困难就逃了，只有意志坚强的人才能运用"力"征服过去，经过痛苦是常事。只有痛苦以后得的甜蜜，才是真有兴味的甜蜜。但是平庸的人能了解吗？意志坚强的人，绝对不怕毁灭，而且自己能够毁灭，毁灭以后，自己更能有伟大的创造，所以战争是意志的试金石。我常论战争说，开战以前计较的是利害的轻重，开战以后计较的是意志的强弱。这就是胜负的关键！不但是有形的军队战争如此，一切生存的战争，也是如此。平庸的，退却的，失败的锁链，只有坚强的意志才能扭开。

第三是强者的生活　能凭借意志去运用力量以征服困难的生活，非强者的生活而何？我所谓强是强而不暴的强，是"天行健君子以自强不息"的强。强的对面是弱。摇尾乞怜，自己认为不行，便是弱者的象征。强者的象征就是能在危险中过生活。他不但不怕危险，而且乐于接受危险。他知道战争是不能躲避的，所以欢乐的高歌而上战场。他的道德信条是强健，勇猛，无畏，正直，威严，心胸广大，精神奋发。他最鄙视的是软弱，柔靡，恐惧，倚赖，狭小，欺骗，无耻。他因为乐于危险的生活，所以他不求安全。古人说"磐石之安"，但是磐石不是有生命的。无生命的生活，过一万年有甚么意思？况且求安全是不可能事。安全由于平衡，生命那有固定的平衡，因为你发展，人家也发展，只有以你自己的发展，来均衡人家的发展，才能得比较的安全。能够如此，才能操之在我。所以他永远是主人，不是奴隶。

我上面说过这三种生活，都是要靠身体力行的。前人说"书生误国总空谈"，空谈不但误国，也是误己。坐谈何如起行！生命是进取的，不是等候的。生命是挟着时间前进的，时间那容等候？柏格森说得好："对于一个有意识的生命，生就是变，变就是成熟，成熟就是不断的创造自己"。所以我们要赶着每一个变动，增加自己生存的力量。

要创造一个新的生命，新的秩序，必须要先创造一个新的风气，这就要靠开风气之先和转移一世风气的人。社会的演进，本不是靠多数沉弱〔溺〕于现在的溷潴的人去振拔的，而是靠少数特立专行出类拔萃的人去超度的。后一种的人对于这种遗大投艰的工作，不只是要用思想去领导，而且要以实行榜样去领导。看遍历史，都是这样。所以孔墨都是力行的先哲。明季的颜习斋、李恕谷一般人更主张极端的力行。就拿近代的曾国藩来说，他帮清廷来平太平天国，我们并不赞成，但是当吏偷民惰政治社会腐败达于极点的时候，能转移一时风气，化乱世而致小康，实在有人所难能的地方。他批评当时的吏治是"大率以畏葸为慎，以萎靡为恭，京官之办事通病有二，曰畏缩，曰琐屑。外官之办事通病有二，曰敷衍，曰颟顸"。所以当时到了"外面完全而中已溃烂"的局面。他论当时的军事，引郑公子突的话，说是"胜不相让，败不相救，轻而不整，贪而不亲"，他感慨当时的世道人心是"无兵不足深忧，无饷不足痛哭，唯求一攘利不先，赴义恐后，忠愤耿耿者不可亟得……殊堪浩叹"。他并不如一般人所想像，以为是一个很谨愿的人，反之他是一个很聪明而很有才气的人，不过他硬把他的聪〈明〉才气内敛，成为一种坚韧的毅力，而表面看过去像是一个忠厚长者。他凭借罗泽南在湖南讲学的一个底子，又凭自己躬行实践号召的力量，结合一班湖南的书生，居然能转移风气，克定大难，为满清延长了几十年生命。（他转移军队风气的一个例，很值得注意。他不是说当时军队"败不相救"吗？他以"千里相救"为湘军"家法"，所以常常打胜仗。）一个曾国藩在专制政体的旧观念之下，还能以躬行实践号召一时，何况我们具有新的哲学深信，当着这国家民族生存战争的重大关头？

在这伟大的时代，也是颠播［簸］最剧烈的时代，确定新的人生观实现新的生活方式，是最迫切而重要的事。方东美先生说："中国先哲遭遇民族的大难，总是要发挥伟大深厚的思想，培养溥博沉雄的情绪，促我们振作精神，努力提高品德，他们抵死推敲生命意义，确定生命价值，使我们脚跟站得住。"当拿破仑战争时代，德国哲学家菲希特（Fichte）讲学，发表《告德意志民族》一书，也是这个意思。现在有如孤舟在大海一样，虽然黑云四布，风浪掀天，船身摇动，船上的人衣服透湿，痛苦不堪，只要我们在舵楼上脚跟站稳，望着前面灯塔的光明，沉着的英勇的鼓着时代的巨轮前进，终能平安的扁舟稳渡。这一点小小的恶作剧，不过是大海航程中应有的风波！

民族与民族性[*]

（1938）

　　我们的民族目前正处于一个严重的时期，所以我们对于"民族与民族性"这个问题，现在有加以研究的迫切需要。

　　"民族"与"民族性"是不能分开的。在英文里，"民族"是"nation"，民族性是"nationality"。"nationality"是从"nation"而来，可见"民族性"是从"民族"而来的。但在另一方面，一个民族，如无民族性，也不能独立生存，不能免于灭亡。所以民族与民族性二者的关系，至为密切。民族是国家的基础，也是一切国家理想和愿望的前提。国家如不以民族做基础，就不能组织成功。自己的民族如果不能振作，不能自立，无论谈什么好听的"自由"，"平等"，"大同主义"或"世界主义"，都是废话；无论有什么优美的政治经济或社会的理想，都无着落。民族性是独立国家或民族的灵魂。一个国家或民族，如丧失它的民族性，就不能团结，不能存在。所以民族与民族性二者联系的重要，也很显然。

　　民族和民族性的关系以及它们的重要，既已明了，我们就要问究竟什么是民族，什么是民族性。我现在先讲什么是民族，然后再讲什么是民族性。

　　民族的定义，很不易下。但我们倘能知道民族构成的因素，也就可知道什么是民族了。不过有许多学者和政治家，对于民族还有几种错误或不完整的观念，其中许多并且是有意造成的。我在讲民族构成的因素之前，应先对这几种观念加以辨别。

　　第一，民族不等于种族——有些人以为民族就等于种族。种族当然

　　* 录自《新民族》第一卷第二期，1938年3月5日出版，署名"罗家伦"。

是民族构成的重要因素之一，但是民族却不等于种族。一个民族有时虽仅为一个种族，但也可有几个不同的种族。譬如现在欧洲各民族里面，往往就含有不同的种族。德国南部与北部的人，在种族的详细区分上就有不同；法国南北两部的种族，过细考察，原来也不是一个；这都是显著的例子。这种以民族等于种族的学说，常存有各种特殊的目的。如德国要合并同种族的国家，就以他们和德国人系同一种族为立论根据；又如日本要吞并中国，就以中日同种同文之说相眩惑。但是种族有时虽可与民族相同，有时则不相同；民族不等于种族。

第二，民族不等于语言——有些人以为民族就是指相同的语言系统里面的人而言。如帝俄时代有所谓"泛斯拉夫主义"（Pan-Slavism），就根据语言即民族的理论，想把巴尔干几个国家拉过俄国方面去。又如德国有所谓"泛日尔曼主义"（Pan-Gemanism）也引用这个理论去扩充日尔曼民族的势力，其实这都是别有用意的。语言只是民族构成的一个因素，以上这些泛什么主义都是对于民族解释的偏见。不过因为它是一个重要的因素，所以往往受到非常的注意。一个民族或国家之内，有时虽仅有一种语言，但也可有几种不同的语言。譬如瑞士，便以一个很小的国家而有法德意三种语言。同时也有用同一种语言的民族，而分成几个国家的。譬如现在的德奥英美就是。我们可以说语言是民族构成的重要因素之一，但却不能说民族就等于语言。

第三，民族不等于宗教——有些人以为信仰同一宗教的人，就是同一民族，以为民族的范围就等于宗教的范围。宗教有助于民族的形成，自然是不可否认的历史事实。英国女王伊利沙白（Elizabeth）曾经说过："公民的资格内含有教民的资格，不是教民便不成公民。"美国总统至今要在就职的时候，拿着基督教《圣经》宣誓。英国的国家教会至今还是巍然存在。至于近代土耳其国的前身阿陀门帝国（Ottoman Empire）要以回教徒建一世界的帝国，更是显著的例子。所以历史上凡一征服个民族，征服者往往要改变被征服者的宗教信仰；为宗教而流的血，自来不知多少。但是有许多民族，其所信仰的宗教，往往不止一种，如美国人之中，有信仰天主教者，有信仰基督教者，也有信仰犹太教者。又如中国人之中，有信仰佛教者，有信仰道教者，有信仰回〈教〉者，也有信仰基督教者。所以民族的范围并不等于宗教的范围。宗教虽可说是民族构成的一个因素，但是民族并不等于宗教。

第四，民族不等于领土——还有些人以为在同一领土内的人，就是同一民族，以为民族等于领土。但是也不尽然。诚然一个民族需要一定领土，正如个人之需要住所；没有固定领土，是难于形成一个民族的。而且一个民族要是占据了一块领土，经过了悠久的岁月，一定会发生一种锲而不舍的感情，因为它生息繁荣，不离斯土，所谓"欢于斯，哭于斯，聚国族于斯"，怎能不对它发生感情？所以许多人每每拿某个民族所居的疆域以内的重要河山来代表一个民族。譬如说中国民族，便讲到"昆仑"、"长江大河"、"泰岱华岳"；说德国民族，便提到莱茵河；法国人更倡有所谓"自然疆界"（natural boundary）之说，以为自这种疆界以内，是法国民族应有的领土。这都是民族重视其疆域之表现。然而无论领土如何重要，民族的范围并不等于领土的范围。在同一领土内，如仅有一个民族，自然最好；但在不同一领土内，往往也可有几个不同的民族。譬如欧战前的奥匈帝国，现在的大不列颠帝国都是。总而言之，民族不等于领土。

以上几种理论，都是一偏之见，都不能正确解释民族的意义。那么民族究竟是什么呢？民族这个东西，既不是人力勉强所能造出，也不是在短时期内所能形成。民族乃是由几种基本的因素经长时期的自然演化而形成的一种产物。这几种基本的因素，现分述于后：

（一）种族（race）　民族虽不等于种族，但种族却是民族构成的重要因素之一。一个民族当然是由人构成的。人与人之间有种种自然的赋与之差别，于是有人种的区分。所谓自然的赋与之差分者，乃就生物学生理学人类学考察而定的各种天赋素质之不同。譬如身体的长短，躯干的大小，皮肤的颜色，头骨的形态，头发的颜色和形态等等都是。天赋的人种差别，是形成民族的重要质素之一。有时一个种族，如长久遗传下去，可单独成一个民族；有时几个种族，因通婚杂居等关系，也可混合成一个民族，无论一个民族是由一个种族所形成或是由几个种族所形成，其身体，躯干，皮肤，头发，头骨等等，都比较相似，这种相似最易使人发生一种同"族"的感觉。所谓"非我族类，其心必异"，正可表现种族对于民族构成的重要，我在中央政治学校的时候曾经办过蒙藏学校，发现那些蒙藏学生，因受外人的蛊惑，往往不相信自己是中国人。我当〈时〉对他们说：你们不相信也好，但是事实上你和我都同是黑头发，黄面孔，黑眼睛，低鼻子，你们同英国人或是俄国人比比看？你们和英国人或俄国人是不是一样？于是他们都无话可说了。此地我所说的只是种族系民族构成的自然基础之一，不过我们却不能反转来说，种族就等于民族。

（二）自然环境（physical environment）　一个民族乃是一群人在某一自然环境内所形成的一个集团。这种自然环境对于住在其中的这个民族和它的发展，关系异常重大。无论是海岸，山脉，疆界，温度，和其他气象状态，没有一项不是关系重要的，在某一自然环境之内，一个民族可以产生它所特有的某种思想，生活和文化，我常感觉到一个民族的发展受自然环境的支配，实在很大。凡到过印度的，一定可以感到佛教必然要在印度发生，不会在俄国出现。因为印度人在很热的天气中生活，从早到晚滴着汗，精力不断地被蒸散，时时感到生命力的疲乏和弛弱；而自然界的食料，又极丰满而容易获得；所以使印度民族习于闲逸的生活，产生闲逸的意见。再看到喜马拉雅山巅终年的积雪，恒河的浩荡长流，和山林原野间无量的生命，自然使印度民族要兴起无限神秘的幻想。再加以疾疫之不时流行，毒蛇猛兽之常相残害，使印度民族感到生命无常，人生的悲惨，于是一种慈悲出世虚寂深微的佛教，不得不产生了。若是在寒带的俄国，则因自然环境的完全异样，寒气逼人，生活刻苦，亦能养成一种勇猛沉鸷的民族性，要想产生佛教那样的思想，自然是不可能了。这就是自然环境支配民族文化之发展的迹象。同一民族的人，因所受的自然环境的影响相同，其思想生活和文化，自然往往相同。但是同一国家的人，其思想生活和文化则不必相同，因为许多国家常是一种强力的组织，而不是一种自然的结合。譬如朝鲜人与日本人虽暂时同属日本帝国，但是朝鲜人的思想生活文化，与日本人不同。再如东四省虽现在被日本所强占，但是东四省人的思想生活文化，也与日本完全两样。

（三）经济生活的方式　一个民族的经济生活的方式，自与自然环境有连带关系。所谓经济生活，是包括衣食住的整个生活而言；而决定其方式者，有两大要素：一是人口，一是职业。就人口而言，民族的形成和民族文化的发展，是与人口状态有密切关系的。因人口分布的疏密不同，民族生存竞争的情况就随之而异，而由此所发生的民族性之反应，自然也有区别。（惟人口问题，内含复〈杂〉而重要，将来还有特别分出来研究之必要。）就职业而言，则游牧民族的民族性与农业民族既截然不同，农业民族和工商业民族的民族性也显然两样。譬如英国人是工商业民族，就具有冒险航海的特性；俄国高加索人是游牧民族，就富有驰射骑击的特长。这些人口及其职业状态对于民族文化的影响，都是大家习闻惯说的事实。

（四）法律和政治社会的组织　法律政治是人类历史中很重要的一部分；因为法律的规定不同，政治社会的组织不同，而影响到一个民族发展方向不同，性格不同。虽然有人主张法律和政治社会的组织，是民族环境所产生的；但是既产生之后，民族发展的方向和性质，也就不知不觉的受其支配。譬如从前蒙古人的法制（不论成文法或不成文法），规定一家如有兄弟三人，就应有几人做喇嘛，这对于蒙古人民的影响自然很大。又如一个民族是实行专制政治，另一个民族是实行民主政治，其发展的方向，就不会相同。总而言之，法律和政治社会的组织对于民族的影响是重要而不可忽视的。

（五）宗教　这里所讲的宗教，是指一般的宗教而言，包括有形式的宗教和无形式的宗教在内。宗教的发生，是人类社会中很早的一回事。历史告诉我们：自来宗教对于一个民族的影响很大，譬如欧洲在中世纪政教合一，罗马皇帝是世俗的皇帝，罗马教皇是精神的皇帝，而世俗的皇帝要受精神的皇帝统治。这样一来，当时几乎要把整个的欧洲，形成一个统一的组织。当时的宗教简直是欧陆各民族全部精神的归宿，整个生活的中心，其于一般社会，文化，政治的影响，正不言可喻了。后来宗教革命的成功，同时也就是新兴民族的形式。直到现在，宗教的势力虽日渐消灭，但它对于民族的发展，依照〔旧〕可以表现其重要性。譬如信〈天〉主教的爱尔兰，终究在大英帝国中保持着特殊的风气而为统一的障碍，而卒告一种实际上的分裂。又如美国上次与胡佛竞争的史密斯（Smith），因为是天主教的信徒而使一般选民怀疑到史氏一旦当选，会不会使白宫受罗马教皇的支配，终致史氏选举失败。宗教的力量之大，于此可见了。

（六）语言文字和根据语言文字而产生的文学　语言文字不仅是民族用以表现自己意志的工具，而且它所表现的又反映于民族而使它发生新的感觉，新的意识。从这个不断的表现与不断反映的过程中，一个民族便得由此不断地发展它的文化。自然一个民族□种不同的语言文字，如以上所述的瑞士就有三种语言文字；但是一个民族，如仅有一种语言文字，则其内部必更为和谐，融洽，与团结。而根据同一语言文字所产生的文学，如诗歌，小说，戏剧等等，尤足以代表整个民族之共同的情绪，共同的愿望与共同的生活。许多近代国家的形成，都有赖于一种民族文学为其先导。如但丁（Dante）的著作之于义大利，乔叟（Chaucer）、莎士比亚（Shakespeare）等人的著作之于英国，都是明证。因此近世凡是要灭人国家或民族的，往往要设法先灭亡其国家或民族的语言文字，如德国从前在波兰，亚尔萨斯，罗林等地，强迫其人民用德文，日本在朝鲜及我国东四省强迫该地人民学日文都是。最近日军侵入我国浙江金门，又正在强迫中国人采用日本课本。反转来说，凡是一个国家或民族要复兴，它也一定要先从复兴自己的语言文字做起，如波希米亚人民在十九世纪初叶之复兴与捷克（Czech）语，波兰复国与后之复兴波兰语都是。由此可见语言文字对于民族的关系之重大了。

（七）教育　教育就是把一个民族前代的思想文化交给后代，领导他们去继续发展并创造的一种社会制度。教育的责任，自然是把已往所有的好东西保存下来，交给后代，而为后代留下发扬光大的余地。因为这是民族生存发展所必需的一件事，所以近代的国家，都特别注意教育。如十九世纪的德国，便是最显明的例证。当时德国不仅注意于大学教育的建设，而尤其能确立一种普通的教育制度，把民族文化很普遍地灌输于一般国民。菲希特（Fichte）、亨波特（Humboldt）等人的教育影响，对于统一的德意志之形成，是大有功劳的。现代各国，都规定教育由国家办理，不让私人随意处置，就是鉴于教育对于一个国家或民族，有非常重大的影响。

（八）历史　一个民族不是短时间内勉强用人工造成的，而是长时期内自然演化的结果，这种自然演化的过程，就是历史。个人与个人之间，如果有过一番"患难与共"的历史的，其亲睦的程度，必格外增加；所谓"患难之交"，是最可宝贵的。一个集团里面，如果大家有过一番悲欢离合可歌可泣的历史的，则彼此感情也必格外浓厚，团结也必格外坚固。譬如拿中央大学来说，我们在南京曾同遭敌机的轰炸，在沙坪坝又重行聚首，同过刻苦的生活；我相信：我们师生经过这一番惨痛悲哀的历史，彼此之间的感情与团结，必较往日大大的增加。一个民族也是如此。一个民族，在共同的历史过程中，因为有共同的荣辱，共同的苦乐，就产生共同的愿望，共同的理想，共同的努力目标，和共同的崇拜人物。（一个为众人所崇拜的领袖，乃是历史的产物。他必须在大患难中表现出他的伟大的人格，深远的目光，超人的魄力，和勇敢为公的牺牲精神，才能成为这样一个领袖，领袖决不是用运动选举的方式所能产生的。）所以历史最能维系民族的感情，巩固民族的团结，统一民族的趋向，加强民族的力量。近代要灭亡一个国家或一个民族的，往往都要先破坏它的典章制度，文物史迹，以求消灭它的历史。历史和民族的关系，于此就可见了。

民族就是综合以上所述的种族，自然环境，经济生活的方式，法律与政治社会的组织，宗教，语言文字，教育和历史种种因素而形成的一个人类集团。

以上是讲什么是民族，现在再讲什么是民族性。民族性就是构成民族的种种因素之总和，反射在集团人类生活上面，成为他们的理想，愿望，风格等项特点的结晶。它是一个民族的灵魂，为洪水所不能湮灭，烈火所不能焚化，武力所不能征服的。一个民族若要独立生存，必须具备一种特殊的民族性。没有民族性的民族，是不值得生存的民族！不但不值得生存，而且是必然要趋于灭亡的民族！各国几千年的历史告诉我们：世界上没有一个民族丧失了它的民族性以后还能继续生存的。

民族性形成以后，就能使同一民族集团的人产生共同的意识和共同的感觉。这种意识和感觉，在平时往往不容易觉察出来。但是一到民族生死存亡的紧急问题，就自然而然的流露出来了。因为在这种时候，大家的利害相同，每个人心弦的波动都"如响斯应［如应斯响］"的表现一致状态的。譬如我们在南京，听到敌机所掷炸弹的爆炸声音，都心跳得格外快些，心里的难过也格外真切些，因为炸弹纵使不落在自己身上，可是炸弹下的牺牲者总不外是我们的同胞。这种感觉的敏锐与亲切，决不是别民族的人所能具有的。在这个时候，那些娶外国太太，尤其是娶日本太太的人，自然大感痛苦了。男女基于爱情的结合，原无可厚非；但是因为所属的民族不同，所住的环境不同，所受的教育不同，就会产生不同的感觉。她嫁了你个人，她不嫁给你的民族。所以郭沫若先生这次离日返国，不得不"别妇抛雏断藕丝"了。

民族性也可说是一个国家的"国魂"。这种"国魂"，一旦铸成，就不易毁灭。一个国家的生存，就须赖有这种"国魂"。中国女明星黄柳霜在美国演过侮辱中国人的电影，回国时有报纸称她为"丧失国魂的女儿"；这个名词用得很有趣味，很能象征。英国的大诗人吉普林（Kipling）有一句诗道：

Who dies if England lives.
英国若存谁复死。

这句诗足是表示英国的"国魂"。英国的大文学家莎士比亚（Shakespeare）写波林布洛克（Bolingbroke）于放逐时之诗曰：

Then England's ground, farewell; sweet soil, adieu;

My mother and my nurse, that bears me yet!

Where'er l wander, boast of this I can,

Though banished, yet a true-born Englishman

（见 Richard Ⅱ Act I, sec. , l.)

再会，英国的土地，甜蜜的土壤；

还是领着我罢，我的保姆我的母亲！

我总是夸耀你，无论我在什么地方飘荡，

虽然我遭放逐，我烧了灰也还是英国人。

"我烧了灰也还是英国人"（此句系意译，但非此强烈表现，不能达原意），就是表示"国魂"的永不毁灭，也就是民族性的永不毁灭。中国的爱国诗人陆放翁临死还做一首诗道：

死去元知万事空，但悲不见九洲［州］同；

王师北定中原日，家祭毋忘告乃翁。

他到临死的时候，还以"不见九洲［州］同"为可"悲"，并且要以家祭毋忘相告勉励子孙，这正是中华民族伟大国魂的表现，强烈的民族性的表现。

一个民族的民族性，各国刊物常用图画来代表；这是在外国杂志的卡通画上所习见不鲜的。譬如英国的 John Bull，是一个质朴的乡下绅士，就以之代表英国人绅士品格的民族性。从前代表德国的 Michael，是一个忠实的老农夫，就是代表德国人刻苦耐劳强毅坚忍的民族性。又如美国的 Uncle Sam，是一个瘦长质朴的老者，穿着星条国旗的衣服，也可代表美国人过去筚路蓝褛［缕］经风霜而带点新教徒意味的民族性，同时代表美国人现在的理想主义和典型人物。

我们中国人的民族性，应该要用什么来代表？我觉得中国人的民族性，可以拿夹谷之会的孔子来代表。我所以特别提出"夹谷之会的孔子"来，因为我想像之中的孔子，不是"申申如也，夭夭如也"的孔子，也不是"入公门鞠躬如也"的孔子，乃是文事武备兼于一身的孔子。孔子长周尺九尺有六寸，其魁伟已非常人所能及。他身通六艺，即礼，乐，射，御，书，数，所以他是一个文武全才。他会对鲁定公说："有文事必有武备"，可见他的立国方针是一面重"文事"，一面修"武备"，换言之，就是一手执"玉帛"，一手持"干戈"，在夹谷之会时，齐景公与鲁定公相见，齐国的"旌旄羽被，矛戟剑拨"，毫不足以使他屈服或动摇；他依旧侃侃而谈，沉着应答，反把齐景公折服了。他理想中的标准人物，是"君子"。怎样才能成为一个"君子"呢?《礼记》儒行篇说明君子的性格和行为的标准，计十六条，首重"自立"，其次为"容貌"，"备豫"，"近人"，"特立独行"，"刚毅"，"宽裕"，"规为"，"交友"，"尊让"，"忧思"，"任举"，"举贤援能"等等。其最精辟的形容为：

"夙夜强学以待问，怀忠信以待举，力行以待取。"

"坐起恭敬，言则忠信，行必中正。"

"先劳后禄。"

"委之以货财，淹之以乐好，见利不亏其行，劫之以众，沮之以兵，见死不更其守。"

"可亲而不可劫也，可近而不可迫也，可杀而不可辱也。"

"今人与居，古人与稽；今世行之，后世以为楷。"

"爵位相先也，患难相死也，久相待也，远相致也。"

"慎静而尚宽，强毅以与人，博学以知服，近文章，砥厉廉隅。"

以上所举，不但抒写外表，而且刻画内心，不但表现外部的行动，而且表现内部的修养。这种君子是佩剑，带弓矢，以雅歌投壶娱乐的。他是"威仪抑抑，德音秩秩"的君子，是"威仪皇皇，佩剑锵锵"的君子，是"柔亦不茹，刚亦不吐"的君子。以这样的标准人物而陶铸成的民族，才是最理想的民族，最不易流于偏激狭小途径上去的民族。以后中国所谓"儒将"，正是这种君子性格的表现。可惜中国自实行科举以后，文人都摇头摆尾做八股，君子就一变而为书生了，而中国民族所固有的理想和精神也就完全丧失。我们如要恢复固有的民族理想和精神，就应以夹谷之会的孔子作为我们民族性的代表，作为我们民族的典型人物。

民族性是不易毁灭的，已如上述，但是最易堕落。要毁灭一个民族的民族性，不外采取两种方法：一是强力，一是同化。但这两种方法都不易生效；强力固不易，同化也很难。要同化一个民族，至少总须几百年的功夫。德国曾用种种方法同化亚尔萨斯、罗林的法国人，但终同化不了。从前俄国和德国，想同化波兰，但也不见成功。他如日本要同化朝鲜，可是朝鲜的革命志士仍是此伏彼起，前仆后继。不过，民族性虽不易毁灭，却最易堕落。一个民族若是萎靡颓废，散漫松懈，就是表现民族性的堕落，"物必先腐也而后虫生之"。民族性的堕落就是民族本身的崩溃。

我们应感谢日本人给我们这样一个严重的大打击，把我们萎靡颓废的民族打得振作起来，把我们散漫松懈的民族打得团结起来。不过，专靠外来的打击还是不够。我们还应有一个共同的觉悟，产生一种新的民族生力（national vitality）。我们有了这种民族生力，才能格外振作，格外团结。历史上许多野蛮的民族，因为具有这种生力，一接受新的刺激，往往能发展很好的文化；惟有衰老的民族，因为缺乏这种生力，反最无办法，最无希望。譬如欧洲中古时代，日尔曼民族和高尔（Gaul）民族接受了希腊罗马和基督教文化以后，都能形成灿烂优美文化。又如中国汉唐时代，异族内侵，血统混合，不啻为汉族打了一血清针，在中国历史上是最富有生力的一个时代，同时也是文化最发达的一个时代。那时中国民族特别奋发，无论在军事政治及文学各方面，都有卓著的成绩表现。就汉朝说，军事方面，出了卫青、霍去病等一批威震异域的名将；政治方面，汉朝政治规模之宏大，也是历代所罕见；至于文学方面，伟大著名的作品，更是值得歌颂。唐朝也是一样。当时以文学著称的人物，如李太白，也恐与西北民族的血统有关系。汉唐是中国民族最兴旺的时代。现在西北一带称"汉人"二字，还含有表示伟大的意思。美国与新加坡南洋群岛一带有所谓"唐人街"，也同样是表示唐朝威力的遗留。但自南宋以后，中国民族就渐显衰老，每况愈下了。及至元朝统治了一百年，满清压迫了二百六十多年，再加上理学"主静""主敬"之说的影响，和科举制度八股帖括的流毒，中国民族乃益见退化，几乎一蹶而不能复起了。

最近这一百年是中国民族急转突变的一个时期。这次异族对我们的压迫，不只是武力的压迫，而且是文化的压迫。从前压迫我们的民族，其文化不及我们的高；但是现在压迫我们的民族，其文化纵不能说比我们的高，但我们也决不可小看他说是比我们的低。在这中外文化互相接触互相激荡的时期，也就是中国民族性重行陶融，重行鼓铸的时期。衰老，颓废，堕落的民族，决不能生存于今日；唯有变老为少壮，变颓废为奋发，变堕落为振作，才能维持独立和永久的生存。现在外来的刺激已经有了，我们就应该给它一个适当的反应。浮嚣空嚷，都无济于事。希望大家根据近代的科学的方法和精神，对于我们民族所固有的一切，重新予以估价，保持其优美的部分，而淘汰其无用的部分，以建立一个崭新的中华民族，形成一个崭新的中华民族性！

抗战的国力与文化的整个性*
（1938）

（一）国力基于文化

近代的战争，大家都知道，不是单纯的武力战争，而是文化的战争。要看一国的胜败，不只是看他兵力的强弱，而且要看他国内文化水准的高下。军事家说，战争之胜败要决于未战之先就是这个道理。俾士麦在将近七十年前普法战争胜利以后即归功于普鲁士的小学教员，何况七十年来战争更达到了高度的科学化的时候。近代的战争，谁能否认他不是科学的战争。战场用的是科学，后方用的是科学。战时要用科学，战后复兴事业用的也是科学。没有科学，战时固宜要吃大苦，会有失败的危险；战后则不问胜败，残破总是不堪的，没有科学，那就简直无复兴重整的可能，进步不消说了。难道我们可靠外国人来为我们复兴中国？要靠外国人为我们延长民族的生命？

（二）文化的整个性

文化是有机体的；换句话说，文化本身就是一个大的有机体。有机体的生物，是各部分都配合好了，为全部的生存而奋斗，少一部分都不行的。正如人的手足耳目心脏一样，那一部分可以缺少。所以支持文化的教育，从纵的方面讲，自小学中学大学以至研究院，缺少一段就无从实施。从横的方面讲，无论文法教理工农医商，都是一套整个的配合，

---

* 录自《新民族》第一卷第七、九、十、十一期，1938 年出版，署名"罗家伦"。

缺了一件都配不起一个整个国家的机构。再从性质的方面则无论你认为实到造枪造炮造飞机，造坦克车，造铁路，造桥梁，或是你认为空到文学哲学美术音乐，都是支配整个国家民族命运的一部分。这个连锁太密切了，盘古开天辟地的斧头，也不能打开。谁要蔑视某一部分，就是不懂得人类进化史的教训，不懂得近代国家的组织。日本人懂得，所以他不但要炸我们前方忠勇的队伍，而且要炸我们后方的文化机关！要炸我们的大学！

因为文化是有机体的，所以他的生命不可中断。中断以后，是很难继续的。所以有人以为战时中学小学甚至大学都可停办，是不对的。不但大学不能停办，就是义务教育也不能停办，而且要积极扩充。停顿是文化的脱节，甚至于断气。脱节与断气都是生命最危险的事。文化是民族的生命，民族的生命不能中断，所以文化也不能中断。

（三）一般对于大学教育的不了解

近几年来，我们的文化教育事业，虽然不免有种种的缺陷，却有很长足的进展。缺陷所在，我以后还要说到，但决非外间表面的批评。至于进步的方面，尤以自然科学为最快，这不是我一人的私言，只看国际学术刊物中，中国学者发表的研究报告，受世界学术界注意和称许的情形，就可知道。这不是勉强的侥幸的，是公认的，是苦工换来的。这种现象，日本人也很注意，自然也很妒忌。但是国外人士，比国内人士了解还要清楚。国内人士，因为感觉到这次战事的失利，处处找东西来埋怨，于是找到无抵抗力的教育界，埋怨得很厉害。国家衰弱，人人不能辞其咎，教育界也应该担负一部分责任。若是把一切战事失败的责任，都推到教育不良四个字上去，那未免太不公平，也太不合乎事实了。试问中国创办近代教育的时间几何？教育勉强上轨道的时间几何？经费几何？各方面的协助几何？大环境是什么样子？何妨把外国的实际状况来比一比？世界上没有侥幸的事，也没有速成的事！决不是笼笼统统"亡国教育"四个字就可抹煞一切的。但是这好像父母病重了，子孙见病势未减，埋怨这个医生，埋怨那个医生一样。埋怨的话不见一定对，但是这都是由于大家求好过急之心而来，是彼此可以互相原谅的。还有一个重大的原因，就是一般人既不了解大学工作的内容，而一般在大学教书的人也不求他们工作的内容使一般人了解。在一般人看起来，以为你们这般大学教书的人，就是坐在讲台的太师椅上（但是现在中央大学的教授只有一角钱一张的竹凳子坐）高谈不切实用的学理，迂腐腾腾的虚糜国帑。他们不知道无论太师椅也好，一角钱的竹凳子也好，是不好坐的；没有真实的学问，一点钟一点钟能使有智慧的大学生折服的人坐上去，也要和李自成坐上金銮宝殿一样，发生头痛坐不住的。况且即以各院系混合而成的中央大学而论，有许多院系教授在实验室工厂的时间，多过于在教室的时间。有时候一样功课，每星期演讲三次，实验都多过八点钟。至于教授方面以为我埋头做我的工作好了，何必求人知道，我又不写"工作报告"。文法教育学院的人平时尚且很少写通俗文章；理工农医学院的人除了他们实验的结果写下来以外，更不写文章。于是外面只听见黄蜂似的刊物，拼命发表批评大学教育的声浪，而大学的教授反和"不鸣之雁"一样，低头挨"闷棍"。世界上许多误会是从不了解来的。

（四）大学院系的检讨

大学里究竟干些什么工作？工作的对象是什么？这就不能不和大家作大学院系的检讨。此地我要声明一下，我不是在谈整个的文化吗？为什么此处再谈大学？我的回答是大学可以说是文化高层的表现，对于文化的各部分分别最详细，所以我拿大学做个例子。我还要声明一下，就是我以下所举的例子，是中央大学。不是我有这样愚妄，以为中央大学可以代表一切文化，不过几年以来我对中央大学知道亲切一点，那就不妨就比较亲切的讲起。况且就事实来讲，国民政府颁布的大学组织法里规定大学最多的是文理法教理工农医商八学院。中央除医商学院独立以外，又添办了一个医学院，共有了七院。就是商学院的功课，法学院的经济系里也是有一部分的。中央大学实在是一个奇怪的大学。在南京的时候，从纵的系统来讲，则自幼稚园，六年小学，六年初高中学，四年或六年（医学院）大学，两年研究院（医学研究所与农艺研究所）一律齐全。从横的种类来讲，则文理法教工农医七个学院共三十个以上的系科（尚不连系内的分组）而外，还有一个附属的牙医专科学校，一个实验学校，一个本专修科（畜牧兽医专修科），一个招收大学毕业的机械特别研究班（航空工程），两个研究所，一个义务教育的学校（采光小学），二十二个实验稻场，麦场，棉场，林场，畜牧场。可以说是比较完备而很复杂的了！到现在除实验学校的幼稚园和小学及义务教育和战区的农场不得已停办而外，其余是完整照常进行的。此外更新加了一个航空工程系，一个水利工程系，一个航空工程训练班。

现在且把大学本科院系的分别和对象简单写在下面：

（甲）文学院

（1）中国文学系　大家一定以为最先举出的是最无用的了。打仗了还谈什么中国文学。我的回答是，请你看日本人为什么要在东四省北平天津甚至于在金门湾逼学校里教日本文？中国文学里有许多领土是中国民族精神之所寄托的。英国在上次大战时候，大学里还是照旧研究奋赛（Chaueer）和莎士比亚（Shakespeare）。我们不是要个个人去研究中国古代文学，但是很少数专门的人去研究是应当的。

（2）外国文学系　读外国文学去做洋奴吗？做帝国主义的走狗吗？恐怕没有这简单。中国还要吸收世界的文化，要丰富本国的文学，要得到求外国科学的工具，还都非研究外国文学不可。所以外国文学，办不好，不特文法学院，各学院都受影响。再以国际宣传论，日本在平时就在欧美各国大学或舆论机关里资助了许多日籍教授或新闻记者在用外国语教书写文章，为日本宣传，增加世界对他的好感。战时所派遣的人员更不必说了。中国正需要一大群像日本 Kawakami 一类的人，不断的在外国写文章写书。再举一个例罢。现在日本外务省的英文总编辑小烟熏良就是十八年前在美国读文学，把中国李白诗翻成英文，请我和冯友兰先生校正的人。

（3）历史学系　要发扬中华民族的精神，懂得中华民族的伟大，非懂得本国历史不可。要懂得国际政治，澈底明了各国内务外交的演变，以谋应付，非懂得外国历史不可。凡事无突如其来的。智者知于机先。况且明白历代成败兴亡之迹，可以避免许多不必要的错误。

（4）哲学系　大家一定以为哲学太空了。但是哲学是为"天地立心，生民立命"的工作。人不是和猪一样，糊糊涂涂的过去。宇宙人生的问题，必须有人探讨，一种正确的哲学观念确立以后，人生的行为，民族的进展所受的影响太大了。不看十九世纪德国民族的解放与复兴，不是受黑格尔，费斯特哲学的影响与鼓舞吗？当然这是少数人专门研究的，专门研究的也只极少数人。

（乙）理学院

（1）算学系　算学空洞吗？算学是一切科学的基础。算学学不好，一切自然科学无法研究，社会科学也受影响。一个大学里的算学系办不好，则理工各学院，没有不吃大亏，不受障碍的，有人以为算学只学到应用的方面好了，何必再求高深，故弄虚玄。不知高深的部分不学好，应用的部分是只能应用，无法进步的。高深的学好了，教起应用的部分来，也格外透澈。再说实际一点，炮兵的弹道学，是要高深数学的。我知道去年的情形，南京某某炮兵训练机关的教官，三个是算学系毕业生，更有两个，一个是前中大算学系教授，一个是前中央政治学校数学教授。因为他们要我介绍人，所以我知道比较真切。况且从广义来说，算学是人人不可少的思想训练。

（2）物理学系　近五十年来，世界进步最快的科学，莫过于物理学。物理学的研究，像是抽象，实际上他在应用方面所产生的效果，可以到不可思议的境界。物理学不好，许多理工的功课不能继续下去。讲到军事应用方面，则无线电，真空管，光学等等，那一件不可在作战上应用，或是为近代武器构造的基本原理。

（3）化学系　在创造近代文明的过程里，化学与物理的功用是并驾齐驱的。如原子的研究，气体的分析，胶质的配合等等，对于农业工业及一切文化的进步，贡献太大了。单讲军用的毒气，无论是制造防御，少得了化学的研究吗？但是如果不把基本的化学学好，这些应用的问题何从研究起？

（4）生物学系　不特在理论方面，如进化论等等，是影响人类观念和行为最大的力量；就在应用方面举一个例来讲，如遗传的研究使高而至于人种改良，低而至于生物的选种，育种，都要仰仗这种学问。中国要夸地大物博，就不能不充分研究这广大地面上的繁众生物，以资利用。至于出名的专证就是法国生物学家巴斯德（parsteur）对于微生物的研究。他借此改良酿造，不但使法国赶快还清战债恢复元气，而且在增进人类生命上，也就是在医学上所作的贡献，真可以当得起"万家生佛"的赞颂。

（5）地质学系　地质学不特也和生物学一样，在理论方面同是进化论的柱石，而且在应用方面，要发展地下宝藏，是非靠他不可的。近代的世界，有人说是煤铁油的世界。但是采煤采铁采油，采一切矿产，都要根据地质学。我们不要以为地质学系中的古物学一课，是玩几百万年前的古董；我们在抗战时期还讲什么三叶虫的化石，弄这些毫无生趣的死东西，不知采煤采铁采油，这些死东西正是我们的指导者。

（6）地理学系　不说世界，中国这大的面积，我们都详细知道了吗？人文如何？地形如何？气候如何？海岸如何？谁有这大胆说他知道清楚。"开发西北""开发西南"都不是空谈的，是要有地理知识，先去统制他的。"子有庭内，勿洒勿扫，子有钟鼓，勿鼓勿考"，恐怕不等"宛其死矣"，就会"他人是保"了。至于中央大学地理系还注重气象方面，这不但对于农产水利有关，而且对于一般航空，尤于是对于空军，有最密切的连锁。

（丙）法学院

（1）法律系　没有法律，没有训练好的法律人材，人民就无有公道，国家就无统治。法律是与人民有切肤关系的，当然要国家上轨道，我们不能再希望有"韩复渠［榘］式"的审案子。我们不说是要取消不平等条约？收回治外法权就是取消不平等条约中最重要的一种。无论将来我们兵力如何强，我们的法律总要弄得像个样子，自己才能安，人家才能服。这几年粗制滥造的法律"人材"太多。法律教育受人轻视，但是这是另一问题，不能涉及法律教育本身的重要性。

（2）政治学系　众人的事，不能没有经过训练的人来管；何况近来政治日趋于专门化，甚至于专家化。许多人厌恶政治，其实是厌恶政客。政客不必多有，政治家不能没有。当然政治家不见得是政治学系可以培养出来的，因为他要有充分的常识，扼要的决断，广大的心胸，丰富的经验，伟大的人格；但是学识初步的培养也不能没有。所以政治学系不办则已，要办就要严格的选择学生，最后的目的是为国家培养领袖的人材，其次也要培养有专门训练的公务员，这都是国家不可少的。

（3）经济学系　经济的理论，是形成国家为那一种国家最不可少的理论。经济学的应用，是近代社会科学中最科学的部分。这种现状在算学打进经济范围以后，日益显著。经济的组织，日益复杂，非有专门训练的人不能了解和运用。如统计，会计，银行，货币，国际汇兑，国际贸易，那样和抗战的经济机构无关？

（丁）教育学院

（1）教育学系　国家无论到什么地步，小学，中学，义务教育，和教育行政种种，总是要人办的。小学，中学，师范的师资，总是要有所从出的。这种显然的事实，不必多说。

（2）心理学系　不从心理学着手，来谈许多教育问题，这种谈法是不实在的。一部近代教育史可以证明这句话。心理学对战事没有关系吗？美国在大战时候，选择和训练新兵，举行大规模的军队智力测验，就是利用心理学。许多特种机械化部队，如空军，炮兵，坦克车队等项人材的选择，如果利用心理学的技术，可以减少许多损失，增加许多效能。政治社会的人事配置问题，有许多国家已充分利用心理学。所以中央大学心理学系现在的方针，已偏重在这些应用的方面。

（3）体育科　举一个例，我们国家近年来招考空军员生，为什么感觉这样困难？为什么常常招不足额？除了其他的缺陷以外，受中等教育的学生的体格上的缺陷，是最大的一种。中等学校及一般公共体育组织里的师资何从来？能够不训练吗？这种训练，不是专训练学生会跑会跳，要他们去做西班牙斗牛场上的牛，上海跑马厅中的马，而且要他们知道生理卫生上的原理，和运动道德的修养。

（4）卫生教育科　很显然的这是为训练中等学校卫生教育的师资，和改进各级学校卫生状况的干部而办的。预防好过用药，这是医学里的格言。改进中小学生的体格和健康，是很重要的事，是国力的一种增加。如能推广到中小学以外更好。所以中央大学接受卫生署的建议和合作创办这科。

（5）艺术科　艺术科办在教育学院里，是中央大学特殊的现象。在许多国家里都是离开大学而独立门户。中大艺术科本分音乐绘画两组。音乐是中国古代最注重的“乐教”。有体无乐，便是干枯。乐是陶冶心身，振作士气最好的东西。可惜中大现因师资缺乏关系，暂行停顿。绘画并不是时下漫画可以代表的。代表一个时代的精神，转移一个时代的风尚，调剂一个民族的情感，绘画是一个有效的工具。不然各国也不化许多钱造美术博物馆了。

（戊）工学院

（1）土木工程系　说到工学院各系，事实上不必再讲，因为他的目的和任务是再显明不过的。就土木工程系来说罢！不说总理实业计画中所规定的二十万里铁路，将来教谁来造，就是现在急切需要建造的铁路，是什么一种工程人材在进行？看见敌人历次的狂炸粤汉路，就可以知道这条铁路对于战争的贡献，就可以表现凌鸿勋先生和建造该路的一般土木工程的功绩！其余造公路桥梁等等工作，需人不必说了。就是架一座战时的军用桥梁，最好也要一点土木工程的知识。

（2）机械工程系　有许多人以为机械工程是许多工程的重心，这不见得是夸大的话。不用说，许多兵工厂，许多重工业工厂是需要机械人材的，就是一般工厂，凡是有机器的地方，都需要机械人材。就是铁路的火车头修理厂，和机件制造厂等等，也是要机械人材，去检查和工作的。国内到近二三年，才需要大量的机械人材，这是国家工业的好转。现在许多事业，有关机械的，虽然受了日寇一时的打击，但是如果要建设战时后方的重工业，和谋战后的复兴，这种人材，决不可少。

（3）电机工程系　现在文明的国家，也可以说是电化的国家。从用蒸汽到用电力，工业革命已跨进了另一个新的时代。苏俄两个五年计划中，全国电化是主要的一种工作。在一九二五至一九二六年，他的电力已到三，一三五，〇〇〇，〇〇〇启罗小时，比战前加到百分之五十；一九二八年增到五，〇〇〇，〇〇〇启罗小时；一九三三年增到一五，八〇〇，〇〇〇，〇〇〇启罗小时；一九三四年增到二〇，五〇〇，〇〇〇，〇〇〇启罗小时；到一九三七年终了可增到三八，〇〇〇，〇〇〇，〇〇〇启罗小时。若是战后我们中央报提出两个五年计划来，也要增加这许多启罗小时电力，我们怎样办法？

（4）化学工程系　化学工程本来是应用化学与工程混合而成的学问。近代工业，许多是从这种研究里产生的。如炸药，制革，制纸，染料，及防毒防腐的许多药品，都是他产生的结果。硫酸亚的制造，不过其中的一种。德国于海口封锁，智利硝不能输入以后，还能把战事延长下去，正是能由空气中提淡气的成功。化学的发明，若是不能工业化，是用处很少的。近来化工科学的能利用废物，不使有一点浪费，其匠心独出之处尤是惊人。

（5）建筑系　食衣住行是四大人生要素。要解决住的问题，建筑工程自有他的使命，中央大学的建筑系不是专讲美术建筑的，他的课程配合，是要把土木工程与建筑的美术方面，合在一道，其用意也就可想而见了。

（6）水利工程系　关于防旱，防冻，排洪，灌溉等问题，不是关系千万人的生命问题吗？导淮治黄，那一件不关系民生国力？泾惠渭惠等渠为开发西北的先导。最近李仪祉先生的逝世为什么为全国所哀悼？近年以来国家对于水利问题，方才着手，其成绩与利益已为全国所共见。将来的需要，不知道比现在要大几十百倍。中央大学水利学程本来是附属于土木工程系的，成为其中的一组。我们看见这迫切的需要，所以今年于流离播迁，万分困难之中，还是添设一系，使其单独发展。这种意思，国人想能赞同。

（7）航空工程系　关于这一系，我不愿意多说，国人自能会心。三年以来，我就有决心实际的进行这项工作。因为在中央大学，有算学，物理，化学，土木工程，电机工程，化学工程各系，甚至于地理系中气象部分，都为这种科学不可少的帮助，所以我觉得更适宜于办这种科学。所以今年也是于万分困难之中，在大学本科新增这个专系，不但收一年级生，而且机械工程等系二年级生功课好的，也让他们转过来，俾二年级与一年级能同时开办。

（8）机械特别研究班　　这班有三年的历史了。当时我们愿意用这个名称，其目的与前者相同。不过这是招收土木，电机机械三个工程系的毕业生和助教组成的。让他们研究一年半至两年，以备急切之用。

（9）航空工程训练班　　这也是招前述三系大学毕业生或第四年级成绩优良学生。予彼等六个月的专门训练，以备随时调用。

综述以上三个班系，我们有一百五十人左右，专门研究这种国家急需的学科。我们已有二十个左右的毕业生，在各种危险的情形，为国实〔家〕积极工作。这一点是我们私自高兴的。假定二十年前，大学就注重到这种学科的重要，积极鼓励，恐怕现在航空工程人材，不致〔至〕于像现在这样缺乏罢。

（己）农学院

（1）农艺系　　中国自夸以农立国，但是我们农业生产的情形，还不脱欧洲中世纪以前的状态。外国的农业，现在不但到了科学化，而且到了工业化的程度。中国近年来改良科学的成绩，颇有可观，尤其可以在棉业的进步上看出来。这种工作，中央大学农学院十几年来的努力，是不白费的。如稻作麦作方面，也有不少的科学收获。现在河北，稻东①，江苏的棉区失陷了；江南的山区也零落了。据棉业统制委员会的估计，现在我们后方十二省棉花不敷一百八十三万担；据中国经济年鉴数字的估计我们后方十二省稻谷不敷一万九千余万担。这是严重的问题。我们能不在后方努力改进农业生产呢？我们要不要加垦荒地？国家的自给自足，在农业方面，更是绝对需要的。

（2）园艺系　　"老圃"的学问经验，孔子尚且自叹没有。我们不但需要稻作，麦作，棉作，我们同样的需要果蔬。我们吃到美国的Sunkist橘子，是何等惭愧的事。这部分种子的改良和繁殖，也是农业自给自足必需的部分。

---

① 原文如此。——编者注

（3）森木系　不但住的问题，就是枪的柄子，也要靠森林来解决。为什么这样地大物博的中国，还要用美国 Qregon 松，菲律宾松？化学工业里许多原料，即如制成的原料，都是用到森林的。至于调节气候，防水，防空的功用，不必说了。

（4）农业化学系　这是化学应用在农业方面的研究。如土壤分析，土壤肥料等问题，是各国改良农业的一个必要工作。用淡气，小粉和各种化学品肥料的成绩，是大家知道的。若是酿造得法则可以节省食料，抵制外货。物产的保存，干粮的备制，不但有关民生，可以备灾，而且也是有关备战。

（5）畜牧兽医系　家畜不但是食料，是农村重要副产品，而且一部分是中国旧式农业生产的重要机器。讲畜牧不讲兽医是不行的，因为一场瘟疫来了，什么牲畜都可以死光。畜牧的选种育种，也关系农业的生产，农村的繁荣很大。向农民讲演一百次，不如替他医好一条牛，养好一头猪的影响大。开发南北不能〈不〉靠这种事业。改良军马，也要靠他。三四年来，中央大学对于这种研究，是很积极的。我们于本系之外，再和几个省政府合作，办了一个畜牧兽医专修科，招收高中毕业学生，予以两年训练，即可毕业，回到各省去，这正是适应各地需要的办法。我一次你①就听见有人批评某处以各种食料试验牲畜滋长的情形，便酸溜溜的引了孟子"狗彘食人食而不知检"的话来攻击。这种不懂科学实验和不懂这种实验将来对民生问题有何利益的话也就无可奈何了。

（庚）医学院　人的一生不会不生病。病的医治，就关系人的生命，所以医学是人的生命所寄托的科学。医学不但能治病，而且能防病。民族生命的延长，生力的增进，都要靠医学的进步与设备完备与否。医学对于民族的生存战争，还有一个特别的任务，就是救死扶伤。为什么此次作战，敌人的军队里死和伤的数目，大概是一与四之比，而我国军队里死伤的数目比例，远过于此？假如军队里有天花时疫发现，其影响于战斗力何如？中国有句话说，"大兵之后，必有大疫"。假如有大疫发生，战后，其影响于国家恢复的力量何如？假如更不幸发生于战时的后方或前方，其影响于抗战的实力何如？我可以明说，中央大学在无力添设学院的时候，硬要赶快成立医学院，就是为了这些目的。医学院的组织，与其他学院不同，因为他不是和其他学院那样分系的。他可以分为

---

① 疑有误，原文如此。——编者注

临诊前期与后期两大部分。临诊前期以前叫做医学先修科，主要的解剖学，生理学，生物化学，组织学，神经学，微生物学，药物学等项训练，要扩大起来，每种科学可以成为一系。临诊后期的训练，可以分为内科，外科，眼科，耳鼻咽喉科，皮肤花柳科，童妇科，精神病科种种。每科都可随医院设备的情形，成为专门的研究。因此该个学院％包含①，可以极复杂而且极庞大，也极费钱。

（辛）牙医科学校　牙医的学科，在各国都是独立的。他一二年级的基本功课，多与医学院有关，所以在有医学院的大学襄办，极为便利，他的功课内容，自偏重于其本身的专门技术，我们不必细讲。至于牙齿对人生健康的关系，专门家当然可以告诉你清楚。我在此地所要说的，就是中国人牙病极为普遍。南京婴儿健康比赛检查的结束，发现大多数的婴儿，都有牙病。军队里的牙病，真是最普遍的现象。自高级将领到士兵，真是不可计数。请问牙齿病的时候，可以安心服务吗？中国学过正式训练的牙医，有如凤毛麟角。以前全国公私立大学，只有成都的华西大学，有正式的牙科；中央大学想极力维持这个专科学校，也是为此理由。

试把以上各院系科细细的审查，我们立刻可以觉得在整个的民族文化里面，没有一样不是重要而可以缺少的；也没有一样不是与抗战的国力，有密切的关系。当然中央大学的院系还不完备，如工学院的采矿冶金系，商学院的国际贸易系，银行系，会计系等，都还没有，他们都是同样重要，不过因为经费有限，一个大学里不能遍设。我没有为他们说明，不是把他们的重要性不曾看到。

（五）现在大学课程的演化

大学各院系的课程，不是那一个校长院长系主任自作聪明定的，乃是（一）根据世界各国大学教课的经验定的。这一点以科学的课程为尤显著，因为科学是人类共有的财产，是各国学者共同研究的结果。以工学院的课程而论，可以说世界大学里的规定，差不多是一样的。你不先读这种，就不能读那种，因为各课程的连击〔联系〕太密切了。至于理农医各院的课程，何独不然？就是文法教育各院的课程，虽因国家时地

---

① 疑有误，原文如此。——编者注

性的不同，差别较大，但是也有许多是世界公共应当研究的内容，和公共必须应用的技术。这并不是抄袭外国，乃是因为在这个世界连锁密切的今日，我们实在不能再容许知识的闭关主义存在。（二）这些课程的规定，也是根据本国实际的要求而定的。如中国文学系的课程，自然是完全根据本国文学发展的背景，外国大学里文学系的课程，仅备我们的参考。这不过是极端的例。他如历史学系，哲学系，政治学系，经济学系，法律学系，教育学系等许多系的课程表里面，都有不少带本国性的课目，并不曾忽视本国的需要。（三）规定这些课程的手续，是经过许多教授学者长期研究商量定的。例如中央大学于民国二十二年与二十三年间的重定各院系课程，各院系的教授不知道开了多少次分系分组的会议，费时在一年以上。以后虽略有修改，也是根据实际教学经验的增长而修改的，并不是那个以意为之。而且他们都是先定各系目标，然后详细订定的。我们不能说一般大学里没有因人而设的课程。但是苟能真有特殊的学者，为他开一两课他最拿手的课程，也不是坏事。（仅为敷衍人事而设的课程，自属例外，不能相提并论。）这一点学术的自由，在学术进化史上，是必要的。

近来有一部分人动辄说中国大学的课程，是抄外国的，以此相攻击。这种话一方面是由于他过分的爱国心，一方面也是由于他不知道大学课程的内容。大学课程并不是专抄外国的，前一段已经说明。就是有采取外国的也不足为耻。澈底痛快的说，近代科学就是外国的，也是人类公共的。世界上多少强国里，几千百个大学都是教授这些科学课程，几千万个学者、社会领袖人物，和一般大学毕业生都是受过这种科学课程的训练。日本就是学会了西洋这些学问，所以他能强盛，她〔他〕会侵侮我们。我们对于这种人类共同的经验，能够忽视吗？总理教我们对于世界科学，要迎头赶上；假设没有这种大学的基本训练，如何可以迎头赶上？

（六）大学课程与国家文化及抗战国力

大学课程的规定，是要认清国家整个文化发展的前途。目前实际问题要顾到，但是国家文化发展的将来，更要顾到。所以教育的眼光，是要远的，是要长的。拿整个文化是有机体的眼光来考察中央大学现有的课程（这不过是举一个例），我实在看不出那一种课程与国家全部文化没有关系。教育的绝对功利主义，是行不通的，也是不对的。文化是怎样一件奇怪的事！牛顿发明万有引力的学说，并不想到以后一切机械的原理都由此而出。爱因斯坦相对论的影响，决不止在理论方面，应用天文学早已用着了，将来的影响，只有将来可以知道。巴斯德的微生学，在发明的时候，那里料到应用在酿造方面，并且成为近代医学的柱石？我们不能不注重应用，但是若只看见应用，则应用决不能推广，决不能出新。

再拿中央大学的课程来分析罢。本学期（二十七年度下学期）计实开五百三十班课目。每一星期演讲与实验时间二千零十二小时。其中教室授课为一千零七十一小时，实验为九百四十一小时，这都是每星期教员的担负。就表面数字看来，实验时间与讲授时间，已大致相等。其实实验时间，尚不只此数。因为许多实验——如化学实验，工厂实习等项——课程表上所定为每下午二时的，事实上三小时或四小时尚不能做完。如机械画机械设计等项，还需要学生教室外的时间。所以我们可以大胆的说，中大全部实验时间，一定超过了讲授时间。如工学院一百十九种课目，规定授课时间为一百九十二小时，规定实验和实习竟至三百二十六小时。理学院一百零一种课目，规定讲授为二百零八小时，规定实验为二百零四小时。农学院五十四种课目，规定讲授一百十九小时，规定实验和实习为九十七小时。医学院与牙医学校二十九种课目，规定讲授为六十五小时，规定实验为八十五小时。这都是就规定时数而言，不算实际超过的时数。文学院因功课性质不同，所需要的是图书馆工作。法学院的统计学，会计学，经济调查研究等等，教育学院的教育统计，心理实验，教学实习等等，也都需要实验和实习时间很多。因此我们也可以很肯定的说，外间以为大学教育专教学生听讲，不教学生动手，是不对的，是不曾知道内容的。

大学里的课程，可以大致分为两部分。一部分为基本知识的训练，如基本国文，基本外国文等课目，是各院系初年级学生所必不可少的训练。如普通物理，普通化学，微积分，生物学等课目，是理工农医各学院有关系的各系学生所必不可少的训练，这部分的训练若是不好，以后高深的功课，简直读不下去。所以中央大学基本国文分到五班，基本英文分到十一班，基本德文分到三班。普通物理分到四班，普通化学分到四班，微积分分到四班。即以微积分而言，全校学生选读到了一九九人。有许多系本系学生不多而功课的担负很重，就是这个道理。这些基本的知识训练，我想没有人能否认其重要性。至于讲到另一部分知识专门训练的课目，也各有其重要性，谁能否认其与国家文化与抗战国力有关？少数理论的功课不必细说，只有让各部分的专家去判断。但是我们只要把本学期的课程表大概的检查一下，就可以看出以下所举的各项功课，都是与现在这个时代的理论和应用有关的。约略写下来，则文学院的课程中有民族诗歌，应用文，战时文学讲座，科学原理与方法，中国人生哲学，伦理学，历史观之派别，社会学，社会心理学，社会问题，中国民族文化史，中国近代史，中国现代史，西洋近代史，西洋现代史等课目。理学院的课程中则有综合射影几何，弹道学，算理统计，电磁学，应用物理学，物理光学（注重军用光学研究），无线电学，电磁试验，有机化学，无机化学，胶状化学，普通分析，定量分析，定性分析，动物学，植物学，比较解剖学，细胞遗传，矿物学，岩石学，地文学，历史地质，古生物学，地形测绘，中国地质，沉积学，自然地理，气象学，世界气象，国际政治地理，地形学，航空气象，本国地形，本国气象，中国经济地理，新天气图作法及预告，康藏地理，四川地理，地理实察，苏俄讲座等课目。法学院的课程中则有国际公法，国际私法，国际组织，中国外交史，比较政府，欧洲独裁政府，新闻学，中国民法总论，民法各论，刑法总论，土地法，行政法，财政学，地方财政，经济学原理，经济思想史，西洋经济史，战时经济，国际汇兑，现代货币学说，统计学，经济统计等课目。教育学院的课程中则有教育通论，比较教育，中国教育史，西洋教育史，中等教育，中小学行政教学之观察与实习，小学各科教学法与实习，教育科学研究法，战时教育，教育心理学，心理与教育测量，军事心理，人体机动学，体育教学法，教育测验，健康学，健康教育，军事看护训练，公共卫生，寄生虫学，细菌学等课目。农学院的课程中则有土壤学，遗传学，作物学，麦作学，经济昆虫，农场管理学，粮食问题，农业问题，植物生理，森林学，果树园艺，园艺品制造，园艺育种，造林学，木材性质及利用，森林计算学，森林利用学，森林经济学，森林工学，林产制造，家畜育种，家畜生理学，畜牧学，饲料作物，营养化学，土壤物理学，土壤化学，农产制造，农业化学问题等课目。医学院的课程中则有生理学，生物化学，人体解剖学，组织学，药物学，细菌学，病理学，检查诊断学等课目。工学院所开的课程，更是性质容易明了的。要列举起来，真是举不胜举。略举几个课目，如道路计划，污水工程，水力工学，水工计划，高等结构原理，钢筋混凝土计划，钢桥设计，河工学，铁道测量及土工，铁道建筑，材料力学，材料实验，热工学，电工试验，无线电，输电工程，电机设计，发电厂计划，直流电机，金属组织学及热处理等，还要谁去说明他们用途和重要。至于飞机动力学，理论气体力学，飞机结构，飞机设计飞机引擎设计，金相学，飞机仪器，燃料及滑油等项课目，大家更一望而知是为什么目的开的。谁能说这些课程是不重要的？是无组织而随便开的？是随便什么人可以教的？是不必学的？更有谁能说他们是与抗战国力的培养无关系的？

（七）青年学生苦闷的由来

就大体青年学生来说，他们都是心绪热烈，感情丰富，关心国家民族安危的。其中也有颓唐衰弱，偷情享乐，毫无志气的人，但是这不过是极少数。为什么许多在校的青年学生还会感觉苦闷呢？还有以下的原因。

第一是他们觉得读书来不及了。他们以为国家已经到了生死存亡的关头，难道还等我们读好了书才来救国吗？他们是热血的青年人，受了外界的刺激便容易冲动。他们殊不知民族的生命，是永久的，民族的斗争，是长期的。现在中国的不行，正是由前一辈的人没有受好教育的缘故。若是这一辈的青年没有受好教育，不但将来建国大业无人担负，就是长期抗战也谈不上。种豆得豆，种瓜得瓜。世界上决没有侥幸的事。我们不反对，而且提倡真正热血而肯牺牲的青年，去投笔从戎，去考中央军官学校，中央航空学校，中央机械化部队；但是不愿意去的人，就得安心受严格大学的知识训练。若是真有决心接受后一种训练，准备咬紧牙根做长期抗战和建国工作的人，我认为他们的使命，和去做前一种工作的人的使命，一样重要。什么事都可以迎头赶上。全部人类的历史告诉我们，无论什么事，只要自己能急起直追，没有来不及的道理。

第二是认为读死书无用，竟以为自己所读的是死书。这种不负责任的议论，在学校以外的人是最善于唱的。在青年方面则除为外界浮言所动而外，还有三种现象。一种是由于血热情急过甚，致失对于所学的信仰心。看看微积分的公式里面，找不出"抗战"两个字，于是对于学这些公式就怀疑了。一种是对于所学的课程虽知其重要，还是不知其所以然的重要，对于他所学的目标没有认清楚，对于所学的含义没有真正的了解，于是发生摇动。一种是等而下之的。是自己根本学不会，学不好，于是因感觉困难而发生厌恶。最后一种人自然是很少的，但是不能说没有。第二种人，固然由于他们自己认识不清楚，但是教的人只管一章一页的教书，不能随时提醒学生的觉性，也要负责，此点下面还要讲到。至于第一种人虽然情有可原，但是他们的见解是错误的。世界上那有一种专门的科学里面，页页有抗战两个字的？不要说算学的抛物线没有，就是经济学的商业循环说里面又何曾有？但是只要你学会了，你对于抗战就有用处。读死书的话，更是不通。凡是标准的书籍，都是前人活泼泼的经验，红晶晶的心血铸成的。能用不能用，在乎读者自己。我可以郑重的说：世界上没有死书，只有读书的死人！

第三是由于急爱皮面的知识，以为知识里有一种"万应丸"，一吞下去就有用，对于按步［部］就班的学问，不耐烦学。在抗战的年头，不耐烦是普通的心理，也无怪乎青年学生。但是知识里的"万应丸"是没有的，世界上决无速成的事。从前中国就害在日本的"速成法政""速成师范"等科身上，弄了一班"速成大家"到中国来，什么东西都是一知半解，做文章瞎吵却是第一。你看民国元二年国会里的人物，大部分都是日本速成的反映。"一点知识是最危险的事"，这是一句颠扑不破的格言。严格正式的教育都不是这样一回事。你不先读好微积分，射影几何，材料力学，高等机械画，机械工程大意等课，你决不能读机械设计原理，和机械设计绘图。他［你］不能先读好微积分，物理学，电工基本原理，你决不能读交流电机，直流电机。你不先读好生物学，解剖学，病理学，细菌学等课，你决不能读医学的一切临症科学。读先修科学的时候，或者使读者感觉到干燥乏味。但是到了"一旦豁然贯通"的时候，便可以看见里面别有天地了。从前一位国王学几何学感觉困难，问一位希腊科学家学几何学有没有捷径。这位科学家回答道："陛下，几何学里没有预备下为帝王所走的道路"。何况我们都还不是帝王。

第四是怕学好了以后还是无处可用。这种心理，在学文法和社会科学的学生中最为普遍。我们回答是只怕你没有真正学好，真正学好以后，是不怕没有用处的。前三五年来，大学理工学院的毕业生已经没有这种忧虑，因为公路，铁路和各种工业的兴起，理工人材，已感不够用，所以有三四个职位，找一个人的现象。但是文法方面，则因为前几年毕业人数过多，政府人员有限，所以特别感觉恐慌。重视实科，忽视文法科的心理，也是这样造成的。我可以说这个心理是不对的。以中国之大，各方需要政治社会的人材，正不可以数计。以往感觉这类人过多的原因，不是因为真正好的政治社会人材过多，乃是因为粗制滥造的过多，所以起了人家厌恶。这一点政府可以统制，可以取缔，而不可以有綦重綦轻的分别。至于政治不上轨道，各种政治社会建设没有办起来，也是一个原因。还有一般文法科毕业生拼命要向中央政府的各机关里挤，口里叫乡村建设，组织民众，而绝对不肯去县里和乡里过吃苦的生活，做徐旭生先生所提倡的大学生做乡镇长和联保主任一类的事，自然是重要主因之一。政府要能用人材，人材也要善于自用。我们看中国总是进步的，总是光明的，现在已不是从前，将来更不会和从前一样。在抗战时期我们需要这种人材，在战争结束以后，建国事业大规模开始的时候，正不知需要多少这种人材。以往政治的毛病，就是真正受良好大学教育的人材不够。所以我们站在教育者地位，一方面要对政府说，希望政府能切实的尽先的任用大学毕业生；一方面要对学生用韩文公的话来说，"诸生业患不能精，无患有司之不明，行患不能成，无患有司之不公"。至于吃苦耐劳，打破钻入中央机关的积习，自是先决的条件。

就以前几点来说，教者学者都应重定对于学问的认识，把每种院系，每一个学科的使命，都认识清楚，并且改过态度，重树对于学问的自信心，千万不可妄自菲薄。这实在是培养抗战建国人材的基本事业。

（八）如何解决苦闷——时下的议论

如何解决这苦闷？我可以说，第一，从苦闷之中去求解决苦闷，是不可能的，结果是愈求解决苦闷而愈苦闷。苦闷是只有工作，只有工作的兴趣，才可以解决的。第二，不重新树立对于学术的自信心，是无法可以解决这苦闷的。对于所学的学问都不能自信了，则四顾茫茫，还有什么生趣，更说不上对于工作的乐趣。第三，新奇的名目，并不足以解决苦闷，因为新奇是一时的；一时过去了，新奇性也就过去了，结果见异思迁，一无所成，还是苦闷个不了。

最近数月来，关于战时教育的议论很多，关于要求解决这苦闷的议论也很多。我都仔细看过，都看不出什么具体的见解和具体的方案来。空洞的要求是容易的，谈到具体的方案，则不能不根据切近的内容和具体的事实。这就不容易了。观察各种的议论，可以综合成为以下几种的意见：

第一是多开些新奇的功课，如游击战术，民众组织，国际现势，中国必胜论，甚至于如何接受教训（这是某"大学"所曾经开过的）等课程。以我的浅见，如游击战术就是无法可开的。游击战术是要曾经训练过的军队才能打的，这点大家已经渐渐明了，不必多说。就是国内善于打游击战的专家，那一个是事前学过的？他们只是有普通军事的常识，更有普通社会的常识，随机应变，因时制宜，又能有吃苦耐劳的体格和习惯，便会打游击战。吃苦耐劳的体格和习惯，尤为重要。必须"冷得""热得""饿得""跑得"，"随时随地可以睡得"，有此"五得"，一定是游击战的健将。若是多走几步山坡就要喘气的青年，纵然在课堂里寝室里也能高谈游击战，但是请问这游击战如何打起？组织民众也要先有充分的社会常识，最好还有能为民众实际解决痛苦的技能（如增进生产，改良生活的技能），再能以身作则，因地制宜，则组织的目的，一定可以成功。否则以大少爷问叫化子吃了点心没有的态度去组织乡下人，如何可以成就？生活既然悬殊，言语又不能通，谁来让你组织？国际现势则不是可以敷衍谈的，也不是可以存着成见谈的。认真研究的课程，大学里早已有了。至于中国必胜论如何可以讲得过两点钟？如何接受教训一课，我们没有学问的人，更是不知道怎样讲法了！

第二是要教学的人，改变对于学课的态度，须认明功课的使命，而且要用生动的教法，以时事问题为中心，一步一步的推溯上去。这话的上一层是很对的。我也是同样的主张，我说教员要常时提醒学生对课程的觉性和认识，就是这个道理。只有这种对于学课的态度，不仅是要教的人改变，而且是学的人先改变起。学的人若是对于所学的功课，根本不能自信，而要教的人天天去说明这功课的用途，那教的人也就感觉到不胜其繁了。在教专门学问的时候，尤其是感觉要多费工夫。说到下一层的意思，是教育学上有根据。这个叫做设计教学法。英文叫 Project method，在每课教授之前，先设一计划，再从这计划引伸出去。譬如讲到白菜，先在教室前面种一棵白菜，教学生先去上肥浇水，再把他拔下来看菜根，菜叶；再讲他的植物种类和吸收土壤肥料的方法；再把他煮了给大家吃，讲他营养的功用。这种设计教学法的使用，是有限度的。在外国也只能适于小学和初级教育。到了大学里的复杂专门学问，也就没有办法了。以大学的历史课程而论，虽不能作设计的教法，但是极容易教得很生动的。自从美国鲁滨孙（James Harvey Robinson）一派人提倡新史学以后，教历史的人已不偏重年代的记忆，不过必要的年代，也还是要相当的记得，因为这最可以表现事情先后的关系。有些问题，也还可以从最近发生的问题，推论到已往的经过。若是要把所有的事情都这样来讨论，却是事实上做不到的事。事例很多，不必备举。况且求学问不是等待发生了一件问题才来研究一件问题，最好是各种问题都先研究清楚了，以后什么问题发生的时候，都能智珠在握，胸有成算，不至于临时抱佛脚。这就非靠预先存储下来的知识不可！

至于求速成智识，求 ABC 智识的浅薄观念，以前已经说过，更是不必深加讨论。

现在还有一种流行的话，说是教育破产，尤其是大学教育破产。国家的不行是多少因素积成的，一旦情急了，把什么责任都推到教育身上来，这话是不对的，我已经说过。近代教育在中国是历史很短的，决不应该负这种不公平的责任。中国现在的问题，还是近代教育不够，凡是有近代头脑的人，更不应该说破坏近代教育的话，害得国家开倒车。近代教育在中国破产了没有？我敢大胆说没有，大学教育尤其是没有破产。举个显易的例来说，中国抗战到九个月，子弹还是用自己造的。兵工署长就是一位美国哈佛大学研究数理逻辑的哲学博士，他所用的就是在国厂里间〔国〕内大学毕业的技术专家。粤汉路对于此次抗战的贡献大极了！把粤汉路四年工程在两年半赶完，不靠任何外国专家帮助的工程局长，就是大学工科毕业，国立大学的一位教授。这都是抗战有功，应当嘉奖的人物。再看看近年来许多公路，铁路，工厂，农田水利改良的事实，是些什么人办的？这种种人材只有不够，他们为国家建设和造产，正不知多少，那有本身破产之理？

（九）如何解决苦闷——应有的办法

所以我们可以说，我们的正轨教育不够，还没有认真办好，这是我们承认的。若是正轨教育办错了，不应常办了，那便是荒唐。世界各国仗打得多了，那有战时教育？战时教育只是平时教育的充实。谁说欧战时候，各国把大学和各级学校停了，来办训练班的人，是撒谎，不是愚昧无知，便是欺心骗人。这个谎很容易破，不必问人，只要到图书馆找一本一九一五年或一九一八年的柏林大学或伦敦大学的年鉴，看一看他们的课程表就知道了。我们正轨教育没有办够，没有办好这一层，我却可以举一个例来说明。一位中央大学教授在德国学弹道学而有贡献，采取在德国弹道学课本里的先生对我说，"我们正轨教育太不澈底了。有一年我国向德国定造大炮，德国炮外我们和国①要天气的平均湿度表，用炮地点的也〔平〕均高度表，我们一时竟拿不出来，只有照到德国的标准造。这还不是由于我们的人材和技术工作不够？这还不是正轨教育办得不够和不澈底？"这不但是一个例，也是很切实的一个教训。

难道正轨教育没有改良的余地吗？当然有的。现在请让我把我所看得到的几点写下来罢。

第一不在制度的常改而在现在的制度能够切实整饬。国家常改制度，是很吃亏的事；因为改一次制度，便有若干时期的纷乱，便需要若干时期才能适应而纳常轨。况且我们在这困难紧急的时候，正不能耽搁许多工夫。制度再好而没有人去切实执行是无效的。换句话说，制度虽然差一点，只要各级的人能负得起责任来，一样可以有好的效果。所以人事的调整，政策的确定，重于制度的变更。

第二不在多开花样翻新的功课，而在充实现有功课的内容。不然虽有许多投时所好的名目，仍然于事无补。功课最重要的是切实，使学生每读一课，就能实实在在得到一课的知识。教的人不能随便，学的人也不能随便。每种学问里都有他"知识的纪律"（Intellectual discipline）。这种纪律，一点不能松懈。至于充分采取本国的教材，是应当的事。但这不是勉强可以做到的，并不是一下可以做到的。教的人固应充分注意，随时采集，同时也要靠各政府和社会机关，能够充分的供给这项材料。譬如银行和交易市场不能供给可靠的金融统计，要经济学教授去越俎代庖是做不到的。又如中央大学工学院前两年材料力学一课里，注意中国全国木材拉力压力的实验，但是向各省征集这些木材，就不知道发生多少困难，有许多省至今还未寄到。因为他们不能了解这种学术试验的性质和工〔功〕用，是对于他们本省的民生物力，有绝大利益的。这种问题能够圆满解决，教材切于本国实用的问题，也就容易解决。至于教授方面，对于改进充实教材的努力，还希望不断的永在进展的程序之中。

第三若是切实而有助于现实的课程，可以增开的，还得增开。现在大学课程的大体组织是对的，但是因为时代的要求和经验的增加，随时对于教材的组合，集中于某点，将已有的课程，局部的补充与修正，裨

---

① 不通，但原文如此。——编者注

能充分发挥教育对于抗战建国的效能和贡献，是应当的。从事高等教育的人应当虚心体会，不应当深闭固拒。况且这种课程，能够使教员对于国家现实的问题，格外有明细意识的研究，随时因教学而相长，岂不是一件好事。所以中央大学本学期新开对于战事有更密切关系的课程，如民族诗歌，战时文学讲座，东北民族史，弹道学，国际政治地理，本国经济地理，康藏地理，四川地理，航空气象，苏联讲座，欧洲独裁政府，国际组织，新闻学，战时经济，战时教育，军事心理，粮食问题，战时问题讲座，地形测绘，无线电学及实习，飞机机翼理论及其他航空课程，总计不下三十余种，都是为了这个道理。我们认为只有这种课程，方才是实在的，不是巧立名目来欺骗青年的。

第四若是有切实可以应用的特种训练班也不妨添开。这是为青年得着一点切实可以急于应用的知识和训练而设。如中央大学所开的炮术训练班，电信训练班，战地卫生工作人员训练班，国际宣传文字训练班等，都是为此。这些训练班是治标的，是辅助正课的，所以以不妨害正课为原则。但是这种训练班有一个大困难，就是不停正课，则训练难得澈底。如停正课，则就简易而舍根本，太不值得，而且认识正课意义很明了的青年，又不愿意牺牲正课来学。

第五是教员对于所讲授的功课要自己发生新觉性，而且要提醒学生的新觉性。这一点非常重要，我在上面一再提起过。若是没有这种新的觉性，就是觉得自己所教的某种学问对于建立国家，保全民族，是有重大意义的，所以我必定要努力的准备，努力的教授，以不负这种神圣的使命，那末教的人每天上课，不过觉得这是例行故事，是我每天脱不了的累赘，精神也就低落下去了。教员若是如此，怎样能希望学生提得起精神。学生选一种功课，有时候是为了学分，不明白这种功课根本意义的。他因为不明白这种意义，往往易以流入烦闷。有一天中央大学一位教授上堂教地方政府一课，学生于教授未上课堂之先，在黑板写道，"请问先生，地方政府与抗战有什么关系？"这位教授看了，郑重的解释道："自然有关系！你不看广西的地方政府办得好，所以壮丁可以不困难的二三十万的出来；某省地方政府不行，所以壮丁用绳子捆了出来。"于是学生恍然大悟。我想这一个简单有力的说明，不知道教学生对于这种功课的意义，增加多少认识。学生最初不知道是无怪的。"不愤不启，不悱不发"，这是教育上很重要的一句话，是个个教书的人应当放在心里的！

（十）现在教育最大的两缺陷——二格问题

现在的教育，对于知识的增进方面，虽然仍有缺陷，但是不能不承认他已经获得了最大的进步。我相信后一辈的人，从小学起就受完全教育上来的，将来知识一定比我们前几辈的好。但是现在教育最大的缺陷，还是我所谓"二格问题"，就是"体格"与"人格"。不从这两方面积极改进，民族复兴简直没有希望，也只有从这两件事上来改进，才是真正的抗战教育。

讲到体格，中国一般的人近来有很衰落的象征，这是一件很可忧虑的。家庭教育卫生不好，营养不足，社会习惯不好，都是很大的原因。有几处地方，或者鸦片烟也有很大的关系。即以大学而论，大学的学生大多数还是出身于中人之家，有人说大学生平均之体长，还比一般人要长一些。但是大学生的体格，和西洋人或倭寇来比，已经差多了。某大学举行体格检查，被检查的计九百十九人，有疾病和身体有缺陷的竟至八百十七人。这是何等可怕的事实！据专家报告，每年投考航空学校的高中学生不下一万人，身体合格的为数不过百分之三，多的时候也只到百分之十五，再加上种种特殊的试验和学科试验，所余的能有几何？这不是国家不要给青年以报国的机会，乃是青年本身的体格不够接受这种训练。这种的事不可忧虑，还有什么事可忧虑？所以改进学生的体格，应当值得教育当局十分的注意。改良之道，不外两种。一种是军事训练。军事训练的目的不应当只是兵式操，而应当注重其生活习惯的改善，使其坐有坐像，立有立像，食宿清洁整齐，动作活泼敏捷，生活有规律而不浪漫，举止端重而不倾斜，常与太阳及新鲜空气相接近。凡是军人的好习惯，都应为每个公民的好习惯。现有的大学，军训始终没有办好。有的是绝对放任，毫不努力；有的虽然努力，但是没有办好的事实，还是无可讳言。这种的改进，是急需的。一种是体育训练。我们不可太注重"国粹"体育了，专教学生去打太极拳。这种阴柔的拳术，对于个人练身体，未始没有好处，但是太缺乏群性了，太不合于民族集团进取的新民族精神了。我们不要误于费钱或浪费之说，要提倡大的集团运动。从联络的动作（Team work）里，不但训练出相互进取的精神，而且训练出民族的政治社会道德来。所以球场的运动，如足球，蓝［篮］球，排球等等，都是应当积极提倡的运动。明白英美国情的人，便知道他们不但对于军事上有极大的协助，而且对于他们的民族精神，尤其是政治社会道德方面，有极大的贡献。以前教育部通令各校规定强迫体育的时间，是很对的，但是没有想到各校人数与运动场的设备。开办学校固然应当严格规定其图书仪器的设备，因为不如此是无从实施近代科学教育的，但是同时也应当严格规定其操场和体育的设备。抗战以后，城市多半毁了，学校不妨多设在乡村空旷之地，不但使其与农村，而且使其与大自然相接近。凡是租几间祠堂房子去开办的学校，是不应当许其设立的。必须如此，我们才可以纠正青年的病态。

看看目前的汉奸，我们就可以了解人格教育的重要了。许多汉奸，第一等的梁鸿志、汤尔和、王克敏、陈锦涛、陈箓、温宗尧等一行丑类，不是没有受过高等教育的。第二等如程锡庚，徐柏园，等等数不清的走狗，何常〔尝〕不是留学学生与大学毕业生。青年不靠在人格上所受的陶镕而专靠血气，是靠不住的。现在多少卖国贼之中，难道没有当年慷慨激昂的青年！后之观今，难道可保证说不如今之视昔。现在的青年纯洁的固然很多，但是专重自身利益，不择手段的风气，也是很甚。近年来党派的政治斗争，实在是破坏青年道德的一个罪恶。不知青年在学生时代，就把这一套钩心斗角，不择手段的习惯养成了，将来到社会上去，岂不变本加厉？青年在学生时代，就无时无刻不想占学校——公家——一点小便宜，将来到社会上去，岂不还是成为贪官污吏？这种堕落的风气，应当积极纠正。但是纠正的办法，不是讲道德，说仁义，可以奏效的。在校内则教职员应当以身作则，对于学生不但是在知识方面，就是在做人处世方面，也就是在思想行动方面，应当予以切实的指导。教职员应当知道，假设自己或自己的家庭打牌，如何能够劝诫学生不赌博。"上有好下必有甚焉者矣"实在是一句名言。教职员更应当觉悟到，教职员不是普通公务员，国家把青年托付给各位，就是把国家的将来托付给各位。民族的前途，国家百年树人的大业，是不可以随便的。在校外则希望政府与社会，树立一个公是公非，树立一个新风气，不要使青年看见满眼都是污浊纷乱，起侥幸取巧之心；并且使教职员看了，起了愤愤不平之感。学校不过是一个小环境，政治社会是一个大环境。大环境对于小环境的影响，实在太大。除非真能特立独行的人，很难独自振拔。尤其希望以后各党各派，不要以青年为政治斗争的工具。这样不但是害了青年，而且是害了国家民族。小一点来说，也是害了各党各派的本身。因为教育最高的目的，是要造就好人，造就好的国民。好人造就成了，将来加入坏的党派里去，坏的党派也是会好的。若是养成些坏人，坏人加入好的党派里去，好的党派也是会坏的。若是专引诱教导青年去做钩心斗角，不择手段的勾当，将来"即以其人之道，还诸其人之身"，正所谓"久假而不归，恶知其非有也"。这是我披肝沥胆要讲的几句话。

……我热诚的希望青年团能积极挽救现在青年体格和人格上的两种颓风！

（十一）整个的打算——计划教育

现在是一个大破坏时代，同时也是一个大建设时代。战后大规模的建设，不知道需要多少人材，就在战时也同样需要伟大的建设，需要不少人的建设力量。并且战后的人材，更需战时预为准备，不然是临时无所措手足的。何况北方的平汉，南方的京沪，以及其他教育最发展的区域，业已残破，改革起来，阻力较少，此时没有整理的打算，还待何时？这整个的打算，就是"计划教育"。

计划教育的最大原则，就是：

第一，按照国家的需要，精密的做一个通盘的打算，以一定的步骤，按时计程，造就若干数量与一定质量的人材。

第二，通筹教师与设备的实况，及其补充的方法，分别若干中心，按照既定的方针，如何去训练这些人材。

这种计划教育最好的实例，就是苏俄第一个五年计划中之教育训练人材部分，很可以供我们参考。这个计划不但预备第一个五年计划的人材，而且为实行第二个五年计划，打下一个基础，当然在第二个五年计划中更有扩充的部分。就是这第一个五年计划中教育和训练人材的部分规模也就够宏大了。其内容是于五年之中，

1 训练一千八百万成年公民读字写字；

2 增加三万四千个图书馆；

3 训练二百万实业运输和其他建设事业的工人；

4 训练五百万农人以农事的基本知识；

5 训练二十万使用犁田机器的农人；

6 训练六万农事人材；

7 训练六万工程师（高等）；

8 训练十二万技术人员；

9 训练五万受过中等以上（高等）教育的农事专门人材；

10 训练五万六千高等的从事教育工作人材；

11 训练十六万四千资格较低的教育工作人材；

12 训练一万八千个医生（高等）；

13 训练四万个中等程度的医学和药剂师人材。

我们不要忘记苏联的人口不过一万六千五百余万，其初期需要已如此之大；若是我国以四万五千万人口来计算，需要不是要大到三倍吗？可见只要安全下来大家打起精神来建设，人材不知道要需用多少；已经造就的人材，真是太仓〔沧〕海一粟呢！

要实行中国的计划教育，我认为有几个要点：

第一，小学教育，义务教育，成年补习教育，应充分使其推广，愈普遍愈妙；务必计划多少年以内，全国人民都能读书写字。

第二，中等技术人材，应特别充实，因为这好比军队的干部，没有是不行的。现在多数中学毕业生有不稂不莠之感，应澈底整顿，现在我们开办重工业工厂，找不到工头，是可以注意的事实。

第三，高等教育应规定几个大学做全国或几个区域的中心，宽筹经费，积极扩充，不能担负这使命或成绩较差的，无论公私立概予停办。

但是要这样办去，还有几个先决条件，至少也是现在应注意的事件：

第一，是宽筹经费，教育本是费钱的。教育事业也和水利事业一样，费了钱一时不见得可以收回看得出的本利来的；但是国家人民是整个的得到好处。

第二，赶快预备师资：如果人材不够，赶快按照需要派人去外国留学；只要是有计划的，派遣留学还是极需要的政策。以前说中等教育要改办职业教育了，结果不过把中等学校换几块牌子，教师人材，一仍其旧，这是不行的。须知中等职业教育的教师，比什么都难。

第三，应在抗战时期，赶快充实后方的几个好一点的大学，使其成为后方科学文化中心，不可使其在困难的经济状态之下拖过去，甚至于断气。

第四，已经受完大学教育的人材或大学新毕业生，应当设法使用，务令不废所学，各得其所。我们在抗战时期虽然感觉人材不够，但是也有许多人材，因为整个的机构不健全，致不得其用，有力无从使起，也是事实。这点不急谋补救，颇影响于将来人材训练的前途。

第五，把目前抗战与建国的各项专门问题，随时交与大学研究，并充分供给其材料与经费，不特提高教育界对于国事的兴趣，而且使教育与现实打成一片。

至于以前教育界里面的划界分疆各自为政，和中央要人，各谋挟一个学校为自己政治背景，致混乱教育界的是非，并使大家感觉不公平的畸形现象，更当澈底纠正，是不用说了。

（十二）家虽贫子女不可不教

"家虽贫子女不可不教"，是中国家庭和社会里一句很好的格言。所以许多贫困的父母，还有不少的寡母，自己情愿节衣缩食，典裙卖钗，还是要供给教书先生，教育自己的子女。读蒋先生五十生日发表的"报国与思亲"一文，谁都对于蒋太夫人这个美德表示钦佩。所以国家对于教育经费，不但要维持，而且要充分扩充。这并不是我站在教育界方面讲的话，乃是站在整个国家立场上讲话。现在许多眼光浅短的人，随意攻击教育，动辄以教育浪费为言，是不明事实，不公道的。我提他们所说的问题来请教大家：

"现在中国的教育经费，浪费了没有？"

我敢大胆的，却是平情的回答，"没有"！小处有不经济的地方（如麇集一地，院系重复等等），但是大处却无浪费。我们不要忘记，二十五年度由中央支出的全国教育总预算约计不过三千七百万元，其中还有军事教育各学校经费一千七八百万元。余下的教育文化事业经费，不过一千八百万元左右，美国哈佛大学经常及特别费，据他政治系主任何尔康博士说，有年度多到一千一百万元美金。若是合成法币，我们中央支出的全部教育文化事业费，还远不及人家一个大学！据丁文江先生统计，美国全国，每天所花的研究费是一百万元美金，中国全年不到四百万元法币！我也知道中国是穷的国家，不能遇事拿美国来比。但是我们生活不必和人家比，房子不必和人家比（其实全国大学的建筑费历年至多也不过一千余万元，有统计可查），图书仪器的设备，岂可不拿外国的标准来比，研究和实验的消耗费，岂可不拿外国的标准来比。尤其是科学实验的标准，是世界共同的，不用这许多，便是"偷工减料"，"偷工减料"那有好的成绩。俗语所谓"一分行货一分钱"不是没有道理的。何况我们许多图书仪器和实验材料是向外国买的。

外行来引用教育里的一个术语来批评教育经费的支配，动辄说每个学生每年要摊到多少钱，也是不对的。其重大的错误，在于忽略了质的问题。课程性质的不曾分析清楚，也是这种错误的由来。按照学生人数摊算经费，在外国教育的术语里教做 Per capita 计算法。这可以勉强适用于小学或中学，但决不能适用于大学。教育部以前发表这种统计，也是引起外界误解的原因。看统计而不问内容分析的说明，或是缺少这种说明，是最危险的事。况且大学里面专门学科的分别太复杂了，性质也太歧异了，岂可一例而论。譬如文法学院的各系里，有时课堂里多几个学生也是教，少几个也是教（其实也并不绝对如此，图书的设备够不够，教员对学生的课业和论文指导不指导，都是问题，不可以敷衍的学校教法，来例一切）；但是讲到理工农等院的各系，就决不是这样的。有如学化学，每个学生要用一个桌子抽屉，学生物学或细菌学每个学生或两三个学生要用一架显微镜。不然如何施教，更谈不上如何研究。有一次我调查中央大学化学系有机化学一样功课的实验消耗费，每学期每生实验所费的竟至八十元至一百元，一学年为一百六十元至二百元。这当然因为每星期都有一个或两个下午实验的缘故。教每个学生自己动手，必须的化学药品不问贵贱都教他实验。自然是消耗重大的原因。但是我们相信认真教会一种科学是应当如此。若是用"偷工减料"的办法，把实验钟点减少一倍或两倍以上，稍微贵重点的药品不给学生实验，甚至于全不让学生动手，请教员动手做一下以作示教，不是不可能的，也有学校是这样办的。但是效果如何，我们也只能将来等社会去判断。这不过举以说明真正实验教学的费钱，和不关学课性质而妄以"人头数"来强定平均负担之不当。再说一句话罢。六年以前，我来担任中央大学校长的时候，法学院和教育学院是两个学生人数最多的学院，总计所谓文类的学生约占全校百分之六十五至七十；六年以来，因为风气的变迁，学生多投考理工农各学院，到现在工学院已成为人数最多的学院了。又加上新办的医学院，所谓实类的学生，反过来全校学生人数百分之六十五至七十。而学校经费较前反有减无加。这一出一入之间，实验的费用要增加多少！

自去年抗战开始以后，教育经费已减发至七折，最近又把七折再打九折，听说还是教育部长明了情形，极力主持的结果。教职员的薪水，在全国大学之中，有打五折的，有打六折的，有六三折的。国家到这个时候，凡是爱国的学者，谁都不怨。但是教育经费折扣，应当与其他行政机关有别。第一是自抗战以后，行政机关纷纷裁人（有些机关本来是人数很多），而学校则反因学生人数增多，功课要增加，学校主要的人员是教员，功课既然要多开，至少也不能减，则教员人数是无从减的，所减的不过是薪水较低的职员和助教，为数实在有限。所以行政机关经费减成以后，费用并不十分困难，而学校则已感极度的窘迫。第二是因为行政机关大都本来预算颇大，又加之以大规模的裁员，所以有好几个行政机关，政府虽发六三折的经费，而机关对于职员，因为经费有余仍照八折以上发给。"不患寡而患不均"，教育界的人看了不免不平。我们主持教育行政的人，自然常与教育界同人互相安慰，互相劝勉。我们在感觉不平的时候，不敢和其他有钱的机关来比，我们只和前方忠勇牺牲的将士所受的待遇来比。因为想起我们前方为国牺牲的将士所遭受的一切痛苦，我们什么气都平下去了。但是这是教育界同人自己体念国家困难时候的想法，至于政府站在为整个国家打算的立场上，还是要设法"物得其平"才好！

（十三）找着敌人的对手方来抵抗

综合以上的话，大家对于抗战的国力和文化的整个性这问题，应有明白的概念。我这番话是出自我的至诚，是我肺腑中的流露。或者有不免直率的地方，大家知道我没有恶意，是一定可以原谅的。我对政府贡献的意见，自然希望采及刍荛；对社会的解释，希望社会听见这解释后，对于教育工作的内容，格外能够明了，对于全国教育界同人说的话是我们彼此的互勉。对于全国青年说的话，乃是我希望青年最殷，渴盼大家抗战建国为将来中华民族的伟大础石。

我们中国人生态度的好处，就在"反求诸己"。所以我还有几句话要和全国教育界同人和青年说的。我们现在抗敌工作，还只在最初期。我们现在所受的痛苦，也还只是初期的痛苦。来日多艰，正不知道要苦到什么样子。我是正值欧洲大战以后到德国去的。我亲眼看见德国在大战以后，教育界痛苦的情形。我看见当时德国大学教授的收入，不及一个清道夫。（因为清道夫是每天发工资的，而大学教授等到按期发薪的时候，薪水的马克，已经跌得不值钱了。）我看见德国大学教授每天为中国留学生补习两点钟的德文，而每月的代价，不过是两镑黄油！但是他们穿了破洞和黄蜂巢似的大礼服，还在上课，还在做实验。我们不说十九世纪初叶柏林围城中的菲斯的还在讲哲学，一八七〇年普法战争时代法国的巴斯德还在看显微镜，就是一九一八年的德国柏林大学的教授勃浪克（Marx Planck）和爱因斯坦（Albert Einstein），何曾不是如此。他们对于国家和人类的伟大贡献，都是在艰苦中产生的。我们必须以身作则，不怨天，不尤人，以转移一代颓废自私的风气。我们若是有上最后一课的决心，我们决不至上最后一课。所以我自己敢极谦诚的扪着自己战时的创痕，来慰问大家所受一定更痛苦的战时创痕，并且表示我自己的热望。

我希望全国有志气的作为的青年，对于这抗战建国，复兴民族的大业，坚忍的沉着的担负起来。民族的生命是永久的，前途的奋斗是很多的，千万不要逞一时的客气或缺乏定见，把这种伟大的民族前途，在我们这一代牺牲了。决心从军的不妨去从军，决心研究学术担负同样艰巨工作的，仍应继续求学。既不赴前线从军，又不在校继续求学，专事浮动，那不但是自绝于国家民族，也是自绝于自己。我读了徐旭生先生最近在《大公报》发表的一篇文章，名叫《今日知识青年应走的三条路》，真是鞭辟入里。其中有一段最使我感动，现在写下来介绍给大家：

> 第二年，欧战开始，我一直在巴黎留学，直到停战以后，才回中国。积这全战时的闻见，才晓得世界强国的人民，真是有点不同，顶使我诧异和感动的一件事，是我一天去访教我拉丁文的一位校外先生。这位先生是任何高中功课全教授的，我看见他书案上放着几张算学演草，我随便问他："这些演草是从那里来的？"他说："这些是他［我］的学生从战壕里面寄来请改正的。"他说这句话，毫无一点诧异，可是我听着就诧异极了。赶紧问他："怎么？战壕里面还可以作算学习题？"他还是毫无表情地答道："他们在后面的战壕里面，没有多少事作，为什么不作习题呢？"诸位试想想，他所说的后面战壕离前线也并不多远，不过三二十里路，一定还在大炮射程之内。他们很平常的中学生，就能在那里面沉着气，作算学习题，这样的魄力，岂是我们敌人还在几百里外就念不下书去的青年之所能企及！

人家国家之强盛，民族之不可征服，文化之所以发扬光大理由原来如此！我们青年学生"救国有心避危无术"的观念，是亡国的观念！有一点事就栖栖皇皇是我们气衰力弱的表示。敌人能允许我们还读一天书，我们就得加倍努力的多读一天书。所有我们自己的学校，更须加倍爱护。敌人因为怕我们的学校，所以拼命来炸我们的学校。岂是我们的学校还没有被敌人炸掉，而我们自己反去炸掉之理？这不但是古今的笑话，而且我们也是古今的罪人！至于想活动活动，做做小领袖，而籍〔藉〕此以"夺取民众"，更是极幼稚可笑的观念。世界上那有民众——人——可以夺取的吗？我们现在所要的是"夺取时间"，"夺取知识"，"夺取修养"，"夺取训练"！除此以外，别无可以夺取或是应当夺取的东西。这是我贡献给全国青年们的"夺取论"！

自从九一八以来，我在中央大学有一个坚决的主张、一贯的议论，就是"找着敌人的对手方来抵抗！"这个观念，是根据抗战的国力和文化的整个性来的。国力是根据文化来的，文化是整个而不可分割的。我们现在所说的"全面抗战"，不只是就地区而言，乃是就发动全部的国力而言。作战的时候，不是教在做各项事业的人，一齐停顿下来，都去当兵，可以打胜仗的。不但不能打胜，而且前方因各项接济补充断绝，一定失败。全国总动员的意义，是国家作战的时候，前方的人打仗，后方的人也打仗，而且不但等开火以后才算打仗，开火以前已经不断的久已在打仗。必须这样打仗才可以打下去，最后胜利才有把握，若是一开仗了，国内的百项事业，都告停顿，这个不叫"总动员"，这叫"总休息"。若是一开仗了，大家把本分的事都不问，勇敢的以乌合之众涌上前线，狂热的叫号奔走，反而弄坏他人的事，这个也不叫"总动员"，这叫"乱动员"。"总休息"固是待亡之道，"乱动员"也是必败之道。所以近代国家的作战，要全国的士农工商各业，都加紧工作，要各以敌国的士农工商各业做对象，和他们竞赛，而且要在每个竞赛里都能得优胜。能做到这步战争没有不胜之理。所以只就教育文化事业而论，我们的小学要比敌人的小学好，我们的中学要比敌人的中学好，我们的大学要比敌人的大学好，我们的研究工作，要比敌人的研究工作好。学生和学生比，教员和教员比，校长和校长比。比不上就得加倍努力。以过去的基础而论，我们和敌人这个比赛，已经是很吃力的，再要蹉跎，我们只有落后。何况现在敌人的帝国大学和各级学校都是照常，不但照常而且更加紧的工作，我们岂可任自己的教育工作停顿吗？明白这个道理，就明白我所谓找着敌人的对手方来抵抗的意义。必须全国有此觉性，我们才可以觉得各人自己的工作有意义。必须有此觉性，我们的工作才不是机械的，而是由于内心推动的。必须如此，我们才可以得到不但是最后的，而且是永久的胜利。在这胜利上面，建设成独立自由强盛光辉的中华民国！

民族与地理环境[*]

（1938）

无论什么事，都有时间和空间的成分。所谓空间，自然广大无垠，而其最具体的表现就是地理；所谓时间，也是永续无尽，而其最具体的表现就是历史。地理和历史交为错综，互相影响，从而构成一切的人事。现在我所要讲的，就是民族演进中之地理的因素，也就是民族与地理的关系。

一个民族和一个家族一样，不但须有其构成的份〔分〕子，而且须有一个供他们居住的地域，就是所谓"歌于斯，哭于斯，聚国族于斯"的一个所在。若是没有一个这样的地域，一个民族就必然飘荡流离，痛苦不堪，如犹太人和波希米人（Bohemian）一样。所以生聚教养安身托命的一块领土，实在是一个民族最重要的条件。

一个民族固应有它所不能离开的领土，同时，这个领土也就由许多方面给予定居于该地域内的民族以重大的影响。因此我们讲到一个领土的时候，特别应当注意到下面几点：（一）领土的形状；（二）领土的边境及其四周的状况；（三）领土的土壤和地质；（四）领土内的天然产物（包含天然产物的种类和分量）；（五）领土的气候和气象等。这许多领土所含的成分，对于一个民族的性质，生活，文化以及整个民族的发展，都有莫大的关系。别的暂且不讲，单拿气候一项来说。我曾经讲过：在俄国那样苦寒的地方，各人的精力长久在大自然冷气的压缩之下，不期然而然的积养雄厚，凝集坚实，结果就形成勇猛沉鸷的民族性，反转来说，在终年炎热的印度，则各人绝不感向内的压缩，而只有向外的蒸发；每天汗流浃背，大家到大芭蕉叶下面歇歇，于是接受种种

---

* 录自《新民族》第一卷第十五期，1938 年 6 月 5 日出版，署名"罗家伦"。

自然环境的暗示，而感发生灭无常，要想超脱现世的幻想，终至养成虚渺恬寂的民族性，从而产生佛教的文化。由此可见气候对于人生的影响之重大也就是地理环境对于一个民族的关系之重大。

近代有一种"人地学"（Anthropogeography），是专门研究地理环境对于人类的影响的一种科学。它注重以物质的地理环境来解释人类社会种种的事物及历史的变化，结果常成为所谓"地理命定论"（Geographical Determinism）。不过这种学说并非到近代才出现，远如希腊的希波克拉底斯（Hppocrates）在他所著的《空气、水与地位之影响》（"Influence of Atmosphare Water and Situation"）里面，将人的性格依高山，森林，平原，草地分为四种，可说已有了这种表示；就是亚里斯多德（Aristotle）也曾讲到气候不同对于人文的影响的问题。到了十六世纪，布丹（Bodin）在他所著的《论共和国六书》（"Six Books On The Republic"）里面，曾说到一个国家的宪法须与人民的性格相适合，而人民的性格又每每与气候相谐应，所以宪法与气候很有关系。以后法国孟德斯鸠（Montesguieu）在他的《法意》（"L'esprit des Lois"）一书内，也曾说到领土的性质影响一国的法律，并举英国为例，说明地形与气候对于宪法的影响，更后英国的伯克尔（Buckle）著《英国文化史》（"History of Civilization in England"）三巨册（其实还是引论），把英国文化的发展，完全归之于自然环境。在这些重视地理环境的学者中，尤其是罗材（Retzel）一派，倡导上面所说的一种"人地学"，主张所谓"地理命定论"，认为一个民族所据有的土地，可以决定它将来整个的命运，特别是气候可以支配民族性的形成和发展。近如美国的韩挺顿（Huntington）著有《文明与气候》（"Civilization and Climate"）也是单从气候说明人类文明发展的。他曾到过亚洲，著有《亚洲的动脉》（"The Pulse of Asia"）一书，说明亚洲的文化和地理的关系。此外还有一位美国的地理学家孙扑尔女士（Miss Semple），是克拉克大学的教授，著有《地理环境的影响》（"Influences of Geographic Environment"）也是附和地理命定论的。

这种学说自然也持之有故，言之成理；然而它把地理环境对于人类的影响却看得太呆板了，所以它的结论只限于一方面，而不能顾到他方面。这话可从两方面来说明：

第一从客观方面或物的方面来考察，地理环境本身是可变的。据地质学者的研究，现在世界各处的土地，都不知道经过了多少次的变化而后形成，譬如英国本部与欧洲大陆本相连接，后来逐渐分离；英吉利海峡最深的地方，若是把罗马的圣彼得（St. Peters）教堂沉下去，还可以露出尖子。我们中国各处土地变迁的情形，只要一看葛利普教授（Prof. Grabeau）所制的中国地质形成图，就可了然。譬如说湖南湖北两省地方，从前便都是海，真不知经过几度沧桑，才变成现在的状况。所谓"高岸为谷，深谷为陵"，像这类地理环境的巨大变化，虽然不是几千年甚至几万年所能形成的事情，然而地理环境变化无定，却毫无疑义的是一种可能的现象。

第二从主观方面或人的方面来考察，地理环境也可由人类来改造。人类是具有理智和思想的，故能运用其创造力以征服现实的地理环境。譬如洪水泛滥不能住人地方，经过人类的不断开辟，努力经营，也可变成为很好的陆地。荷兰人不是早就自夸代上帝造陆地吗？这就是人类能改造地理环境的一个明证。所以人类的行动和全部历史的发展，虽然与地理环境有很大的关系，但决不是受地理环境的绝对支配。若是单独依据地理环境来研究一个民族，一定是很偏颇而很难得当。

我们诚然不能否认地理环境对于人类的影响，但是不能承认"地理命定论"的主张。所以现在有一派比较合理的人文地理学产生，是法国的白拉熙（Vidal de La Blache）和费伯佛（L. Febvre）两人所倡导的。费伯佛著有《地理与人类进化》（"La Jerre f L'Evolution de L'Humanes"①）一书，以为地理环境对于人类的关系，不过是提供许多"区域的可能"（Regional Positelites）而已。所以一个区域对于一个民族，只是一大群可能的丛积，而非一个前定的命运来断定民族的将来。那些可能纯赖这个民族的选择才能实现，而一个民族的前途，也就决定于这种选择的关系之中。所以讲到地理环境与人类的关系，最重要的还不是前者所提供的现存的种种可能，而是后者对于这种种可能之随时的选择。因此我们研究地理环境对于民族的影响时，必须注意两点：

第一是人类对可能的选择（Human Selection Of Possibilities）。区域供给人类以许多的可能，只待人类来选择利用。不过人类选择这些可能往往因为时代的推移与注意的不同而变更其选择的标准。试举英国为例：英伦三岛的陆地和四周的海洋，都予英国民族以种种选择的可能。

① 原文如此。但书名外文有误，似应为 La Terre et L'Evotution de L'Humanité。——编者注

但是就陆地说，英国人有一个时期选择了牧畜和农业的可能，使英国成为世界出产羊毛丰富的区域，另一个时期则选择了煤铁等重工业的可能，使英国成为世界机器工业最发达的国家。就海上说，他们对于可能的选择，也是前后不同的，以前选择渔业的可能，以后则注重航业交通的发展，和海军的经营，使英国成为世界上最大的商业国家，终至掌握海上的霸权，成为海上的皇后。所以我们应当认识，自然环境只是供给人类种种可能以备选择，而能否选择其中某几种最大最好的可能以使其实现，则纯赖一个民族的智慧与能力；至于选择的标准，那是随时代与注意而变迁的。

第二是人类对可能〈的〉创造（Human Creation of Possibilities）。这种创造并不是无中生有，而是从已有的可能中，用人力去开拓新的可能。譬如欧战时期，德国被协约国封锁，不能向美洲购买所需用的智利硝，于是从空气中提取氮气，以资补救，就是一个例子。又如埃及的伊斯美（Ismail）要开发埃及，利用法国的资本和著名工程家勒塞普（Ferdiuond de Lesseps）的技术，于非亚两海之间鑿了一条苏彝士运河；以后英国收买股票，得到统治该运河的实权。于是它的海军能迅速地开往远东和澳海等地。美国因为要把大西洋与太平洋连贯起来，为同样的目的，在联系南北美的陆地之间开了一条巴拿马运河。这都是人类创造可能的证明。其他如造林，筑城，开山，引渠，等等工作，人类不知已经创造了多少伟大的可能了。这类创造，无时无刻会停止；它们将随人类文化的进步而一天比一天加多和扩大。

无论地理环境所供给的可能是怎样，一个民族若是真有出息的话，必须一面不断地作聪明的选择，一面更不断地努力于伟大的创造。人类的生活大部分还是要靠人类自己不断的创造。德国的一位大历史学家迈耶尔（Eduarb Meyer）在他所著的《古代史》（"Geschichte des Altums"）一书中曾说："自然与地理不过是人类历史生活的基础，不过供给发展的可能，并非供给发展的必然。领土虽无疑的为历史的条件之一，但历史并不是由领土的性质所预定。人类的生活往是决定于个人精神的因素，这种因素对于上述基础之利用或弃置是决定于个人的性格与意志"。这是很合乎史实的说法。

现在我再讲中国的地理环境。我们中国民族可谓"得天独厚"；我们所占据的领土，确是一块最好的地方，最宜于优秀的民族和文化产生的地方。我们中国的地理环境，才是一个真正的所谓"自然疆域"

(National Boundary)，因为中国的地理含有一种自然的强度的统一性在内。我们可分两方面来说：

第一，经济与文化方面——中国领土以内，有种种不同的地形，气候，物产，因此有种种可能，发生互相调剂的作用。就地形说，我们有超出海面六千公尺以上的高原，也有低于海面二百公尺以下的内陆洼地。就气候说，我们有极冷的地方，也有极热的地方，而大体都是寒暑交替，四季循环，予人以适度的刺激决不使人颓唐。如果我们要避暑，不必如外国人一样要跑到瑞士去，阔绰的话也只要往北戴河青岛庐山便尽可了；如果我们要避寒，只要在冬天往南方的广东一走，便觉得温和适畅了。所以全国的气候呈现着许多的可能，常能给我们一种不平庸的刺激。我觉得在这样的一个领土之内，真不应该生出平庸的民族！再就物产说，南方多出产稻麦棉花，北方则富于煤铁。譬如江苏本来产米麦，近来成为出产棉花的地方；东北与河北则除产大宗粮食以外，更藏有大量的煤铁。据地质调查所的研究，全国铁的总量，共约十万万吨，而东北即占七万万吨，河北龙烟铁矿即占一万万吨。所以即以物产而论，中国也是一个自然单位或综合。我们中国领土以内，在地形，气候，物产上，各地既有如此的差异，所以在民性的表现上，各地也各有特殊之点。譬如南方人大多是聪明伶俐，活泼机智；北方则大多是刚毅沉着，朴素耐劳；正如顾炎武所说："大河以北，天异色，地异气，民异情"。唯其如此，将来交通日益便利，南北的民性更能□得自然的调和，溶成整个的一体。这是从经济与文化方面说明中国地理的统一性。

第二，军事与国防方面——我们看：这海棠叶形的中国，如果缺少了其中某一部分，是不是还能成为完整的中国？当然是不能的。我们的先民所以不断地东征西伐，南讨北战，就是要保持这一个完整的中国，换句话说，就是为了军事与国防上的必要。我们看我们的四境：绵延曲折的太平洋西岸，构成了自渤海湾以至东南这一条边线；喜马拉雅山、野人山及怒江形成西南那方面的局势；天山、阿尔太山是西北方面的天然屏障；大漠唐努乌拉山、肯特山及龟楞格河，又是正北方面的天然边防；大兴安岭、黑龙江和鸭录江，更是东北这一方面的天然国界，这是多么雄壮完整的版图。法国人最好讲所谓"自然疆域"（按自然疆域之说，系本于凯撒（Caesar）；他认为莱茵河〈是〉与阿尔卑士山高尔民族（Gaul）的自然界限），别的民族也好争所谓"自然疆域"；其实我们中国才真是一个再好没有的"自然疆域"呢！这是从军事与国防方面说明中国地理的统一性。

我们中国的这个"自然疆域",是中国民族一代一代不断地开辟出来的,是一个伟大的历史遗产。我们现在的疆域,不知道经过多少流血,战争,才逐渐确定逐渐形成的。要明了这历史形成的过程,我们可分为六个时代加以简单的说明:

(一)远古时代 据史册所载,蚩尤据有诸夏,涿鹿之战,黄帝把他赶走,才打下现在中国西北与中部的平原。夏曾佑先生是一位有史识的史学家,他论这次战争的重要道:"设黄帝再败,则吾族当失其包牺神农以来之殖民地,而仍回葱岭之高原;五千年间泰□之史事,无一同者矣!故涿鹿之战,诚诸夏之大事也!"(见夏著:《中国古代史》,一四页)这是中国的疆域最初开辟奠基的一个时代。(关于古史问题,虽有多少争论;但无论系个人或民族的成就,这个时代中国民族有一个大的开拓与迁徙,是可想而见的事实。)

(二)夏商时代 夏初中国民族渐渐广布于长江和黄河流域。故夏曾佑先生说:"三危既宅,三苗丕叙,于是洞庭彭蠡之间,皆王迹之所经,无旧种人之历史矣"。以后住在朝鲜辽宁一带的所谓东胡人简狄后裔,渐渐向黄河流域推进,建立商朝。所谓"相土烈烈,海外有㪅",这相土之勋,是可注意的。后来"箕子奉彝器而奔朝鲜",也许是回老家,这样说来,当时的朝鲜也是中国之一部分了。

"箕子受封传世四十有一,至箕准自称王。汉初大乱,燕齐赵人避地往者数万口,燕人卫满击准自为王,称朝鲜王",可见朝鲜与中国的历史关系,极为深远。

(三)周公时代 周本是住在西北方面的所谓西方民族,文化虽较落后,种族却甚强悍,加之连续出了几个伟大的民族领袖,乃能凭借他们有组织的民族武力,渐渐向东方即黄河下游发展。到了大军事家兼政治家周公时代,便大举东征,勘定洛阳,灭亡商朝,创建周室。《诗经》上说:"既破我斧,又缺我戕,周公东征,四国是王"。这都是夸耀周公的武功的话,并非腐儒所谓歌颂圣德。他东征的结果,把周的势力一直伸展到海滨。他并以洛阳为根据地,分封周室,以平藩国,这样使中国的文化渐渐走上统一的道路。

(四)秦始皇时代 中国因为受儒家的影响,向来把秦始皇说得非常之坏,其实他乃是中国历史上一位伟大的民族英雄。他除了完成中原的统一以外更努力于边关的开拓。他命蒙恬北逐匈奴,收河南地(即今河套），并且连接和增修燕赵已筑的长城，为北方的藩郡（据顾亭林先生的《日知录》）。南方则略取南越地，置桂林、南海、象郡三郡（即今两广及越南东北部）。现在中国的版图，除云贵外，东至海，南至现在法属安南，北至绥远，东北至辽东，西北至甘肃，都是秦实力所及，是中国历史上空前的大帝国。他并且制礼乐，齐律度，同文字，所谓"车同轨，书同文，行同伦"，以实现制度与文化的统一，影响后代的政治文化很大。

（五）汉武帝时代　秦亡，被征服的异族，因中原纷乱，相继叛变，汉朝尤其是汉武帝时代以武力征服驱逐，开拓疆土，遂扩大了汉族活动的范围。兹分别略述于后：（1）匈奴——汉初，匈奴复南渡河，收回失地。至文景两代其势益张。武帝时国力充裕，乃大举讨伐，收复河南，立朔方郡；又因匈奴浑邪王来降，收河西地置酒泉，武威，张掖，敦煌四郡。其后匈奴远遁，遂成"漠南无王庭"的局面。王莽篡汉，匈奴复为边患。和帝时，窦宪为大将军，败北匈奴于稽落山，直追至私渠北鞮海，勒铭燕然山（即杭爱山）。由是匈奴遁过金微山（即阿兰泰山），不复为中国的大患了。以后其一部分西越里海，侵入欧陆，曾横行于今之中欧各地，迫成了欧洲民族的大迁徙。（2）西域——汉代的西域，就是今新疆省境，居匈奴之西。武帝时欲连络月氏夹击匈奴，遣张骞往使，不得要领。后张骞建议招乌孙，以断匈奴之右臂，武帝乃〈遣〉张骞二次出使，乌孙虽不肯来，而附近诸国，都遣使来汉，西域乃通。武帝锐意经营，归号者三十六国。宣帝时，汉遂置西域都护，兼护天山南北两道。从这段历史上我们可以明白：只要新疆能够保持，蒙古迟早是不成问题的。（3）西羌——西羌散处于今甘肃西南，及青海，西藏等地，东北连匈奴，西北通西域，汉初都服属于匈奴。武帝既置河西四郡，羌与匈奴交通中断。羌族乃合攻金城（今甘肃皋关县西北）抱罕（今甘肃导河县），汉遣李息击破之，置护羌校尉以资统率。（4）朝鲜——汉初燕人卫满逐朝鲜箕准，自立为王，至孙右渠，汉谕其入朝，不从，武帝乃遣将灭其国。以其地置临屯，真番，乐浪，玄菟四郡。朝鲜即完全属于中国。（5）南越——南越地在秦时为桂林，南海，象郡。秦末赵佗据以自立。武帝时遣将军路博德等讨平之，置南海，合浦，苍梧，郁林，珠崖，儋耳，九真，日南，交趾九郡。这是继续并光大秦开南蛮的工作。（6）东越——武帝时，东越王余善叛变，汉遣将杨仆进讨，斩余善，尽徙其民于江淮间，其地遂虚，开闽越始此。（7）西南夷——西南夷的地域，在今云南，贵州及四川的南部，在汉武帝时，共有六七十个部落。武帝命司马相如因巴蜀吏以货币赂西面南夷，于是邛都，筰都，冉駹之君，皆内附为臣，而云贵四川一带遂入了中国的版图。我们今天能以这一带地方为我们的国防根据地，即受汉武帝通西南夷之赐！总而言之，现在中国疆域的规模，在此时，已大体决定。夏曾佑先生说："故自来论中国雄主者，曰秦皇汉武，因中国若无此二君，则今日中国之形势，决不若此也"。这是从秦皇对于立场上族汉武①最公允的批评。

（六）唐太宗时代 唐太宗承中原丧乱之后，是重整我们民族疆域，使他格外发扬巩固的一个人。唐初定鼎的时代，权置州郡。到太宗贞观元年"悉令并省，始于山河形便，分为十道。……至十三年定簿。凡州府三百五十八，县一千五百五十一。至十四年平高昌，又增二州六县。自北殄突厥颉利，西平高昌，北踰阴山，西抵大漠，其地东极海西至焉耆，南尽林卅南境，北接薛延陁界，凡东西九千五百一十里，南北万六千九百一十八里"（《旧唐书·地理志》）。再考唐朝六都护的治所和控制区域，可以想见他的伟大。（一）安东都护治所在平壤（今朝群平壤），控制高丽诸府州及百济新罗。（二）安南都护，治所在交州（安南中部），控制交趾府州及海南诸国。（三）安西都护，治所在龟兹（今新疆库东），控制西域诸府州。（四）安北都护，治所在金山（今科市多境），控制碛北诸府州。（五）单于都护，治所在云中（今归绥境），控制碛南赣府州。（六）北遮都护治所庭洲（今新疆迪北），控制天山以北诸府州。无怪四夷称他为"天可汗"。到了他的孙子睿宗始置沿边节度使，玄宗因此制度，有所增益，共有十个。这十个节度使所辖的区域也是很广大的，（一）平卢节度使，治所在营州（今热河朝阳县），控制室韦，鞑靼等部。（二）范阳节度使，治所在幽州（今北平），控制奚，契丹等部。（三）河东节度使，治所在太原（今山西阳曲县），犄角朔方。（四）朔方节度使，治所在灵州（今甘肃灵武县），控制回纥等部。（五）河西节度使，治所在凉州（今甘肃武威县），控制回纥吐番等部。（六）陇右节度使，治所在鄯州（今甘肃碾伯县），控制吐蕃等部。（七）安西节度使，治所在龟兹（今新疆库车县），控制西域诸国。（八）北庭节度使，治所在庭州（今新疆迪化县），控制突骑施、坚昆、默啜等部。（九）剑南节度使，治所在益州（今四川成都），控制吐番，蛮獠等部。（十）岭南节

---

① 不通，但原文如此。——编者注

度使，治所在广州（今广东广州），控制南海诸国。当玄宗开元时候，边界羁縻州郡盖有八百也是浩然大观。但这些地区，大体仍是太宗原来开拓的规模。这可以见得唐太宗重定中华民族疆土的功绩！

至于元代疆土的伟大，不能详说，明代经营西南的成就，是不可磨灭的。总之我们中国这块土，是天然完整统一的一个"自然疆域"。这不愧称为天赋的神州！但同时也是我们的祖先不断地用鲜血与生命去开辟拓展的一个伟大的区域。在这个地域以内有巍峨的高山，有低洼的陆地，有广汉的平原，有丰富的矿产……一句话，有无数"区域的可能"，只待我们继续的选择经营，利用发展。现在是暴敌向我们大举侵略的时候，我们要以全民族的〈力〉量来保卫这个宝贵的"自然疆域"，使这块大地上永久为我们整个民族创造文化的大舞台。当欧洲的百年的战争法国查理士第七（Charles ⅡV）与英国作战的时候，法国的民族女英雄，法兰西民族的灵魂贞德（Jeanne d'Arc）曾经说过："要与英国人谈和平，唯一可能的和平就是他们应该回到他们英国本国去"。现在我们可以用他的口吻，换几个字说："要与日本人谈和平，唯一可能的和平就是他们应该回到他们日本国去"。因为唯有如贞德所说："让各个民族安于它自己的自然疆域，而不攫夺具有同等文化的邻居的土地"，才能维持各个民族独立的生存，奠定国与国间永久的和平。

弱是罪恶，强而不暴是美[*]

（1938）

中国是一个弱国，这是事实。有人还把我们自称为"弱小民族"，我极不赞同，我以为中国"弱"是真的，但不是"弱小"，而是"弱大"。"大"而"弱"是矛盾的现象，是最大的羞耻，但事实如此，不必讳言。为什么会弱？为什么会大而弱？弱就根本不应该。我们要把甘心做弱者的观念改变过来，要真正认识弱是羞耻，是罪恶，只有强而不暴才是美。让我们来歌颂强和美罢！

怎样叫做强？我所谓强，不是指比武角力，好勇斗狠的是强，乃是指一个人全部的机能，品性，以及其他一切的天赋，在某一个自然的阶段，都能尽善尽美的发展，而达到笃实光辉的地步，才算是强。多少哲学家常讲生命的完美发展与活动（The Perfect Development and Exercise of Life）。生命是要发展的，是要向最善最美的理想发展的；生命是要活动的，是要不断的活动的。亚理士多德说橡树的种子虽小，可是它一点一点不断的发展起来，就可成为伟大葱茏的橡树。这才可以说是尽了橡树之性，这也就是生命的象征。达尔文研究生物，认为最适于生存的生物，乃是健康充实而一切机能都完备的个体；这种个体，在它生长的某一个阶段，必须把它所有的天赋，都发展到尽善尽美的地步，生命才能维持。这就是强的效果。所以强者是一定能生存的，一定能站得住的。

弱就是强的反面。弱是贼天之性，就是不能把固有的天赋充分发展，反而戕害它，砍伤它，使它萎谢凋零，停滞腐朽。所以弱者的结果一定是自趋崩溃，自取灭亡。

---

[*] 录自《新民族》第一卷第十七期，1938 年 6 月 20 日出版，署名"罗家伦"。

你看一朵花，是长得充分饱满的美呢？还是萎谢不堪的美呢？孟子说："充实之为美，充实而有光辉之为大"，唯有充实，饱满，雄健，才是美，才是伟大！西洋哲学家如莱布尼兹（Leibnitz）、斯宾诺沙（Spinoza）都曾说过："天赋各部分机能和力量的和谐发展，是人生的定律，也是宇宙的定律"（The harmonious development of capacities and powers is the law of man as of the universe）。和谐的发展，都是美的。音乐是和谐的，有最高的音，有最低的音，各有它适当的地位，最好的节奏，所以音乐是美的。强正是和谐的发展，所以强也是美的。

然而强要不暴，强而暴就失去强的意义，就不美了。强是人人欢喜的。假定你是女子，你愿意和生肺痨病到第三期的人一道在街上走呢？还是喜欢和精神饱满雄纠纠［趄趄］的青年一道在街上走呢？英勇豪迈为国干城的军人，是美的；但如日本军人的奸淫掳掠，无恶不作，那只是兽性的暴露，就谈不上美了。一条酒醉大汉，在街上横冲直撞，逢人便打，算是美吗？曹孟德是杰出的人材而中国人骂他，正是因为他"欺人孤儿寡妇"。这正是中国优美民族性的表现。我从前在上海读书的时候，在电车上常常让座位给日本女子，有些同学不以我为然。我说我们有本领，可以和她们的男子在战场上比较，又何必欺人家的"孤儿寡妇"，即非孤儿寡妇，也是此时无抵抗的人？

我说强是美，弱是罪恶。或者有人要说我这话是很危险的，如果说弱是罪恶，小孩子是弱者，难道小孩子有罪恶吗？我可以答复他说：小孩子并不是弱者，如果在他在孩子的阶段，能充分发展他的生机，发挥他所有的天赋，他正是最强的强者。当然小孩子生下来，也有残疾不健全的，也是罪恶，只是这个罪恶是他的父母负的，不是他自己的责任。

何以弱是罪恶？我以为弱的罪恶有三：第一就是贼天之性，对不起天赋的一切。第二就是连累他人，弱者要人照顾他，担心他，把许多向上有为的强者都拉下来。他不但自己不能创造，而且阻止别人的创造，不但自己不能生产，而且消耗别人的生产。第三就是纵容强者作恶。假使大家都是强者，罪恶就可减少。世界上多少罪恶，都是弱者纵容强者的结果。打了你的左颊，你再敬以右颊，使人家养成骄横作恶的习惯，不是罪恶还是什么？中国自己不争气，不但害了自己，而且害了人家。日本今天如此凶横残暴，毋宁说是我们把他惯出来的。这次中日大战结束以后，我们首先要痛哭自己——哭我们自己不争气，不振作，害死了许多英勇有为的民族壮士，民族精华！其次，就要痛哭日本——哭它因为我们的不争气，不振作，而骄纵到走上自取灭亡的道路！

我们现在应该建立一种强者的哲学。但是我的强者的哲学，和尼采所谓"超人哲学"有两点不同：第一尼采的"超人"观念，是主张天地不仁，以万物为刍狗的，所以要自摒于常人之外，我所谓强者的哲学，乃是要覆育人类，提高人类的。第二尼采所谓"超人"，是生物学上所产生的一种人类，而我所谓强者，乃是能够发挥他所有的天赋的人，是人人都有资格做的，不是什么特殊的新人类。

怎样才能称为强者？强者有三个基本的条件，第一要有最野蛮的身体。我们的体力生力，断不可使其退化，而且要充分地发扬。我们现在太享受了，太安逸了；因为劳力减少，抵抗力也薄弱了。想起我们的祖先，在森林原野，高山大谷中生活，披荆斩棘，征服自然，多么值得羡慕，值得崇拜！我们要恢复我们祖先一样最野蛮的身体。我宁愿看见青年男女，不穿衣服，拿着亮晃晃的大刀，在深山里驰骋打猎，而不愿看见他们在纸醉金迷的红绿灯下唱歌跳舞！其次，只有最野蛮的身体还不够，还要有最文明的头脑。身体尽管最野蛮，头脑却要最文明，我们要利用自然，征服自然就非靠文明的头脑不可。荀子讲"乐天而颂之，曷若制天而用之"，培根（Francis Bacon）讲"戡天主义"；试问没有最高的智慧，那里能"制天""戡天"，运用自然的能力，而创造人类的文明？再次，还要有不可征服的精神，强者一定要有坚决的意志，能过意志的生活。他不求享受，不求安逸，但是他的生力却要求解放，要求发表。所以他不顾利害，在生命的发展过程中，不断奋斗，以求得他精神上最大的快乐。他把他整个的生命放在大众里面，来提高大众，而不是压倒大众。他要自己向上，同时也带大家上去，而不把别人拉下来。他以个人的生命，放射于整个的历史里面，使历史更为丰富，更有光辉。

弱者和强者恰恰相反。弱者是衰颓，屈服，自欺，欺人；他不能想，更不能有力的想。所以弱者的哲学是永远的否定（everlasting no），决不能产生永远的肯定（everlasting yes）。他认为人生和宇宙都是否定的，因为他没有勇气去肯定一切。他也许和佛家一样有"悲天悯人"的胸怀，但他看见恒河的水泛滥起来，溺死了多少人，却不能像荷兰人一样筑堤防堵。他虽然看见毒蛇猛兽啮死了多少人，但也不能像"益烈山泽而焚之"，使"禽兽逃匿"，人人得有乐土安居。印度人常喜欢表示没有办法，他表示没办法的时候，就把两手一伸。有一位在印度多年的外国朋友曾对我说："若是我能做印度狄克推多的话，我首先要把这伸出来表示没办法的手砍下"！这种否定的态度，结果必归于"涅槃"，以为自己解脱了就可以解脱一切；这是消极的态度，不是积极的态度。

强者的哲学，第一是接受生命，接受现实，生命是前进的，有生机的。保守无从保守，否定除非自杀——但自杀是最懦弱的行为。强者接受生命，把天赋的生命发展到最完美的地步，无所谓乐观，也无所谓悲观。徒然乐观而不努力，乐观是不可靠的；徒然悲观，除非毁灭生命，否则就想悲观也悲观不了。所以强者对于人生是不断的改进，对于宇宙是不断的创造。现实里面自然有许多困苦艰难的事，但他接受现实，不但接受，而且更能不为现实所限制。他不只看见"现在"，而且看见"未来"。用英文来说罢，他不只看见"is"，而且更看见"to be"。他要能根据现实的材料，去不断创造将来无限的光荣。

第二是不倚赖。他不但不倚赖人，而且也不倚赖神。他受人爱，但不受人怜。他有独立特行的精神，所谓"饥不食嗟来之食，渴不饮盗泉之水"。他先从自己磨炼起，检讨起，奋发起。有了这种精神，他才有资格向上帝祷告——如果他信仰上帝的话。不然上帝要用脚尖把他踢着，微笑的对他说道："孩子，你还是起来罢！先做个像样的人再说"！

第三是接受痛苦，而且欢乐的接受痛苦。痛苦是生命的一部分。真正的快乐，不是天上掉下来的，而是从挣扎中产生的，在挣扎的过程中，自然有痛苦，却也有快乐，等到成功以后，则甜蜜的回忆，更是最大的快乐。好比爬山，山坡陡险，山路崎岖，喘气流汗，费尽气力，但等爬到山顶，放眼四顾，那时的快乐，决非从飞机上用降落伞下来的人所能领略的。女子生产的时候，是极痛苦的，但是婴儿的生命，母爱的寄托，民族的前途，都是从这痛苦中得来的。强者接受生命，生命自然伴着痛苦，但痛苦乃是快乐的母亲，是黎明以前的黑暗。生命的奇葩，民族的光明，都从这痛苦中产生，所以强者不求现成的享乐，而是承认痛苦，接受痛苦，欢乐的接受痛苦，要从痛苦中去寻求快乐，产生快乐。人生固然要快乐，但安稳的快乐，不但没有，而且是不值得享受的。

第四是勇敢的在危险中过生活。在危险中生活，才能得到真正的乐趣。困难的挫折，和危险的震荡，正是磨炼伟大人格的最好机会。狮子在非洲撒哈拉大沙漠里，虽然不容易找到水喝，找到东西吃，但这种最困难的境地，却使它能完成狮子的秉性。假如把它养在动物园的笼子里，天天给它几磅牛肉，让它舒服的生活着，他安稳的生活是解决了，但是它狮子的本性也就丧失了。我常说要讲澈底的唯物主义，最好是做军阀的姨太太，有洋房可住，汽车可坐，一切摩登的设备，件件都有。但这是人生最高的生活理想么？如果说是，那我当然无话可说。讲快乐可以量计的。英国哲学家穆勒（J. S. Mill）也曾说过："做一个不满足的人，好过做一只满足的猪"（It is better to be a human being dissatisfied than a pigs satisfied）。世界上没有没有阻力的成功，恐怖的袭击是常有的。唯有强者才不怕恐怖的袭击，能勇敢地在危险中生活，以危险的生活去达到生活的理想。

第五是威严的生，正义的怒。做人要有一种威严；在这种威严的标准之下的事，是不干的。"生，人之所欲也，所欲有甚于生者，死，人之所恶也，所恶有甚于死者。"只有能威严的生，才能被人看得起。从前英国人往往欺负印度人，现在好多了，至少在英国本部看不出来了。一个英国人上火车没有座位的时候，印度人是要起来让座位的。有个故事，说有次一个英国人上火车，没有座位了，要求一个印度人让座位，这个印度人不但不让，而且上前去打了他一个耳光，但是奇怪的事[是]，这个英国人却并不发怒，且对他说："你的行为倒像一个人"（Your behave like a man），让他打了算了。可见只有保持这种威严的态度，人家才会尊重。嘻嘻哈哈鬼混胡调的人，是不值得生存。强者不但要有威严的生，还要有正义的怒。所谓正义的怒，不是今天骂人，明天打人，这只是匹夫之勇而已。正义的怒，是含蓄在内，要在适当的时机正义受厄的关头，才作郑重的表现的。所以可以"一怒而安天下"。

第六是殉道的精神。强者能为理想而牺牲，为正义而牺牲，把自己的生命当做历史。只有这样的人愈多，历史才更丰富，更有意义。这种人只知道价值（Value），而不知道价格（Cost），所以能牺牲自己去超度别人。他不是压迫别人，而是提高别人，像这样的人，才可称为时代的"命运之儿"（"Man of destiny"）。

综合起来说，强者的生活，是完整的生活。不但他自己的生命是丰富，他还从丰富自己的生命去丰富民族的生命，他是整个民族历史生命的继承者，也是创造者。他能爱，也能被爱；他能令，也能受命；他能胜利，也能失败；他能想，更能有力的想；他能做梦，更能实现梦；他不但能创制乐谱，他还能以热烈的感情，奏出他的乐谱。他能顺着自然的程序，充分发展一切自然赋予，到最善最美的境地。他的发展是整个的，和谐的，也是美的。他能保持这种美的本质，才能以强制暴，而不会有"以暴易暴兮，不知其非兮"的流弊，所以强者乃是完整的人（Strong man is the complete man），强者的哲学也就是美的哲学！

知识的责任*

（1938）

要建立新人生观，除了养成道德的勇气而外，还要能负起知识的责任（Intellectual Responsibility）。本来责任是人人都有的，无论是耕田的，做工的，从军的，或者是任政府官吏的，都各有各的责任。为什么我要特别提出"知识的责任"来讲？知识是人类最高智慧发展的结晶，是人类经验中最可珍贵的宝藏，不是人人都能取得，都能具备的，因此凡有求得知识机会的人，都可说是得天独厚，享受人间特惠的人，所以都应该负一种特殊的责任。而且知识是精神生活的要素，是指挥物质生活的原动力，是我们一切行为的最高标准。倘使有知识的人不能负起他特殊的责任，那他的知识就是无用的，不但无用，并且受了糟蹋。糟蹋知识是人间的罪恶，因为这是阻碍或停滞人类文化的发达和进步。所以知识的责任问题，值得我们加以严重的注意。我们忝属于所谓知识分子，尤其觉得这是一个切身问题。

所谓知识的责任，包含三层意义：

第一是要有负责的思想。思想不是空想，不是幻想，不是梦想，而是搜集各种事实的根据，加以严格逻辑的审核，而后构成的一种有周密系统的精神结晶。所以一知半解，不足以称为成熟的思想，强不知以为知，更不能称为成熟的思想。思想是不容易成立的，必须要经过逻辑的陶镕，科学的锻炼。凡是思想家，都是不断的劳苦工作者。"焚膏油而继晷，恒兀兀而穷年"，他的求知的活动，是一刻不停的，所以他才能孕育出伟大成熟的思想，以领导一世的思想。思想家都是从艰难困苦中奋斗出来的。他们为求真理而蒙受的牺牲，决不亚于在战场上鏖战的牺

---

* 录自《新民族》第一卷第十八期，1938 年 6 月 27 日出版，署名"罗家伦"。

性。拿科学的实验来说，譬如在实验室里试验炸药的人被炸伤或炸死者，不知多少。又如到荒僻的地方调查地质，生物，人种的人，或遇天灾而死，或染疾而死，或遭盗匪蛮族杀害而死的，也不知多少。他们从这种艰苦危难之中得来的思想，自然更觉得亲切而可以负责。西洋学者发表一篇学术报告或论文，都要自己签字，这正是负责的表现。

其次是除有负责的思想而外，还要能对负责的思想去负责。思想既是不易得到的真理，则一旦得到以后，就应该负一种推进和扩充的责任。真理是不应埋没的，是要发表的。在发表以前，固应首先考虑他是不是真理，可不可以发表；但是既已考虑发表以后，苟无新事实新理论的发现和修正，或是为他人更精辟的学说所折服，那就应当本着大无畏的精神把它更尖锐地推进，更广大地扩充。我们读西洋科学史，都知道科学家为真理的推进和扩充而奋斗牺牲的事迹，真是"史不绝书"。譬如哥白尼（Copernicus）最先发现地动学说，说太阳是不动的，地球及其他行星都在他的周围运行，他就因此受了教会多少的阻碍。后来白兰罗（Bruno）出来，继续研究，承认了这个真理，极力传播，弄到触犯了教会的大怒，不仅是被捕入狱，而且被"点天灯"而死。盖律雷（Galileo）继起，更加以物理学的证明，去阐扬这种学说，到老年还铁锁琅当［珰］，饱受铁窗的风味。他们虽受尽压迫和困辱，但始终都坚持原来的信仰，有"鼎镬甘如饴，求之不可得"的态度。他们虽因此而牺牲，但是科学上的真理，却因为他们的牺牲而确定。像这种对于思想负责的精神，才正是推动人类文化的伟大动力。

再进一层说，知识分子既然得天独厚，受了人间的特惠，就应该对于国家民族社会人群，负起更重大的责任来。世间亦唯有知识分子才有机会去发掘人类文化的宝藏，才有特权去承受过去时代留下〈的〉最好的精神遗产。知识分子是民族最优秀的分子，同时也是国家最幸运的宠儿。如果不比常人负更重更大的责任，如何对得起自己天然的秉赋？如何对得起国家民族的赐予？又如何对得起历代先哲的伟大遗留？知识分子在中国向称为"士"。曾子说："士不可以不弘毅，任重而道远。仁以为己任，不亦重乎？死而后已，不亦远乎？"身为知识分子，就应该抱一种舍我其谁至死无悔的态度，去担当领导群伦继往开来的责任。当民族身死存亡的紧急关头，知识分子的责任尤为重大。范仲淹主张"先天下之忧而忧，后天下之乐而乐"。必须有这种抱负，才配做知识分子。他的"胸中十万甲兵"，也是由此而来的。

提起中国的知识分子，我们很觉痛心。中国社会一般的通病，就是不负责任。而以行政的部分为尤甚（这当然是指行政的一部分而言）。从前的公文程式是不用引号的，办稿的时候，引到来文不必照抄，只写"云云"二字，让书吏照原文补写进去。传说沈葆祯做某省巡抚，发现某县的来文上，书吏照抄云云二字，不曾将原引来文补入，该县各级负责人员，也不曾觉察。于是他很幽默地批道，"吏云云，幕云云，官亦云云，想该县所办之事，不过云云而已。"这是一个笑话，但是很足以形容中国官僚政治的精神。中国老官僚办公事的秘诀，是不负责任，推诿责任。所以上级官厅对下的公事，是把责任推到下面去；下级官厅对上的公事，是把责任推到上面去。责任是一个皮球，上下交踢。踢来踢去的结果，竟和火线中间，有一段"无人之境"（No mans land）一样。这是行政界的通病，难道知识界就没有互相推诿不负责任的情形吗？有多少人挺身而出，本着自己的深信，拿出自己的担当来说，这是我研究的真理，这是我服务的责任，我不退缩，我不推诿！这种不负责任的病根，诊断起来，由于下列各点：

第一是缺少思想的训练。他的思想，不曾经过严格的纪律，因此已有的思想固不能发挥，新鲜的思想也无从产生。外国的思想家常提倡一种严正而有纪律的思想（"Rigorous thinking"），就是一种用逻辑的烈火来锻炼过的思想。正确的思想是不容易获得的，必得经过长期的痛苦，严格的训练，然后才能为我所有。思想的训练，是教育上的重大问题。历次世界教育会议，对于这个问题，都会加以讨论。有人主张研究社会科学的人，也学高深的数学，不是因为他用得着这些数学，乃是因为这种数学是他思想的训练。思想是要有纪律的。思想的纪律决不是去束缚思想，而是去引申思想，发展思想。中国知识界现在就正缺少这种思想上的锻炼。

第二是容易接受思想。中国人向来很少人坚持他特有的思想，所以最容易接受他人的思想。有人说中国人在思想上最为宽大，最能容忍，这是美德，不是毛病。但是思想这件事，是就是是，非就是非，谈不到什么宽大和容忍。不是东风压倒西风，便是西风压倒东风。哥白尼主张地动说，固且自己深信是对的，就是白兰罗和盖雷律研究这个学说认为他是对的以后，也就坚决地相信他，拥护他，至死终不改变。试看西洋科学与宗教战争史中，为这学说奋斗不懈，牺牲生命的人，要有多少。这才是对真理应有的态度。中国人向来相信天圆地方，"气之轻清，上浮者为天，气之重浊，下凝者为地"。但是西洋的地动学说一传到中国，中国人立刻就说也是圆的，马上接受，从未发生过流血的惨剧。又如达尔文的生物进化论，也是经过多少年宗教的反对，从苦斗中才挣扎出来的。直至一九一一年，德国还有一位大学教授，因讲进化论而被辞退，甚至到了一九二一年，美国坦尼西（Tennesses）州，还有一位中学教员因讲进化论而遭诉讼。这虽然可以说是他们守旧势力的顽固，但是也可表现西洋人对于新思想的接受不是轻易的。可是在中国却不然。中国人本来相信盘古用金斧头开天辟地。"自从盘古开天地，三皇五帝定乾坤"，不是本本小说书上都有吗？但是后来进化论一传进来，也就立刻说起天演和物竞天择，人类是猴子变来的（其实人类是猴子的"老表"）。人家是经过生物的实验而后相信的，我们呢？我们只是因为严复译了赫胥黎的《天演论》，文章做得极好，吴挚甫恭维他"骎骎乎汉魏矣"一来，于是全国风从了。像这样容易接受思想，只足以表示我们的不认真，不考虑那里是我们的美德？容易得，也就容易失；容易接受思想，也就容易把它丢掉。这正是中国知识界最显著的病态。现在中国某省愈是中学生愈好谈主义，就是这个道理。

第三是混沌的思想。既没有思想的训练，又容易接受外来的思想，其当然的结果，就是思想的混沌。混沌云者，就是混合不清。况且这种混合是物理上的混合而不是化学上的化合，上下古今，不分皂白，搅在一起，这就是中国思想混合的方式。我不是深闭固拒，不赞成采取他人好的思想，只是采取他人的思想，必须加以自己的锻炼，才能构成自己思想的系统。这才真是化合呢！西洋人也有主张调和的，但是调和要融合（Harmony）才对，不然只是迁就（Compromise），真理是不能迁就的。我常怪中国的思想中，杂家最有势力。如春秋战国时代，百家争鸣，极端力行的墨，虚寂无为的老，都是各树一帜，思想上的分野是很清楚。等到战国收场的时候，却有《吕氏春秋》出现，混合各派，成为一个杂家。汉朝斥百家而尊儒孔，实际上却尚黄老，结果《淮南子》得势，混合儒道，又是一个杂家。这种混杂的情形，直至今日，仍相沿未改。二十年前我取了一个"古今中外派"的名词，就是形容这种思想混杂的人。丈夫信仰基督教妻子不妨念佛，儿子病了还要请道士"解太岁"。这是何等的容忍！容忍到北平大出丧，一班和尚，一班道士，一班喇嘛，一班军乐队，同时并列，真是蔚为奇观！这真是中国人思想的缩影！

第四是散漫的思想。这种是片断的,琐碎的,无组织的。散漫的思想的由来,固且由于思想无严格的训练,但是主要的原因还是懒。他思想的方式是触机,只是他灵机一来之后,就在这机来的一刹那停止了,不追求下去了。这如何能发生系统的思想,精密的思想?于是成了"万物皆出于几,万物皆入于几"的现象。他只是让他的思想像电光石火一样的一阵阵的过去。有时候他的思想未始不聪明,不过他的聪明就止于此,六朝人的隽语,是由此而来的。"世说新语"的代代风行也是为此。中国人的善于"玩字"没有其他的理由。因此系统的精密的专门哲学,在中国很难产生。因此中国文学里很少有西洋式如弥尔的《天国云亡》,哥德的《浮士德》那般成本的长诗。因此笔记小说为文人学士消闲的无上神品。现在还有人提倡袁中郎,浮生六记,和小品文艺,正是这种思想的斜晖落照!不把思想的懒根性去掉,系统的伟大思想是不会产生的。

第五是颓废的思想。颓废的思想是思想界的鸦片烟,是民族的催眠术,并且由催眠术而进为催命符。颓废的思想就是没有气力的思想,没有生力的思想。什么东西经过他思想的沙漏缸一经过,都是懒洋洋的。颓废的思想所发生的影响,就是颓废的行为。以现在的文艺品来说罢,有许多是供闺秀们消闲的,是供老年人娱晚景的。有钱的人消闲可以,这是一格,但是我们全民族是没有饭吃的时候,没有生存余地的时候呀!老年人消闲可以,因为他的日子是屈指可算的,但是给青年人读可为害不浅了。而现在喜欢读这些刊物的反而是青年人!文人喜欢诗酒怡情,而以李太白为护符。是的,李太白是喜欢喝酒,"李白斗酒诗百篇"。你酒是喝了,但是像李太白那样的一百篇诗呢?我们学李太白更不要忘记他是"十五学剑术,遍干诸侯,三十成文章,力〔历〕抵卿相,虽长不满七尺,而心雄万夫"的人呀!你呢?颓废的思想不除,民族的生力不能恢复!

第六不能从力行中体会思想,更以思想证诸力行。中国的文人,中国的"士",是最长于清谈的,最长于享受的。在魏晋六朝是"清谈",在以后是"清议"。清谈清议是不负责任的思想的表现。南宋是清议最盛的时代,所以弄到"议未定而金兵已渡河"。明末也是清议最盛的时代,所以弄到忠臣义士,凡事不能作有计划的进行,逼得除了一死以外,无以报国。"清议可畏",真是可畏极了!横直自己不干,人家干总是可以说风凉话了。自己叹叹气,享享乐罢。"且以喜乐,且以永日,我躬不阅，遑恤我后"。老实说，现在我们国内的知识分子，也不免宋明的清议风气，只是享乐则换了一套近代化的方式。我五年前到北平去，看见几位知识界的朋友们，自己都有精致的客厅，优美的庭园，莳着名卉异草，不够的时候，还可到北海公园去散散步。我当时带笑的说道，现在大家是"花萼夹城通御气"，恐怕不久要"芙蓉小院入边愁"。现在回想起来，字字都是伤心之泪。这不但北平如此，他处又何独不然。我们还知道近年来通都大邑有"沙龙"的风气吗？"我们太太的沙龙"是见诸时人小说的。很好，有空闲的下午，在精致的客厅里，找几位时髦的女士在一道，谈谈文艺，谈谈不负责任的政治。是的，这是法国的风气，巴黎有不少的沙龙，但是法国朝着莱茵河那边，有绵延几百里的防御工事，有最新式的炮台，有电气化的战壕呀！我们的中华民国呢？我不否认享乐是人生应有的一部分，只是时期有先后的不同。我们的苦还没有动头。我们不愿意苦，敌人也还是要逼得我们苦的。"来日大难，现在就是，何待来日？"我们现在都应忏悔。我们且先从坚苦卓绝的力行里体会我们的思想，同时把我们坚强而有深信的思想，放射到力行里面去。

以上的话，是我们互责的话，也是我们互勉的话。因为如果我脑筋里还有一格兰姆智识的话，我或者可以忝附于知识分子之列。我所犯的毛病，同样的也太多了。不过我们要改造民族的思想的话，必定先要自己负起知识的责任来。尤其是在现在，知识分子对于青年的暗示太大了。我们对于青年现在最不可使他们失望，使他们丧失民族的自信心。我们稍见挫折，便对青年表示无办法，是最不可以的事。领导青年的知识分子尚且如此，试问青年心理的反应何如？我们要告诉他们世界上没有没有办法的事，民族断无绝路，只要我们自己的脑筋不糊涂！知识是要解决问题的。知识不怕困难。知识就是力量。而且这种力量如此之大，凡是物质的力量透不进去的地方，知识的力量可以先透进去。知识的力量透过去之后，物质的力量，就会跟着透过去。全部的人类文化史，可以证明我这句话。我们只要忠诚的负起知识的责任来，什么困难危险都可以征服！

顾亭林说过："天下兴亡，匹夫有责。"何况知识分子？他又说："有亡国者，有亡天下者"，他所谓"亡国"是指朝代的更换，他所谓"亡天下"是指民族的灭亡。现在我们的问题，正是亡天下，亡民族。在这时候，知识分子如不负起这特别重大的责任来，还有谁负？我觉得我们知识分子今后在学术方面要有创作，有贡献，在事业方面要有改革，有建树。我们不但要研究真理，并且要对真理负责。我们尤其要先努力把国家民族渡过这个难关。不然，我们知识分子一定要先受淘汰，连我也要咒诅我们知识分子的灭亡！

恢复汉唐以前形体美的标准*

（1938）

　　美学是哲学的一部分，美的生活是人类生活的一部分，审美的标准就是人类生活最高尚最优美的一种理想。美学的重要，不但在它把人生的形态和社会的观念哲学化，艺术化，文学化，而尤其在它确立一种生活的理想，使人人于不知不觉中提高生活，一齐朝着这个理想走去。

　　形体美是美学中最普遍的观念，也是最难表现的观念。西洋形体美的表现方法，有雕刻，图画，文学等等。在希腊时代，雕刻已经发达到登峰造极的地位，不但表现希腊民族美的典型，而且至今还令我们赞叹欣赏。中国的雕刻比较的很不发达。如云岗龙门的造像，是不可多得的。至于古画存留的，历经丧乱，也渐减少，最古的画恐怕就要算晋朝顾恺之的了，但是也多凭后人的鉴定。因此我们要说明中国历代形体美的标准，只有注重文学方面，尤其是诗歌方面。况且文学诗歌，实最足以代表某一个时代的心理和风尚。

　　中国民族的体格，本来是雄健优美的，不幸后来渐渐退化，渐渐颓唐。不要说我们的远祖"穴居野处茹毛饮血"，战胜自然的环境，开辟锦绣的河山，都是靠着伟大坚强的体格，就据有史以后的记载而言，汤高九尺，文王十尺，孔子九尺六寸，那个不是堂堂正正魁梧威严的仪表？（就说商周尺比现在的小，无论怎样折合起来，也一定比今人高多了。）至于说到中国的文学，最早的要算《诗经》。《诗经》里面形容男女形体美的地方，非常之多。《诗经》里面的标准男子，可以公叔段为代表。他是怎样的美呢？"硕人俣俣，公庭万舞，有力如虎，执辔如组"。"叔于田，乘乘马，执辔如组，两骖如舞；叔在薮，火烈具举，襢

---

　　* 录自《新民族》第一卷第十九期，1938 年 7 月 3 日出版，署名"罗家伦"。

裼暴虎，献于公所，将叔无狃，戒其伤女"。这种力大身强，乘马飞舞的男子，是当时公认为最美的典型男子，所以大家对他的赞扬是"叔于田，巷无居人；岂无居人？不如叔也，洵美且仁"。我们要注意这最后一句，是明明的标出美字来的。《诗经》里面的标准女子，可推庄姜。她的美又是怎样呢？"硕人其颀，衣锦褧衣"。"硕人敖敖，说于农郊"。"华［何］彼秾矣，华如桃李"。可见她不是娇小玲珑，也不是瘦弱柔靡，而是健伟丰满、端庄流丽的。《诗经》里面的表情诗，描写男女爱情想像中的人物是"有美一人，硕大且卷，寤寐无为，中心悁悁"。"有美一人，硕大且俨，寤寐无为，辗转伏枕"。这种抒情恋爱的诗章所表现的也莫不是伟大壮严的姿态。

这种审美的观念，直到汉朝，都是维持着的。汉武帝的李夫人，将要病死的时候，却不要武帝去看他，原因是她不愿武帝看见她的病容。汉之外戚，名将很多，如西汉的卫青，霍去病，李广利等，东汉的窦宪等，都是横征沙漠，威震殊方的勇士，则他们家庭遗传的体魄，可想而见。东汉的审美的标准，并未降低。《陇西行》中形容的女子是："好妇出门迎，颜色正敷愉"。所谓"敷愉"正是丰润和悦的象征。汉末魏初也是一样。曹子建的《洛神赋》中寄托的美人是"翩若惊鸿，宛若游龙，容曜秋菊，华茂春松"。惊鸿游龙是何等活泼！秋菊春松是何等饱满！晋朝顾恺之《女史箴》等所画的人物，也都充分表现着健康，硕大，庄重。甚至到了南北朝，标准仍还未变。云岗造像，是北魏伟大的遗留，表现当时形体的标准。"羊侃侍儿能走马，李波小妹能弯弓"，都是形容这时代女子的风尚。就是北齐亡国的君主所恋恋的女子，还是"倾城最在着戎衣"，而与君王能再射猎一围的女子！

唐朝是中国的鼎盛时代。那英明神武手创天下的唐高祖唐太宗，其体格之雄健，不问可知。唐朝的标准美人，是文学上形容最多的杨太真。白居易描写杨太真的美是"芙蓉如面柳如眉"。"环肥"之美是赞颂她身体丰满的健美。"虢国夫人承主恩，平明骑马入金门"，他的姊姊进宫是骑马的，不是坐轿子，坐滑竿儿的。不但后妃贵戚如此，宫女也是一样。王建的宫词，形容唐朝的宫庭［廷］生活最多。他就写道："射生宫女宿红妆，把得新弓各自张"。这种尚武的精神，已成为一时的风气。一个国家在强盛兴旺的时期，不但武功发达，就是民族的体格，也是沉雄壮健，堂皇高大，不是鬼鬼祟祟的样子。

中国民族的衰落，可以说是从宋朝，尤其是从南宋起，特别看得出

来。这在文学的表现中，最为明显。宋初的花蕊夫人说孟蜀的灭亡是
"十四万军齐解甲，更无一个是男儿"。为什么大军的战士，都不成其为
男儿呢？南唐二主的词，更充分表现出当时精神的萎靡与颓唐。李后主
的名句是："帘外雨潺潺，春意阑珊，罗衾不耐五更寒"。这种生活情
趣，无怪他要"沈腰潘鬓销磨"了。所以他"最是仓皇辞庙日，教坊犹
唱别离歌，垂泪对宫娥"。被掳辞庙的日子，不对祖宗牌位痛哭，而反
对着宫娥垂泪，不能不佩服他的闲情逸致。到了北宋徽钦二宗，字虽然
写得秀丽，画虽然画得出色，但是他们体格不等到五国城的日子，已经
早不行了。北宋晚年秦少游"有情芍药含春泪，无力蔷薇卧晓枝"的女
儿诗句，很可作为当时文人的写照。北宋如此，南宋尤甚。文学的作品
中，充满了颓废的意味。当时诗人里面，最不受时代空气笼罩的，要推
陆放翁。他说："老子犹堪绝大漠，诸君何至泣新亭"！已经不免强作豪
语。他是最热烈爱国的人，但是他最后也成为"心如老骥常千里，身似
春蚕已再眠"，终究是"关河历历功名晚，岁月悠悠老病侵"。至于宋代
的女子呢？中国最大的女词人李清照，对于女子的描写，是"帘卷西
风，人比黄花瘦"。过那"枕前泪共阶前雨，隔个窗儿滴到明"的生活。
这真是脆弱愁病到不堪设想的地步了！元是外族，本很强悍，但是强悍
的是元朝游牧人种，而不是中原人士。降及明朝，更是不成话说。杨升
庵夫人形容的女子，是"眼重眉褪，胆颤心惊，粉香处弱态伶仃"的女
子，是"柳腰肢刚一把"的女子，是"多病多愁，相思衣带缓"的女
子。至于到"倒金瓶风头，捧琼浆玉瓯，蹙金莲凤头，颤凌波玉钩，整
金钗凤头，露春尖玉手"的时候，这简直是把自己雕琢成男子玩弄的工
具了！标准的女子是如此，标准的男子呢？她的形容就是"盈盈太瘦
生"！这种颓废萎靡的风尚，传到明末，更是变本加厉。中国著名的诗
史作家吴梅村，形容明季的临淮将军刘泽清说"临淮游侠起山东，帐下
银筝小队红"，又说："纵为房老腰支在，若论军容粉黛工"。这正是所
谓"不斗身强斗歌舞"的情形，还打什么仗？到了清初，更不必说了。
《红楼梦》是形容清初鼎盛时代的家庭生活的一部名著，它里面的标准
女子，是大家知道的林黛玉。她美到极顶的地方，就是吐绿痰，可怜肺
病害到第三期，这美的标准也就完成了！到清末政治当局和文人的身
体，正如梁任公所说："皤皤老成，尸居余气，翩翩年少，弱不禁风"。
难道大家能发现还有再好的形容吗？

现在我们一般的体格之坏，真足惊人！举一个特殊的例罢。东四省

为什么这样容易失掉？就是因为当时的封疆大员，"不斗身强斗歌舞"。高级将领如此，所以听说下面有一个旅长，每早洗脸，要用八盆脸水。因为不但作种种修饰，还要擦雪花膏，以致师长不敢见旅长，旅长不敢见团长，团长不敢见营长，营长不敢见士兵。"逆竖竟教登玉座，侬家从此阙金瓯"的局面是这样造成的。到九一八事变发生的时候，方面统帅还在北平中和阁看梅兰芳的"宇宙锋"，左右不敢通报，看完以后还去跳舞。这些事实是历史家不会忘记也不该忘记的。清朝人咏吴王台的诗云："台畔卧薪台上舞，可知同是不眠人"。是的。大家都是不睡觉的人，但人家不睡觉在生聚教训，而我们不睡觉却在跳舞呀！东四省怎得不丢！国家焉得不受重大的痛苦！

体格的衰落，自然反映为精神的颓唐。唐朝的文学，气势是多么旺盛！所谓"文起八代之衰"，也是有由来的。宋朝就差得远了。当时能独立不拔，不为时代的风气所转移的，恐怕只有陆放翁的诗和辛稼轩的词罢。体格之所以衰弱，原因自然很多，如几次异族的压迫，和一千多年来八股的戕害，小脚的摧残，都是其中最重大的。近百年还有鸦片烟呵！体格衰弱了，精神就跟着堕落，我们现在要振作精神，就非恢复我们汉唐以前的体格不可，非恢复我们汉唐以前形体美的标准不可！

一个朝代的盛衰，和当局体格的强弱，很有关系。你如不信，就请你看看当年北平古物陈列所影印的一部历代帝王画像。凡是开国的帝王，都是身材雄健，气宇轩昂的；看见一代一代的瘦弱下去，到了小白脸出现，那就是末代子孙了。朝代的灭亡，也就在这个时候。汉高祖是隆准龙颜，体格之好不必说，武帝的身体，当然不差。到了成帝就服慎恤膏了。哀帝，平帝，才都是羸弱的病鬼。东汉光武和明帝或是百战出身，或是万几不倦。到了冲帝，质帝，桓帝，灵帝，献帝，都和孩提一般，焉得不受宦官的戏弄，焉得不使曹氏父子有取而代之之心？唐高祖和太宗的体魄何等雄健，但到了懿宗，怀宗，昭宗，就渐渐退步。南唐二主不必说。宋朝太祖，太宗，都是武功过于文事的，到了哲宗，徽宗，钦宗，就不对了。至于南宋的理宗，度宗，那真是可怜虫！元太祖，太宗，都是开疆拓土的刚强铁汉，到了泰定帝，文宗，顺帝，也和历朝的帝王一样，清秀柔弱起来，所以一举而被明祖逐诸漠北。明太祖是草莽英雄，成祖是亲提大兵北伐的伟大人物。到了神宗，光宗，熹宗，就堕落下去了。福王唐王值得一说吗？清末游牧民族，天命天聪不必说，康熙几次亲率大军，北征沙漠，如果身体不好，定难做到。但到同治，光绪，以至现在的"亨利溥仪"，个个都是萎靡瘦弱的白面书生，清廷那得不亡？王荆公曾慨叹地咏道："霸主孤身取二江，子孙多以百城降"。设如他看见这本历代帝王画像，就可以在里面得到最好的解答。一朝君主体格的好坏，可以象征一个朝代的隆替。难道整个民族身体的强弱，不可以象征一个民族的盛衰？我们要恢复我们民族过去的光荣，首先就要恢复我们民族在汉唐以前形体美的标准！

人家国力之强，是有来由的。我从前在德国大学的时候，常和德国学生在一道生活。有一次我看见他们在大学的地室里，把啤酒瓶子在桌上一顿，就击剑比武起来。其中一人，猝不及防，把鼻尖削了下来，但他一点不慌，立刻把这鼻尖含在口里，去找医生缝起来。第二天他鼻子把白纱布蒙了，仍然照常到校听课，毫无痛苦的表情。这真是所谓古日尔曼（Ur-Germania）的精神！是尼不龙根（Nibelungen）古英雄诗中的气概！所以我常说我情愿看见青年们披着树叶子的衣服，拿着大刀，骑着光马，像我们祖宗一样的在森林原野中驰骋打猎，而不愿看见他们头上滑得倒苍蝇，脚上穿着黑漆皮鞋，再加上一脸的雪花膏，面容惨白的在纸醉金迷的霓虹光下跳舞鬼混！早送自己进坟墓，连带的送民族到衰亡！

民族与人口 *
（1938）

（一）

　　"民族与种族"是讲民族的血统问题，而"民族与人口"是讲民族的数量问题。人口关系民族的方面很多。第一，人口问题和民族求生存的方式是有关系的。民族是由人口所构成，人口数量的多寡，与民族求生存的方式，有直接的影响。譬如人口稀少，分布区域广阔，则天然物产富饶，求生容易，能以较少劳力而获较多效果，其求生方式，比较简单。反之，人口众多，土地狭小，物产不敷分配，则生存竞争比较剧烈，仅凭普通的谋生方式，决不足以图生存，不能不因应事实需要而另想办法。譬如上古时代，靠游牧即可生存，到了农业时代，即须深耕易耨，播种五谷，广蓄禽鱼，以增加生活资料。至于近代，则求生方式的繁复，更非前此各时代所可同日而语，不得不兼恃工商各业和人工生产了。这种求生方式的演变，虽非全由人口数量所致，而人口数量自为重要因素之一，其间关系是很密切的。第二，人口问题影响民族的行为标准（National Standard of Conduct），因而与民族性有很大的关系。这就是说人口因密度不同而影响到职业的不同，因职业的不同而影响到行为的标准与民族性的差异，因为职业是求生的具体方式，求生方式不同，民族的行为标准与民族性即因之而有区则［别］。譬如工业国家的民族和农业国家的民族相比较，彼此的区别是很显然的。工业国家一切生产，皆系大规模的机器制造，人民过惯了大规模的集团生活，组织力

---

　　* 录自《新民族》第二卷第一、二期，1938年7月17、24日出版，署名"罗家伦"。

强，团体观念发达，其民族性富于联合的进取性，物质的欲望也比较增高。而农业国家，人口四散乡村，彼此鲜有接触，鸡鸣犬吠之声相闻，却老死不相往来，接近的不超过于邻近的范围，所以缺少大规模的组织，其所循的生活习惯，自不免偏于保守，而止浮抑竞，力戒奢华，崇尚质朴，尤为农业国人民的特质。这两种民族性的相反，正是由于工农两种职业的差别。举具体的例子来说，英国是一个工商业民族，又习于航海，所以组织的能力特别强，冒险的精神也特别浓厚。所以西洋人常说："一个英国人含着一个烟斗，两个英国人就成一家银行，三个英人便为一个殖民地"。而丹麦却是一个农业国家，小国寡民、生活安定，所以风俗淳美，是世界公认为道德标准最高的国家。第三，人口问题与民族治乱很有关系。翻开中外的历史看看，每次改朝换代，都与人口问题有关。孟子说："天下之兴久矣，一治一乱"。这一治一乱当中，就含着人口问题的意义。马尔塞斯（T. R. Malthus）著《人口论》，说人口增加是按几何比例，而物产增加是按数学比例，因此人口增加是按二，四，八，十六，卅二的等比，而物产增加则按一，二，三，四，五，六的等比。所以人口的增加一定超过物产的增加。但是人口的增加，有两种力量能加以阻止，一是天然的裁制或积极的裁制，如战争，瘟疫，饥荒等等；一为人为的裁制或消极的裁制，如迟婚，节欲，道德的限制（Moral Restraint）等等。自这种学说产生以后因科学日渐发达，人为的裁制也就更有效果。这些可暂时不讲，我现在所要指明的，是从历史上着眼，每一代的治乱，都与人口问题有密切关系。凡读过历史的都知道，每换一次朝代，必经数年乃至数十年的大混战，残害了无数的生灵，然后有"真命天子登极"。这难道是"天皇圣明""臣罪当诛"吗？如果用透视镜一看，只怕也是因为人口减少，土地足够分配，于是大家休息下来，休养休养罢！夏曾佑先生论汉朝文景之世太平的原因，有几句很精辟的话。他说"汉之盛世，实在文景，此时距秦楚汉三世递续之相争，已近三十年，大乱之后，民数减少，天然之产，养之有余，而豪杰敢乱之徒，并已前死，余者厌乱苟活之外，无所奢望，此皆太平之原理与地产相消息，而与君无涉也"（夏著：《中国古代史》二五二页）。这乃是最正确的看法！太平天国的崛起，大家都认为是一种民族革命，其实中间也有人口问题的背景存在。据较为可靠的统计，在康熙年间，全国的人口，不到一万万，而道光年间，已激增至四万万以上。土地分配，焉得不感困难？经太平天国与捻匪三十年左右的大乱，死亡二千万人以上，于是"清室中兴"的局面，才告成功。我们不能说太平天国是土地革命，但土地问题的成分，在看了《天朝田亩制度》以后，是不应忽视的。我们小时候常听老年人说"换朝代时是要平坟的"。这句相传的话，也很有深长的意义。难道不是因为太平日久，坟墓太多，耕田减少，经削平以后，分配容易，耕者能有其田，于是政治可减少紊乱吗？

第四，人口问题不但影响民族的治乱，而且影响民族的盛衰与世界的安危。一个民族要想生存与发达，必须人口繁衍，至少也要保持相当的限度。至于实行征兵制度的国家，其人口与兵力尤有关系。所以十九世纪以来，各国都奖励生育，以图繁殖人口。大战后法国人口大减，法国政府与舆论，均引以为忧，用种种方法去奖励人民增加生育。人口少的要想法增加，而人口多的便要向外发展，替人口找出路。德国现在高叫着要恢复战前殖民地，理由就是德国的人口没有出路。甚至日本侵略中国，它对世界的宣传，也是以人口太多，无法容纳，不得不向大陆发展为借口。试看日本代表在巴黎和会、华盛顿会议提出的说帖，那一次不曾提出人口问题？而居然也有人相信。但是这些国家，一方面虽喊着人口没有出路，一方面却不但不限制人口，反在鼓励人口的增殖；一方面虽感觉人口问题的严重，一方面却又在制造这严重，以增加世界的不安与纷乱。所以人口问题没有妥善的解决，世界的和平也会受严重的威胁。

我们认识了这种种关系以后，就可以进一步讲近代世界人口问题的几个大趋势，然后再提出几个中国人口的特殊问题来讨论讨论。

近代世界人口问题，有三个最显著的趋势。第一个趋势，就是世界人口总量的增加。增加的原因很多，最重要的却有两个：一是工业革命的结果，一是医业科学的进步。我们知道，人口与物产之间，本有相当的比例。如果物产的供给多，人口就容易增加；反之，物产的供给少，人口也自然减少。工业革命以后，农业工业化了，工业生产的原料，不必专靠农产品供给，而可用科学方法提取，如从空气中提取氮气，从废物中提取肥料，就是例子。生产的工具也大有改进，从前用牛耕田，现在可用蒸汽机或内燃机了。再加以种子的改良以及保存方法的讲究（如外国对于冷藏的注重），更足以增加生产，减少浪费，和保存食粮。物产的供给既日渐丰富，人口的数量自然也日趋增加。所以欧洲的人口，自十八世纪中叶到大战前，自一万四千万增至四万万六千万。其增加的情形，可从下表中看出：

一八〇〇　　一八七，六九三，〇〇〇

一八三〇　　二三三，九六二，〇〇〇
一八六〇　　二八二，八九三，〇〇〇
一八九〇　　三六二，九〇二，〇〇〇
一九一九　　四六三，八〇〇，〇〇〇

单就英国来说，英格兰与威尔斯的人口，在诺曼征服时代（Norman Conquest），仅仅二百万，以后七世纪至一七六〇年，增加三倍多，为六百七十五万；但自乔治第三（George Ⅲ）至乔治第五（George Ⅴ）约一世纪半时期内，却增加至五倍以上，为三千六百万，这就是工业革命的影响最显著的例子。再以英法两国自一七六〇年至一九二一年人口增加的情形，比较观察，尤易了然。英格兰与威尔斯在一七六〇年，地面为五八，三〇〇英方里，人口为六，七五〇，〇〇〇，平均每英方里为二五人。及至一九二一年，则英威人口增至三八，〇〇〇，〇〇〇，平均每英方里为六四九人。法国在一七六〇年，地面为二〇〇，〇〇〇英方里，人口为二五，〇〇〇，〇〇〇，平均每英方里为一二五人，但至一九二一年，仅增至三九，〇〇〇，〇〇〇，平均每英方里为一八七人。英国人口增加之所以快，与法国之所以慢，主要原因就是英国是工业国，而法国是农业国。十九世纪工业国的人口，都增加很快，不过到二十世纪却有一特殊现象，即许多国家（尤其是西北欧洲最工业化的国家），生产率逐渐减低，以致人口的增加表现停顿或很慢的现象。如法国的人口，几乎是固定的，而英德美三国，在二十世纪初三十年内，也比较固定。兹将欧洲国家每千人中每年之增加数，及世界各地自一九〇〇年至一九三〇年每千人中生死互抵后，人口实际之增加数，分别列表于后：

（一）欧洲国家每千人中每年增加数

英格兰与威尔斯（一九二九）　　二，九
法国（一九二九）　　〇，三
德国（一九二九）　　五，三
意大利（一九二九）　　九，一
波兰（一九二九）　　一五，二
苏俄（一九二七）　　一二，五
巴尔干（一九二九）　　一六，〇

（二）世界各地自一九〇〇至一九三〇年每千人中生死互抵后人口实际之增加数

欧洲	七，八
亚洲	四，八
非洲	○，三
北美洲	一五，六
南美洲	二六，三
海洋洲	一六，八

除少数国家因鼓励生育人口的增加较快外，一般工业化的国家，因教育程度的提高、生育的限制较为普遍，所以最近三十年来人口的增加，却比较的要慢一点。不过，就一般的趋势而论，世界人口仍是有增无减的。这种增加，不但是工业革命的影响，而且也是科学的进步所致。这就是说人口的增加，不是由于生产率（Birth rate）的增高，而是由于死亡率（Death rate）的减少，我们应感谢科学（尤其是医药科学）的进步，促进了社会公共卫生，改善了人类生活状况，使人口死亡率日渐下降。拿英德两国来说，它们的生产率都是减少的，但人口仍是增加，其原因就在死亡率大减，免除了许多生命的浪费。英国在一八三七年以前，尚无固定的人口统计，估计十九世纪初，生产率每千人中为三十四。自一八三七年统计开始至一八七五年，生产率常度每千人中为三十五。自一八七五年以后逐年减少，至现在每千人中为二十三，现在还在减。故自一七六○年至一八○○年间，英威人口之增加，或可以生产率增高来解释，但至一八七五年以后，便绝对不能解释了。惟死亡率减少，则为最大的原因。十八世纪内生产率大约每千人中为三十人，十九世纪初约二十五人，十九世纪中为二十二人，至现在则仅仅十四人了。至于德国，生产率自一八六一年至一八七○年，每千人中为三七，二，一九○○年至一九○五年为三五，五，至一九三五年则为一八[1]，比一九○○年至一九○五年期间约再减一半。但死亡率也是同时减少的。自一八六一年至一八七○年，每千人中为二六，九，一八九五年至一九○四年为二○，八，至一九三一年则仅为一二，六。所以生产率虽然减少，而人口仍然增加。兹将欧洲各国人口生产死亡抵消后之实增数，列表于后：

法国	（一九三一）	四六，六三九
英格兰	（一九三二 [一]）	一二九，八八九
德国	（一九三一）	三○五，五二五

---

① 此处少数目，上下文义不合逻辑。——编者注

波兰 （一九三一）	四七〇，〇〇〇
意大利（一九三一）	四一七，〇〇〇
苏俄 （一九三一）	三，〇〇〇，〇〇〇

第二个趋势是各国都争着为自己保留人口扩充的余地。各国鉴于人口有继续增加的趋势，为替自己人口找寻出路起见，所以都尽力去谋保留人口扩充的余地。如英国把加拿大，奥［澳］洲，新西兰等地，抓在自己手里，要造成所谓白加拿大，白奥［澳］洲等，以防止别人去插足。又如意大利吞并阿比西尼亚，德国要恢复战前殖民地，也都是预为子孙保留繁衍之地着想。从前美国人口很少，因而尽量吸收别国的人去。在一七八九年，美国人口尚只有四百万，至一九三〇年，即增至一二二，七七五，〇〇〇，至一九三五年又增至一二五，〇〇〇，〇〇〇。但为保留自己人口扩充的余地起见，从十九世纪末叶以来，也颁布移民律，相当限制移民入境了。一九二一年，规定"定额法"（Quota System），以限制移民的数额，一九二九年又重定"定额法"，限制每年只准十五万人移入。所以自一九二九年以后，移民被逐回国者，颇不乏人。就是我们的敌人日本，侵占我们东三省主要的目的，也未尝不是准备他将来大规模的移民。可见保留人口扩充的余地，是近代世界人口问题的第二个趋势。

第三个趋势是对于人口的选择与改进之注重。近代各国都感觉人口问题，不仅是量的问题，而且是质的问题，所以都很重视人口的选择与改进。优生学在各国，已渐有力量。各国政府对于外来的所谓不良分子（The undesirable）都采取严峻的拒绝政策，如在美国就压迫出境，在德国也实行驱逐。就是对于本国人，也同样施以严格的选择。有些国家，对于白痴的，精神不健全的，或是患重要疾病至于遗传的人，或由政府强制不许其结婚，或用打针方法，使其不能生育，不能留种。这并不是不人道，而正是为了人道。这类人已经苦够了，何必再累子孙？自己害社会害够了，难道还要留子孙害社会吗？易卜生有一篇戏剧叫"群鬼"，描写一个女子辛辛苦苦地抚养一个孩子，等他渐渐长大，不料他遗传了他父亲的暗病，结果还是夭折了。像这样浪费教育和生命，实在是最不经济，最不合科学的原则。皮尔逊（K. Pearson）说："我们对于以往社会的淘汰不良分子，不应该认作一种盲目的自然力，用来摧残孤独的生命，实应该视作智力最高身体最健的来源"。那么根据科学方法的淘汰，更不能视为苛政，而应该认为改进人口品质的良策了。

（二）

讲到中国的人口问题，可以提出以下几个重要问题来讨论：

第一个是中国土地是否足够分配问题。中国人口的数目，迄无精确的统计，有的说中国人口依然四万万，没有增加，有的说只有三万四千万，也有人说至少有五万万，有的说是四万六千万。他们所根据的材料，大概不外海关盐务稽核和邮政局所公布的统计，以每人每年用布用盐和寄信的平均数，来约计人口的总数。所以这些数字，都没有很大的精确性。中国的户籍法还未实行，人口登记还未办好，一时自难得到精确的人口统计。如民国十七年内政部举行全国人口调查，发表的数字是四万七千四百万，但是其中也只有十四省是新的调查。民国二十四年内政部的统计，除十四省比较完备以外，其余更多缺漏。边区省份，更无从着手。现在通常所用的统计为四万四千一百万。这个数目已不算少，中国人口足够了，不成问题。所成问题的，乃在中国现有的土地，是否足够这些人口的平均分配。我们常常听到说，"中国地大物博"。地大固然是好，但是这大块上可耕的地究竟有多少？每人平均可得若干亩？物博也属事实，但是究竟博到如何程度？是否我们所需要的东西，件件都能自给？在没有精密的调查以前，自难遽作正面的答复。有些外国人到中国来调查，常常故意说中国的东西多，以鼓励他们本国人到中国来开发，如好多年前德国的一位学者瑞希特河汾（Richthofen）调查一下中国的煤矿，就说山西的煤可供全世界三千年之用，其实是不正确的。我国地质学专家翁文灏先生，研究中国人口与土地分配的情形，发现极堪惊异的现象。翁先生按照气候、土壤、高度等项条件，将中国东部可耕的土地，分为三个区域，列表如下：

区名	人口数目	每方哩平均人口
中原区	八〇、〇〇〇、〇〇〇	六五〇
扬子江区	七〇、〇〇〇、〇〇〇	八五〇
丘陵区	九〇、〇〇〇、〇〇〇	三五〇
东南沿海区	七〇、〇〇〇、〇〇〇	三五〇
四川盆地区	四四、〇〇〇、〇〇〇	二〇〇

中原区包括白河、黄河及淮河三大平原，以省份言，包括冀，鲁，

豫，皖四省。扬子江区包括扬子江中下游平原，即洞庭、鄱阳、安徽沿岸及太湖等盆地，人口最密的地方，每方哩有超过一千人的。丘陵区包括鲁，赣，苏，皖，湘等省山地。东南沿海区包括浙，闽，粤三省。合此四区的面积，计共六十四万英方里，约合全国总面积百分之十五，而人口则共有三万万一千万，约占全国人口百分之六十。四川盆地区每方哩平均人口实际为六百，成都平原则由八百多至一千。总计五区面积，占全国的百分之十七弱，人口占百分之八十三强，平均密度每英方里五百人。其余约百分之二十的人口，约占百分之八十的面积，平均每英方里三五人。以多于百分之八十三的人口，分布少于百分之十七的可耕土地，则耕地不够分配，自属当然。（胡焕庸先生继续翁先生的工作，继续研究，把全国分为更小的区域，自较精密，但是所得的结论，大致相同。）试以每英方里等于四千亩计算，则各区每人所得亩数，有如下表：

区名	每人所得亩数
中原区	六、〇亩
扬子江区	四、七
邱［丘］陵区	一一、〇
东南沿海区	一一、〇
四川盆地区	六、五

因雨量，地质，水利及气候等关系，其中尚有一部分土地是不能耕种的，故每人所得可耕地亩，尚不及此数。据贝克尔（Baker）的统计：河北每人有耕地四亩，山东三亩，江浙二亩五分，广东一亩五分。刘大钧先生的统计：湖北五亩四分，江苏二亩一分。何宁（Voline）的统计：占地七亩以下三亩零六厘以上的人口，在百分之五十左右。据翁先生的研究，中国每人平均只有耕地三亩。每亩每年产麦量，布克（Buck）说仅有六斗，那末中国人每年每人只有麦一石零八斗，即使"连谷和芒吞"，也还是难以果腹的，何况"天有不测风云"，水早［旱］虫灾，随在［时］可将此"一石八斗"化为乌有呢？

第二是如何利用土地问题。可耕地不够分配，已如上述。若再不好好利用，人口问题，益将陷于绝境。此所谓土地利用，常有两种含义：一方面是要把已经使用的土地，提高生产效率，即以科学知识，经营生产，使在同一面积之内，能得较多的收获。譬如中央大学农学院曾研究稻种改良，据研究结果，有一种叫"帽子头"的，经改良以后，每年可增加百分之十五以上的产量。再一方面是要把不可或不易耕种的土地，设法利用，不令荒芜。因为不可耕种的土地，无论其为山地，瘠地，或干燥地，在相当条件之下，都可设法利用，如造林，畜牧，或运用其他科学方法，变无用为有用。中国的山大都是"童山"，西湖边上就是例子，为什么不用以造林？我们应提倡造林，奖励造林。我有一次到徽州去，看见该地树木很多，问问当地人，才知道自明太祖时代以来，该地就有一种风俗，大凡大家生了孩子都要种几棵树，以象征这孩子寿命的长久。这实在是很值得保存的良好风俗。据一位地质学者研究，现在戈壁一带的沙漠，在远古都是有森林的地方，后来给人类野蛮的远祖把树木砍了，于是气候失了调剂，渐渐变成沙漠。近来更有"沙漠南迁"之说。每年扩充几里，如果不用造林等项方法来救济，则将来江南也未始无变成沙漠的危险。现在河南开封城外，已渐有沙漠的荒凉景象，这是很值得注意的一个问题。我们如能利用土地，则无用的可变为有用，若不知利用，即肥土也变成沙漠。国人自应全体动员，以完成土地利用的工作，只要肯努力去做，一定能造成野无旷土的国家，解决国民生计的严重问题。欧洲大战初起的时候，英国路易乔治（Leoyd George）改任军械部长（Minister of Munitions），当时英法两国军火不足，他就叫专家把每月军火产量的数字拿给他看。这数目是很大的。他看了以后，就在后面加了两个圈，限他们如数增进。专家们都有难色，他却对他们说："我今天做了军械部长，我的责任就是加两个圈。至于如何加法，那是你们专家的责任！"后来居然做到，法国西战场的子弹主要的部分几乎都靠英国供给。可见只要有决心，有技术，一致去干，就是困难的事也何尝不可成功？这次最高统帅部不是要四川粮食每年增加产量百分之二十五吗？看了像是困难，但是最高统帅部的责任也和路易乔治一样，就是多画两个圈，至于如何达到这目的，就靠行政和技术人员了。

第三是国内人口重新分布的问题。这是跟着第一个问题来的。土地既不敷分配，就要就已有的土地，来作分配的合理化。我们知道扬子江区下游的三角洲和之江喇叭口，四川盆地区的成都平原，人口都是太密集的。为什么不疏散？但是又向何处疏散呢？要解决这个问题，我觉得收复东北与开发西北，都很重要。西北在唐代尚为极繁盛的区域，看《大唐西域记》中的记载，就可明白。陕西很早就有泾渭等八渠，水利是很好的。新甘一带，昔日是欧亚交通的孔道，皆不像今日这般荒凉。而新疆人口最稀，从历史上观察，其开发的可能性为最大。为什么高昌鄯善的繁荣不可重见于今日？当然开发西北，最重要的障碍，是雨量，西北一带，雨量多在五百公厘以下，其最干燥的地方，少至二百五十公厘以下（东南雨量最富到二千公厘），地形除沙漠以外，多为一千公尺以上的高原。土质问题，也是很大。所以我们不可不努力西北，但是也不过存奢望。只是我们人力要得先尽呀！科学技术的研究和运用，实为开发西北的真正先锋，我们也不过分轻视他的可能性了。至于东北，则情形完全不同。东北不是天时地利的问题，而是政治军事的问题。东北的土地乃是有名的"处女土"（Virgin Soil），黑土的肥沃，在最近三十年内，不必加肥。单就松辽平原（包括松花江，辽河及嫩江流域）而言，此种土地最少有十三万方里。清朝建国的当初，禁止汉人出关开垦，所以历来人口不多。据魏纳（Wagner）的统计，一八八〇年尚只有一千二百万；后因日俄的侵略，清廷放弃了他旧的政策，欢迎汉人前往开垦，故一九一〇年民政部统计，东北人口增至一千五百万，三十年中，共增三百万，至民国十九年（一九三〇年）又增五百万人，合原有的共成二千余万之众。二十年来所以如此激增，原因当然很多，如交通的改善，自为最大的原动力，而历年的灾荒，以及张宗昌在山东的苛政，将山东乡村中的农夫农妇，大批逐出关外，也很有关系。山东人又肯吃苦，每年一批一批的，背着破旧的包袱，向山海关外走去，一直到远远的黑龙江边，都布满他们的踪迹。这也可表现中国人的生力之伟大！东北至少可再容二千多万人口，所以东北的丧失，无异剥夺我民族的生存权，给我们民族的生命以一重大威胁。东北不能收复，单靠开发西北，而想解决中国的人口问题，那是很困难的，因为西北无论如何开发，断难立即容纳如东北所能容纳数量的人口。而东北则可毫不费力的立刻移殖［植］二千多万，将关内的人口重新予以分配。中国今后能否从人口问题消灭乱源，就要看这个问题如何解决了。至于西南方面，凡是可开辟的地方，当然也应尽量开辟。就是那些不可耕的土地，也应注意植树造林以及矿产的开发。这样才能使中国的人口得到新的分配与适应。

　　第四是向外移民的问题。中国的人口，将来一定是容不下的，那就不得不向外移民了。向什么地方移去呢？我们试打开世界地图看看，整个地球已如下围棋一般的把局势布好，天边海角，那有我们容身之余地？欧洲面积，同我们的差不多大，人口已经满了。如英国和比利时人口的密度，也是多得可怕。俄属西北利亚，气候酷寒，地质硗瘠，枉论我民族无从插足，就能插足，这些地方也不适于我们的生活习惯。非洲本有土人，且有沙漠，欧洲各国你争我夺，已经不可开交，中国人那有力量进去？澳洲面积大，人口稀，气候好，开发的希望最大，但早为英人独占，成为白澳了。南北美洲，尤其是加拿大，还可容纳大量人口，可是地非我有，权不我操，移民律对于华侨的限制，尤为严厉。自由神手上早已扬着此路不通的虎头牌了。南洋群岛方面，不论从历史上人口数量上以及经济实权上观察，都该属于中国版图，但政治权却操在少数欧洲民族手中，侨胞在彼，仅仅过着奴隶生活。近几年来，更是一批一批的被逐回国；就是没有回国的，也还在受着压迫，不许自办学校，不许讲三民主义，不许有任何带民族性的举动。环顾全球，尽非我有，天下虽大，于我何与！我民族之唯一出路，只有东北这一片肥土了，然而已被日本帝国主义者占领。苦哉华族，真有"四海无容足，天涯剩此身"之感！据人口学家尼伯斯（Knibbs）的估计，如果以一九〇九年到一九二三年的人口增加率为衡没有变更的话，则一百零五年后，世界人口有增加一倍的可能。如地球所能容纳的人口，最大限为五千二百兆（每兆一百万），则至二一八三年（还有二百四十五年）世界即有人满之患。另据伊斯特（East）的估计，以为照现在的增加率，则至纪元后二千年（那只有六十二年），世界人口可增至五千兆，布满了地球。无论这些估计，是如何的不同，但世界人口的增加，却毫无疑问。其结果当然使世界人口的分配更为困难，而在政治和军事上发生重大的影响。

第五是如何使一部分人口工业化的问题。中国过去是"以农立国"，但是近代国家专靠农业是不行的，除了农业而外，还需要工业。英国和比利时，人口密度虽然那样大，但是仍然能够站得住，不致发生重大问题，其最大的原因，就是靠有工业。所以中国要解决人口，非将一部分人口工业化不可。我所以说一部分，因为全部人口工业化，不但在事实上为不可能，而且在理论上也是不必要。这一点，将来讲到民族与经济的时候再详细说，现在我只提示这一点，就是如能将一部分人口工业化，则农村剩余人口，就有了出路，人口问题就可解决一部分了。其次，还有一点要注意的，乃是农业的工业化问题。现在的情形是农业不发达，工业也不能发达。工业的原料，要靠农业供给；如果农产品不能与工业合拍，则工业的发展，就发生障碍。中国的农产品，常是五花八门，种类繁多，全不标准化，统一化。譬如麦子，我参与江宁实验县县政的时候，知道该县一县的麦子，就有四十余种之多。你如向美国的面粉厂定购一千包面粉，只要说明哪一号，他就能给你一千包完全一样的面粉，因为他的品种齐一。但在中国，就很难办到，就是这个原因。所以中国面粉厂还要到外国去买麦子。这不是笑话！至于中国出产的棉花，在纱厂纺起来，又何曾没有这种困难呢？再说中国的木材，也是质地，长度，宽度都不标准化，所以中国人造房子还要〈到〉外国去买洋松，因为包工的人是要计算成本和效率的呀！可见农业和工业合拍，不但是改善农业经济的切要办法，也是促进工业发达的必备条件。没有工业化的农业，农业和工业都衰落下去。这是目前中国国民经济上的重大问题。

第六是中国人口的质量问题。大家常以我国人口众多自豪。但是可怜我们这许多同胞之中，体格健全、教育程度比较高的，能有多少？四万万以上的人口，自然不能算少。所最可虑的，是这四万万以上的人口，知识固不普及，又因生活困难，卫生不讲，传染病流行，加上风俗习惯的束缚，以致体力日渐衰落，历年来不知无形中摧残了多少无辜的生命。最近有些地方所抽的壮丁，实在不配称"壮丁"，而应称"瘦丁"。社会上一般患癞痢头，沙眼，肺病，花柳病的，真是不可计数！而内地裹脚的习惯，还依然存在。我前年经过山西大同，看见多少女子，脚缠得极小，要用两个拐棍，才能走路，以为如此才是美，才是光荣！在边塞生存竞争那样惨酷的地方，还是如此，可见风俗习惯害人之深。像这样半残废和多疾病的人口，即使再加几倍，有何用处？中山先生是提倡奖励生殖的，但是他也注重质量。因为他的理想社会，必赖健全的国民才能构成。这是毫无可疑的。中国人常以"多子多孙"恭维他人，好像儿女生得多，就算尽了国民的责任，至于如何养，如何教，方能使其成为健全的国民，则并不顾及。这实在是极大的错误！还有一种错误，就是以为人口增加，全靠多生多养，其实如前面所述，人口增减和生产率高低，很少因果的关系；关系最密切的，乃是死亡率的大小。如果增加人口，愈其大量增加生产率，不妨设法减低死亡率，反为经济而有效果。中国人普通十五六岁就结婚，三十岁就抱孙子，四五十岁就进棺材。我有一个朋友，一共有十一个男孩，三个女孩，生殖本领，不能不算高了。但是儿子十六岁左右便结婚，不久祖父就完成了"抱孙之愿"，不久孙子一大群，不久儿子一个一个都死尽，留了一大群孙子给祖父抚养。这是何等的浪费生命！据卫生署的统计，各国人寿平均的年龄，丹麦自一九二一年至一九二五年男为六〇·三，女为六一·九；英国自一九二〇年至一九二二年，男为五五·五，女为五九·五；法国自一九二〇年至一九二三年，男为五二·二，女为五五·九；日本自一九二一年至一九二五年，男为四二·一，女为四三·二；而中国的估计，则男为三〇，女为三〇。又平均服务年龄，丹麦自一九二一年至一九二五年，男为四五·三，女为四六·九；英国自一九二〇年至一九二二年，男为四〇·五，女为四四·五；法国自一九二〇年至一九二三年，男为三七·二，女为四〇·九；日本自一九二一年至一九二五年，男为二七·二，女为二八·二；而中国的估计，则男为一五，女为一五。相形之下何等可怕！所以我以为中国的人口问题，并不在量的增加，生产率的提高，而在质的改进和死亡率的减少。不然，徒见浪费生命，对于民族，毫无好处。

讲到人口质的改进，实在是近代学者和政治家最关心的问题。优生学就是专门研究改良人口质量问题的学问。人口质的改良，环境固然重要，但是遗传究属根本。中国俗话说得好："龙生龙，凤生凤，老鼠生子打地洞"，也是说明遗传的重要。美国学者杜格答（Dugdale）和伊斯布罗（Eastbrool）研究鸠克斯（Max Jukes）家族的历史，从十八世纪到一九一五年，一对精神不健全的父母所遗留的后代，有二八二〇人，其中有三二七个是白痴到非人看守不可的，一一〇个是精神不健全的，八五个是酗酒的。除了一七一个勤恳的而外，其余多半是卖淫的，犯罪的，不能营生的。又如葛远德（Goddard）研究卡理克（Kallikak）家庭，则一个健全的男子和一个心理不健全的女子相配，其后一支竟有三二七个后代是白痴的；另和一个健全的女子相配，其遗留的后代却表现很高的智慧和成功。所以现在有些国家——特别是德国——对于白痴，精神不健全的，或患重大的遗传病的，都禁止其结婚，或强迫打针，绝其生育的能力。买马的还要问马种，种田的还要选稻种、麦种，难道民族不要选择继承他生命，发扬他事业的后代吗？外国有许多人结婚，要交换体格检查证书，这确是很好的办法。为民族前途计，我们对于优生问题，是应当注意的。

其次生育限制是现在很大的问题。西洋的教会，极力反对生育限制，以为这种知识传播以后，道德将因而堕落。不知道德的［堤］防，是靠多方面的，不能说是生产限制的知识传播以后，道德就会降低。即使不无流弊，但是世界上那种东西，不会发生流弊？为防止这种不可知的流弊，就可以不为因过分生育而受无限痛苦的人设想吗？做父母的人要生一个子女，不应当随便生了就完事的。必须对于子女的抚养，教育，和一切责任，在未生以前，都打算进去。断不能生子女下来，教他们去活受罪。以前没有生产限制的知识，还可说没有法子，听命于盲目的自然，现在有了这种知识，难道还可以像以前那样糊涂吗？中国人做儿女的牛马的太多了。被儿女累到颠连困苦，毫无生趣的也多得很。弄到不堪的时候，只可以说"还儿女债"或是"还前生孽债"，聊以自解。其实有什么孽债，什么都是自己造成的。就是所谓债主的儿女，也何尝不叫苦连天。为个人事业着想，生育限质也不可少。我和每届临毕业的学生话别的时候，总是诚恳的对他们说："我希望你们在毕业后三年内不要结婚，结婚以后三年内决不可以生小孩子"。这的确是严重问题。大学毕业后，正是要做事的时候，那能经得起室家儿女的拖累，时时听见儿哭女号，受着种种物质精神的压迫？一个人要向上，多少人把你拖下来，那里可以出得超越的人材？纵然有之，也不过是漏网之鱼罢了。现在开明的国家，如英国，自一九三〇年起，卫生部即许可贫穷已嫁的妇女，赴政府设立的社会服务处，免费传习节育方法。而英国的马尔塞斯协会（Malthusian League）自一八七七年起，即有组织的提倡节育，至今还是积极的活动。但我也不是说无知识无能力的人不可多生，有知识有能力的人就可多生。有知识有能力的人也同样不可多生。有人以为这样会使优秀的知识界后裔减少，以致断绝。这是过虑的。限制生育的结果，足以使生产率减低，固是事实，但是低到绝种，也绝无其事。以英国为例：一九一一年英国每一千个五十五岁以下的父母，做粗工的平均生一百八十一个孩子，做技术工人的平均生一百三十六个孩子，至中上阶级的人平均生一百一十个孩子。其中自有高低的区别，但是一百一十个也不能算少了。我从前在英国的时候，看见当时工党领袖如马克唐纳，韩德森，韦勃夫妇等，都用亲笔签字的信，在工党机关报的广告栏上制版登出来，劝同党的工人，实行生育限制，并且设医院向工人传播这种知识。难道他们不怕工人绝种吗？总而言之，从社会文化方面看，社会文化的进步，并不在乎人口的增加，乃在所生的人口适当健全，以及教育程度与生产标准的提高，而这些都是以人口品质的改良和数量的相当减少为条件的。

中国一向因为没有限制生育的知识，对于人口没有加以人为的限制，所以一听天然力量的限制，如战争灾荒，都是惨酷的凶神。中国因灾荒而死亡的人口，数目极为可惊。平常虽无精确的统计，但历史上大饥荒的纪录是不断的。如道光二十九年（一九〔八〕四九）死亡至一千三百七十五万人之多（太平天国的起事，正接着此大灾）；光绪二年至四年（一八七六—七八）之灾，死亡至九百五十万之多。就是生存的也因疾病、营养诸问题而品质降低。民国十七年绥远旱灾，灾民出售妇女，自秋至冬，经雁门关一处入山西省者，约一万七千人，共值廿万元左右，这是何等的惨酷。况且其中还有许多生命是糟掉的。我们在重庆街上，还常看见路旁躺着倒毙的乞丐，在去年九月一个月内，就倒了六百多个。这些难道不都是对于人口的天然限制吗？我到过多少庙里，知道有许多小和尚不是自己要做和尚，乃是父母因为子女太多，送给"老师傅"的。明朝诗人所谓"路上行人半是僧"，正是调剂人口过剩的结果。还有女子为生育过多，堕胎或是服断胎药以致丧命的，也不在少数。如大文学家归有光在他母亲的传里，就明说他母亲因苦于生育，吃断胎药致死。与其用不人道的方法去限制生育，不如用近代的科学方法好了。

还有中国人口问题中一种可注意的现象，就是男多于女。根据内政部民国十七年的统计，江苏、浙江、安徽等十三省男女人口，比较其中差别最大的，女子少到三百多万，统扯平均，每省女子之数，少于男子约二十万左右。

江苏等十三省男女人口比较表（根据十七年内政部统计）

省别	男	女
江苏	一八、一五九、八五五	一五、九六六、〇〇二
浙江	一一、六〇三、八八九	九、〇三八、八一二
安徽	一二、二二一、五八一	九、五〇三、八一五
河北	一七、二七四、三四一一	三、九五七、七九〇
辽宁	八、五〇二、三三三	六、七三〇、七九〇
陕西	六、五九三、一七五	五、二〇九、二七一
山西	七、〇七〇、四五九	五、一五七、六九六
湖北	一四、七五三、三〇六	一一、九四五、八二〇
湖南	一七、五五〇、〇六二	一三、九五一、一五〇
新疆	一、四一四、二二八	一、一三七、五一三
绥远	一、二九三、七五〇	八三〇、〇一八
察哈尔	一、一七六、三五〇	八二〇、六六五
黑龙江	二、一二四、九六四	一、五九九、七七四

但他国情形，适得其反，大都是男少于女。上次欧洲大战，欧洲许多国家，损害了许多男子，大概是构成这种现象的一个重要原因。但是

中国也有战争，为什么情形不同呢？中国的统计虽不精确，但是处处相差如此之大，也决非偶然。我想中国习惯上的重男轻女，一定是个重要原因。韩非子就说道："父母之于子也，产男则相贺，产女则杀之。"可见这种残忍的习惯，自古已然。溺女的风气，过去非常利害。男女在同一父母抚育之下，而女子所得的营养料，往往较男子为少，所以女子的死亡率也就特别加大。现在每省均有若干万男子，无法娶妻，实在是严重问题。还有豪华纵欲的人要讨姨太太，与贫苦的老百姓争妻，真是罪该万死了！

以上这些问题，对于整个的社会秩序，国家治安，粮食分配，兵役制度，文化发展，民族生存，甚至于世界和平，都很有关系。近代种种关于人口的科学，都值得我们细心研究。

中国人口的密度，一定应当重新分配过的。东北沃野千里，乃中国民族将来唯一的生路，无论如何，应当从早收复。开发西北，诚非易事，但不能因困难而不积极进行。这步办到以后，才谈到海外的发展。至于国内已经利用的土地，应当用科学方法增进其经济效用；未经利用的，应当立即开辟，不使荒芜；农业应当尽量工业化，增进农民经济。全国应当局部的工业化，以容纳土地分配不及的人口。尤应注意如何改良卫生状况，提高文化程度，研究改良种族和调剂人口过剩的学问知识，使民族在质的方面，有沉着的改进。各方面一齐着手，才能解决中国的人口问题，〈才〉能培养出健全的中华民族！

民族与种族[*]
（1938）

（一）

现在让我讨论民族与种族问题，也就是民族与种族的关系问题。种族在英文为（race），民族在英文为（nation），种族是纯粹血统的问题或生物方面的问题，而民族则为人种，人口，土地，语言，宗教，文化等多种不同的因素之复杂的结晶品。所以种族和民族在性质上是不同的。

种族与民族虽有性质的不同，但是我们读到民族问题的时候，却常常要发生种族问题。第一，种族是构成民族的重要因素之一。民族如果没有种族，就没有基础，而一个民族的强盛或衰弱，向上或堕落，也往往和种族有密切关系。第二，有许多民族问题，是由于种族问题而发生的。事实告诉我们，任何人对于他自己的种族，总抱有一丝自尊自大的骄态，觉得唯有自己的种族，才是最优秀的，最高贵的，是"天之骄子"，是"上帝的选民"，别人都比不上，都是可鄙视的种族。譬如白种人常自命为全世界最优秀的种族，应负开化全世界统治全世界的使命，因此有所谓"白种人的担负"（White man a burdon），又如我们中国人，也喜欢自号为"炎黄胄裔"，称别人为"蛮夷戎狄"。人们因为对于自己民族的血统存着过于自尊的偏见，所以每每发生侵凌其他民族的野心，造成民族间种种的仇恨，冲突，和残杀的恶果。甚至在同一民族之内，也每每因其所含种族的歧异和偏见的存在，而发生多少的龃龉，纠

* 录自《新民族》第二卷第六至八期，1938 年 8 月 21、28 日，9 月 4 日出版，署名"罗家伦"。

纷和困难。所以民族问题和种族问题的关连，是密切极了。

我曾经讲过民族的构成因素，非常复杂；而一个民族中所包含的种族，也每每不见得单纯，所以民族和种族的区分，有时二者刚刚相合，有时错杂不同。譬如斯堪地维亚半岛的挪威、瑞典人，他们都属于白种人中之北欧系（Nordics）；然而属北欧系的并不限于挪威、瑞典人，英国人和德国人的一大部分都是的。这就是一个种族分裂为多数不同的民族的事实。有时一个民族也可以包含多数不同的种族，譬如法国人就是由亚尔平系（Alpines）、地中海系（Mediteraneans）等几个种族组成的。这些都是种族和民族的分际不能一致的情形。

人种学家之设定种族的区分，原来不过是为学术研究上的便利，正如语言学家把人类的语言，分作若干语言族（Language group），是同样的作用。可是自从有了种族的区分，多少有偏见的学者和政治家，便往往对于这种区分加以种种自便的解释，以图达到他们某种特殊的目的，因而发生种族间的无数问题。这是我们说明人种区分的时候应当特别注意的事。

关于人种的区分，从前人类学比较简陋的时候，是以皮肤的颜色为分类的标准，而把全世界的人分为黄，白，红，黑，棕五种。不过这种分法，到最近因为时代的推移与科学的进步，已渐渐失去学术上的价值。中山先生在民族主义的讲演中，虽曾引述这种分类，但我们到今天来讲，尽可以随学术的变迁而改进。这是因为时代不同，学理的演进自然有所差异，这不仅没有和中山先生的根本学说相冲突，或者还是研究中山先生学说的人所应有的态度。

现在关于人类体质的专门研究，有人类学，尤其是其中的生理测量学（Bio-metrics）。这种科学自美国波埃斯教授（Frank Boas）倡导以来，颇为发达。英国著名的学者皮尔逊（Karl Pearson），就是研究这种科学的巨擘之一。以这种科学的研究来区分人种，其标准也就更精密而复杂。其中重要的标准，除皮肤的颜色为通常所共知不必再讲以外，还有下面几个：

第一是头部的形态。这是现在区分人种最主要的标准，乃就头的分量，长度，宽度，回折等等情况，加以精密的测算和系统的研究，发现各个种族的特质，以为辨别人种的标准。兹举一例来说明一下，譬如以头盖骨的宽度对头的长度之比例，即假定后者为一百而以前者对此数之比例为头盖骨指数（Cranial index），依这个指数的大小而分人类为若干种。最简单的是分两种，即以头盖骨指数在七十五以下者为窄头类（Narrow-headed or Dolichocephalic），在七十五以上者为宽头类（Broad-headed or Brachycephalic）。

第二是头发的形状。依头发的形状，可以分为三类，就是（一）卷发类（Ulotrichi），（二）波发类（Cymotrichi），（三）平发类（Leiotrichi）。

第三是眼睛的颜色。譬如中国人的眼睛是黑色，英国人的眼睛多是蓝色，这也是很明显的标准。

第四是鼻子的高低。在这个标准之下，也可分为三类，就是（一）扁宽鼻亦称为宽鼻类（Platyrrhine），（二）高宽鼻亦称中鼻类（Mesorrhine），（三）高长鼻亦称高鼻类（Leptorrhine）。

第五是身材的长短。据焦庇拿（Jopinard）的研究，人类平均的身长约为六十五寸。自六十五寸以上至六十七寸的是比较高的人；六十七寸以上的就是所谓长子；自六十五寸以下至六十三寸的是比较矮的人；六十三寸以下的就是所谓矮子。同一个种族的人之身材的长短，往往有类似的表现，所以人种学家拿来当作人种区分的一个标准。

现在关于人种之科学的分类，就是综合这些标准来作一种精密的研究和通盘的考量而后确定的。现在全世界人类，可以分做三大部别，每部别可再分若干种别，每种别甚至可再分若干子目，兹依海登（Haddon）的分类法（据所著 "The Races of Man"）略举如下：

第一部别　卷发类（Ulotrichi）

第一类别　东方卷发类（Ulotrichi Orientals）下分三个种别。

第二类别　非洲卷发类（Ulotrichi Africans）下分六个种别。

第二部别　波发类（Cymotrichi）

第一类别　窄头类（Dolichocephals）下分七个种别。

第二类别　中头类（Mesaticephals）下分七个种别。

第三类别　宽头类（Brachycephals）下分三个种别。

第三部别　平发类（Leiotrichi）

第一类别　窄头类（Dolichocephals）只有一个种别。

第二类别　中头类（Mesaticephals）下分三个种别。

第三类别　宽头类（Brachycephals）下分七个种别。[1]

---

① 其中所列几个类别的英文原文如此。中头类，一般用其形容词形式 Mesaticephalics；宽头类，Brachycephalics；窄头类，Dolichocephalics。——编者注

这不过略举大者，（因为排印的困难及篇幅的限制，原表不能附入，即种别之名亦不能列举，子目不必说了。将来如印专书时，再谋排印原表。）但是这是最近科学的分类法，人种学者大致可以公认的。

在这些种族中，大种族与大种族间固然有很大的差异，就是很小的分种间，也往往因为种族意识的存在与作用而发生无数的纠葛与争执。譬如拿欧洲说，欧洲各大国人民，除俄国外，按普通的区分，是隶属于三个不同的种族：一是北欧系人，这种人头长，身材很高，肤色很白，如挪威，瑞典，丹麦等国全部人民，及荷兰、英、德及比利时的一部分人民，都属此系；一是亚尔平系人（Alpines），这种人头圆，身材较矮，皮色稍黑，法国的中部，意大利的北部，以及瑞士等处的人民，多半属此系；一是地中海系人（Mediteraneans），西班牙、葡萄牙等南欧各国，及法、意的南部，非洲的北部等处的人民，便属此系。自十九世纪国家主义勃兴之后，在各个国家争雄的问题中，又无形中夹着这三个种族争霸的激烈而又广大悠久的斗争。当时有学者戈宾恼（Count Gobineau），著一本书叫《人类种族之不平等》（*Essays on the Inequality of Races*），认为北欧系人是世界上最优秀的种族，书出以后，哄〔轰〕动一时。往后甚至还有非北欧系的法国学者，如勒邦（Le Bon），也著书附和其说，承认法国人确实不如北欧系人之优秀。因此北欧人种特别优秀的学说，风行一世，使一般人都怀着这种普遍的观念，认定只有北欧系人是上帝的选民。所以德国人历来都排斥犹太人；而近来自希特勒登台以后，此风尤炽。美国人对于外来的移民，也最欢迎北欧系人而排斥南欧人，其对于有色人种的排斥，自更不待言。这种风气愈演愈烈，几成为一种所谓"北欧系人之迷〔谜〕"（Nordic myth）了。就是由于这种种族优劣偏见，惹起无穷的种族间的斗争。

究竟种族的优劣，是不是可以如此判定？我认为是不可以的。据人类学者考察的结果，一个种族"内"所表现的差异，往往比种族"间"所表现的差异，还要来得大。譬如拿皮肤的颜色说，一般看起来，黄种人自然不如白种人皮色之白，但是有时候或许某一个黄种人的皮色，可以比白种人还要白。又依普通的觉察，黑种人的知识自然不如白种人，但是我们倘拿美国大学的黑种学生，和无知识的白种人来比，那么黑种人又要比白种人强得多了。谁能说某一种族之中，不会产生特殊的聪明才智之士？拿两个种族相比较，就其平均现象说，纵有文化进步与落后的不同，但是这种不同，也都是历史环境的差异所造成；民族本身的优劣，是无从判别的。因为各个种族后天的教养（Nurture）虽可不同，而其天然的本质（Nature），却很难分别。何况现在世界上的一切种族，一般都不是纯一不杂的，而往往是几个种族混合的结果。试问凭什么去评种族真正的优劣。所以种族优劣的偏见，根本就不应该有。

我现在先略讲世界上一切种族的混杂情形，然后再说明我们中国民族在历史上混合交融的经过。我们可以说，世界上没有一个种族是真正单纯的，除去那非洲澳洲未开化的某一小地域内的土著不说，（然而他们在初期是否会和他族通婚，混乱血统，还是问题。）至于号称世界最优秀的北欧人，在欧洲的或可说比较纯粹，但由英法德各国通婚的情形看来，也已很难维持清纯的血统。如大战时期，英德虽然相打，可是德国的威廉第二（William Ⅱ）就是英国维多女皇（Queen Victoria）的外甥，英皇乔治第五（George Ⅴ）的老表。因为交通的发展，和政治经济关系的密切，欧洲各国已不啻成为一个家庭，完全融为一体，这种情形以各国皇族为尤甚。在美洲方面，北欧人之移入美国者，更是与其人移民通婚，毫无种界。再如非洲北部，现在已有黑白杂种。据翁文灏先生告诉我，他在绥芬河一带还发现了一个新的种族，那里许多白俄的女子，和中国移殖〔植〕过去的山东人结婚，已产生了十几万中俄合种。这些女子本身也和中国女子一样，梳中国头，穿中国衣服，还吃大葱！我们再考察各国的民族，可以说没有一国的种族是单纯的，无论如何，总经过相当的混杂。譬如英国的盎格鲁萨克逊民族，便是因为由 Angles 和 Saxon 两个部落混合组成而始得名（但是 Cola 也是英国的一个种族；他和 Anglo-Saxon 一样，都是先后移入英国而混合繁衍下来的）。法国的中部是亚尔平系人，而其南部则为地中海系人。德国的北部属北欧系人，而南部则属亚尔平系人。可见世界上没有一个种族或民族可以说是单纯。

（二）

讲到我们中国民族，在几千年来的历史上，更呈现了不断的混杂与融合之大观。美国民族，因系合若干种族而成，所以有各种族的"镕锅"（Melting pot）的徽号。那么像我们中国民族，直可说是一个更伟大的"镕锅"了。历史很清楚地告诉我们，中国民族几千年来是在不断地混合过程之中。远古时代不必说了，从有史以来到现在，中国民族的混合情形，可以分为三大时期，第一是春秋战国；第二是东晋到南北朝；第三是南宋和辽金元。当然这种时期的划分，不过是指最显著的现象而言，并不是说在这三个时期以外，就没有民族混合的事实发生。我们不要把这种划分看得太固定，太呆板了。

（一）春秋战国——我曾经讲过，春秋以前，有东胡人简狄后裔，从东北，大约是朝鲜辽宁一带，向黄河流域推进，建立商朝。以后又有住在西北方面的所谓西戎人，向东方即黄河下游移动发展，灭亡商朝，创建周室。这些初期民族混合的史实，暂且不说，现在先从春秋战国讲起。春秋战国是中国民族第一次大混合，也可说中国本部的民族第一次大凝结的时期。当时环绕在我们周围的民族很多，如冀州的山戎、赤狄（皆在河北、山西之间）、雍州的白狄（陕西鄜州以北）、大荔（陕西朝邑县）、义渠（甘凉西境），豫州的伊洛之戎（甘肃北境）等等都是。此外已来到中国境内的，还有姜戎，阴戎，陆浑之戎等等。这已可说明中国民族的血统之不单纯了。而一到用兵时期，种族的混合更是不能避免。如周宣王之伐猃狁，齐桓公之伐山戎，晋襄公之灭白狄，楚昭王之灭蛮氏，秦厉公之伐大荔，赵襄子之伐狄，韩魏之灭伊洛阴戎，吴楚之并淮徐夷及南蛮，赵武灵王之破林胡楼烦，燕将秦开之却东胡——都一面是军事上的征伐，一面是人种上的混合。而尤其值得注意的，是征服者对于被征服者，不但是消灭他们，而且吸收他们，同化他们，使他们成为自己集团中之一部分。所以到秦并天下的时候，不但已无戎狄之患，而原来的戎狄，大都已成为中国民族整个有机体中不可分解的一部分了。

从秦汉到东晋这一期间，种族混合的事实，仍不断发生。最显著的就是蒙古人和中国人的通婚。蒙古在秦汉称为匈奴，汉初有燕王卢绾率数千人亡入匈奴，他们和蒙古人通婚，自然是意中之事。还有历史上大书而特书的所谓"公主下嫁"，以及王昭君出塞，蔡文姬在匈奴生子以后的归汉，不是都和蒙古人的最上层社会通婚了吗？他如苏武李陵那般文臣武将，也都会长留胡地，娶妻生子，所以后来有某部蒙古人竟自认为李陵后裔。使节边将如此，那些跟李陵去的普通兵士，更不在话下。

（二）东晋到南北朝——这是中国人种第二次大混合时期。原来从汉朝起，中国政府对于边疆的异族就有一种奇特的处置，也可说是同化的良策，就是在他们未服从以前，和他们"和亲"，在他们既服从以后，便令其内迁。如汉宣帝纳呼韩邪单于降，居之西河美稷（今山西汾阳县西北），而单于亦遣韩氏骨都侯屯北地，右贤王屯朔方，单于骨都侯屯万原，呼衍骨都侯屯云中，郎氏骨都郡侯屯定襄，左南将军屯雁门，栗藉骨都侯屯代郡，于是匈奴人遂与汉人杂居。光武帝时，又将南庭数万人徙入西河。内则移民实边，外则异族内徙，人种的混合于是愈快。不但对于蒙古人采取迁徙方法，对于羌族也是一样。如赵充国击西羌，徙之金城郡；煎当之乱，马援迁之三浦。于是羌人也与汉族混居起来。当时政府以为把外族迁入内地，即不足为患，不知其后大乱，即始于此。到了晋朝，有识之士，已渐感恐慌。晋武帝时，郭钦上疏，指陈匈奴问题的严重，就曾说："若风尘之警，胡骑自平阳（今山西平阳）上党（山西潞安）不三日而至孟津（河南孟津），北地，西河，太原，冯翊，安定，上郡（今太原汾州，同州，平凉一带）尽为狄庭矣！"惠帝时，江统作"徙戎论"，亦曾恺切陈说异族内徙之害。他说："关中土沃物丰……帝王之都，每以为居，未闻戎狄，宜在此土。而因其衰弊，迁之畿服，士庶玩习，侮其轻弱，使其怒恨之气，毒于骨髓。至于蕃育众盛，则坐生其心。以贪悍之性，挟愤怒之情，候隙乘便，辄为横逆。而居封域之内，无障塞之隔，掩不备之人，收散野之积，故能为害滋扰，暴害不测；此必然之势矣！"他并建议道："当今之时，宜及兵力方盛，众事未罢，徙冯翊，北地，新定，界内（今同州三府境），凤翔，平凉诸羌，着先零罕并析支之地（今甘肃西边西）。徙扶风，始平，京兆之氏（今陕西潞州府境），出还陇右，着阴平武都之界（今甘肃阶州境）。禀其道路之粮，令足自致。各附本种，反其旧土。属国抚夷，就安集之。戎晋不杂，并得其所。纵有猾夏之心，风尘之警，则绝远中国，隔阂山河，虽为寇盗，所害不广矣。"① 可惜他的计策不能用。以后刘渊（匈奴）据离石，石勒（羯种）据襄国，张卢华（乌氏）自称凉王，苻健（氏种）据长安，慕容廆（鲜卑）据辽东，慕容垂据邺……各据一方，纷纷背叛，就形成所谓五胡十六国之乱。到北朝后魏的拓跋氏，原来是代北鲜卑君长。北周的宇文觉本为代郡武川鲜卑人。当时华北一带，不特文化混合，而且妹婚媾频通。北魏接受汉化的程度，可以从改

---

① 原文如此。与江统《徙戎论》原文略有出入。"当今之宜，宜及兵威方盛，众事未罢，徙冯翊、北地、新平、安定界内诸羌，着先零、罕并、析支之地；徙扶风、始平、京兆之氏，出还陇右，着阴平、武都之界。禀其道路之粮，令足自致，各附本种，反其旧土，使属国、扶夷就安集之。戎晋不杂，并得其所，上合往古即叙之义，下为盛世永久之规。纵有猾夏之心，风尘之警，则绝远中国，隔阂山河，虽为寇暴，所害不广。"——编者注

姓氏，禁鲜卑语，禁胡服等事，显然的见着。北周宣帝娶杨坚的女儿为皇后，是贵族通婚的例子。北朝的文臣武将不但受汉化，而且与汉族混合的太多了。这个历史上的大变乱，同时也就是中国民族人种的大混合，大交融。

从南北朝到第三时期——南宋和辽金元——之间，也继续不断的有种族的混合，血统的紊乱。唐朝武功最盛，屡征吐蕃突厥，威力达于康藏，由此西陲的种族又和中原民族大相混合。唐朝胡将很多，安禄山就是胡将之一；回纥兵也在这时代产生。最初以胡防回纥，胡叛以后，又用回纥以平胡。杜甫的名句："岂谓尽还回纥马，翻然远救朔方兵。"就是指此。当时中国西北，与欧洲的交通，颇为频繁，因此中国文化与希腊罗马的文化也有了互相沟通的机会。"汉家天马出蒲稍，苜蓿榴花满近郊"，"苜蓿随天马，葡萄逐汉臣"，都是描写西北方面人和物的往来情景。唐朝对于他族来归者，所赐的李姓多极了。唐朝又以文成公主下嫁西藏，随从者二万余人。这些人在西藏当然都结婚生子，我们便可想像西藏人的细胞中一定含有汉人的血质。现在西藏拉萨一带，唱戏还常表演文成公主下嫁的故事；各处还有文成公主的庙，说她是那位菩萨化身。这在民族文化上，关系实在很大。这是西北方面。至于东北方面，在唐朝，有契丹人骚扰为患。他们在东北一带招用汉人，并立汉帝，使汉人垦荒。在这种情形之下，民族血统的混淆，当然也是意想中事。

（三）南宋与辽金元——宋朝徽钦二帝北狩时，后妃宗室随去者数千人，其结果必然造成血统的紊乱，自不必说。及至金灭辽后，他一面收辽汉人为兵，一面又移民中原，使就耕食，如河北山东河南陕西，都有他们的踪迹。这样一来，当然更促成种族间的大混合了。宋朝大艺术家米芾是回族，更是文化史上的一个光荣呢！等到金亡元起，许多金人都改为汉姓，如完颜之汉姓曰王，乌古论曰商，乞石烈曰高，徒单曰杜，兀颜曰朱，蒲察曰萧，移剌曰刘，纳剌曰康，斡准曰赵，散答曰骆，古里甲曰汪等等，可考者凡三十四。这真是民族大同化的一个时代！特别当元统一中国的时候，兵力无处不到；而兵力所及之地，也就是人种的混合最易发生之地。所以南宋和辽金元，可说是中国人种大混合的第三时期。

到了满清末季，八旗的驻防兵，也统统同化于中国。满洲人在血统上和汉人混合了，在文化上被汉人同化了。中央大学的教授，还有两位是娶满洲贵族为夫人的。满洲人早已成为中国人的一部分，东三省早已是中国疆土不可分解的一部分，那里还有什么"满洲国"可言？日本人口中的"满洲国"，乃是他们武力强制下制造出来的傀儡，用以欺骗世界的。世界上的人不是傻子，难道会被他骗过？

以上是从历史上说明中国民族几千年来不断混杂的经过。就中国民族的现状而论，我们不能否认在物质生活各方面，一个地域的人民和另一地域的人民，常常表现许多的差异。然而这些现象，究竟不如全体人民同一的表现之多而且深。这仅足以证明我们民族源流的不单纯，不足以妨害我们民族的整个性；不仅不足以妨害我们民族的整个性，而且反更足以显示我们民族的同化力，和这种同化力之自然的伟大结果。美国虽号称各种族的镕锅，却至今未能同化犹太人。我们中国民族却能有同化犹太人的力量。一千多年以前，有一部分犹太人因在西方受宗教的压迫，逃到中国，聚居在河南开封，不到多时便和中国人同化了。近代最初发现他们的是明末来华的教士利马窦，他在北平的时候，有次一个秀才去晋见他，看见壁上挂的摩西的像，便跪下叩头。利马窦问他缘由，他说这所挂的像就是他们的祖先，中国人拜祖先，所以他们见了祖先不能不拜。由此追寻研究，便发现这一部分河南的犹太人。不但犹太人，有许多叙里亚人，也同样为中国人所同化。据大秦景教碑所载，唐朝有许多叙里亚的和尚到中国来，后来都同化于中国，和中国人毫无分别。所以中国民族是由一种伟大的同化力融合各种族的结晶，不是任何力量所能割裂的。

（三）

关于现在中国民族的内部问题，中山先生曾经说过："就中国民族说，总数是四万万人，当中参杂的不过几百万蒙古人（其实外蒙连唐努乌梁海在内，至今不过七十四万多人），百多万满州〔洲〕人，几百万西藏人（据较慎重的估计，西藏人口不过八十万），百几十万回回突厥人，计算起来总数不过一千万人。所以就大多数说，四万万中国人可以说完全是汉人，同一血统，同一语言文字，同一宗教，同一习惯，完全是一个民族"。其实满州〔洲〕人不过百万，已完全同化，一点分不出。（像我上面说的各位以前满州〔洲〕贵族的女子，与我们命运相同，患难相共，何曾有一点种族的分别。）外蒙七八十万的人口，虽有外人煽动，但种族上之混合，已如上所言，他们迟早是要回到祖国怀抱里来的。回教是宗教成分多，种族成分少。汉回已不为种族单位，即现在新疆疆回，也不过一百七八十万人。藏族吐蕃与汉族结合之经过，以前也[已]经说过，现在人口也不过一百万人左右。所以中国民族实际只是一个统一的大民族。从前兴中会时代，革命的目标是排满，同盟会时代就改为推翻专制，到了国民党时代就改为五族共和了。中山先生说："观中国历史之所示，则知中国之民族，有独立之性质与能力，其与他民族相遇，或和平而相安，或狎习而与之同化。其在政治不修及军事废弛之时，虽不免暂受他民族之蹂躏与宰制，然卒能以力胜之。……盖民族思想实吾先民所遗留，初无待于外铄者也。余之民族主义，特就先民所遗留者发挥而光大之，且改良其缺点。对于满州[洲]，不以复仇为事，而务与之平等共处于中国之内，此为以民族主义和国内诸民族也。"中山先生在建国大纲第四条，又明白规定："对于国内之弱小民族，当扶植之，使之自决自治；对于国外之侵略强权，政府当抵御之，并同时修改各国条约，以恢复我国际平等，国家独立。"可见中山先生的民族主义，是包括整个中国民族的，是广大而无偏见的。我们讲到这里，不能不钦佩中山先生的目光远大，见解精辟了。

至于讲到中国民族的对外问题，我以为要和别人讲平等，必须自己能站得住叫人看得起，当然也用不着自尊自大，自骄自傲。在历史上，甚至说在一百年以前，我们的民族的确骄狂极了。以前对那些文化程度较低的种族之骄狂情形，不必说，就说鸦片战争以前，我们对于英国人就是很鄙视的，譬如写"英"字，当初甚至有人加犬旁的。普通的写法，是要在左边加一个口旁，虽然表示译音，但是下面却要加一个夷字。及至被他们打败了才把口旁去掉，夷字也不加了，剩下一个英雄的"英"字给他们。像这种自尊自大前倨后恭的态度，我认为是不应有的。我们应当有自存自立自强不息的精神，同时也应当有"民胞物与"及"善与人同"的诚心！

现在我们民族的骄态，已渐渐去尽；我们的种族的偏见，也可说没有了。不过相反的方面，我们因为国势的关系，一个很受外人的轻视和欺侮。单说我自己在外国亲身受到的刺激，也就不少。我们在美国街上走的时候，一些小孩子看见我们黄皮肤黑头发的人，就往往乱嚷着(Chin! Chin! Chin! Chinaman!)，他们这样嚷，并不是由于好奇心的发动，而是由于一般外国人对中国人那种特别鄙视的观念所陶冶出来的儿童之骄慢心理的自然流露。还有日本人在外国街上行走的时候，一般小孩子也常用很轻蔑的口音喊着（Japs! Japs!），不过这种对日本人的称呼，除了鄙恶以外，还含有怀恨和畏惧的心理。这是和看待中国人不完全相同的地方。可见只有自己站得住，才能叫别人尊重，才能和别人讲平等。我再讲一个故事：我有一次在柏林街上走着，忽然有一个德国醉汉，老是紧跟着我走，我慢他也慢，我快他也快，弄得我讨厌起来了。最后我站住脚，用很严重的态度对他说："怎么样？我已经有准备了！"他听了我这样说，迟疑了一会，说道："你懂武术！"一溜烟似的逃了。我说这个故事，并不是主张我们一定要拿武力来恫吓别人，欺侮别人，才算是我们的民族争得了地位。我的意思乃是说一个民族，要想树立其在国际上之平等地位，取得别民族对于自己的尊重，必须能表现独立自存的精神和能力，能从人事的改进，军事的建设，文化的创造各方面努力，以表现自己民族的优点和我们对全人类的贡献。自骄自夸，都是没有用的。只有整个民族的一致振作，奋发迈进，才能保持自己民族的生存，消灭其他民族对于种族的偏见，而得到他们对于我们的重视和尊敬！

侠出于伟大的同情，
侠气就是革命的精神[*]
（1938）

　　我所谓侠，乃是"豪侠""任侠"之侠，我所谓"侠气"就是豪侠任侠之气。中国历史上向来认为侠是一种美德，但同时也有一个错误的观念，以为侠是一般浪人，不务正业，专管闲事，为人家报仇，打不平，甚至去作奸犯科。韩非子就曾说过："儒以文乱法，而侠以武犯禁"，认为两者都不对。可是我们要知道，这只是侠的流弊，这在社会没有纪纲，政治不上轨道的时候才会发生的；这种侠只是一种所谓"游侠"，然而侠不必就是"游侠"。何况就在这种"游侠"里面，也未始没有一种天地间的正气存在。所以太史公作《史记》，特撰"游侠列传"一篇，并举出朱家、郭解等人，来表扬他们特立独行的地方，不是没有道理的。

　　为什么我提倡尚侠？我们要确定一个观念，建立一个主张，必须先考察我们民族的弱点，社会的病象，然后才能对症下药，发生实效。现在中国的社会已经堕落到一个残酷的社会，一个最缺少侠气的社会。中国人常讲"恻隐之心""不忍人之心"，而事实上的表现却正相反。我们可以从以下几方面来看：

　　第一是同情心的缺乏。中国人论交，有所谓"患难之交"；这是最可宝贵的，就因为讲"患难之交"的人太少了。中国社会有一种最凉薄的现象，就是看见别人在患难之中，不但不表示同情，而反高兴快乐。比方有人在街上跌了一交［跤］，假如在英美各国，大家一定要抢着去把他扶起，甚至送他到医院去，如果他跌伤了的话。而在中国，大家看见了，往往还拍掌大笑。三年前我因事到重庆来，因为不认识路，从一

---

　　* 录自《新民族》第三卷第二期，1938 年 12 月 11 日出版，署名"罗家伦"。

个书店乘洋车回旅馆来，半路上洋车翻了。奇怪得很，因为重量偶然平衡，我没有向后翻出去，洋车夫也双脚悬起来，于是人力车成了自动车，向一个很高的坡度开下去，开了二十几丈，当时我看见前面有军用卡车要撞来了，叫路旁的人把洋车拉住一把，但是沿路的人只有笑的，没有拉的。我还有一次，在武汉轮渡上，看见一个人掉入水中，船上许多人不但没有一个人去救他，反满不在乎似的以笑谈出之。我当年在欧洲的时候，知道火车出事，开车的人跌出来了，火车自动进行，无法停止，于是有一个大学生在前站的铁桥上，奋不顾身的跳上车头，将车关住，自己一个手臂撞断了，一车的人却救住了。这件事各处报纸大载特载，奉这位青年以英雄的徽号，真是他应得的称誉。这较之中国人在急难时看人冷眼的何如？前一向卫生署一位先生告诉我一件事，说他亲眼看见一个人病得快要死了，抬到某个医院门口，但是因为找不到保人，付不出一个月的住院金，医院不许他进去，他只有躺在医院外面死去。这种见死不救的现象，在慈善性质的机关门口实现，是何等骇人听闻的事！我还听说有些当军医的人，往往发财，这是何等的残忍，何等没有心肝！前些时候，重庆临江门外，一场大火，烧去四千余家，若是在外国，这还得了，恐怕要全市动员来募捐救济了，但是此地却也平平淡淡的过去！

最近潘光旦先生介绍美国明恩溥（Arthur Henderson Smith）所著《中国人的特性》一书，其中有一篇题名是“无同情的中国人”，我看了非常难过，但他所举的都是事实，我也无法否认。不但明恩溥的观察如此，就是最恭维中国文化的罗素，著书时也提出中国人残忍而缺少同情心这点。譬如死了人是人家一件最不幸的事，但是中国人家死了人，别人对于这件不幸的事是不同情的。我初到法国的时候，在电车里，看见同车的许多人，忽然都脱帽致敬，很以为奇怪，原来是车旁有人家在出殡，这是表示对死者的同情。不要说普通人遇着出殡是如此表示，就是总统出来遇着出殡，也是脱帽的。中国人却不然，看见死者亲属的“颜色之感，哭泣之哀”，就是吊者也会大悦起来！乡村人家甚至希望别人家有人死，可以去喝酒吃肉，饱啖一吨［顿］；城市不是万人空巷的去看大出丧吗？明恩溥特别举出中国人对于残疾的人，没有同情。出过天花的人，到药店去买药，药店的人常常要问他：“麻大哥，你是那一个村子里来的呀！”看见斜眼的人，便要说：“眼睛斜，心地歪”，来取笑他，挖苦他。普通以为残疾的人都是坏人，譬如“十个麻子九个坏”，

"天怕六丁六甲，人怕斜眼瞥脚"这类尖刻无稽的话是很流行的。其实肢体略有损坏的人，那里就是坏人。如果其中有坏的，也大都是社会逼成的，因为社会对他太歧视了，使他感觉人人都苛待他，他也自然不得不存心防范，或设法对付人了。再还有对于年幼孤弱的人，也是同样的不加爱护。童养媳受虐待，是普遍的现象；打丫头，虐奴婢更不必说了。所以同情心的缺乏，是现在中国社会最显著的一种病态。

因为同情心的缺乏，于是形成一种普遍的社会心理，以为事不干己，绝对不管，因而社会上无公是公非可言，也缺少急公好义之人。是非的观念，不但需要政治去培养，而且需要社会去扶植。有社会的奖励，和社会的制裁，然后才有公是公非产生。例子很多，不胜枚举。社会的进步，不但要有是非的标准，而且有人肯自己牺牲，去维持这是非的标准。但中国传统的哲学，只教人"穷则独善其身，达则兼善天下"。须知达固且要兼善天下，穷也不应独善其身，至少也要兼善其邻罢。中国人受这种传统哲学的毒太深了，人人都想独善其身，所以不但同情心不能发达，而且公是公非也无从树立。

因为同情心的缺乏，所以牺牲精神也就堕落。侠者最好讲"千里赴义"。设如没有牺牲的精神，如何能去赴义？我们应该"见义勇为"；"见义不为无勇也"。是的，闲事不管，可以省多少麻烦。但正当的闲事，那能不管，而且愈能多管愈好。不过没有牺牲精神的人，是不配管闲事的。若是自己不肯牺牲，不要说千里之义不能赴，就是隔壁人家出了事，也是不配问。上海人家被盗时，决不能喊"捉盗强"，而只能叫"起火"，因为隔壁人家听到捉强盗，必不敢出来，恐怕自己会吃亏，而听到"起火"，因为怕自己的屋子烧起来，也就不得不出来了。这些冷酷懦怯的事实，正是现在中国社会病象的表现。

这种病象，可说有两个来源：第一是生活。在贫苦的社会里，生存竞争，非常激烈。"要解衣衣人，推食食人"，是不可能的。漂母饭韩信，也要她自己有一饭才行。我们常常看见有些贫苦的人，为争一两毛钱，而打得头破血流，甚至打出人命事来。轮船将靠岸的时候，那些脚夫不等船靠妥，就抢着向船上乱跳，稍不当心，就扑通下水。他们自己的生活，尚且无法解决，那里谈得上对别人的同情？第二是思想。中国多少年来的教训，是"明哲保身"，也就是俗语所谓"各人自扫门前雪，休管他人瓦上霜"，结果就是人人怕管闲事，怕惹祸上身。"路见不平，拔剑相助"的风气，现在已沦落下去了。其实世界上绝对的个人主义，也是〈行〉不通的，正如绝对的兼爱主义行不通一样。你看见邻居人家生了瘟疫，你如果袖手旁观，你就不免被传染。尤其在现代的大社会里，人与人息息相关，谁能过孤独的生活？"穷则独善其身"，哼！要想独善那里是可能的事？

或者有人以为上述的种种社会病态，说是由于生活的贫困还可以，说是由于思想的影响便不对。但我以为思想的影响，也有极大的作用。比方上面所举的一个例，药店的人要称出天花的人为"麻大哥"，这难道也是生活使然吗？思想与生活，要同时改进，社会的病态，才能根本消除。

在世衰道微的时代，因为同情心的缺乏，是非观念的不明，赴难精神的低落，才往往使有心人不得已而提倡"任侠"。太史公在"游侠列传"中，曾慨乎言之的说："今游侠其行虽不执于正义，然其言必信，其行必果，已诺必诚，不爱其躯，赴士之困厄，既已存亡死生矣，而不矜其能，羞伐其德，盖亦有足多者焉。"他又说："缓急人之所时有也，而布衣之徒，设取予然诺，千里诵义，为死不顾世，此亦有所长，非苟而已也。"所以"侠客之义，又曷可少哉！"他提出朱家、郭解，说朱家是"专趋人之急，甚己之私"，郭解是"以德报怨，厚施而薄望，既已振人之命，不矜其功"。我上面说过，这种游侠是社会没有纪纲，政治暗时代的产物，我们不一定要提倡游侠，但这种侠气是应该推广的，并且要借政治的力量来推广的。不以私人的力量去报仇雪恨，而以政治的力量作大规模的改良策进，才能把同情心推广到"天下有饥者，犹己饥之也，天下有溺者，犹己溺之也"，而使天下之人，都各得其所。

中国历史上第一个大侠者，不是朱家，也不是郭解，而是墨翟。他不主张拿刀去行刺暗杀，去报仇打不平，而是从大规模的政治改革着眼的。他说侠有三个条件：第一是大仁，第二是大义，第三是大勇。怎样才是大仁？他说："仁人之事者，必务求兴天下之利，除天下之大害。然当今之时，天下之害孰为大？曰：大国之攻小国也，大家之乱小家也，强之劫弱，众之暴寡，诈之谋愚，贵之傲贱，此天下之害也。又与人为君者之不惠也！臣者之不忠也，父者之不慈也，子者之不孝也，此又天下之害也。又与今人之贱人，执其兵刃毒药水火以交相亏贼，此又天下之害也。"（墨子如在，必称日本人为贱人了！）他对于政治的主张，以为"民有三患，饥者不得食，寒者不得衣，劳者不得息，三者民之巨患也"。"诸加费不加民利者，圣人弗为"。这是充分的同情心的表现。

他主张充实内部，而不主张侵略人家，增加土地。所以他有"非外取地也"的主张。有人以为墨子既主张兼爱，一定也主张非战，如管子就曾说："兼爱之说胜，则士卒不战。"其实不然。他是反对侵略的战争，并不反对自卫的战争——不但不反对，而且他帮助自卫的战争。楚欲攻宋，公输般为造云梯，墨子听到，就往见公输般。他"解带为城，以牒为械"，和公输般斗法，公输般九次的攻城计划，都被他破了。楚王要杀他，他说他有三百子弟，已经在保卫宋国，杀了他也没有用。楚王没有办法，只好软化下来说："善哉！吾请无攻宋矣！"从这段史实，我们可以看出几点：第一，墨子能赴人国家之难，协助自卫战争；第二，他有技术的能力，以协助他人；第三，墨家是有组织的团体，能作有纪律的行动。这些都是说以大仁的意义。侠与义是相连的。墨子虽主兼爱，但非滥爱，而主张以义为衡。"墨者之法，杀人者刑……王虽为之赐而令吏弗诛，腹䵍不可不行墨者之法。"这是《吕氏春秋》记腹䵍之语。腹氏是墨子学派的人，他的〈儿子〉杀人，秦王赦之，而腹氏自己主张杀之。可见以墨为法，可无作奸犯科的流弊。这就是大义的表现。不但如此，墨子不但提倡大仁大义，而且能以最大的牺牲精神去求其实现，求其贯彻。"摩顶放踵利天下为之"，这正是充分的牺牲精神，是"大勇"的表现。所以墨子的精神，是兼具大仁，大义，大勇的精神，是侠的精神，也就是革命的精神。

中山先生说"革命是打抱不平"。他打抱不平的方法，也和墨子一样，不是为私人报复的，更不是快意恩仇的，是要以大仁大义大勇的精神，去改革政治，解决民生的。没有伟大同情心的人，就是没有革命精神的人。他就不配从事政治，也就不配谈革命！必定大家充分培养推广这种伟大的同情，恢复中国民族固有的侠气，政治才有改革的希望！

再进一步说到国际的形势，像现在国际间强凌弱众暴寡的情形，何曾不是侠气沦丧的结果？阿比西尼亚亡了，那国拔剑相助？捷克分割了，大家还庆幸一时的苟安。中国无辜受侵略了，那国为正义人道挺身而出？国际间的紊乱无秩序，都是丧失了侠者的精神之所致。

众人所弃，我必守之。我们不可丧失自信了！我们要抱定侠者的精神，以整饬我们的内部，以扫荡我们的外寇。要是我们成功的话，我们还应当秉着这种精神，以奠定国际的新秩序！

从完成责任到实现权利[*]

（1938）

　　权利（Right）与责任（Duty）是政治学里面的基本问题，也是人生哲学里面的重要问题。自从卢梭（J. J. Rousseau）倡"社约论"，和法国大革命发布《人权宣言》（Declaration des droits de l'homme et du citoyen）以后，于是人权的学说弥漫了欧美。十九世纪的各种基本法律，都受了他重大的影响；一般人的思想，也都受了他深刻的刺激。从十九世纪末叶以来，这种学说，在中国也曾盛行一时。我们记得卢梭曾经说过：凡人生来都有不可分离的天赋权利。然而我们知道，人类的权利，并不是天所赋与，而是人类努力和社会文明的产物，所以这种学说，很受当时和后世许多人的批评与非难。"我的权利，你的责任"（My right and your duty）这句话，更成为举世滔滔的自私者之心理的写照。其实这种原来的思想，并没有否认凡人应有的责任，更没有淹没当时欧美人责任的观念。就在法国大革命的时候，英法在杰佛加（Trafalgar）一战，英国海军把拿破仑的舰队消灭。那胜利的英国主将纳尔逊（Nelson）受伤临死之际，还叮咛英国人道："英国盼望每个人能尽他的责任！"（"England expects every man to do his duty."）这句话竟成为英国民族神圣的格言，影响到十九世纪英国整个国家的发展，使大家一说到权利，便联想到责任。这是一个特著的例。其实何止在英国，在其他国家中责任的观念，又何曾为权利的学说所掩盖呢！

　　我们如要明了权利和责任的性质，以及权利和责任的关系，必须先了解人生在世，究有什么目的？什么任务？我常说整个人生的目的，就

---

　　* 原文作于 1938 年 12 月 5 日、12 日。录自《新人生观》，重庆商务印书馆 1942 年 6 月版。

在求自我的实现（Self-realization）。什么是自我的实现？自我的实现就是自我的完成（Perfection of the Self），也就是充分的发展自己，充实自己，以求达到尽善尽美笃实光辉的境地。原来人类的天赋，有肢体感官之类。一个人要实现自我，必先充分发展自己的肢体感官，使自己的体魄得到最健全的发育。这就是发展物质的天赋。但是除了物质的天赋之外，人还有情感和情操（Feeling and Emotion）的天赋。人类相互间的情感，也就是根据这种天赋而来的。更进一层的天赋乃是心灵，也就是理性。亚里士多德说过："人是动物"（"Man is an Animal"）。这句话似乎轻视人类了。但是他接着就说："但人是有理性的动物"（"but a rational animal"）。人类因为有天赋的心灵，有理性的活动，所以有各种的思想（Ideas）和理想（Ideals）；而且往往为了这些思想和理想的实现，虽牺牲一切，在所不惜。这都是自我实现的不可少的方面。

当然自我的实现，要身体感官的健全发展，要感情情操的充分的培养，要心灵理性的高尚活动，但是这一切的一切，都非在大社会中实现不可。所谓大社会就是整个的大我。自我实现，并不是为了自己，排斥他人，侵犯他人的意思。若是如此，自我也就断难实现。人生在世，依靠大我的帮助太多了。比方在大学的学生，不要以为自己能到大学读书，完全是自己奋斗出来的。你们能够坐在教室里上课听讲，乃是享受了旁人许多工作的结果。不要说你们的书籍纸张等等，都是靠旁人供给的，就单说你们所坐的椅子，也就少不了做椅子的木匠，做斧锯的铁匠，运木头的商人和工人，以及种树木的农夫。必须经过这许多专门职业者的努力，才能造成这些椅子，让你们安坐而听。再比方一件衣服，固须经过裁缝的剪裁和缝纫，才能成功，但是缝衣要布，说到布就不可没有织布的工人；布是纱织成的，说到纱就不可没有纺纱的工人；纱是棉花纺成功的，也就不能没有种棉的耕作者。也须经过许多人的工作，才成功一件衣服。所以离开了大我，要实现自我是不可能。就是鲁滨孙飘流荒岛，也幸而带了猎枪和其他的物品去，否则一无长物，他在荒岛中早就一命呜乎［呼］了。所以自我的实现，非恃大我——整个的大我来实现不可。至于自我的发展，能到什么程度，一方面要看大我发展到如何地步，一方面要靠投身在大我里面的自我，能替大我尽如何的力量。大我是无数自我构成的，自我的力量尽得愈多，则大我的实现愈大；大我的实现愈大，自然自我的实现也因之愈大。可见自我千万不可自暴自弃，必须借大我以发展自己的天赋，而达到尽善尽美的境界。希腊哲学里常用一个字，英文译作 "Excellence"；据狄铿生（G. Lowes Dickinson）在他所著的《希腊人生观》（*Greek View of Life*）一书里说，这个字的英译，也不足以尽希腊文的原意。在中文里更难得到适当的译名。他的涵义就是人生各部分，无论是体质的，感情的，或是理智的，都能和谐地发展到尽善尽美的境界。自我必须努力达到这种境界，方算是尽了自己的责任。但是这必须投身到大我中间尽力，才能做到。在流行外交文牍中，对于代表一个国家或当一国大权的人，常称 "Your Excellency"，即由希腊意义而来。这个客气的称呼，也可以认他含有两种意义：一种是身为国家代表或当国家大权的人，理论上应当是各方面都能发展到尽善尽美的人（虽然事实并不都是如此）；一种也可以说是负这种大责，当这种大权的人，更应当能充分把他的自我，发展到尽善尽美的境界。他能不能有这好的造诣，是另一问题；但是人家对他的期望，却是如此。因为他替大家尽力的机会最多，所以他自我实现的机会也最多。若是他有这样的机会而不能实现，那不但对不起职务，而且辜负了自己。一个伟大人物之所以能够成功，正是因为他能抓住为大我服务的机会，而不肯松懈于自我实现的努力，比如法律规定每人每日工作八小时，在一般人看来，超过八小时就不是我所应该做的了。而有贡献有成就的人物，则每天做十小时，十二小时，甚至十六小时工作，也毫不埋怨。前贤"夜以继日，坐以待旦"，就是这种例子。人家以为他因责任重大而苦，但是他则因自我实现的机会愈多而乐。服务不只是责任，而且是权利。不只是在政治方面的人才能如此；凡是以对大众谋贡献为自身使命的人，都能如此。

现在先讲权利和责任的初步分别。什么是权利？权利可以说是一种享受，一种满足（Satisfaction）。什么是责任？责任可以说是对于他人权利的一种承诺。（用英文来说，便是 "Duty is the recognition of that which in due to others"。）但是这两层意思，有加以充分解释的必要。

第一，说到权利是自己的满足，或者说是个人生活的满足，这话很容易发生流弊。比如有的人好赌，打牌就满足了；有的人好嫖，以为涉足花业就满足了；贪者钱多就满足了；夸者自大就满足了。难道人类的生存，就是为这类的满足吗？而且人类的享受，就只是物质欲望的享受吗？于是有倡为快乐数量之说的。但是快乐难道可以不问质量而专谈数量的吗？设如一个国家里大家都赌，难道政府为了满足大家赌的快乐就用法律来保障赌吗？设如一国的人大家好吃鸦片烟，难道政府为了他们的满足，就立法来保障吃烟吗？若是只求数量的满足，且以为多数的满足就算是最正当最大的满足，那我们无话可说。不过人类的满足，不单是数量的，而是有等级的，有质的成分的。固有人情愿大赌一场，弄到脑冲〔充〕血而死，以为满足，却也有人情愿为理想奋斗而死，不愿苟且偷安而生。所以自我的满足，不是说可以数量来计较的。我们人类之所以异于一般动物，正是因为我们不只是有物质的天赋，还有情感，更有理性。因为有情感，所以我们觉得民胞物与，情愿为同情心所驱使而工作，而身殉。因为有理性，所以我们愿为理性而牺牲，有杀身成仁舍生取义的壮举，使精神长流于天地之间。比如诸葛亮，食少事繁，非不知其生命之不能长久；明知之而仍要六出祁山，鞠躬尽瘁，以尽他认为应尽的责任，正是人类感情与理性发展到最高程度的表现。所以我们可以进一步说：人类最高的享受和满足，不只是数量的，而且是质量的，不只是物质的，而且是精神的。

第二，说到责任就是对于他人权利的承认，那就是说自己的责任是对于旁人的。比如尽忠国家，就是自己对于国家应尽的责任；孝亲，就是自己对于长上应尽的责任；对朋友有义气，就是自己对朋友应尽的责任。一个人对他人要尽许许多多的责任，岂不是把自己当作傻瓜吗？但是责任这东西，并不是如此简单的。若是对人尽了充分的责任，也就是对自己尽了责任。惟有对他人尽责任，自己才能发展到尽善尽美的境地。惟有对他人尽充分的责任，才能得到自己充分的责任，才能在尽责任的过程中，得到最高尚和最大限度的满足。自己多尽一分责任，自我便多一分进展；自己多尽一分责任，自我便多一分享受。以前所举伟大人物甘心为人服务而不辞劳怨的例，便是最好的证明。所以我们还可以进一步说：从最高的道德意识来讲，责任就是权利；只有从尽责任的过程里面，才能得到充分权利的实现。

法律对于权利和责任的规定，大都是消极的，不是积极的，是防止的，不是创造的。因为法律的规定，只是群己权界的规定，使人与人之间，彼此不相侵犯，使大家的权利和责任，不致互相侵越。好比两个碗重叠起来容易相碰，中间预先隔一层棉絮，以免碰破。还有一层，法律的规定，常常意在防止当权的人滥用权力，以致侵犯人民的权利。所以法律规定其所赋予于当政的人或公共权力机关的职权，以限制其权力的滥用。因为历史告诉我们，政府或当政的人，往往易于滥用权力致引起人民的反抗，结果同归于尽。这种防止，是很有理由的。不过，规定之间，应当很费斟酌。个人的权利毫无保障，则个人无法发挥能力，以尽责任。同时对于政府权力限制的规定，若是太严密苛细了，那也易使政府变为无能的政府。遇到国家民族发生大变乱或从事对外战争的时候，无能的政府是决不能发挥政治的力量，以应付当前艰危的。结果也是使人民与政府同归于尽，人权也就无所附丽了。总之，法律的规定是必要的，法律是人我之间的一种调节（Adjustment）。但是如果要靠法律来创造权利和开拓权利，那便错了。比方说法律可以规定凡发明播音机的人，予以专利权五年或十年，在这个期间如果有人私自仿造的，便是侵犯了发明者的专利权，应当受法律的制裁。这种规定不过是对于已发明播音机的发明者一种权利的保护，最大的效果，也不过是对于未来发明者的一种鼓励，但是法律的本身决不能发明播音机。任何发明，都是研究的人尽他研究责任的结果。不尽责任，便没有发明；没有发明，发明的专利权便根本不能存在。所以要享权利，只有从尽责任中以创造权利，就是惟有充分发挥自己的各种天赋，以尽自己的责任。这是我们积极的权利观念。还有一点要说明的，从前的法律，都只是注重个人权利的保障，所以很多国家的法律，尽力注重这点，更有很多国家的法律，规定个人的财产权是神圣不可侵犯的。但是个人的权利发达过度的时候，便生出社会上贫富不均杌陧不安的流弊，因此晚近各国的法律对于权利的态度，大有改变，就是不只注重发展个人的权利，而尤其注重整个国家和民族的独立生存。比如近代各国的宪法中，都常有人民应服兵役或工役的规定，总动员的时候，依法可征用一切物资，这都是根据事实的需要而产生的。

再进一步说，就是权利有了，也决不是可以用保守的态度去维持的，而是要不断的创造才能保持永久的。权利固然非创造不能产生，但既已创造之后，也决不是把各种权利开一张表出来，规定在法律上，便可以永久保守。须知愈保守权利，则权利的范围就愈缩小；若是愈能尽责任，则权利的范围就愈扩张。这是千古不变的原则。比方说一个人家的祖宗，遗下一份财产，按照法律的规定，应该归于某人，某人乃将这些财产，分别开一清单，表明白是属于他的，但是老是守着不去经营，你想他能保守得住吗？若是他人把他的财产侵占，固然他可以去打官司；只是打官司是要时间和费用的，于是财产少去一部分了。就算没有人来侵占，他只知道保守着，于是"坐吃山空"，和剥芭蕉一样，剥到蕉心，芭蕉也就完了。所以有识之士，要重新估定价值，要不断的创造新价值，这也就是创造新的权利。世上多少英雄豪杰，哲人志士，绞脑汁，捐肢体，都是为创造这些新价值而努力的。因此他们也就享受着顶大的权利，获得一般人所不能得到的满足。所以一个人如果要保障发明播音机的权利，必须先发明播音机，不然的话，保障什么？并且他还要不断的求播音机的改善，不然人家有更新的发明了，他旧式的东西，一定无人过问，就算有法律的保障，又有什么用处？所以只有不断创造新的价值，尽新的责任，才是自我实现唯一的途径，也才是自己权利唯一的保障。若是责任愈尽得多，新价值愈创造得多，则权利的范围也就愈扩大；而别人也一定会承认他的权利甘心让他享受，因为他是配享受的。

由此看来，权利和责任，实在是相对的。不尽责任，便不当享有权利。个人如此，国家亦然。比如第一次世界大战结束的时候，在国际和会席上，也只有在战争期间尽过责任的国家，才有发言权。比利时虽然国土丧失殆尽，但他在战争时期，抵抗过德国军队越过中立地带，使德国军队不得迅速达成进攻协约国的企图，所以一旦战争结束，在巴黎和会上，比利时不但获得和列强分庭抗礼的光荣，并且各大国都很尊重他，赞助他，就是因为他已尽了他国家的责任，所以能得战后应得的权利。中国也是参战国之一，但为什么得不到这种权利，就是因为中国在名义上虽曾参战，其实是参而不战，并未尽真正参战的责任，那有资格去享受权利？这是当年北洋军阀政府时代的错误。将来世界大战后的和会席上，情形却大不同了。因为这次世界上反侵略的大纛，是中国首先举起来的。在这点我们不但做了国际间的先觉，而且我们从无限的血肉，为民主国家阻压住了日本无止境的凶焰。我们将来强固的发言地位，是我们以牺牲和痛苦换来的。我们若是更要提高发言的权威，还得要加强艰苦的奋斗。至于从建设的方面讲到一个民族在各民族间的地位，也有同样的道理，在安排一切①。一个民族之所以能够生存，并不能靠其他民族帮助的力量，必须自己能够站起来，更须要自己能在世界上对于人类文化和幸福的总量，有相当的贡献，然后才能受其他民族的重视；就是他自己分享其他民族所创造的成果，也才于心无愧。我们过去对于世界文化的贡献，是很光荣的。我们这次抗战，虽然在初期的军事上，不免稍受挫折，但是外国人不但不轻视我们，不敢说我们是劣等

---

① 原文如此。——编者注

民族，而且反格外尊重我们，同情我们。在他们没有认识我们军事力量以前，我们文明力量的感召，是很重大的。蒋百里先生说，前几年我国古物在伦敦展览，曾给予欧洲人士以极深刻的印象，所以他认为这次许多友邦对我们表示的态度，与前年古物的展览也颇有关系，就是这个道理。不过这还是我们的祖宗遗留下来的产业，并不是我们这代文化创造的成绩。当然我们绝对尊意〔重〕我们伟大的祖先。但是我们若是有出息的子孙的话，绝不应借祖宗的历史，来掩饰自己的缺陷——此之谓"吃祖宗饭"。我们要问我们这代怎样？我们的发明在哪里？我们的创造在哪里？我们的贡献在哪里？所以我希望大家不要只是以祖宗的光荣自豪，还要力求自己有伟大的贡献。不但要求一己自我的实现，还要为民族的大我求贡献，以取得其他民族的尊敬，而树立自己整个民族生存的基础。

最后关于责任，我还有两点要提出来说明的：第一点是责任的冲突问题。人在社会上有关的方面太多，所以应负责任的地方也太多，有时责任与责任之间，常常发生冲突。比方一个人结了婚，有了家庭，就有对妻子的责任。这种责任是不可否认的，在平时愈能尽责愈好。但是遇到国家在危难的时候，需要我们执干戈以卫社稷，就不能说因为自己有了抚养妻子的责任，遂留恋畏缩，因循不前。在这种责任互相冲突的时候，只能抛弃较轻的责任，去担负较重的责任。不是如此，大我无从实现，自我也无从发展。所以古人有忠孝不能两全的话。有如岳飞的母亲，未始不想她的儿子在家养生送死，但她以为教她儿子精忠报国，也就是她的责任，所以她情愿儿子为国尽忠而死，不愿为她送死而生。因为她认识了她和她儿子对民族国家存亡的责任，比她儿子对她自己送死的责任为重。设如民族国家不生存，她个人寿终正寝又有什么意思？所以遇到责任相冲突的时候，我们只能判别轻重，选择我们应尽的较大责任。

第二点是个人应该先尽责任，后谈权利。因为我们所享受的权利，乃是他人尽责任的结果；礼尚往来，来而不往，或是薄往而厚来，都是不应该的。我常责备现代的青年，不是对于他们的苛求，乃是因为希望他们的心最切。现在青年常以将来国家主人翁自豪，仿佛以为主人翁是有种种的权利跟着的，自己不一定用功读书，而自己总爱说有读书权，凡是可以要求公家的东西，莫不尽量要求，以为是国家应该给我的权利。其实我们自己仔细想想看，国家究竟该了我们些什么？国家并不是一个债务人，国家乃是个人的集合体；各个人把各个人的责任交给国家，国家才有责任，大家把大家的权利交给国家，国家才有权利。我们无债可以向国家讨索。还要明白，现在国家所能给我们的一点东西，都是大家交纳给国家的，比方国家现在为每个大学生平均负担数千元一年的教育费，乃是一般人民三毛五毛的捐税所凑集起来的。这般尽纳税责任的人，自己固然多半没有享受国家何种教育，就是他们的子女，也未见得都受了国家近代教育的设备。凭良心说，我们怎样忍心来向国家要求这些权利？就是国家把这些权利给我们了，我们也于心何安，何况我们还要浪费，滥用或扩大这些权利呢？说是国家应当教育青年，是不错的。但是这话只有让国家自己来说，而受教育者不便自己来说。于是有人主张以为国家教育了我们，我们将来可以为国家服务。这是投资的观念，这是一本万利的观念。当然我们希望个个青年将来能够学成应世，做出一番大事业来，替国家尽大的责任，只是这种希望能否实现，还要待将来的事实作证明，自己绝对不能引以为要求权利的借口。我们立身行事，应该为国为人，尽其在我。我们不说人在世上没有权利，但是权利是责任的产物，不是凭自己的欲望去要求的，更不是坐享其成可以得到的。我们现在所享的权利，就是旁人已尽责任的结果；必定我们尽了应尽的责任，才能够安心享受应得的权利，何况许多权利只有在尽责任的过程中才可以得到呢？

总之，一个人能够替大我尽责任，才能够实现自我。能够创造新的价值，才能够享受和扩大新的权利。权利的享受，只是尽责任的结果；若是不负责任，而固守个人权利，则保守愈久，权利的范围愈小。所以我们唯有投身于大我中，尽人生所应尽的责任，充实自我以扩张大我，乃有真正的权利可言。不然的话，只谈人权，不尽己责，国家灭亡，民族灭亡，自己也就灭亡！

民族与语言文字及文学[*]
（1938—1939）

（一）

一个民族与民族性的形成，语言文字及其所产生的文学都是重要的因素。因为一个民族共同的感情，共同的想像，共同的理想，共同的生活，都是由语言文字来表现的，其中的结晶就是文学。若是没有语言文字，这些要素固然无从表现，就是有了而不是共同的，——尤其是共同的精神所寄托的文学——那也不易形成一个统一的民族，和完整的民族性。

讲到语言，有许多人常把语言的区分与种族的区分，混为一谈。这是错误的。种族（Race）和语系（Language Group）不同：种族是按照天赋的形体来分别，它的性质是物质的，语言是因为民族心灵的不同而各异，它的性质是精神的；语言的分类是语言学上的分类，而种族的分类是人类学上的分类；种族是形态与形体之不相同，乃生物的结果，而语言的音调与结构之各殊，则是文化的结果。所以有同一种族而用若干种不相同的语言，也有同一语系而为若干种的民族所应用。前者如阿尔平（Alpine）种，所用的语言就不止一种，色维利斯（Cevennes）用法文，伦巴第（Lambardy）用意文，巴维利亚（Bavaria）用德文，波希米亚（Bohemia）用捷克文。后者如罗马语系（Romance Language Group），在法国北部用它的，有诺底克（Nordic）种人；在法国中部，意大利北部，以及瑞士的一部分用它的，有阿尔平种人；此外在法国南

＊ 录自《新民族》第三卷第三至七期，1938 年 12 月 18、25 日，1939 年 1 月 1、8、16 日出版，署名"罗家伦"。

部，意大利南部，及西班牙葡萄牙等地的地中海种人（Mediterranean Race），也都用这种语系。可见种族的界线与语言的界线，完全两样。类此之例，可以列举很多。

再从历史上看，语言在不同的历史过程中，也常常为不同的种族所用；而同一语言，又因为军事政治的关系，在同一民族之中也可发生变化。比方说客梯克（Celtic）语系，最初为诺底克民族所形成，在西历纪元以前的几个时期中，欧洲中部有一个客梯克帝国（Celtic Empire）出现，因为征服了中欧的阿尔平民族，于是客梯克语系就散布在中欧各处。但是到了现在，客梯克语系的主要部分，只能在英国的威尔士（Wales）与爱尔兰（Ireland）可以找到。因为这两个地方人民的祖先，在西历纪元以前，是侵入的客梯克语系的外族，所以遗传到现在，这种语言还是存在。爱尔兰独立运动的目标也是工具之一，就是要恢复客梯克语言。所以在历史的过程中，语系常发生变动。这还是就全部的变动来讲。又有在一种语系之中，因为军事政治的关系，吸收外国语言文字的成分，而发生局部的变动。比如盎格鲁撒逊（Anglo-Saxon）语系，因为罗马的征服（Roman Conquest），而吸收拉丁（Latin）语根，于是在英语当中，夹杂着两种成分：一部分是盎格鲁撒逊语言，一部分是拉丁语言。当罗马兵征服西欧南欧的时候，又使欧洲该部分的拉丁文发生变化（也是一种退化），而产生了所谓"银拉丁"。由此可知军事政治势力的大变动，其影响之所及，不但民族间的血统混淆，由生物的遗传而发生人种的混合，并且异族间的语言，也互相搀杂，久而久之，由于心灵的遗传而产生语言的混合。

语言混合的结果，文化上就发生变动，生活上也跟着发生变动，扩而充之，政治社会也必然的发生变动。因为语言由混合而共通，使人群间各种关系格外密切，使社会观念与文化系统一天一天的共同起来。语言是生活的表现，同时也是影响生活的最大力量。两个人之间的语言不同，往往容易发生隔膜；若是有共同的语言，就可以表示共同的情感，发生共同的想像，确立共同的理想。所以有了语言的混合，往往可使政治社会的基础日益巩固，遂致大家的生活更能表现特征。固然也有一个国家用几种语言的，但是要想构成一民族的国家，统一的语言乃是必不可缺少的要素。我们看到在瑞士这个小国家里，通用着德法意三种语言，但这是特殊的情形，世界上所仅见的例外。在昔奥匈帝国之所以不能维持长久，虽然由于种族上政治上的不同一，但其所用的语言有捷克语有德国语种种，成分太杂，不能因此创造一种共同的民族生活，也是重大的原因。所以古今来任何有野心的国家，要扩大民族的范围，伸张国家的势力，往往用语言来征服其他国家或民族。比如泛日耳曼主义，泛斯拉夫主义，都想用语言来唤起大家共同的情感，共同的理想，以建设一个甚大的国家。反转来看，一个国家或民族之灭亡，往往是先亡了语言，而亡人国者也就运用先亡其语言的政策，以达到其并吞的目的。如德国把法国的亚尔萨斯、罗林两州夺去，就不许两州的人民说法语。我们现在读到"最后一课"，就可以想像到用语言来灭人种族的悲惨了。再如从前俄普奥之亡波兰，也采不准波兰人用波兰语言的政策。英亡印度，便强迫印人用英语，日亡朝鲜，更强制韩民用日文。到了现在，印度朝鲜的民族，因为这种文化区域的被占，更紧紧地被压迫着不能翻身。可见语言与民族生存的关系是何等的密切了。目前日本在我国华北正在竭力推广日文，其用心之毒辣，不问可知。唐朝的诗人司空图有诗云："汉儿尽作胡儿语，争向城头骂汉人"，这是国破家亡最可痛心的表现。所以一国的语言，凡属国民，都应该知道爱惜。现在中国有许多奇怪的现象，譬如在学校的运动场上，一般学生偏偏喜欢用英语。如准备说"Ready!"，打网球说"Fifteen! Thirty!"，难道在中文里面就找不到这种同意义的字来替用吗？不！他们只是好作洋儿语，忘记根本罢了！有许多大学生往往欢喜操外国语来骂自己的同胞。我记得在南京某戏院里，当着秩序纷乱的时候，还看见一位大学教授，也用骄傲的口气，大声的骂"No Culture!"这种声音，假使司空图生在今日，听了不知作何感想？若是这种现象，被德国人或法国人看了，岂不要笑着说："中国现在是英国的殖民地了吗？"当然我们学习英文，是另一回事。学习英文的目的，是在求得学问的工具，开辟学术的途径；认清了这个目标，英文的学习，正是值得我们努力的。为学习英文而练习英语，我是不反对的。不过要小心，不可把自己做了英语的奴隶，国语为英语所征服罢了！

文字是语言记下来的符号，是文学建筑的基础与原料。章太炎先生说："著于竹帛，皆谓之文"，我想这只是指文字，而不是指文学。文字是以语言为根据的，是和语言为一体的；它是活的，有生命的，是一个民族在长期生活中用来表情达意的一种历史的产物。世界上没有人造的语言可以行得通。柴门霍夫等创造的世界语，有好几种，但是有那一个国家采用它？有几本书籍可读？所谓拉丁化，更是不通，如果用它来秘密通信或宣传，那是另一回事。若是要变更一国的语言文字，作这妄想的人应该知道这件事比变更政治社会的组织更要困难万分，因为语言文字有数千年的历史做后盾，是不容易推翻的。况且无论哪个国家或民族，对于它所固有的语言文字，都该极力保存。

语言变成文字，是由声音的符号进而成形体的符号，使人运用起来，格外灵敏，更易美化，更能表现复杂的思想。但是要做到这种地步，必须注意两点：第一是文字的标准化，就是要使每个字的涵义，都很确定而有标准。研究文字学的最大目的，也就在此。如中国的《说文解字》，《洪武正韵》，以及《康熙字典》等书，都是这类的工作。第二是文字的清纯化，就是要纯粹以本国的语言为根据，不夹杂外国的文字。凡是讲究写英文的人，都要写纯粹的英文（Pure English），不渗外国字。中国人现在说话写文章，最喜欢夹用外国字，这也是一个奇怪的风尚。（至于作学术讲演或写学术论文，那是另一问题。）当年英国约翰生（Dr. Johnson）所著的英文字典，至今法国法兰西学院（Académie Franéaise）所编的法文字典，注意都曾及此。（比如败北主义者（Defeatist）一字，为欧战以后新产生的文字，法兰西学院的字典中就不许有。）美国孟铿（H. L. Mencken）对于美国字汇所做的工作，也有类似的意义。近代各国因为交通的便利，事物的增加，和思想的繁复，常常吸收外国文字，以孳乳丰富其本国文字，不取深闭固拒的态度，这是应当的。就中国说的新字新词来说罢，如"氧"，"氮"，"氯"，"吠琉璃"，"波罗"，"菩萨"，"目的"，"手段"，"经济"，"方式"，以及通行军语中的"挺进"，"顽强"，"中央突破"，"延翼竞争"等等，何曾不是新的增加，而且吸收了多少外国的成分。由交通文化的接触，中国"字"与"词"的增加，乃自然的结果，我决不反对而且赞成。我所要特别提出的只是不可不变〔辩〕原形的吸收，不可生吞活剥的吸收，而须使其化为真正中国的文字罢了！

文字是思想的符号，没有文字，思想就不易表达出来，而因为有了某一种文字，也才能够表现某一种的思想。譬如希腊文很整齐和谐，所以最宜于表现希腊调协美化的哲学思想。拉丁文最庄严而合乎逻辑，所以最适用于罗马帝国的法律及文诰。法文具有极确定的结构，极有秩序的组织，所以表现任何繁复的思想，都极为明晰。德文则沉郁复杂，富有一种神秘的浪漫情调（Romantische Gefühl），也正可用它来表现德国哲学或文学的特色。（这所谓"浪漫"，并不像通常所称浪漫两字的含义，而系指其对于时空的神秘，能有幽奥绵渺的感受之意。）说到英文，它的特点是比较沉着实在，也正足以代表英国民族的特性。这不过是简单说明思想与符号交互的影响而已。

至于专门著作之中，符号与思想的关系，更为密切。有一次我读康德的哲学著作，计算其句主与谓语之间，相隔有二百七十三字，其思想之沉重郁积，可想而知。我又记得我在美国普灵斯顿大学（Princeton University）读书的时候，跟一位怀特教授（Prof. Fate）读英国哲学家葛灵（T. H. Green）的著作，觉得文字太繁复了，就问怀特教授，葛灵还是有意用这种复杂的文字，去表现他的思想深刻呢，还是他的思想真是非这样繁复的文字不能表现呢？怀特教授的答复是葛灵非用这样繁复的文字，不能表现他的思想。其实何独哲学思想如此，就是数学上的许多符号，不也是数学家发明了来运用和表现一种特殊的思想吗？严格的说，他们何曾不是另外的一套语言文字？

文字不仅是表达思想的符号，而且是文学建筑的原料。有完备的文字，才能产生完好的文学。文学可说是经过锻炼的文字；他更可反映一个民族的生命，发抒一个民族的情感，表现一个民族的理想。文学的功用，固然在表示个性（Individual Character），但是他的更大的功用，却在表示民族性（National Character）。因为文学所描写的，不只是个人生活单独的表现，而且是民族生活整个的表现。他不只表示个人的情感和想像，而且表示共同的情感（Common Feeling），和共同的想像（Common Imagination）；他不只是民族生活某一方面的表现，而且是民族生活各方面的总表现。他所写的虽然有时只限于一件事，而其所反映的是全体。他表现地理环境的反映，他表现政治社会的趋向，他表现宗教的情操，他表现道德的情感，他表现教育的观念，他表现大家所感受的共同的伤感，共同的快乐，和共同的命运。所以各国的文学，都有他特殊的风味，这种特殊的风味，就是那蕴蓄在一个国家或民族生活当中的特质，从文学里面透射出来的。所以我们可以说文学是民族生活的总表现，或是民族精神的总寄托。

但是反过来看，文学也影响整个的人生，影响整个民族的生命和命运。在文学当中所表现的观念，所描写的情景，所暗示的道路，往往可以帮助决定一个民族的思想，涵育一个民族的情感，确定一个民族生活的动向和竞争的途径。往往文学里面的几个字或几句话，能够鼓舞一个民族，使他兴起奋发；或是做一个民族共同理想的标帜，使他朝着一个方向而共同前进。他中间往往含蓄着一种力量——一种说不出的伟大的力量——使得一个民族"可兴可观，可群可怨"。所以要复兴一个民族，不得不注意他文学的内容和特质。十九世纪英国大文学家亚诺尔（Matthew Arnold）曾经说：文学是"对于人生理想的鉴赏"（The Appreciation of Ideals of Life），我们也不妨说文学乃是对于民族生命的鉴赏。

（二）

文学里面的派别，颇为繁杂，有所谓自然主义，理想主义，唯实主义，象征主义等等，此地不能详细的讲。我现在只提出中国的文学来讨论，看它有些什么特别的表现。而且我所讨论的中国文学，是偏重于美文方面的。

中国文学如加以一番透视，就可发现有以下几个主要的特质：

第一个特质是充满了忧乱伤离的情绪。我们翻开前人的作品，忧乱伤离的成分，是随处可以看到的。这大概是由于中国历代丧乱太多，以致影响文人的情绪所致，只是中国的文人，并不想克服这种情绪，而只是悲嗟叹息，忧伤终老。比如最出名的古诗十九首，内有一首云："行行重行行，与君生别离，相去万余里，各在天一涯；道路阻且长，会面安可期，胡马依北风，越鸟巢南枝。"这是何等凄凉！更古如《诗经》里面的"彼黍离离，彼稷之苗，行迈靡靡，中心摇摇，知我者谓我心忧，不知我者谓我何求，悠悠苍天，此何人哉！"这种的表现，又是何等悲惨！中国最传诵的《离骚》，就是从"忧谗畏讥"出来的。魏晋六朝的文学里面，忧乱伤离的成分特别多。孔北海有诗云："孤魂游穷墓，飘摇安所依，人生图嗣息，尔死我念追。"这正是悲观消极到极点的一种意境！庾子山的《哀江南赋》，是伟大的文学作品，但是我们读到"日暮途穷，人间何世，将军一去，大树飘零，壮士不还，寒风萧瑟"，也觉得有一种说不出的苍凉萧索。唐代的文学，是中国文学的黄金时代，杜工部的《秋兴诗八首》，也就含了不少的悲哀。至今我们在四川想到"夔府孤城落日斜，每依南斗望京华"之句，更感觉到无穷的酸楚。本来悲哀感叹，在文学里面并不犯忌，而且还可说是很好的材料，因为它最容易引起人们的同情，产生共同的联想。悲剧比喜剧容易做，就是这个道理。在英国文学里面悲哀（Sadness）也是极重要的一个因素，譬如莎士比亚的悲剧中，很多真悲极了。葛雷（Gray）所写著名的《墓地挽歌》（Elegy Written in a Country Church Yard），也带有浓厚的悲哀成分。但是有人批评英国文学里面，虽然有"悲"，可是"悲而不弱"（Sadness but not weakness）。中国的文学则不然，它所抒发的悲哀情绪，往往令人有"菟丝女萝"之感，真可说是悲而且弱了！

第二个特质是颓废。（颓废在英文里面叫做 Decadent。）这是文学里面最不好的东西。颓废是表现一种腐烂或朽蚀。有了颓废的人生，就容易产生颓废的情绪，而这种颓废情绪，反过来也足以影响人生，使人生更趋颓废。中国文学中的颓废倾向，可以说各个时代都有。远从建安时代起，已有此象征。东晋以后，颓废尤甚，都有愈趋愈下之势。那一世之雄的曹孟德，竟唱出"对酒当歌，人生几何，譬如朝露，去日苦多"的句子！《艳歌何尝行》更会享乐，这诗说："何尝快，独无忧，但当饮醇酒，炙肥牛"。曹孟德的儿子曹子建，也和他的父亲一样叹息着说："天地无终极，人命若朝霜。"徐幹做了一部《玉台新咏》，更是把人生看得毫无意思："人生一世间，忽若暮春草，时不可再得，何为自烦恼。"像这样悲观，一定会成颓废。颓废的结果，一定是过放浪自我，沉沦无底的生活。说到从军，便是"子弟多俘虏，哭泣无已时，天下无乐土，何为久留兹"（王粲七哀诗）。其实在战争当中，做俘虏是常事，哭有用吗？说到旅行，也是"行役怀旧土，悲思不能言，悠悠涉千里，未知何时旋"（应赐诗）。其实千里的距离，有何关系？人家还到北极去探险，岂不是更不得了！中国文人的颓废生活是具载史册的。举一个例子来说，晋阮籍最好饮酒，甚至一醉达两月之久。司马昭有一天派人到他家去，想给他的儿子对阮女求婚，就因阮醉了两月，以致来者未曾启口，无怪阮籍自己弄到"一日复一夕，一夕复一朝。颜色改平常，精神自损消"（咏怀诗）了。阮家的弟兄都是能饮酒的，有一天聚在一起饮酒，嫌杯子不方便，就拿大瓮盛满了酒，大家围坐在四面，相对痛饮，刚巧有一群猪子走过，他们并不把猪子赶走，反把猪邀来共饮！这真是颓废到不可想象的地步！晋朝开始有游仙诗，假托梦境，大抵讲男女之事，其颓废的表现，尤变本加厉。陆机说"特缘情而绮靡"，真是确论。我很抱歉，我此地所举的多魏晋六朝的例子，或是因为有时代的感触。我很惭愧，不能也不必一朝一朝的讲下去，唐朝西北的影响很大，文学的风气显有振作，但唐宋五代，词代诗而兴，其一般颓废的情绪，转甚于诗。仿佛只有弱女的闺怨，檀郎的相思，才是词的正当材料。（如岳武穆的《满江红》乃是武将之词，非文人之词，只是例外。）如晏几道的《小山词》可以说是词里的颓废代表作。甚至于理学名臣的欧阳修，填起词来也不能免。降到清代，文学里面，生力（Vitality）是不经见的了。

细密一点的说，中国文学里面，固多颓废的成分，但也不少激昂慷慨的杰作。这类作品约有两种：一种是亡国时代的文学，如文天祥的《正气歌》，谢皋羽的《晞发集》。其雄浑激越之气，真是难得，只可惜见于亡国之时，已嫌太晚了。另一种是野蛮民族一接受中国的文化，反容易产生伟大的作品。因为他们在初就不懂得粉腻的东西，他们不是士大夫阶级，他们有一种刚毅彪悍豪侠不羁的精神，所以发为文章，也不期然而然的有一种生力。譬如北齐斛律金的"敕勒川，阴山下，天似穹庐，笼盖四野，天苍苍，野茫茫，风吹草低见牛羊"，这首歌所表现的是何等的气概！又如元朝雁门萨都剌等的文学，也都有生力。这类的例子还有，不必多举。（近来我听见一首青海的民歌："我们的天，我们的沙，我们的牛羊，我们的家"，非常的莽苍浑成。边民自然之声，是与敕勒歌并传。）

第三个特质是形式主义（就是英文里面所谓 Formalism）。中国许多文人好讲形式，不讲内容，于是其作品一变而为字面主义（Verbalism）。文人的作品，大都在字面上用功夫，一字一句，都要磨练雕琢，甚至讲求对偶。对偶的风气，起源甚早。曹孟德的诗中就有偶句，如"熊罴对我蹲，虎豹夹路啼"；曹丕的诗中也有"菱芡覆绿水，芙蓉发丹荣"。弄到后来技术愈进步了，不但某句与某句对，而且某字与某字对；不但字的意义要对，而且字的偏旁也要对；不但句脚有韵，而且句中还有双声叠韵的对仗。这是中国文学的特点，为外国的文学所无的。外国文学里面，也间有排句（Parallism or Parallel construction），但因为文字结构的不同却是无法的。文到赋，诗到律，工整是工整极了，却常常弄到有躯壳而无精神。古诗拘束较少，尚易有好的文学产生，一到五律，七律，排律，就常见字的堆砌，而不容易有完整的作品了。譬如唐朝刘文房的诗"建牙吹角不闻喧，三十登坛众所尊，家散万金酬士死，身留一剑答君恩"是何等浑成的句子，但是后面凑上一句什么"渔阳老将""鲁国诸生"就把这前半首诗累坏了。所以孔云亭在《桃花扇》里只采用前四句，做在良玉出台的开场白，实在是对原诗最好的斧削。我的偏见是旧诗中绝句可以做，律诗却可不做，因为律诗的形式太严，对仗太讲〈究〉，难有完整而不凑的作品，多少性灵，也就埋没在里面了。以另一种所谓纯文学的眼光来讲，字面主义里面当然也有好的作品。如李后主的"多少恨，昨夜梦魂中，还似旧时游上苑，车如流水马如龙，花月正春风"。这"花月正春风"五个字，个个在线上活跃，个个在空气中动荡，是何等美丽。但是这种花月寄恨的情绪，且让亡国君主去表

现和领略罢。以诗的技巧而论，宋诗实高于唐诗，但是我终嫌他无唐诗
的元气，唐诗的灵魂，就是作者无唐人的生力。到了清代科举馆阁的文
人当道，那时文真是缠上小脚。最近什么《采风录》中的诗（注意其中
有不少汉奸之作），往往只录了几十个硬字四处乱砌而已，实在没有文
学的美感可言。现在的文学革命运动，以日用生活的文字来表情达意，
创造文学，是正当的，虽然还没有什么成熟的作品出现，但是文学经解
放后一定会有伟大的收获的。

　　第四个特质是山林主义。山林主义是自然主义（Naturalism）的一
部分，也可说是极端的自然主义。描写自然或欣赏自然，本未可厚非，
但若把自然看做生命的归宿，生命看做自然的附丽，那就变为山林主义
了。西洋人对于自然要讲求征服利用。荀子也不主张颂天而主张制天。
但一般中国人，尤其是文人，对于自然则惟有歌颂崇拜；其最高的意境
就是与自然相融合，为自然所吸收，成为自然的一部分，而不愿为自然
之主宰。这种态度，最初导源于老庄的思想。及至魏晋，就有所谓竹林
七贤，在幽□密□里面饮酒赋诗，过一种逍遥自在的生活。七贤中的嵇
康，在《酒会诗》中就曾咏叹道："猗欤老庄，栖迟永年！"自然是太伟
大了，个人是太渺小了；自然是不能征服的，也用不着去征服；个人应
该达观，应该旷放。傅玄说："常恐寒节至，凝气结为霜，落叶随风吹，
一绝如流光"，就是表示对于自然的恐怖和屈服。何晏说："愿为浮萍
草，托身寄清池，且以乐今日，其后非所知"，也是表示一种苟且偷安
的生活态度。全部的陶渊明诗集，固然充满退隐于自然的思想，就是翻
开中国任何文人的诗集来看，也都是想把自己融化于自然之中，而以隐
逸的生活，为平生的夙愿。本来隐居山林，也不必反对，诸葛亮何曾不
一度隐居隆中？不过他在隆中不是优游岁月，借息余年的，乃是抱膝作
《梁父吟》而关心天下事的。所谓"身在江海之上，心存汉魏之下"，正
是他当时的情形。若是人人都要遁世隐居，则"哀生民之多艰"者，还
有谁呢？中国的诗最好讲究闲适，淡远，这就是山林主义的表现。所以
山林主义也是中国文学的特色。不但文学如此，就是美术，亦复如此。
王摩诘诗中有画，画中有诗，才是诗画的最高境界。结果是人在画中，
我在诗中，把自我和自然都融化在一起了。这种文学，对于中国的民族
精神是影响很大的。我也勉强能领略自然。自然的美境，对于人生的修
养是很有裨益的。只是爱自然不必一定退隐山林；不然与木石居与鹿豕
游而度过一生，世间又何必多我一个呢？

　　第五个特质是个人主义（Individualism）。文学本带有个性的表现，但个性的表现与个人主义是两回事。个人主义常常专重个人而缺少群性。他与山林主义，常相关连。中国文学因为充满山林主义，所以就缺少共同生活，共同意志，共同情感和共同想像的表现。许多文学的作品，都只讲个人，只注重陶冶个人的性灵，发抒个人的感情，表现一种"林泉生活"的闲情逸致，绝少团体生活的兴趣。"独坐幽篁里，弹琴复长啸，山林人不知，明月来相照"，这种个人何等闲适。大概中国人的团体观念，仅到家族为止，家族以外，就是天下，中间的社会和国家两节是没有的，所以不知道民族与国家，也就缺少民族与国家的团体观念。阮籍有诗云："一身不自保，何况恋妻子？凝露被野草，岁暮亦云已"。他连家族都不顾，可以说是达到个人主义的极则了。文学里面最可宝贵的情绪，是"哀乐与人同"，要表现一种"先天下之忧而忧，后天下之乐而乐"的伟大胸襟，但是中国的文学里面，常缺少这种表现。因为中国的文人，除个人与家族外，很少注意到一般生民的惨痛疾苦的，纵有也只是嗟叹几声，至多不过说"知我如此，不如无生"，很少出生民于水火的积极意见和伟大怀抱。个人主义不但表现在文学里面，就在中国的音乐里面，也可以观察出来。比如七弦琴，就是林泉逸响的象征，要在海上孤亭，山间月色底下，才可以表现他高山流水平沙落雁的幽雅。现在游艺会中，有七弦琴的节目，弄到稠人广座里面，谈笑风生，真是最伤大雅的事。雅乐的衰落，是他本身无群性之所致。西皮二簧虽然俚俗，其所以能应运而生，替代雅乐，也是这个道理。

　　以上是说明中国文学的几种特质。这些特质，如果拿纯文艺的眼光来看，未尝没有独到之处，但是拿整个生命的眼光来看，就表现出很多的缺陷了。文学是时代的反映，某时代有某种文学的产生，这正是所谓文学的时代性。过去的时代和文学，都已经过去了，迷恋是不必的，模仿是笨事。在这民族生存竞争剧烈的现代，若是还要做那"采菊东篱下，悠然见南山"的诗句，这种"悠然"的情绪，何处可来？我们生于现在的时代，就应该创造一种现在的文学。但是要从事这种新文学的创造，至少必须注意以下几个问题：

（三）

　　第一是建设民族的文学。所谓民族文学（National Literature）并不一定是要表现民族主义的文学。一个民族"歌于斯、哭于斯、聚国族于斯",既有民族的集团生活,当然就有一种民族的文学情绪需要表现。我所说的民族文学,并不一定要慷慨激昂,句句带"怒发冲冠"的情绪,只是要表现一个民族共同的理想,共同的愿望,共同的想像,共同的情感,共同的生活。这种作品不只是描写少数人的喜怒哀乐,而是表现整个民族的悲欢离合。它所表现的必须是一个民族所共同感觉或共同需要的东西,所以悲则大家同悲,乐则大家同乐,我的心弦的震动,也就感应到大家心弦震动,我所感觉到的问题,也就是大家都感觉到的问题。我常常觉得:中国的诗里面,只充满了个人的抒情诗(Lyric),而很少民族的英雄诗(Epic);所以民族的精神,不容易唤醒发扬。十九世纪前半〈期〉,西洋文学的一大潮流,是浪漫主义;它和当时欧洲民族精神的觉醒,很有关系。你看法国最大的浪漫文学家拉马丁(De Lamartine)对于法国民族的解放,关系是多大!德国的席勒(Schiller)和歌德(Goethe)对于德国民族精神的振奋,影响是多深!英国的拜伦(Byron),是贵族出身,生活本很浪漫,但后来却毁家去国,以助希腊的革命。他《哀希腊》(*Isles of Greece*)的名篇,不但在欧洲发生很大的影响,就在中国辛亥革命以前,也何尝不风行一时。每个民族,都常以一个最伟大的文学家,为它的民族精神之寄托,如德国的歌德,意大利的但丁(Dante),英国的莎士比亚(Shakespeare)都是代表的名字。在外国文学家的百年祭或二百年祭,往往有很盛大的庆祝。譬如德国人纪念歌德的生日,真是举国腾欢。现在苏联政府的抬高尔基(Gorki),德国希特勒的抬 Stephan Georg 都要把他们造成一种共同的偶像,代表一种特殊的精神。美国立国较晚,其文学素以模仿英国为能事,如劳威尔(Lowell)、爱麦生(Emerson)诸位,都是以英国文学为规范的作家。但是最近如路易士(Sinclair Lewis)以专写美国道地风光,惯用美国十足土话为文学材料,其目的就是要造成独立的美国民族文学。他能得诺贝尔文学奖金,或者就是这个理由。

第二是建设人生的文学。艺术里面的两派:一派主张为艺术而艺术(Arts for arts sake),一派主张为人生而艺术(Arts for lifes sake)。前一派以为艺术是可以超越人生的,惟其能超越人生,才能将人生提高。艺术不只表现人生,而且表现多少宇宙的形态(Forms),人生不过是其中的一种形态罢了。后一派则以为艺术是人生的表现,没有人生就没有艺术。世界上许多现象,脱离了人生就没有意义,就没有生命。我的态度，就是主张艺术不能脱离人生的，因为艺术的表现，需要人类的情感与了解，惟有这种情感与了解，才能予艺术以生命。木雕的美人，未始形态不美，但是没有感情，没有灵魂，谁能娶他为终身伴侣？人们所以欢喜文学，乃因为文学是人生的艺术表现。他常常像一面纤尘不染的镜子，能澈里澈外地反映出人生的全部，使人对他一望，格外能自己认识自己。人类对于自己生命的活动和意义，是喜欢有人为他放映出来的："顾影自怜"乃是藏在人类生命里面的一种天性。从前英国文学家爱迪生（Addison）和施蒂儿（Steels）办一种周刊，名字叫《旁观者》（Spectator），在英国风行一时。有人评其成功的原因，在于他们的作品，含有一种人生的风趣（Taste），可以反照出当时社会的态度。真正的文学，不只是要反照出个人的生命来的，而且是要能反照出集体的生命来的。从这反照的光里，可以看见人生的缺陷，也可以看见人生的美丽，可以看见现在的环境，也可以看见未来的道路。我们应该从建设人生文学着手，以充实生命和扩大人生。但是从事这种文学创作的人，必须对于人生广大的经验有深切的体会。因为我所谓人生，当然不是指遁世的人生。遁世的人，只解生命的寂灭，而不解生命丰富的内容，于是体会不够，不能产生好的文学。而且我所谓人生，并不是指少数人的生活，更不是指个人的哀乐喜怒，乃是指一个民族或国家的共同生活。文学反照的区域愈广，则其影响的范围愈大，与其照一片叶子的形态，不如照一个山林的全景，虽然科学家有时看见一叶子，也可以推论到一株树的性质；但是那草长莺啼的春色，或古木寒鸦的秋光，还得让文学家全部摄取，才更有生趣可言。

第三是打破形式主义（Formalism）。中国文学中的形式主义，好像一套铁衣服，穿在身上，较诸镣铐对于囚徒的束缚，还要厉害。如小孩子一生下来，便戴盔披甲，那里还能发育长成？本来文学里有几种形式，为初学的人所应该学习，而不是绝对不需要的。文字构造的基本形式也可说是文学构成的基础。如果一句句子都写不通，如何能写文学？但是这是指训练的程序而言，并不涉及文学里的形式主义。形式主义是一种固定的畴范，一种死板的形式，一落进他的窠臼硬［便］动弹不得的。所以中国文学要求新的进展，必定要他能从形式主义里解放出来。旧的形式一旦不适用了，就必须另找新的形式，因为新的文学需要有新材料，而新材料往往不是旧形式所能表现的。所谓"穷则变，变则通"，就是这个道理。当年韩文公"文起八代之衰"，推翻流行的六朝文体，何曾不是从旧形式里解放出来？以后宋词，元曲，以及明以来的小说，也都是推翻旧形式而产生的结果。近来文学革命运动，并不是少数人好于立异，乃是大家在这时代对于文学的自然要求。有了新的思想，新的感觉，新的事实，新的境地，哪能不采取新的表现方法？严复用周秦诸子的文章来翻译赫胥黎的《天演论》还可以，因为这书还是一种通论。但是他用同样的文笔去翻译《穆勒名学》就不行了。我有次对过原文，他为了行文章腔调的关系，把一个逻辑的名词，在两行之内有三个翻法。这如何可以？这都是因拘于形式，所以成为削趾适履的现象。

（四）

第四是打破颓废主义。颓废主义是代表一种衰败，腐朽或没落。颓废主义如不打破，高尚的理想就无从表现，积极的人生也无从透露。颓废主义是由享乐主义而来的，是个人放纵于情欲的结果。这种人觉得人生没有一个理想的目标去奋斗，就消磨一生于醉生梦死的境界当中，所以他们的作品，无论为诗歌散文，都是这种思想与情调的透露。前面说过历来中国的颓废主义非常盛行，诗文中到处可以看出，至今仍是有增无减。不说旧的，就是新式的作品之中，也何尝不是换汤不换药的一套。著者不但以文学为消遣品，而且以自己为消遣品的典型。在中国是才子佳人的吟风弄月，比拟西洋的文学，至多也不过达到法国沙龙式的茶余酒后作品的境地。两方心心相印的结果，于是这类人介绍起外国文学来，便倾向到颓废主义这个宗派了。近来有些人介绍西洋文学，但是他并不介绍有生力，有高尚理想的作品，而偏要介绍那些颓废主义者的作品，如王尔德（Oscar Wilde）的小说与戏剧，文字何尝不美丽？我读了也很喜欢。他的小说如 *Picture of Dorian Gray* 文字固然美丽极了，但是他所写的人物，至多不过是近代式的王子哥儿。又如法郎斯（Anatole France）的散文，像 *Jardin depicure* 一书，文字真简逸，只是他所达到的境地，也不过是东晋清谈。我们又何必费心于此时去追逐模仿。就是谈到恋爱的作品，在西洋也不少热烈伟大，寓意高深的著述。不说但丁的神曲，就是但龙乌的《生命之火焰》一部小说，其感情之热烈，与文字的雄浑，也比王尔德的颓废主义好多了。恋爱而无生力，也是病态的恋爱。我们要表现我们民族的生力，不能不打破中国文学里的颓废主义。我们不但要打破中国文学里的颓废主义，还要注意防止外国颓废文学的侵入。

第五是打破怨恨主义。怨恨是一种无可奈何的表示，同时也是一种破坏性的根苗。抱怨恨主义的往往缺乏积极建设的勇气和观念，而只有消极的嗟叹或仇恨。他不努力去自反，去改进，而老是抱着怨天尤人的态度，于是激发人类一种最不好而最不应滋长的情绪。这种情绪往往最初表现在文学里面，而结果广被于整个社会。其影响之大，不可名状。本来高尚的文学，都应该具有充分人类的同情，以提高人类的理想，不应使其偏窄怨毒，以恨为能事，以恨为止境。我们要创造新的文学，就须从积极的方面着手，不应当陷入偏狭的怨恨主义之旋涡。小气的怨恨情绪是应当压制下去的。我不说社会的黑暗方面不应当写，我只说社会〈的〉光明方面更应当写。我不说社会的不平应当存在，我只说我们应常积极的提倡如何能使其不平化而为平。这一点不在材料方面而在作者的态度方面。我有一次论到讽刺，认为讽刺是改革社会的良剂，可是讽刺的作品有两种：一种我译作"心里刻"（Cynic），这种讽刺是毫无同情的。遇着什么事物，像狗一样，先用鼻子去嗅一嗅。嗅过以后，哼的一声，鼻子里射出两道冷气，天下的是非都没有了。另一种我称为"射他耳"（Satire），虽然他的话里也有锋芒，射进听者耳朵，可是他的本意是有充分同情心的。这两种的不同，就是由于态度的不同。试问中国近年来盛行幽默文字，何曾不是常属于第一种的范围。至于小说一类的文字，更大多数是以为描写"欲""穷""恨"三事为能品。杨今甫先生告诉我，说他一位朋友，专会写穷的小说。在一本作品里，仿佛暗示到他穷得连裤子都没有，于是感动了一位读者，一个女校的学生，竟从远道做了一条裤子寄来送他。那知道这裤子寄到的时候，这位方穿着讲究的□绒大衣，正要出去听戏！我是主张文学作品要从社会问题中取材的，只有作者无论运用那种社会的材料，必须有热烈的同情，高尚的理想，积极的态度在里面，否则只是增长人类嫉妒怨恨的情绪，徒然酝酿国家民族的分裂，于事何补？从前英国的文学家高尔斯华绥（Galsworthy）写了一部戏剧，名叫 *Justice*，演出以后，轰动一时，当时邱吉尔（Churchilll）为司法部长，看了非常感动，结果使英国的监狱大为改良。这是积极文学收效的一个例子。至于十九世纪北欧斯干底纳维亚的戏剧，不但为文学界的一个重要潮流，而且为社会改革的一个原动力，也是因为他有积极的方面。我们现在的文学，总应该提高人类优美的天性，而不应该培养人类怨恨的根苗。人类低等的天性发育滋长起来了，是不容易消灭的，是改进社会的障碍。

第六是企图创造伟大的作品。惟有伟大的作品，才能够奠定整个的文学，也惟有伟大的作品，才能够鼓舞整个的民族。伟大的作品怎样才能产生？固须伟大的天才，但是伟大的天才，也必须有深厚的培养。他的感情必须雄厚，气魄必须伟大。这些虽属生成，却也需要积蓄和培养，不轻易发泄，也是积蓄和培养之一道。"夫水之积也不厚，则其负大舟也无力"。所以区区杯水，只可浮芥叶而不能载舟。我感觉中国的文学里，优美的作品多而伟大的作品少。"援琴鸣弦发清商，短歌微吟不能长"，感情都从小的地方发泄尽了，如何能积蓄起来呢？即如现在的新诗，也往往只是些"云呀！雾呀！月呀！爱呀！"像茶壶里的蒸气一样，一缕一缕的飘荡出来，又如何能蕴蓄而成伟大的作品！纵观各个民族的文字和文学，一定有些伟大的作品，做他台柱，才可奠定起来。如德国文学的基础，可以说是最初靠一部马丁路德翻译的《圣经》，以后靠一部《歌德全集》。当然其他作者的贡献也很多，不过这二者可以说是经天纬地的骨干。再就歌德最大的著作《浮士德》（*Faust*）而论，他是几十年的功夫和心血所结晶而成的。仔细分析起来，他可以分成许多极好的小诗，但是综合起来，乃成一篇伟大的结构。又如意大利的文学，自然以但丁的《神曲》（*Comedia Divine*）为其灵魂之所寄。他是最高于宗教感情的人，所以他所写的恋爱，是热烈而又高超的恋爱。看他写出入天堂地狱的情景，气象萧森，神情幽远，真可以役使万灵，当《神曲》之名而无愧。再讲英国文学的基础，也如德国文学一样，一部是国王哲姆士时候所译的《圣经》，另一部就是莎士比亚的全集。莎士比亚最大的著作《哈姆雷特》（*Hamlet*），正是集合多少最深刻而有智慧的诗歌而构成的最精深且最伟大的悲剧。就以中国的散文而论，他的骨干，何曾不靠一部《左传》，一部《史记》，这两种杰构！可是中国的美文，却太支离脆弱了。以诗而论，中国诗中，我上面说过，中国只有抒情诗而无西洋式的英雄诗，不但没有希腊的 *Iliad* 和 *Odyssey*，就像英国密尔顿（Milton）的《丧失天国》（*Paradise Lost*）那样的长诗，也是没有。《孔雀东南飞》算是最长的一首诗，也不过一千多字。好像中国诗人的气力太薄了。所以我和西洋人谈到中国戏曲，总以《桃花扇》自豪，正因为这四十二出的剧本，借儿女的悲欢离合，写出一代的兴亡，一气浑成，是气魄很伟大的，也是中国文学中不经见的。乃近来一般文人，却专好提倡小品文，如《袁中郎集》，反而风行一时，某某的小品散文，竟成青年的圭臬。这没有什么奇怪，正因为这种小品文字，篇幅有限，几百个字一篇，写一点小故事，夹几句俏皮话，一看起来，可以一点不费脑筋。没有精神的人，自然乐于借此消遣。这类文字，供人消遣的目的是达到了，可是创造伟大文学作品的情绪却被他消磨了。我以为要创造中国的新文学，正应该创造伟大文学作品的企图。

第七是提倡历史传记文学。历史传记文学对于树立民族的精神，固然有很大的效果；就是酿成有文学价值的作品，也较容易。因为纯粹文艺的作品，多凭想像，是一种创作，往往可遇而不可求。所以一个时代之中，很难有几部具永久价值的作品。但是整个长期的历史，不但是极好文学的材料，而且他的本身，就是一部极美丽的英雄诗。若是根据这些繁复而有价值的史事，以文学的艺术写下来，为多少千万人牺牲生命而遗留的事迹，存着一个悠久的记载，使多少忠臣义士英雄豪杰一切可歌可泣可兴可观的丰功伟业永垂不朽，岂不是千古的盛事。这些产生伟大文学作品的材料，我们可以忽视吗？况且以中国民族历史之长久，事迹之繁多，其中悲欢离合的经过，不知多少，好好写来，不但是一部最伟大的英雄诗，而且可以成功多少部最伟大的英雄诗。在西洋文学中，历史的文学，非常丰富，名人的传记尤其众多。往往一个伟大人物的传记，多到几百种以上。不但考据精当而且写来是有骨有肉，生气勃勃的。尤其最近二三十年来，写传记文字的风气特甚。各国文字中出色的传记也非常之多。如德国路德威煦（Emil Ludwig），就〈是〉最善描写历史上伟大人物传记的一个人。他不但描写他们的专业，而且能描写他们的内心，也就是他们整个的生命。这一派就是现在所谓"心理的传记"（Psychological Biography）。这种传记读起来比什么历史上的"正传"岂只有趣百倍？伟大人物固为历史传记的主角，但是这些主角也赖历史传记而更传。他的影响也赖历史传记而更深更大。即以中国例子来说，为什么读《史记》的人多同情于项羽而少同情于刘邦？这正是因为司马迁把"项羽本纪"写得有声有色的缘故。可惜以后正史上的许多列传，多成为刻板公式的文字。即私家碑传，也都化为有格律的碑板金石之文，毫无生气。深刻的内心描写，更说不上了。清初邵长蘅却是一位在格式限制以内，还能运用生动的文字以写传记这［的］作家。明末忠臣义士，颇有赖他所写的传记而名益彰者。如守江阴的阎典史就是一个例子。可惜中国的传记，总是太短太略，太注重公行为而不及私生活，所以成本的传记，绝对少见。我想，为了启发青年的观感，鼓舞民族的精神，我们应当提倡一种新式的传记文学。不只是伟大的政治家，军事家应当有好的传记，就是伟大的思想家，科学家，艺术家也应当有好的传记。这是近代中国文学上最值得努力的一件事。

<h2 style="text-align:center">（五）</h2>

第八是建立文学与音乐的关系。这个主张有两重意思。一重是美文里面多参加音乐的质素，务求其与音乐的自然节奏相接近。一重是使音乐家将可谱成乐章的文学，多多作谱，使家弦户诵，广为流传。这不但可使文学普遍化，而且可提高一般人艺术生活的兴趣。文学在最初是与音乐很接近的。只看初民时代都有歌诗，而文学史中也以韵文发展为最早，就可想见。文出心声，诗本天籁，正是这个道理。至于文学借音乐以流传的例子，更多极了。如德国歌德的文学，影响如此之大，并不是人人能看《歌德全集》，乃是三尺童子都能唱歌德的诗，因为歌德的诗谱成音乐的太多了。德国大音乐家华格纳尔（Richard Wagner）之所以能独步，固然是他的音乐好，也是由于他能把自己的诗词与自己的乐谱，打成一片。如他最出名的歌剧《尼不龙根四部曲》，就是他自己的词句与音乐凝成的结晶品。这是许多谱乐家所不能的。就以中国文学而论，远的不必说，唐朝李白的《清平调》，本来是写供杨贵妃歌唱的。李贺乐府数十篇，当时云韶诸工，皆合之弦管。刘禹锡竹枝词十余篇，武陵谿洞间悉歌之。白居易的诗中就有"歌中多唱舍人诗"和"老去将何散老愁，新教小玉唱伊州"的句子。元微之送白居易的诗更对他的朋友道："休遣玲珑唱我诗，我诗多是别君词"。唐朝一代诗风之盛，一定与当时人的普遍能诗很有关系。五代和北宋之词，都可歌唱，如柳永则教坊乐工每得新腔，必求其填词，然后歌唱。所以普遍到"凡有井水饮处，即能歌柳词"。苏东坡的"小秦王"调是能歌的。旧印姜白石的词集中，都夹有宫商谱，这正是他"自琢〔作〕新词韵最娇，小红低唱我吹箫"的结果！到宋以后，音乐与文学渐渐分离，洎至愈隔愈远。词不能尽唱的时候，曲还能唱。到后来连许多写成的昆曲，非改谱以后，也不能唱。文学与音乐分离的结果，便是文学与民间的生活隔离。文学只限于少数文士的玩好，而大众的感情生活乃无所寄托，无从发泄。所以一班俚俗的人手拿胡琴，口唱"我好比笼中鸟"，不为无因，不是完全可以责备的事。最近西洋音乐传入中国以后，音乐的内容自然格外丰

富。因为中国音乐只有节奏（Melody）而无和声（Harmony），西洋音乐则兼而有之，所以不只是平面的而且是立体的。可是不幸得很，西洋音乐，最初由日本学校转过一道，才传入中国学校，现在还遗留了一些简单可笑的调子，就是当年的余毒。前几年更有一班浅薄淫荡的文人，略尝音节，作为淫□之词，以投纨绔青年之所好，于是什么"毛毛雨""桃花江""可怜的秋香"风行一时，音乐与文学都被他们侮辱尽了。现在这些靡靡之音，虽经禁止，但是好的"音乐的文学"和"文学的音乐"均未产生。在这感情动荡最烈的时候，是最容易产生以前两种作品的。我们现在不可缺少这种企图。

以上八点，是我们所希望的新文学中可以包含，而且在创造程序中所应当注意的。至于如何可以创造出这种新文学呢？这就难说了。"大匠能授人以规矩，不能使人巧。"何况我非大匠？"神而明之，存乎其人"，这是为文学的创造家所说的话。不过从事新文学的人，若是要努力这种创造，还应当把以下四点，时时存在心里。

第一要抓住时代的精神。文学没有时代的精神，就是没有生命，没有灵魂。复古与仿古，都是不行的。古人好的东西，我们可以吸收以为我用。但是吸收之后，便是我们的而不是古人的。我们不过运用这种基础，以为进一步的创造。不但形式不必模仿，而且内容也不必模仿。因为古人有古人的环境，我们有我们的环境；古人有古人的思想，我们有我们的思想；古人有古人的时代，我们有我们的时代。刻意模仿，纵然能到惟妙惟肖的境地，也不过是"乱□叶"的假古董，把我们弄成"近代古人"。有何生趣可言？有何创造力可发挥？研究文学史，艺术史，甚至于研究整个文化史的人，最当注意的一点，就是某个时代的精神。把这种时代精神来做衡鉴，不但可以辨别作品的价值，而且可以辨别作品的真伪。汉人的文决不是唐人的文。宋人的画决不是明人的画。就西洋而论，文艺复兴时代的美术，决不是罗可可时代的美术，稍有训练的人是可以一望而见的。所谓某时代的"作风"，就是某时代精神的表现。何况我们生于近代的时代，一切环境与古人迥异，一切的事物更是古人所想像不到的。我们心灵的活动，难道不要求新的精神来表现吗？

第二要扩大自己的经验。经验不宏富，作品便枯燥、便偏窄、便拘泥。闭门造车固不可，闭门造文学也不可。要创造伟大文学的作品，必须创造的人自己看得多，听得多，经验得多，体会得多。"取精用宏"，才能有好的成就。歌德说他的著作，是从"行动"（Action）中得来的，而不是从"凝想"（Contemplation）中得来的，正是这个道理。其实何只〔止〕歌德，没有苦谏忧国，行吟泽畔的经验，决不会有《离骚》。没有名山大川的游历，上封事下蚕室的经验，决不会有《史记》。没有参预裴度戎幕的经验，决不会有《平淮西碑》。没有生经乱离，流离入蜀的经验，决不会有杜诗。有清一代，尤其是在乾嘉年间为甚么没有特殊的好诗，就是因为当时的才士，多罗致在馆阁之中。这些馆阁人物的经验，不是因明显的□值，便是武英殿的校勘。不是崇效寺的牡丹，便是什刹海的荷花。这样经验的范围，那得不使他们一和再和，三步韵五步韵，弄到诗都缠了小脚呢？"今日甫成堂构，明日便上诗篇"，正是当时痛心之论。所以清代纵有好诗，往不在朝而在野，不在得意的时候而在充军的时候。我们生于现代，交通上具如此之便利，各种生活如此之复杂，时代震动如此之剧烈，苟能扩大我们经验的范围，广事吸收，酝酿，吐纳，我相信一定会有伟大文学作品产生的。

第三要研究外国文学。就是除了能运用本国文学自然而且纯熟之外，还要精通一种或一种以上的外国文字。不但外国文学中有许多作品可以供我们借鉴，供我们观摩，而且有许多方法供我们采取，许多词句供我们吸收。使我们看了，能得新的领悟，新的启示。我们的人生不是闭关自守的人生，我们的文学也不是闭关自守的文学。世界各国之中，文学间起交互影响的甚多。英国文学中有法国的影响，法国文学中有英国的影响。德国文学中有英国的影响，英国文学中也有德国的影响。互综交错，不胜枚举。而且每逢两种文学接触之后，常常有新的成就。即以中国文学而论，唐朝的翻译文学，何常〔尝〕不是中国文学与印度文学接触的结果。我们多打通一种文学，就是新辟一块领土。许多开辟好了的领土等待我们作不用武力的占领，我们为什么如此谦让呢？研究和介绍外国文学是积极赞成的。不过我附带要有一个警告，就是我们要研究介绍他国文学，必须研究介绍他们第一流的作品，不要拿人家第二第三甚至于第四流的东西来作宝货。因为现在有这种现象发生，所以我们特别提出。"取法乎上，仅得乎中。取法乎中，其将若之何！"

第四要有科学的训练。我们生在科学的时代，我们的文学作品决没有不受科学陶镕而可以成功之理。我们的文学决不是咬文嚼字可以成功的，也不是皓首穷经可以成功的。我们的见解，我们的判断，我们的方法，有赖于社会科学和自然科学的正多。社会科学不必说了，就是自然科学也能供给我们的启示、我们的材料。如英国威尔斯（H. G. Wells）

的小说，别开生面，自成一家，就是一个显著的例子。他想像的丰富，材料的新颖，无一不从科学中得来，自然科学还可以供给我们方法，譬如自从"心理分析"（Psycho-Analysis）这种科学出来以后，西洋文学界大受影响。如人格之描写，动机之捉摸，事变之观察，往往从心理分析的方法中得来。就一般来说，自然科学还是我们一种思想的训练，不但教我们观察，而且教我们如何能观察准确。这也是文学所少不了的。这种科学影响文学的趋势，现在继长增高。我们不注意采择，便容易落伍。

最后我要综论到中国语言文字与文学的关系。我相信在中国最初的时代，言文是合一的。到春秋战国时代还是如此。"不学诗无以言"，"诵诗三百，使于四方，不能专对，虽多亦奚以为"，都是表示这言文一致的现象。（或者当时士大夫阶级说的话文一点，也未可知，但决不是全部的言文分离。）以后言文相隔渐远，于民族文化间起了一重鸿沟。现在我们要消灭这种鸿沟，非实行创造新的国语文学不可。自从文学革命发动以来，这二十多年的实际经验，证明我们现在已经有了一种通行可用的国语。无论如何，现在的白话文章，写出来以后，大家可读可懂，是一种不可否认的事实。这种国语的构成，大约有两个重要成分。一个是几百年以来白话小说，通行各地，于潜移默化之中，为国语文学打下了一个强固的基础。一个是西洋文法的影响，使其组织渐趋精密化，条理化。现在有人说他是欧化的国语，也不无一部分的理由。这种工具现在成立了，虽然在成立之初，不免有一点粗糙，一点不顺适不灵敏，这正是常事。也正如德国文学一样，虽然马丁路德翻译的《圣经》，为近代德文打下了基础，但是一定要等歌德和席勒的全集出来，德国文学才能纯熟雅正。英国文学，也有同样的前例。所以我们只须假以相当时日，等候中国文学中产生这同样伟大重要的作品罢了。

说到此地，还有两个问题应当附带论到的。一个是所谓土话问题。无疑义的各处方言之中，有许多可以做文学吸收的材料。如吴稚晖先生的文章里面，就杂有俗语的成分，为他种表现所不能达到的；他运用恰当，所以虽俗而大家能懂。至于故意的用某地方言来做文学作品，则大可不必。不但不必，而且是一种破坏国语，妨害民族统一的动作。如近代无聊的小说《九尾龟》是用苏州娼妓的苏白写的，《广陵潮》是用扬州娼妓的扬帮话写的。试问我们全民族希望这种国语吗？

另一个便是边疆语言问题。我国文字，当然是以汉字的国语为主体。这不是勉强的事，这是人口多寡，文语精粗，和文化水准的自然结果。我国边疆上的同胞，人数总计不过千万左右，占全国人口约四十五分之一，而且其中有许多是能作汉语的。即以苗文而论，我们苗族同胞决不能用苗文写一部初中的物理学，化学。以前丁文江诸先生出版一部《中华民国新地图》，其中有一张"语言区域图"，非常之易于引人误解。这张图上所画的"中国语"区域非常之小，看去似乎我国语言文字在本国境内的力量薄弱极了。不知许多沙漠高山之中，根本就没有人，何来语言，更何所谓语言区域。我有一次和原制图人赵元任先生谈过，他也认为可以而且愿意修改。为他种的理由，我也赞成研究边疆语言。但是这是一种融合的初步，决不能如爱尔兰的克尔梯克语运动一样，利用他来做分离运动的基础。我希望我们边疆同胞中多产生几个耶律楚材、萨都剌、米芾、鲜于枢、高克恭、纳兰性德……不要故步自封，因文字的关系而和我们不可分解的中华民族脱离。

在这个伟大的时代，我们的刺激多，经验广，心弦震动厉害，我们应当产生伟大的文学作品了！何况我们已经有了国语的基础，可以供我们充分的运用？我们现在的工作，只要把国语格外的普通化，文学化。但是这就需要我们蕴蓄深厚的感情，培养雄奇的气魄，善用众多的方法去从事于新文学的创造。

丹麦大文学批评家柏兰底士（George Brandes）说得好："语言好像一个乐器，常时需要调音。一世纪之中，总有几次，一个文学的语言，要重新调整音节一下的；因为没有一代人能满足于前一代人的思想，所以文学世界中没有一群人能运用前一代人所用的语言。"

学问与智慧[*]

（1938—1939）

学问（Learning）与智慧（Wisdom），有显然的区别。学问是知识的聚集（Accumulation of knowledge），是一种滋养人生的原料，而智慧却是陶冶这原料的镕炉。学问好比是铁，而智慧是炼钢的电火。学问是寸积铢累而来的，常是各有疆域独自为政的。他可吸收人生的兴趣，但是他本身却是人生的工具。智慧是一种透视，一种反想，一种远瞻；他是人生含蕴的一种放射性；他是从人性深处发出来的，同时他可以烛照人生的前途。

有人以为学问就是智慧，其实有学问的人，何曾都有智慧？世界上有不少学问淹博的人，而食古不化，食今亦不化，不能融会贯通，举一不能反三，终身都跳不出书本的圈子，实在说不上智慧二字。这种人西洋便叫做"有学问的笨伯"（A learned fool），在中国便可称为"两脚书橱"或"冬烘先生"，反过来说，有智慧的人也不见得都有很好的学问。有一种人，读书虽然不多，但他们于人情事理，都很通达，凭借经验，运用心得，"官知止而神欲行，依乎天理，批大郤，导大窾"。这种的人，你能说他没有智慧吗？

学问是不能离开智慧的；没有智慧的学问，便是死的学问。有许多人从事研究工作，搜集了很多材料，但往往矻矻穷年，找不到问题的中心，得不到任何的结果，纵有结果，也是无关宏旨——这便是由于没有智慧。而有智慧的人则不然，他纵然研究一个极小的问题，但却能探骊得珠，找到核心所在；其问题虽小，而其映射的范围，却往往甚大。譬

* 原文作于 1938 年 12 月 19 日、1939 年 1 月 23 日。录自《新人生观》，重庆商务印书馆 1942 年 6 月版。

如孟德尔（Mendel）研究豆子的交配，居然悟出遗传的定律，奠下了遗传学和优生学的基础，就是一个例子。再说进化论的创立者达尔文。在达尔文以前，何曾没有富于学问的生物学家，看见过海边的蚌壳，山中的化石，类人的猩猿，初民的种族？何以不能发明物竞天择，最适者存的天演公例？等达尔文发明以后，于是赫胥黎慨然叹曰："这个道理，傻子都应该知道，为什么我以前不知道？"于是他奋身而为达尔文的"牛头狗"（Bulldog），为他张目。当代的物理学家，爱因斯坦有人称他为牛顿后第一人。他的相对论是科学里一个稀有的创获。但是他自己却对人说："我的发明其实很简单，只是你们不看见罢了！"他能看见别人所看不见的，便是他的智慧过人之处。

世间不但有缺乏智慧的人，而且也有缺少智慧的书。我们可以把书分为两大类：一类是有智慧的，一类是无智慧的。有智慧的书，是每字每句，都和珠玉似的晶莹，斧凿般的深刻，可以启发人的心灵，开辟人的思想，有时可以引伸成一篇论文，或成一本专书。这就是英文中所谓"灿烂的书"（"Brilliant book"）。无智慧的书，往往材料堆积得和蚁丘一样，议论虽多，见解毫无。纵然可以从他得消息，却不可以从他得启示，在著者是"博而寡约"，在读者是"劳而无功"。这就是英文中所谓"晦塞的书"（"Dull book"）。然而这类的书多极了，读者要不浪费时间，就不能不精为选择。须知著书固要智慧，读书也要智慧。"读书得间"，就是智慧的表现。"鞭辟入里"，"豁然贯通"，都不是容易的事。若是像讽诵高头讲章的读法，则虽"读破五车"，有何用处？

学问固然不能离开智慧，同时智慧也不能离开学问。有学问的人，虽然不一定就有智慧，正和有智慧的人不一定有很深的学问一样，但是智慧却必须以学问做基础，才靠得住。戴东原说："且一以自然为宗而废学问，其心之知觉有止，不复日益，差谬之多，不求不思，终其身而自尊大，是以圣贤恶其害道也"，正是这个道理。无学问的智慧，只是浮光掠影，瞬起瞬灭的。他好像肥皂泡一样，尽管可以五光十色，但是一触即破。唯有从学问中产生出来的智慧，才不是浮光，而是探照灯，可以透过云层，照射到青空的境地。唯有从学问中锻炼出来的智慧，才不是幻灭的肥皂泡；他永远像珍珠泉的泉水一般，一串串不断的从水底上涌。也唯有这种有根底的智慧，才最靠得住，最为精澈，最可宝贵。

若把学问譬作建筑材料，那智慧便是建筑师的匠心。有木，有石，甚至有水泥钢骨，决不能成为房子；就是懂得材料力学，结构原理，也只可以造成普通应用的房子，而决不能造成庄严壮丽的罗马圣彼得（St. Peters）或巴黎圣母（Notre Dame）教堂。这种绝代的美术作品，是要靠艺术家的匠心的。但是材料愈能应手，匠心愈能发挥；构造的原理愈进步，艺术家愈能推陈出新。材料与技术对于作风的影响，整个的美术史，尤其是建筑史，都可以证明。所以学问与智慧是相辅为用，缺一不可的。我们不但需要学问，而且需要智慧——需要以智慧去笼罩学问，透视学问，运用学问。

学问应如何去寻求？智慧又如何去浚瀹？更应如何以智慧去笼罩，透视，并运用学问？这是思想方法的问题。思想不是空想，不是幻想，而是有严格纪律的一种意识的训练。思想当然不是别人所教得来的；没有思想的人，别人不能强他有思想，正如西洋古语所说："你能引马就水，但不能教马喝水"（"You can lead a horse to water, but you cannot make him drink"）。然而思想是可以启发的。教育的最大功用，就是启发人的思想。所谓"不愤不启，不悱不发"，就是承认思想有启发的可能。思想应如何去启发呢？当然非有训练思想的方法不可。我现在先提出中西两大哲人关于训练思想的指示来。

中国的孔子讲学时，曾提："毋意，毋必，毋固，毋我"四个戒条。无论经学家如何诠释，我们拿近代思想方法的眼光来看，可以得到一种新的领悟。毋意可以释作不可凡事以意为之。没有根据先有论断是要不得的。这就是成见（Prejudice），成见与科学探讨的精神不相容。毋必是不可武断（Dogmatic）。武断是虚心的反面，往往以不完备的知识，不合的见解，据为定论。毋固是不可固执（Obstinate），拘泥胶着，拒绝新的事物，新的假定。堕入樊笼而不自解，钻入牛角心里而不自拔。毋我是不可以自己为中心，以自我为出发点（Ego-centric predicament），妄自尊大，正是所谓我执。这种胸有所蔽的看法，在逻辑上不能允许，在认识论上也不能容。必须破除以上各蔽，乃能清明在躬，洞烛万象。必须如此，才能浚瀹智慧。必须如此，才能役万物而不为万物所役。为学求知应当如此，就是人生修养，也应当如此。

近代西洋的大思想家培根（Francis Bacon），在他所著的《学问的进展》（The Advancement of Learning）一书中，讨论思想错误的原因，可说精辟极了。康第拉（Condillac）曾说："世人了解思想错误的原因者，莫过于培根。"培根以为人类思想的错误，乃是由于有四种偶像（Idols）。这种偶像，佛家称为"执"，我们称为"蔽"。第一是"部落的偶像"（Idols of the tribe），可称"观感之蔽"。就是说对于一个问题，先按照自己的意见决定好了，然后才去寻找经验，再把经验团捏揉搓得和自己的意思相合。这无异手提着一个蜡人再向他问路。这是一般人最易犯的错误。现在有些大学生做论文，往往先有了结论，然后去找材料，好像药店里打好了装药的抽屉，安放得整整齐齐，再待把药材分别堵塞进去，就算完事。他不是从材料里去逐步寻求真理，乃是把他的所谓真理去配合材料。这种工作，是白费的。第二是"山洞的偶像"（Idols of the cave），可称"自我之蔽"。这与个人性格有关系。每个人因为他性之所近，常常在意识里形成他的一个所谓"洞"或"窠"。这种"洞"或"窠"，常把自然的光线屈折或遮蔽了，于是一个人就像带〔戴〕上颜色眼镜，带〔戴〕了蓝色眼镜，便说一切是蓝，带〔戴〕了黑色眼镜，便说一切是黑。结果是是非不明，黑白不分。这种"洞"，人的思想一跌进去，便是不容易爬出来的。第三是"市场的偶像"（Idols of the market），可称"语言之蔽"。这是从人与人的接触之中而生的。人与人相接触时，不得不用语言来交换思想，但语言所用的字句，常以群众所了解者为准，所以字意常不确定，或不完备，而真理遂被湮没。人类思想的错误，很多是由此而来。逻辑最重要的目的，就是确定每个字的意义，而使其有一定的内容，以免"失之毫厘，谬以千里"。政治煽动家说的话，大都是极漂亮而动听的，但是仔细分析起来，有几句是确定可靠的？庄子说"言隐于荣华"，其实这种语言是和无花果树一样，以他的叶子隐盖着他无花的羞辱。第四是"戏院的偶像"（Idols of the theatre），可称"学统之蔽"。人类有些思想上的错误，是由于传统的信条或对事实错误的证明而来。古今来各种派别的哲学系统，往往不啻是戏台上一幕一幕的戏剧，各人凭其主观的想像而编成的。如果有人堕入彀中，深信不疑，便很容易固执偏见，抹杀其他。中国过去的学派之争，如所谓朱陆异同的聚讼，都于不知不觉中犯了这个毛病。

我们根据这两位哲人的指示，就可知道要训练思想，必须注意以下几点：

第一是去蔽。去蔽是训练思想的第一先决条件。必须能够去蔽，然后才能透视一切，大澈大悟，达到智慧最高的境界。必须去掉孔子的所谓"意""必""固""我"，必须去掉培根的所谓四种偶像，然后才可有虚明豁达心胸，接受一切的真理。否则阴翳在心，障碍在目，欲求真理，真理愈远。荀子有《解蔽篇》，说得很痛快。他说，"墨子蔽于用而不知文，宋子蔽于欲而不知得，慎子蔽于法而不知贤，申子蔽于执而不知知，惠子蔽于辞而不知实，庄子蔽于天而不知人……此数具者，皆道之一隅也。夫道者体常而尽变，一隅不足以举之……然则虚也者谓毋若数子之蔽于所已臧之一隅，而害所将受之道也。"我们要知道智慧所烛的，决不仅是道之一隅！

第二是分析。分析可分两部分讲：一是事物的分析。宇宙的万象，交互错综，复杂极了，要全部加以研究，自为事实所不许可。所以生物学家只抽出一部分有生命的现象来研究，地质学家只抽出一部分无生命的现象来研究。这便是以类别来分析的办法。二是观念的分析。譬如语言文字所包含的意义，若要论事穷理，便非先弄清楚不可。不然，就生许多误解，许多枝节，许多争论。哲学争论之中，尤多文字涵义之争。从前黄远生先生有一篇文章，叫《笼统为国民之公敌》。这"笼统"二字，是中国人思想上最大的病根，不知误了我们多少事。我们要国民有清晰的思想，非把许多语言文字里所包含的观念，先行"刮垢磨光"一番不可。

第三是综合。综合就是将分析所得的结果，组织成一个完整的系统。综合的最大目的，就是在求思想的经济（Economy of thought）。科学的公式，必须能以简驭繁，就是要把最简单的公式，解释和驾驶许多繁复的现象。无综合头脑的人，常觉得宇宙间的万事万物，不是各不相关，就是紊丝一团；而在有综合头脑的人看来，则觉得处处关连，头头是道，可以从中找出一个整齐的头绪，美丽的系统。

第四是远瞻。讲艺术要注意远景，讲科学何独不然？从事科学工作的人，因为研究专门的东西，最容易囿于一个狭小的范围，而把大者远者反遗忘了。专家的定义是"一个人在最小的范围以内，知道最多的东西"。所以专靠专家来谋国，是可以误大事的。蒋百里先生，在他的《日本人》中，形容日本见树木而不见森林的情形，有一段话最足发人深省。他说："日本人很能研究外国情形，有许多秘密的知识，比外国人自己还要丰富。但正因为过于细密之故，倒把大的，普通的忘记了。譬如日本人研究印度，比任何国人都详细，他很羡慕英国的获得印度，但是他忘记了英国人对印度的统治，是在大家没有注意时代用三百年的工夫才能完成。而日本人却想在列强之下三十年内要成功。日本人又研究中国个人人物。他们的传记与行动，他很有兴会的记得，但他忘记了中国地理的统一性，与文字的普遍性，而想用武力来改变五千年的历史的力量，将中国分裂。他又羡慕新兴的意大利与德国，开口统制，闭口法西斯，但他忘记了他无从产生一个首领。"这一段话，我不厌求详的写下来是因为他不但是给日本人一顿严厉的教训，也有可供我们深思之处。我们所理想的科学家与思想家，不应钻在牛角心里，而应站在瞭望台上！

以上四点，都是值得每个研究社会或自然科学的人加以深切注意的。黄黎洲说，"无速见之慧"，智慧是要努力才能浚瀹的。我们要努力求学问，我们更要努力求智慧！唐人高骈有一首诗道："炼汞烧铅四十年，至今犹在药炉前；不知子晋缘何事，只学吹箫便得仙！"这是一首很有哲学意味的诗。

哲学最早的定义，就是"爱智"，也就是对于智慧的追求（Pursuit of wisdom）。他对于宇宙和人生是要看整个的，不是看局部的；对于历史是要看全体的，不是看片段的。一时的便宜，可以酿成终久的吃亏。穷兵黩武的野心家可以造成无数战场的胜利，而最后得到的是整个战局的失败。这是缺少智慧的结果。现在的世界，学问是进步了，专门的知识是丰富了，但是还有这种悲痛，残酷，黑暗，毁灭的伟大悲剧，表演出来，这正是因为人类智慧贫乏的缘故！想挽回人类于空前浩劫的人，在这阴翳重重的世界里面，只有运用慧剑，才能斩除卑狭私伪，骄妄怨毒，寒心蔽性的孽障，才能得到长久的和平。希伯来古话说得好，"快乐的是能寻着智慧的人，是能得着了解的人。"（"Happy is the man that findeth wisdom, and the man that getteth understanding" — "Proverbs"）

在现代机械文明工业社会里面，谁都容易感觉到生活的紧张，干枯和单调。因此而更感觉到厌倦，烦闷和不安。有的是情感的刺激，无的是情感的安慰。刺激多了，不是神经麻木，就是情感的横溃，甚至于由厌倦而悲观。在平时如此，在战时为尤甚。

知识的训练要紧，生产的方式要紧，工作的效率要紧，但是情感的调剂至少也同样的要紧。一张一弛的道理，不只是适用于调弓，而且适用于人生，人生的弛是必需的，但是这"弛"不是等于放纵，不是等于懒惰。要求"道德的假期"是无补而且有害于人类心灵的。让我们把眼光转移到文化的修养上去罢！

麻木，横溃和悲观固然要不得，但是做人到粗俗，犷悍，鄙吝，僿野的境地，也是十分的可厌。若是只讲物质文明的享受而无精神文化的修养，结果一定到粗俗，犷悍，鄙吝，僿野的境地。

有几位西洋的文化哲学家，常是给文化（Culture）与文明（Civilization）两个名词，以不同的涵义，至少他们把这两个名词的着重点看得不同。德国人所谓文化（Kultur）的涵义，固带日耳曼文化特殊的彩色，但是他们看得"文化"与"文明"的分际，似乎格外明显。他们用这两个名词的时候，于不言而喻之中，总觉得文明是偏重物质的，外界的，而文化是精神的，内心的。一个民族尽管没有许多物质文明的发明和享用，但是他却有优美文化的表现和享受。人们能在不知不觉里，流露他持身处世的德性，超凡越俗的领会，美丽和谐的心灵，这一切都是民族文化和个人浸淫在自己民族文化里的结果。纵然他没有飞机旅行，没有电梯代步，没有抽水马桶使用，但是我们能不尊重他吗？能说他没有文化吗？

更具体一点说罢。找一个非洲的卜絮曼（Bushman）族的人来，把他放上飞机他一样能旅行，拖上电梯他一样有代步，拉到新式的厕所里他一样能使用抽水马桶，若是教会他如何按那简单机纽［钮］的话。但是把他请到欧洲的大美术馆里看拉飞耳（Raphael）的名画，他就要觉得反不如他们山洞里画的马面牛头；到著名的音乐院里听贝多芬（Beethoven）的音乐，他就要觉得反不如他们赛神跳舞时的木钲战鼓；到图书馆里看莎士比亚的名著，他更要觉得不如他们祭司的神符鬼篆。可见文明的结果是容易享受的，而文化的结晶是难于领略的。

若是"文化"这个名词是译西方 Culture 这个字的话，我认为不但非常满意，而且格外优越。中国先哲对于人生的教育和社会的文化，是认为要文质并重的。"质胜文则野"是孔子的名言。必须要"文质彬彬"，然后能成为"君子"。这个"文"字有很博大的意义，包括丰富的生活方式在内，决不是"文绉绉［绉绉］"的"文章之士"所可窃为己有的。"化"字的意义尤妙。圣哲固须达到"大而化之"的境界，就是普通的人也可以受到潜移默化的影响。可见文化是弥漫浸淫在整个民族之内的，更非一个特殊阶级的人所可假借。文化是民族心灵的结晶，文化也是民族精神方面的慈母。要提高民族道德，非提高民族文化不可。道德虽然可以说是文化的一部分，但是他却是硬性的，直径的部分，文化的全部是含煦覆育，如春阳一般，温暖到每个人内心的。

我们要每个人都能注重到文化的修养，从而扩大到整个民族文化的修养。这是没有问题的。现在的问题是如何能进行个人文化的修养？

当然学问是修养的要素。中国古话说"学问深时意气平"，正是学问能影响修养的一种表白。当然经验是修养必经的过程，不经过种种的磨炼和波折，那能陶镕出人生真正的修养？然而我现在着重的不是这显然的真理，只是大家当是忽略的部分——情感，也可以说是由情感影响到心灵的部分。

要陶冶情感，莫善于美的教育，所以我从这方面提出三件特别有关美育的文化来讲。

且让我先谈文学的修养。文学不仅是说理的，而且是纾情的；不仅是知识的凝合，而且是愿望的表现；不仅是个性的暴露，而且是悲欢的同感；不仅是通情达意的语言，而且是珠圆玉润的美术。文学不仅可作发扬情绪的烈焰，而且可作洗涤心灵的净水。"诗可以兴，可以观，可以群，可以怨"，只不过是昔圣对于一部分文学的赞美。文学是要提高人生"兴趣"（Taste）的；真有修养的文学家，有些事决不肯干；他却不是持道学家的态度而不去干，乃是因其属于低等兴趣而不屑干。所以真正的文学修养可以提高行为标准。最好的文学家是他人想说而说不出的话，他能说得恰到好处；他人表现不出的情绪，他能表现得尽情惬意，使人家难得到其他的方式表现。没有经过退守南京，展转入川的人，不能体会到杜少陵"夔府孤城落日斜，每依南（北）斗望京华"两句诗的妙处。许多受难同胞有过家破人亡痛苦的，读到白香山"田园寥落干戈后，骨肉流离道路中"的句子，也一定感觉到这种痛苦的经验，不只是我们现代的人才有的。战争时代的烦闷，若是得到古人与我们心心相印，俱有同感，也就因此舒畅多了。只是创造文学困难，欣赏文学也不容易。遇到好的文学作品，必须口诵心维，到口中念念有词的境界，才能心领神会。孔子说"依于仁，游于艺"，这游字最妙。所以对于优美的文艺作品，应当把自己的心灵深入进去，和鱼在水里一样，悠哉游哉，才能真有领悟。现在的青年日日处于甚嚣尘上，苟能得到一点文学的修养，一定可以消除烦闷的。学社会科学的人应当以文学培养心灵，学自然和应用科学的人尤其应当如此。天天弄计算，弄构造，而无优美文学作精神上的调剂，必致情感干枯，脑筋迟钝，性情暴燥〔躁〕而不自觉。文学的甘泉，是能为你的心灵，培养新的萌芽的。

进而讲到音乐的修养。音乐不仅是娱耳的。音乐是心里发出来的一种特殊语言，有节奏有旋律的语言，和谐而美丽的语言。他是联贯许多感觉，概念，意境，而以有波动的音节发出来的。雍门琴引说，"须坐听吾琴之所言"，正是这个微妙的道理。中国从前礼乐并称，因为礼与乐是联起来的。后来礼乐分家，所以礼沦为干燥的仪式。本来是活泼泼有节奏的动作规律，后来变为死板无生命的赞礼单子。原来文学与音乐也是合在一起的，所以上古的人可以抚琴而歌。到宋朝饮井水处都可以歌柳屯田词；豪放的名士可以用铜琶铁板唱大江东去。姜白石的"自作新词韵最娇，小红低唱我吹箫"是更柔性的了。乃自南宋以后，诗词与音乐又分了家，这实在是文学上一大损失，也是民族的文化修养上一大损失。文学的流行不普遍，正在于此。譬如哥德在德国文学上和一般国民文化上的影响大极了；但是请问现在的德国人之中，有几个读过哥德全集或是他重要的作品？然而哥德的诗，山边海曲，田舍渔庄里都有人唱，这正是因为他谱成了音乐的缘故。中国音乐只有旋律（Melody）而无和声（Harmony），因此感觉单调。所以只有川戏中满台打锣鼓的人来"帮腔"，而不能有男女高低音配合得很和谐的"四部合奏"。前二十年西洋音乐，是经过日本转手——不高明的手——递过中国来的，所谱的大都是简单的靡靡之音。抗战以来，国人的音乐兴趣转浓，从事音乐的人也转多，是一件可欣慰的现象。但是一般还是粗糙简单，不免截头去尾的模仿。有意的高亢，时或闻之；而浑成曲折的乐章，很少听见。其中还有以"小放牛"一类的小调之音，谱为抗战歌曲，听了令人神经麻痹。现在中国的音乐教育，正可因为大家音乐兴趣转浓而提高，而普及，而改变作风，但是这不是短期内勉强可以做到的事。我们只是存这种希望，要向这条路上走。我希望将来从音乐的节奏与和谐，达到民族精神和行动上的节奏与和谐。

再进而讨论绘事艺术的修养。雕塑和音乐一样，在中国并不发达，但是画却达到了非常之高的成就。这正是因为中国画与中国文学不曾分家。画家的修养与文学家的修养大致相同。中国的画家也大都是文学家。中国向不重视匠画。这分别苏东坡论吴道子、王维画诗，说得最清楚："吴生虽妙绝，犹以画工论；摩诘得之于象外，有如仙翮谢樊笼。吾观二子俱神俊，又于维也敛衽无间言。"摩诘固然是诗中有画，画中有诗的作家，吴道子也是一位画中杰出的天才，东坡犹于其间有所轩轾，这种好尚的风气，也就可想而见了。画不只是表现自然，而且表现心灵；不仅是表现现实，而且表现意境。若是画只是自然和现实的复写，那有照像就够了，何必要画。但是名画可以百看不厌，而照像则一望就了，正是因为画上的自然和现实是透过心灵而从意境里流露出来的。东坡谓"论画以形似，见与儿童邻"，正是此意。"此谓形之不足，而务肖其神明也。"所以这两句诗断不是现在彪悍的时髦画家,那些画美人说不像是改成钟馗,说钟馗也不像又可改成怪石的画家,所能假借的。画家不但要有精妙的技巧,而且要有高尚的修养。姜白石说,"人品不高,落墨无法"。同时读画的人,也要有这种修养,才真能心领神会,与画家的心灵融成一片。所以欧阳子说:"萧条淡泊之难画之意,画者得之,览者未必识也。故飞走迟速,意浅之物易见,而闲和严静之趣,简远之心难形。"中国名画之难于为一般人所了解,亦由于此。苟能深入,则在尘嚣涸热之中,未始不是一服清凉散。恽南田论山水画说:"出入风雨,舒卷苍翠,模崖范壑,曲折中机。惟有成风之技,乃致冥通之奇。可以悦泽神风,陶铸性器。"真是很精辟独到的话。

当然文化的修养,不只这三方面,凡是可以使人"动心忍性,增益其所不能"的,都有关修养。如祭遵雅歌投壶,谢安石在临阵时还下围棋,都是他们增进修养的方式。只是这三方面的修养,最容易陶冶性灵,调剂情感。

中国文化是最注重修养的。读书的人固要有"书卷气";就是将官也以"儒将"最能使人敬服,否则只是勇将,战将,不过偏裨之才。在这扰攘偏狭,倾轧排挤的人群中,能有大雅君子,抱着恢扩的襟怀,"汪汪若千顷之波,澄之不清,挠之不浊",岂不可以赞佩?在这争名夺利,庸俗鄙俚的场合里,能有人如仲长子昌所说"清如水碧,洁如霜雪,轻世贱俗,独立高步"之人,岂不可廉顽立懦?

现在中国文化方面,有一个绝大的危机,就是高尚的中国文化,渐渐的少人了解,而优美的西洋文化同时又不能吸收。纵然学会了西洋一点应用的技术,或是享用物质文明的习惯,但是对于西洋文化在人性上表现的精微美丽之处,丝毫没有得到。中国文学的修养尚且没有,何况西洋文学的修养。向他奏舒伯尔特(Schubert)、叔班(Chopin)或华格纳(Wagner)的乐谱,自然无动于中,若是一闻黑人的"爵士"音乐(Jazz music),便两脚发痒。到外国美术馆去,古画中恐怕只有鲁奔斯(Rubens)所画的肥胖裸体女人或者能邀赏鉴,至于邓纳尔(Turner)的落照,戈罗(Corot)的深林,便觉无味了;何况倪云林的枯木竹石,沈石田的漠漠云山呢?纵然也有一部分在都市里的大腹贾和留学生冒充风雅,家里挂一两张吴昌硕,或王一亭的画,以为是必要的陈设,以夸耀于同类的外国人,殊不知外国人之中,也有懂得比他更多的。于是趋时图利的画家,竟以犷獷为有力,以乱抹为传神,于是已达高峰的中国绘画美术，也就有江河日下之势了。这实在是很伤心的事！

我们不能不接受机械文明，我们更不能抹煞工业社会，只是我们的灵魂也要文化的慈母去抚摸他，安慰他。我们可以使物质供我们享用，我们的性灵却不可以像机械一般的轮转。至于粗俗，犷悍，鄙吝，蛮野的恶影响，我们更应当涤荡无遗。

我们要倡导强者文学和主人道德的话，更应当辅之以文化的修养。我们不要忘记，在夹谷会场里剑佩铿锵的圣人，同时也是"温良恭俭让"的君子。

目的与手段 [*]

（1939）

在现代社会里面，无论是中国或外国，都有一个共同的感觉，就是人与人之间，太缺少真挚的感情，到处都是欺骗诡诈，冷酷无情的现象，简直找不到可以互相信赖的坚实基础。甚至亲属朋友之间，彼此心里各怀鬼胎，不能推诚相见。一切人类社会的契约和道德规范，都只流为纸上空谈，任意的可以被破坏或背叛。国际间签订的条约，尽管签订时认为神圣庄严，签字的金笔被保存起来作永久的纪念，但是签订以后，谁知道在什么时候不被野心国家所撕毁，作为字纸篓里的废纸？在这种"尔虞我诈"，不讲信义的社会里，大家只知互相利用，以人为工具，所以浑厚敦朴之风，早已荡然无存，甚至人人感觉到四周都是敌人，务须小心提防，真如芒刺在背，寝馈难安。这种现象，是何等惨酷，何等可怕！

这种惨痛可怕的现象，是如何产生的？他产生的主要原因是在什么地方呢？

原因当然很多，但我以为最主要的却有两个。第一便是工具文明发达的影响。自从工业革命以后，人类的生活，全靠利用机器，以求满足；人们天天所接触的，差不多全是机器，全是可供利用的物。因此这种物的观念，遂不知不觉的浸淫于人类的脑海。物既可以利用，为什么人不可以利用？于是原来用以对付物的态度和方法，就渐渐拿来对付人，把人也当做工具或手段来利用了。不知机器是无生命的，而人却是有生命的——不但有生命，而且有理智，有感情。老子说："天地不仁，

[*] 原文载于《新民族》第三卷第十一期，1939 年 2 月 13 日出版。录自《新人生观》，重庆商务印书馆 1942 年 6 月版。

以万物为刍狗"，现在自命为万物之灵的人，也成为刍狗了。拿人当做物看，本不自今日始。古时野蛮民族，就往往以人做祭神的牺牲品，所谓"衅鼓""衅钟"，都是把人当做牛羊一般看待的事实。到了现在的文明社会，虽不再拿人去祭神，但因受了工具文明发达的影响，更进一步把人当做祭人、祭人的欲望的牺牲品了！

其次便是近代政治斗争中运用策略的结果。政治的目的，本来在求公道。政治的天秤，就是人的平衡。政治是提高人性的，不是摧残人性的，更不是把人性变为兽性的。但是近代的政治，却大都成为钩心斗角，倾轧排挤，不择手段，甚至以人为工具的场合。在政治社会里面，有许多利用人的人，以能利用人为得意。他往往利用别人到某一阶段，等到被利用者在这阶段的功用过去以后，不但把他一脚踢开，弃如敝屣，甚至于还要屠杀净尽，方才快心。"飞鸟尽，良弓藏，狡兔死，走狗烹，敌国破，谋臣亡。"这几句话就是近代政治残酷性的写照。历史上"韩彭菹醢"的故事，到了近代，还要多，还要厉害。我不久以前，看到一份欧洲的报纸，上面画着一幅关于某国政治家的讽刺画，画他手里拿了一个镜子，一面照着自己的容颜，一面叹息道："某月革命的人，现在只剩我一个了！"这是何等的悲哀！因此之故，所以在政治上活动的人物，往往只有二等以下的角色，才能勉强自存。无怪十九世纪英国政治思想家穆莱（John Morley）说道："政治场中，次好的每当首选。"更无怪有人说："在政治上，一条直线是两点中最远的距离！"这又是何等深刻的批评！在外国选举的时候，于投票以前，竞选的人为了得票的关系，不惜在穷街陋巷之中，抱着流鼻涕的孩子香香面孔，以求取得他母亲的票。但等当选以后，谁还认识，谁还理会这讨厌的孩子？这种种的表现，都是象征人性的堕落。政治策略！政治策略！你不知道戕害了多少生命！遗误了多少青年！降低了多少人性！

由于这两个重要原因，所以就必然产生了下面几种恶果：

第一是真挚天性的毁灭　真挚的天性，是人生最可宝贵的一件东西。人与人之间，要能以诚相见，以真挚相处，才能彼此信任，相安无事，而达到所谓"忘机"的境界。假如各人存着机心，则"尔虞我诈"，互相猜忌，必致大家互相提防，互相警备；甚至别人眉眼一动，就疑心他有害我的意思。在这种"四面楚歌"的情形之下，人生优美的灵性，便完全丧失，那里还会有什么人生的乐趣！

第二是社会团结的脆弱　社会的团结，应以个人的团结为基础。个人与个人团结不坚，则社会的团结便无从说起。"刑于寡妻，至于兄弟，以御于家邦。"假如在自己的夫妇兄弟之间，尚且不能互相信赖，何况对于大的社会？残害自己的骨肉，以表现忠实于团体，是绝对不近人情的事，他决不能忠实于他献媚的团体。这与吴起杀妻求将，是同样卑劣的心理。听说八九年前某省的军人请客，客人虽少，但设筵的房间不能不预备一个最大的，因为每个客人的后面，都要站着一排各自带来的□子炮兵。这真是古代"鸿门宴"的格调！我想在座的人，纵有八珍在前，难道可以吃得甘味吗？我们要知道社会的团结，在于互信。假如人人各怀鬼胎，存心计算，那一定会弄到"季孙之忧，不在颛臾，而在萧墙之内"的现象。这种社会一定是不稳固的。假设有几个人聚在一起，便要商量如何对付另外几个人；他们对付另外几个人的手段是有效了，然而又安知施之于他人者不会施之于自己？恐怕"尤而效之，尤有甚焉"！既有曹操之篡汉，安得不有司马之篡曹？司马之篡曹，可说是当然的事。这种风气，实在是长不得的！

第三是发生人格上不可补救的缺陷　人格是整个的，继续的，是不容玷污的。人格一有缺陷，即不易恢复完整，悔也是来不及的。因为许多人的坏行为，往往都是由于坏习惯所养成。习惯的力量大极了。心理学家哲姆士论习惯，引一个老虎进笼的故事为证。一个马戏班子的老虎不幸出笼了，大家都起恐慌，无法降服，后来班主心生一计，把笼子抬在老虎面前，那老虎就俯首帖耳地走进去了。这就是所谓习惯成自然。大凡人类的行为，只要多做几次，也会像水一样，形成一种惯流之道（Channel），以后就会不知不觉的照着做去的。说谎的人，一次说谎，二次随之，以后脱口而出的无一非谎。等到说谎话成为习惯，即使明知说谎是坏事，也不容易改正。习于任何诈欺虚伪的人，莫不如此。这种在人格上的损失，是不可估计的。

第四是人生乐趣的减少以至于消灭　人生的目的，不只在求物质的享受，而且在求精神的安慰。假如四周都是敌人，处处都是荆棘，时时要小心提防，那就痛苦不堪了。还有什么人生乐趣可言？而且自己要做坏事的人，因为自己要用许多心计，痛苦也随之增加。譬如说谎的人，必须要想出一大套，以自圆其谎，这已经够苦了；一旦被人拆穿，便觉得从此不能做人，或被人看不起，其痛苦更甚。西洋人有句俗语说："诚实是最好的政策"（"Honesty is the best policy"）。其实诚实并不是"政策"；如果说他是政策，或是最好的政策，那倒不如说他是最简单的政策（Honesty is the simplest policy）。他虽然是简单，他却是最能颠扑不破。他不但比任何巧妙的谎还要圆满，他更能使奉行他的人心安梦宁。他是天下之至拙，也是天下之至巧！

以上所说的这些错误和痛苦，有没有方法可以挽回呢？我以为还是有的，但是要从根本上对人生的意义和宇宙进化的原则，有一番新的认识和审定。

首先我们应了解人不是机械。机械是无理智，无情感的，而人却不然——不但有理智，而且有情感。这种情感弥漫充塞于整个的宇宙，人生须靠他才能调整，才能谐和。我们知道在化学方面，有所谓"爱力"（Affinity），在物理学方面，也有所谓"引力"（Gravitation），而在人类方面，和这些相当的，便是感情。男女之间要讲恋爱，乃是这种感情自然流露的一端。其实何只〔止〕男女，无论任何人，相处谁不需要感情？在现代往往有一女子爱上一男子，并不是为了爱情，而是为了多得一笔财产或遗产的事实。在国际上，还有刺探他国政治军事秘密的男女间谍，不惜牺牲个人的色相或身体，以求情报的取得，等到取得以后，不但把对方抛弃，甚至加以杀害。这是近来不为稀有的现象。可见感情中如果带有手段，则衽席之间就是干戈。不过，这些特殊的事实，终当看作例外。这是人性的堕落和变态，而不是人性的本质和正常。我相信人类终究是富有感情的。唯其富有感情，所以人才不是机械，不能当作工具利用；也唯其富有感情，所以人生才能发展，调整，谐和，以达于美满的理想境地。

其次，我们还应明了宇宙进化的真义。宇宙是不断进化的。但这种进化，有没有最后的止境呢？我说是没有的。这不是我说的话，是近代科学说的话。若是有止境，才有最后的目的，才有一劳永逸的境界，才可以说到"为目的不择手段"（End justifies means）这句话。但是这是错误的，这是不合宇宙进化真义的。进化是无穷尽，无止境的；若是能达到最后的目的，宇宙人生的进化就停止了。停止的状态，无论假想到如何完善，却是如何的沉闷，如何的刻板，如何的无意义！我们应该知道目的只是我们自己创造的理想。无论世界上那位伟大的哲学家，能画得出，写得尽一个最后理想的境界来吗？理想不过是在某一阶段中自己悬着的一个目标，好像是夜间长路上的灯笼，自己点的；前进一段，更照见一段的前程。更好像探照灯一样，射穿一道云层，还有一道云层，云层之上，还有太空。时间的书中，页子是翻不完的。经过一个阶段，又有新的理想产生。人生作不断理想的追求，才有兴会，才有乐趣。这不是徒劳无功，这是人生在宇宙进化程序中的适应，也是他实现自我价值以求满足与进步的惟一方式。宇宙无终了，人生无终了，历史也无终了。每个阶段都是真实的，所以每个阶级［段］都不容忽视，不能看作无关轻重，无本身价值的手段。进化也不是无中生有的，不是能抹杀一切的。进化就是变，不断的变，所谓革命不过是进化途中的一个大踏步——有意识的大踏步，而并非最后的阶段。一切革命的年代，如所谓一七八九年的法国革命，一八四八年的欧洲革命，一九一七年的俄国革命等等，也不过是历史学家为研究便利起见，用来表示这大踏步的符号。并不是说这个年代一过，什么都改变了。具体一点来说，难道巴斯梯监狱一陷落，法兰西人民全都变过了吗？不！不！历史告诉我们许多事实不是这样的。既然不是这样的，则为革命可以不择手段的话，自然不攻自破了！

从整个进化的系统来看，目的与手段是不可分的。因为在每个阶段，每个人，每件事，都有他本身的价值。从进步的眼光来看，——进步是依着人类所悬的理想而前进之谓——则每个人同时是目的也是手段。因此我们人生有两种价值：一种是工具的价值（Instrumental value），一种是本身的价值（Intrinsic value）。工具的价值是我们对他人对后来说的。我们的生命，我们的事业，必须好好的过去，好好的成就，以为来日人家继续踏步前进，发扬光大的基础。假使我们倒在半路死了，我们的白骨，也为后来者在前进的路上，当一块踏脚的石板。本身的价值是我们对自己的认定。就是我们把自己当作前进途中的一块石板，这块石板也要完整，坚实，美丽，完成他石板的本性。假如我们是演戏，那我们演的便是义务戏，不问卖的票多少，自己有无收入，我们总得卖尽气力去演。惟有在这演戏的艺术里，我们可以表现自己的天才，寻着自己的乐趣。工具的价值是我们对于人类贡献时的服务态度，本身的价值是自己的自尊和对于他人的尊重。两种价值的估计，缺一不可。自己把自己当作单纯的工具，未免把自己的人生看得太轻了。自己把人家看作工具，那好像《三国演义》上酒醉后的典韦，一手抓一个小兵，飞舞似的来当武器，岂不是太残酷了吗？

所以我们是不能，也不应，把人当工具，当手段。不把人当工具，所以才有教育，才有教育的可能。不然，拿人当机械——机械是最完整的工具——看待，世界上哪有教机器的教育？教育要注重引导被教育者自己去发挥本身的优点。此正所谓"万物皆备于我矣，反身而诚"的意思。在德文里面，教育称为"Erziehung"，也带着"引出"或"拉出"的意义。这便是承认被教的人是有本身的价值的，否则教育就不会有意义，有效果。教育的对象就是生命，教育的目的，就在发展人类的生力，智慧与人格，以引发他生命内潜的价值，使其同时在整个宇宙之中，与他部分相和谐，谋共进。所以教育不是准备生命的，教育本身也就是生命。康德说："我们要以人为目的，不以为手段。"这固且是教育里颠扑不破的格言，同时也是现在机诈残酷的政治社会中所一刻不能忘记的真理。

荣誉与爱荣誉*

(1939)

我所提出的"荣誉"就是指英文的（Honor）或德文的（Ehrlich-keit）。这两个外国字，本都含有人格的意义，在中文方面，很难找到适当的译名，我现在译作"荣誉"。

人生的目的，不仅是为生活，而且还需要荣誉的生存。荣誉是人格光辉的表现，也是整个人生不可分解的一部分。没有荣誉心的人，就谈不上人格，漆黑黯淡的过一世，这种生存有何意义？

西洋人很重视荣誉，他们把荣誉看得比生命还更重要。假如你说某人无荣誉，他一定认为这是对于他最大的侮辱。为了荣誉问题而实行决斗，也是常见的事。这种决斗办法的对不对，是另一问题；但他们对于荣誉的尊重，却不可小看。英国人对于内阁阁员，称作 The Right Honorable，不是恭维他是最高贵的，而是恭维他是最荣誉的。美国西点（West Point）陆军军官学校的校训是三个字，就是"国家，责任，荣誉"（Country，Duty，Honor）；这是他们在军人精神教训上对于荣誉的重视。欧美许多学校的考试，还有所谓"荣誉制度"（Honor Sys-tem），就是教员于出题以后，立刻退出教室，并不监考，他只在黑板上写一个大字，就是 Honor（荣誉）。于是学生憬然于荣誉的观念，不敢作弊。蓄一有人作弊，不但学校立刻把他开除，而且这个人从此不齿于同学。

荣誉的观念，在中国社会，却太不发达了。为唤起一般人对于荣誉的认识和尊重起见，所以我特别提出这"荣誉与爱荣誉"的问题来讨论。

---

* 录自《新民族》第三卷第十三期，1939 年 2 月 27 日出版，署名"罗家伦"。

　　说到荣誉，往往就要联想到"名誉"。但是荣誉和名誉不同，荣誉不就是名誉。"名誉"在英文里面，是另一个字，即 Reputation。名誉是外加的，而荣誉却是内足的。更明白一点说，名誉只是外界的称许，而荣誉则是内部发出来的光荣——也可说是光辉——与外界所加上的名誉相合而成的。所以荣誉具有内心的价值，较名誉还要可贵。西洋虽有名誉为第二生命的话，但荣誉却简直是第一生命，或是第一生命的一部分。不过，名誉和荣誉也有关联。人是社会的动物，多少都需要外界的刺激，外界的鼓励，外界的承认，才格外能自发的向上，自觉的求进步；所以人大都是要名誉的。"三代以下，惟恐不好名"，好名誉不一定就是坏事。苏联就常常采取以名誉来鼓励人努力工作的方法。所以他选择工作最努力的工人为"工人英雄"；用这工人的名字去名工厂，去名制度。对于到北极探险的人，也常常加以"英雄"的徽号；这都是用名誉来奖励人奋发有为的证据。这并没有害，而且有益。中国的老子曾经说过一句话："名与身熟［孰］亲？"我想西洋人的回答一定是"名亲"！

　　荣誉不是名誉，更不是"虚荣"。"虚荣"在英文里面是 Vanity，也可译为浮名。虚荣乃求他人一时之好尚，或是庸俗的称颂，而即沾沾自喜，以为满足的。虚荣的表现，就是好炫耀，好夸大，借此以博得他人对自己的称赞。譬如女子常欢喜穿华美鲜艳的衣服，以引人的注意，男子则好出风头，往往做了一次什么会的主席，便自以为了不得，自以为是这小世界里的"小英雄"。这都是虚荣在作祟［祟］。虚乐［荣］是从错觉（Illusion）来的。错觉是虚荣的粮食，虚荣全靠他培养大的。所以错觉一旦幻灭，虚荣也就随之消散。荣誉则不然。他不是求之于外的，而是求之于内的，所以他可以自持，可以永久。西洋人说虚荣是女性的——但他不是优美的女性，是堕落的女性。男子何曾不好虚荣，不过女人较甚一点。普通女子都欢喜别人恭维人，捧她。如果男子要向女子求婚，最好多称赞她几声"安琪儿"或是"天仙化人"，那她便很容易落到情网里去了！这种虚荣，岂能和荣誉相提并论？

　　荣誉不但和"名誉""虚荣"不同，而且和"野心"不同。"野心"在英文为 Ambition：他可说是一种男性的虚荣。男子大都好求自己政治的名誉，权力，地位，官阶，以作个人自私的满足。这种野心有时也能推动人去做有益的事。但动机仍是自私，所以很容易发生不良的结果。有些人野心一旦发作，便往往不问自己的能力如何，竟为所欲为，以求侥幸成功。"小人行险以徼幸",其结果鲜有不将自己的荣誉甚至身体埋葬于野心的灰烬之中。如果说野心是荣誉,那他只是堕落的荣誉。

至于所谓"门第","头衔","豪富",那是更说不上荣誉了。这些都是可叫做"荣宠",而决不是"荣誉"。不过也有一种荣宠,是靠自己努力的成绩换来的,不可一概厚非。譬如外国有些科学家,对于科学有重大贡献,政府特赐他一个荣誉的头衔,如德国大学教授得"政府枢密顾问"的头衔一样,这确是一种比较高贵的荣宠,虽然不是真正的荣誉。

荣誉既不是名誉,又不是虚荣,更不是野心或荣宠,那么真正的荣誉是什么呢?我以为真正的荣誉必须具备以下几个条件:

第一必须能维持生命的庄严。"人必自侮而后人侮之"。有荣誉心的人,必定有不可侮的身体,不可侮的精神,不可侮的行为——简单说,有不可侮的生命。他的生命是完整的,不容稍有玷污。所谓"白圭之玷,尚可磨也;斯言之玷,不可为也"!他的理想的生命,是崇高,伟大,正直,坚强,所谓"仰之弥高,钻之弥坚"。他的生命是高贵的,庄严的,所谓"赫赫师尹,民具尔瞻"。所以别人尊重他,而不敢轻视他;爱敬他,而不敢亵渎他。

第二必须能有所不为。有所不为,是人生最不容易做到的。"有所不为而后可以有为",所以有荣誉心的人,对于标准以下的事,是绝对不干的。至于那一切欺骗,狭小,鄙吝,偷惰,和其他种种"挖墙脚"的事,他更是不屑干的。这正是孟子所谓"非礼之礼,非义之义,大人弗为"。大人的对面是小人,是小丈夫,是贱丈夫。有荣誉心的人,是以"大人"自许的。

第三必须是自足的,也是求诸己的。外界的称许,如系实至名归,也所不辞,譬如以科学上重大的贡献而得诺贝尔奖金的人,若是他配得的话,当然可以安心接受,何用推却?但凡事应该求诸自己,尽其在我,不必分心去猎取流俗的恭维。流俗的恭维,不但靠不住,而且在有荣誉心的人看来,反为一种侮辱。名画家的画,并不在乎有多少外行的人赞美,而贵乎能得一个真正内行的人来批评。所谓"千人之诺诺,不如一士之谔谔"就是这个道理。即便内行的人也不称许,自己仍可得到安慰。因为自己的天才得到发挥,在自己的努力中就有乐趣存在。古今中外,许多大艺术家,都是死后得名的。科学家也是如此。大科学家(Kepler)在他一部名著(*Weltharmoni*□)序上说道:"你的宽恕我引以自娱，你的忿怒我也忍受：此地我的骰子掷下来，我写成这本书给人读，是同时的人读或后代的人读，我管他干吗？几千年以后有人来读，我也可以等，上帝也等六千年以后有人来臆度他的工作"。这种特立独行的精神，也可说是一种孤寂的骄傲，但是这决不是骄傲。翻开一部科学史来看，古今多少科学家，在生前享国际大名的？除了牛顿和爱因斯坦以外，还有几人呢？造化弄人，奇怪得很，生前最不求虚名者，往往死后最能得名。如果自己对人类真有贡献，即使名不可得，又有何妨？世间真正的价值，常埋藏在无名者之中。许多汲汲求名的人，实在可以休矣！

第四必须自尊而能尊人。真正有荣誉心的人，不但爱自己的荣誉，而且也爱他人的荣誉。荣誉不是傲慢，乃是自尊而能尊人。"子以国士待我，我亦以国士报之"。其实毁灭了他人的荣誉，自己的荣誉，也就建设不起来。在侏儒国里，就算自己是长子，又有什么意思？要做长子，就要到长子国里去做，不要在侏儒国里做！有荣誉心的人，一定能尊人，能下人。他承认人的能力，赞叹人的特长，尊敬人的善处。能适当的自尊，也能适当的低头。上谄下骄的事，绝不在他的行动意识里面。

总而言之，荣誉就是人格，是人格最光荣的完成！

爱荣誉乃是一种意志的倾向，行为的动态，是要以忠诚纯洁的行为，去得到依德据美的承认的。德国的哲学家包尔森（Friedrich Paulsen）说："我们不能想像没有强烈的对荣誉之爱，而伟大的事业可以表现"。社会的向上靠此，人类的改善靠此，历史的转变也靠此！

我们今日不但要提倡个人的荣誉心，和对于荣誉的强度的爱，而且要提倡集体的荣誉观念。集体的荣誉观念，就是个人对团体的荣誉之爱。譬如一个家庭，凡是家庭的各分子，都要努力保持一家的"家风"或"家声"，不能做有辱门楣的事。又如一个商店，不肯卖坏东西，诚恐坏了它的牌子，也是出于爱护集体荣誉的观念。再如一个学校，无论是教职员或学生，人人都应该知道学校荣誉的重要，不能随便塌学校的台。实验室里未成熟或不真确的报告，不可轻易发表；因为这对于个人的责任的关系还小，对于整个学校的荣誉却太大了。不独以"长〔常〕胜军"或"铁军"著称的军队，全部队的长官和兵士，要爱惜他本部队历史的光荣。凡是"国军"，谁不应该勇猛奋发，维护国家军队的光荣。扩而大之，一个社会，一个民族，一个国家，要不没落和毁灭，必须由构成他的分子，共同努力维持和增进他集体的荣誉！

人生是需要有荣誉的。不荣誉的人生，是黑漆漆的，无声无臭的。有荣誉的人生，是高贵向上的；无荣誉的人生，是卑污低下的。禽兽才只要生存，不要荣誉，也无荣誉的观念。人应该是理智感情和品格发展到最高程度的动物；人不只要生存，而且要荣誉。荣誉也可说是人类的专有品。所以英国的诗人拜伦（Lord Byron）有两句诗道："情愿把光荣加冕在一天，不情愿无声无臭的过一世"！

纪念"五四"*

（1939）

"五四"运动这个纪念日，已由青年团定为"青年节"。这是一件很有意义的事。

一转眼间，"五四"已经二十年了！"五四"运动的产生，由于以下三个重要的因素：

第一是新文化运动的影响。文学的革命引起整个思想的革命。当时的《新青年》、《新潮》、《每周评论》三个刊物，实在是发动青年思想的马达。

第二是蔡孑民先生提倡正确人生观的影响。这种哲学的思想，打破了当年北平腐化的空气，使青年们知道，升官发财的观念，不但不是青年所应当有，而且是青年最可耻的一种心理。

第三是民族国家意识的发达。日本提出"二十一条"以后，继续不断的侵略中国，烧起了中国民众爱国的火焰。

由以上三个因素的交流，于是灌溉出"五四"运动灿烂的鲜花。

现在且把"五四"运动那篇宣言，重新栽［载］在这里：

五四运动宣言

现在日本在国际和会，要求并吞青岛，管理山东一切权利，就要成功了。他们的外交，大胜利了。我们的外交，大失败了。山东大势一去，就是破坏中国的领土。中国的领土破坏，中国就亡了。所以我们学界，今天排队到各公使馆，去要求各国出来维持公理。务望全国工商各界，一律起来，设法开国民大会，外争主权，内除国贼，中国存亡，就在此一举了。今与全国同胞立两个信条道：中

---

* 录自《新民族》第四卷第二期，1939 年 5 月 1 日出版。

国的土地，可以征服，而不可以断送。中国的人民，可以杀戮，而不可以低头。国亡了，同胞起来呀！

这是一个多么坚决鲜明的表示！其中许多话，到现在还是可以适用的。"外争主权，内除国贼"这两句话，就是后来国民革命"打倒侵略的帝国主义"和"铲除军阀官僚"两个口号的前身。到现在，我们还得要外争主权，内除汉奸！

"中国的土地可以侵略，而不可以断送！中国的人民可以杀戮，而不可以低头！"这两句话，正是我们这次抗战时候大家应当一致喊出来的。

"五四"运动烧起了国家民族的烈焰，"五四"运动唤起了全国青年的觉悟，"五四"运动为国民革命——三民主义的革命增加了无数的生力军！"五四"的力量，太伟大了！

只是"五四"运动也有缺点：第一是大家虽有共同的民族国家意识，而无一致的政治意识，所以后来青年努力三民主义实现的固然很多，但相信他种主义的也不在少。这种政治意识的不统一，使国家演成了许多分裂复杂的现象。第二是"五四"运动以后，青年虽知道学问的重要，有不少的人在埋头苦干，但也有许多看不透澈的人，专以奔走呼号为事，不能切实在学问上苦干，流弊是演成了许多无理的学潮。第三是"五四"运动虽唤醒了许多青年，震动了不少的民众，但是这种力量，还不曾深刻的广泛的达到民间。这都是"五四"运动无可讳言的缺点。

虽然"五四"运动有这些缺点，凡是现在有觉悟的青年，都应当一致改正它，可是"五四"的精神太伟大了！"五四"运动的本身太光明了！

在抗战建国的期间，我们应当特别纪念"五四"的精神始终是抗日的！

信仰，理想，热忱 [*]

(1941)

我们生在怎样一个奇怪的世界，一面有伟大的进步，一面是无情的摧毁；一面是精微的知识，一面作残暴的行动；一面听道德的名词，一面看受欺诈的事实；一面是光明的大道，一面是黑暗的深渊。宗教的势力衰落，道德的藩篱颓毁，权威的影响降低。旧的信仰也已经式微，新的信仰尚未树立。在这青黄不接的时代，自有光怪陆离的现象。于是一般人趋于彷徨，由彷徨而怀疑，由怀疑而否定，由否定而充分感觉到生命的空虚。

这个人生的严重问题，不但中国有，而且西洋也有。一位现代西班牙的思想家阿特嘉（Ortega，见其所著 *The Revolt of Masses* 一书）以为这种堤防溃决之后，西洋人也处于一种道德的假期。他说：

> 但是这种假期是不能长久的。没有信条范围我们在某种形态之下生活，我们的生存（Existence）像是"失业似的"。这可怕的精神境地，世界上最优秀的青年也处在里面。由于感觉自由，脱离拘束，生命反觉得本身的空虚。一种"失业似的"生存，对于生命的否定，比死亡还要不好。因为要生就是要有一件事做——要有一个使命去完成（A mission to fulfill）。要避免将生命安置在这事业里面，就是把生命弄得空无所有。

我引阿特嘉这段话，因为他是带自由主义的思想家，并不拥护权威，也不袒护宗教，所以是比较客观的意思。这种惶惑状态，在这第二次世界大战以前已有，恐怕在战后的西方还要厉害。人生丧失了信

---

　　* 原文载于《三民主义周刊》第三卷第十期，1941 年 12 月 8 日出版。录自《新人生观》，重庆商务印书馆 1942 年 6 月版。

心，是最痛苦而最危险的事。

宗教本来就是要为人生解决安身立命的问题，要为人生求得归宿。宗教起于恐惧与希望（Fear and hope）。恐惧是怕受末日的裁判，希望是欲求愿望的满足。宗教，"广义来说，是人对于超现实世界的信仰"。"一个民族的宗教，在超现实的世界里反映这民族本身的意志，在这超现实的世界里，实现他内心最深处的愿望。"这是德国哲学家包尔森（Friedrich Paulsen）的名言。

"宗教与道德有同一的起源——就是同出于意志对于尽善尽美（Perfection）的渴望。但是在道德里是要求，在宗教里就变为实体。"这也是同一哲学家的论断。

但是他还有一段论信仰最精辟的话："有信仰和行动的人总是相信将来是在他这边的"。"没有信仰，这世界里就没有一件真正伟大的事业完成。一切的宗教都是以信仰为基础。从信仰里，这些宗教的祖师和门徒克服了世界。因为信仰主张，所以殉道者为这主张而生活，而奋斗，而受苦受难。他们死是因为他们相信最高的善能有最后的胜利，所以肯为他而牺牲。若是不相信他的主张能有最后和永久的成功的话，谁肯为这主张而死？若是把这些事实去掉的话，世界的历史还剩些什么？"

这话深刻极了，这不但是为宗教的成就说法，推而广之，是为世界一切伟大的成就说法。

是的，一切的宗教都是以信仰为基础，但是一切人类的伟迹，政治的，社会的，文化的，何曾不是以信仰为基础？若是一个人自己对于自己所学的所做的都没有信心，那还说什么？对于自己所从事的还不相信，那不但这事业不会有成就，而且自己的生命也就没有意义。

就是读书的疑古，也不过是教你多设几个假定，多开几条思路而已，不是教你怀疑这工作的本身。"我思故我在"，这是笛卡儿对于做过种种怀疑工作后的结论。若是持绝对的怀疑论，那必至否定一切，毁灭一切而后已。

宗教不过是信仰的一种表现，虽然他常是强烈的表现。但是普通所谓宗教，乃是指有教条，有仪式，有组织的形式宗教（Formal religion）而言。相信这种宗教的人，自有他的精神上的安慰；他人不可反对他，他也不能强人尽同。至于信仰（Faith）是人人内心都有的，也可以说是一种宗教心，却不一定表现在宗教，而能寄托在任何事业方面。

信宗教的人固有以身殉道者，但是不信宗教的人也不少成仁取义者。如苏格拉底的临死不阿，是他信仰哲学的主张；文天祥的从容就义，是他信仰孔孟的伦理。这可见信仰力量的弥漫，决不限于宗教。

最纯洁的信仰是对于高尚理想的信仰，他是超越个人祸福观念的。生前的利害不足萦其心，生后的赏罚也不在其念。至于藉忏悔以图开脱，凭奉献以图酬报的低等意识，更不在他话下了！

最纯洁的信仰，是经知识锻炼过的，是经智慧的净水洗清过的。从哲学方面来讲，他是对于最高尚的理想之忠（Loyalty to the Ideal）。人类进步了，若是他对他的理想，没有知识的深信（Intellectual conviction），他决不能拼命的效忠。近代哲学家罗哀斯（J. Royce）说，你要效忠"你就得决定那一个值得你效忠的主张去效忠"（见其所著的"The Philosophy of Loyalty"）。这里知识的判断就来了。若是你所相信的东西里面，知识的发现告诉你是有不可靠，不可信的成分在里面，那你的信仰就摇动了。若是知识的判断对你所相信的更加一种肯定（Reaffirmation），那你的信仰更能加强。所以知识是不会摧毁信仰，而且可以加强信仰的。比如"原始罪恶"，"末日裁判"和一切"灵迹"涤除以后，不但可以使基督教徒解除许多恐惧，使他不存不可能的希望，而且可以使他的哲学，格外深刻化，笼罩住一部分西洋的哲学家和科学家的信心。这就是一个例子。知识能为信仰涤瑕荡垢，那信仰便更能皎洁光莹。

人固渴望尽善尽美的境界；然而渴望的人对于这境界的认识，有多少阶段，若干浓度的不同。希腊人思想中以为阿灵辟亚山上的神的境界是尽善尽美的，希伯来人思想中以为天堂是尽善尽美的。最早的观念最幼稚，最模糊；知识愈进步，则这种认识愈高妙，愈深湛。所以我说理想是人生路程上的明灯，愈进一步，愈能把前途的一段照得明亮。世界上只有进展的理想，没有停滞的理想。惟有这种进展的理想，最能引起我们向上的兴趣。

信仰是要求力量来表现的，理想不是供人清玩和赏鉴的。要实现信仰，达到理想，不能不靠热忱（Zeal）。热忱是人生有定向而专一（Devotion）的内燃力。要他有效，就应当使他根据确切的认识而发，使他不是盲目的。若是没有智慧去引导他，调节他，他也容易横溃，容易过度。如所谓宗教的疯狂者（Religious fanatic），正是过度热忱到了横溃的表现。这是热忱的病态，不是热忱的正常。

对于一件事，一个使命，他有这种知识的深信，认为值得干的，就专心致志，拼命的去干，危难不变其节，死生不易其操，必须干好而后已。这才是表现我所谓真正的热忱。

热忱常为宗教所启发，这固然是因为热忱与信仰有关，也因为宗教里面，本来带有情感的成分。情感是热忱的源泉，感情淡薄的人决不会有热忱。但是情感易于泛滥，易于四面散失。必须锻炼过，使其专一而有定向，方能化为热忱。

我常觉得我们中国人热忱太少。现在许多事弄不好，正是因为许多做事的人，对于他所做的事的热忱太缺乏。他只觉得他所做的事只是一种应付，而不是一件使命。这是什么缘故呢？有人说是因为我们宗教心太缺乏。是的。我们宗教心——信仰——很缺乏，集体的宗教生活不够。我们对于宗教信仰的容忍态度，虽然说是我们的美德，但是也正是因为我们缺乏宗教热忱的缘故。有人说是我们情感的生活不丰富。也是的。我不能说我们中国人的情感淡薄，但是我们向不注重情感的陶熔和给予情感以正常的激刺——如西洋宗教的音乐之类——并且专门想要压迫情感，摧残情感。宋儒明天理人欲之辨，似乎认为情感是人欲方面的，要不得的。于是倡为"惩忿窒欲"之论，弄得人毫无生气。王船山在《周易外传》论"损"的一段里反对这种意见最为透辟。他说："性主阳以用壮，大勇浩然，亢王侯而非忿。情宾阴而善感，好乐无荒，思辗转而非欲。而尽用其惩，益摧其壮，竟加以窒，终绝其感。一自以为马，一自以为牛，废才而处于锌。一以为寒岩，一以为枯木，灭情而息其生。彼佛老者皆托损以鸣修，而岂知所谓损者。"王船山所谓"大勇浩然，亢王侯而非忿"，正是正义感的发泄。他所谓"好乐无荒，思辗转而非欲"，正是优美情绪的流露。而他所谓"佛老"，乃是指参杂佛老思想的宋儒。弄到大家都成为寒岩枯木，还有什么情感可言。况且情感不善培养与引导，终至于横溃。中国人遇着小事，容易"起哄"（Excitement），就是感情没有正当发泄的结果。很爱中国的哲学家罗素，为我们说了许多好话；但是论中国人性格时候，他说我们是一个容易起哄的（Excitable）民族，并且说这是一件危险的现象，容易闯大乱子。这是值得我们反省的净言。中国人热忱不发达的原因，还有一个，就是普通所谓"看得太透了"。讽刺的说，也可以说是"太聪明了"。把什么事都看得太透了，还有什么意思？就是做人也可以说是没有什么意思，哪还有什么勇气去做事？这是享乐派的态度（Hedonistic attitude）；这实在是很有害处而须纠正的。

　　罗哀斯说："任何一个忠的人，无论他为的是什么主张，总是专一的，积极动作的，放弃私人的意志，约束自己，爱他的主张，信他的主张。"我们国家民族正需要这样忠的人！

　　在这紊乱的世界，我们不能老是彷徨，长此犹豫，总持着怀疑的心理，享乐的态度；这必定会使生命空虚，由否定生命而至于毁灭生命。我们虽然遇着过人之中有坏的，但是不能对于人类无信心；虽然目击强暴，不能对于公理无信心；虽然知道有恶，不能对于善无信心；虽然看见有丑，不能对于美无信心；虽然认识有假，不能对于真无信心。我们要相信人类是要向上的，是可以进步的，我们的理想是可以达到的，我们的努力是不会白费的，因为宇宙的，人生的本体，是真实的。纯洁的信仰，高尚的理想，充分的热忱，是我们改造世界，建设笃实光辉的生命的无穷力量！

运动家的风度[*]

（1941）

从前文惠君赞美庖丁解牛的技术，庖丁回答的话是"臣之所好者，道也，进乎技矣"。这话可以解释近代运动的精神。

提倡运动的人，以为运动可以增进个人和民族体力的健康。是的，健康的体力，是一生努力成功的基础；大家体力不发展，民族的生力也就衰落下去。

古代希腊人以为"健全的心灵，寓于健全的身体"。这也是深刻的理论，身体不健康，心灵容易生病态。历史上，传记里，和心理学中的例证太多了。

近代美国大学里，认为运动在竞赛的时候，可以发展大家对于自己学校的感情和忠心，培养团体内部的共同意识和生活。这理论已经是较狭小而次一等了。有比这更扩大一些的，就是都市与都市间的运动竞赛，国家与国家间的运动竞赛。自从十九世纪末叶以来，西洋复活希腊阿灵辟克运动会的风气，产生了多少国际运动会，也是为此。

其实就从无所为的眼光来看，从纯美的观点来看，于美景良辰，化日光天之下，多少健美的男女，表现他们发展得很充实的形体，经过训练的姿势，如龙跃天门，虎卧凤阁似的飞扬炫耀于广大热烈的观众之前，也可以发生一种自然的美感。

这些都是对的，但是运动的精义，还不只此。他更有道德的意义，这意义就是在运动场上养成人生的正大态度，政治的光明修养，以陶铸优良的民族性。这就是我所谓"运动家的风度"。

养成运动家的风度（Sportsmanship），首先要认识"君子之争"。

---

[*]　录自《军事与政治月刊》第二卷第二期，1941 年 12 月出版，署名"罗家伦"。

"君子无所争，必也射乎。揖让而升，下而饮，其争也君子。"这是何等的光明，何等的雍容。英文中"Fair Play"这个字，最好恐怕只有译作"君子之争"。他的起源也是出于运动；但其含义则推用到一切立身处世，接物待人的方式。运动是要守着一定的规律，在万目睽睽的监视之下，从公开竞争而求得胜利的；所以一切不光明的态度，暗箭伤人的举动，和背地里占小便宜的心理，都当排斥。犯规的行动，虽然可因此得胜，且未被裁判所觉察，然而这是有风度的运动家所引为耻辱而不屑采取的。当年我在美国普林斯顿大学与耶稣大学盛大的足球赛。这是美国东部大学运动界的一件大事。双方都是强劲的队伍，胜败为全美所瞩目。他们在基督教的国家里，于比赛前一晚举行"誓师"大典时有一次祷告。普林斯顿球队的祷告词中有一句话："我们祈求胜利，但是我们更祈求能够保持清白的动作。"这句话当时我很受感动。

有风度的运动家，要有服输的精神。"君子不怨天，不尤人"，运动家正是这种君子。按照正道做，输了有何怨尤。我输了只怪我自己不行；充实改进以后，下次再来过。人家胜了，是他本事好，我只有佩服他；骂他不但是无聊，而且是无耻。欧美先进国家的人民，因为受了运动场上的训练，服输的精神是很丰富的。这种精神当从体育的运动场上，带进了政治的运动场上。譬如这次罗斯福与威尔基竞选。在竞选的时候，虽然互相批评；但是选举揭晓以后，罗斯福收到第一个贺电，就是威尔基发的。这贺电的大意是：我们的政策，公诸国民之前，现在国民选择你的，我竭诚的贺你成功。（其实每届选举完毕，失败者都是这样做。而胜败之间有无问题，也每以失败方面的贺电为断。）这和网球结局以后，胜利者和失败者隔网握手的精神一样。此次威尔基失败以后，还帮助罗斯福作种种外交活动；一切以国家为前提。这也是值得赞许的。在中国的政治失败者，则以为："连老子都会失败，大家瞎了眼睛。不请教我，天下事尚可有为？"

有风度的运动家不但有服输的精神，而且更有超越胜败的心胸。来竞争当然要求胜利，来比赛当然想开记录。但是有修养的运动家，必定要达到得失无动于衷的境地。"人人赛跑，只有一个第一"，这是保罗的话。记录不过用以试验人力可能达到的限度。不说欧文斯（Owens）十秒点三跑一百公尺的记录，和他跳远到八公尺点一三的记录，就是请希腊神话里的英雄亚基里斯（Achilles）出来，他每小时经过的距离，能超过火车、汽车或现在每小时飞行在四百英里以上的喷火式驱逐机吗？

可见人力是很有限度的，而我们所重，并不在此。运动所重，乃在运动的精神。"胜固欣然，败亦可喜"，正是重要的运动精神之一，否则要变"悻悻然"的小人了！运动家当然明白运动是义务的表演；既知如此，还得拼命去干，也是难能可贵的精神。

有风度的运动家是"言必信，行必果"的人。运动会要举行宣誓，义即在此。临阵脱逃，半途而废，都不是运动家所应有的。"任重而道远"和"贯彻始终"的精神，应由运动家表现。所以赛跑落后，无希望得奖，还要努力跑到终点的人，乃是有毅力的人。大家鼓励之不暇，决不能有中国运动场上习见的"喝倒彩"。

"橘移淮北化为枳"。许多西洋东西到中国来会变质，运动也不是例外。运动风气在中国开始不过三四十年，较盛不过近十几年。这种风气对于青年的健康与体力，很有帮助，只可惜他还没有超过学校青年的范围。但是运动的精神，在中国不只没有发达，且常不被了解，甚至于被误解。比球的时候，看准对方的健将，设法将其先行踢伤，再图一逞。输了以后不服输，说是评判员不公，乃蜂拥殴打。这种事虽逐渐减少，也时不绝闻。我记得民国初年上海有某某两大学因比球而成了"世仇"。其中有一位校长是讲国学的老先生，修养很好；只当比球的时候，火气特盛。本校球队在他处开始比赛的时候，他就拿一张椅子，坐在电话旁边（那时候还没有办公桌上的话机），派人在球场附近不断的用电话来报告。电话里说是胜了一球，他独自笑不可抑；说是输了一球，他就痛哭流涕。两校学生都于开赛以前，各自身边藏着"呜呼某校"的小旗；对方一经失败，就把这小旗抽出来狂叫；己方失败，则垂头丧气，仍然暗地里带着这不争气的小旗归来。若是对方来本校比赛失败后，则以爆竹和军乐队讽刺似的送他们出去。若是对方胜了，则送以愤恨嫉妒的嘶声。双方都如此，没有例外。运动演变至此，运动的精神扫地已尽了。

运动职业化的风气，在欧美也有，教育家常加批评，引为深戒。这风气在美国较盛。如棒球专家鲁士（Babe Ruth）竟成为全国一个大人物（"big man"）。大学里的球教师薪水之大，超过任何教授；这薪水往往是由入场券收入或毕业同学会捐款支付的。这种在西洋正待纠正的现象，却很容易的传染到中国来。以前有过学校长期豢养几个球员。这就是最初的"选手制"。球员在饭厅里有特别的餐桌和饭菜。有一个"运动家"接连留了六年级，也不会照章开除，因他能"为校争光"！现在这位留级六次的"运动家"，沦落到在上海跑马厅做马师，骑了马供人做香槟赌博。这是必然的结果。这不但丧失了运动的意义，而且丧失了整个的教育意义。这与西班牙斗牛有何分别？

试问这种的风气和训练，带到政治社会里来，是什么影响，我不说中国政治社会里暗中倾轧，愤恨妒嫉的现象，是这萌芽时期的运动所造成的。这是很不公平的话。我们更不可因噎废食。我举出这些不幸的例子，是希望大家一同来纠正错误的观念，积极的从运动场上来培养民族的政治道德！

国难发生以后，有些人或是从"国粹"的观点上，或是从"经济"的优〔观〕点上，反对近代式的运动，尽力提倡"国术"。现在学校里的运动，太费钱了，太贵族化了。不如打打拳罢。这样的话常常听见，但是我不敢赞同。何则，因为中国的拳术，根本与近代运动的精神相违反，与国家要走上的近代化道路相背驰。我承认中国拳术可以锻炼身体，很有用处。有肺病的人不能作剧烈运动，打一套太极拳，活动活动血脉，总比睡在床上或是枯坐不动好。但是我认为拳术的精神，根本不对。他是缺少群性的，他是个人的运动。至多不过打"对子"，玩"推手"。我幼年看过不少的技击小说，知道许多"江湖大侠"之所以取胜，全在于"暗算"。打擂台的时候，常是乘人不备，一个"飞脚"，踢碎了对方的护心镜，又是两脚，结果了对方的性命。外国的拳师打擂台，也是野蛮的举动，我断不赞成。但是人家把对方打倒以后，就应立即停止，让裁判者连数十下，到第十下还爬不起来的时候，就算输了。断无打倒以后，还在小肚子上加踢一脚之理。中国技击小说上，据我所记得的，恐怕只有一个人有点运动家的风度，这就是《施公案》里的白面狻猊甘亮。甘亮金镖的技术好极了，百发百中，所以他镖上有三个小铃，刻上自己的名字，表示我打你一镖，还让你先知道。做小说的人也很提倡他，说他这光明的态度，使他后来成为地仙。至于所谓"内功"的太极拳呢？他的精神全是阴柔。他给你的基本观念，就是如何趋避，如何取巧，不要你有攻击精神，而教你如何使对方的力量落空。他也有一套神秘的理论，近似黄老哲学。但是请问这种理论，适合于养成刚强进取的群性青年吗？还有一层，中国技击的精神，是与近代建军运动不相合的。近代化的军队，要相信科学武器的能力，要注重各方面配合协调的运动，哪有教人独自盘旋作势之理？自从喜峰口黑夜摸营的动作，有些斩获以后，于是许多鼓词式的作家，拼命提倡大刀队，仿佛大刀队可以打飞机，当大炮。流风所及，火车站上也常看见有人拿了大刀在飞舞。

这风气带不少的危险性，可使许多人回到"铁布衫""义和拳"的观念上去。四年多对敌抗战的血的教训，我想应当把这种反时代的观念打破了罢！有次我们在重庆商量夏令营课程，陈词修将军把"国术"一项勾去。当时他说："国家要建军，这个科目的性质是与他不相容的。"我认为这是合于近代精神的话。

我不说西洋各项运动都是好的，都可以采取的。决不是，决不是。如打"洋擂台"的办法，我就认为野蛮。我以为西洋运动在中国最应当提倡的，就是英国的足球，也就是在中国已经流行的足球。他的好处很多，最重要的是他最讲究协调动作而富有群性。每一边十一人，各有岗位，但是动作起来，却成为不可分解的整个。成功是全体的成功，失败是全体的失败。不然，守球门的人真冤极了。攻进敌人球门时是前锋出风头，与他无涉；自己球门被攻进，他却要负责任。世界上哪有这冤的事！不知最好的前锋，也不是自己把球盘了不放，一直打进敌人球门的。最好的球员，要善于传递，不惜让人家攻进去。这是"成功不必自我"的精神，这也是最可贵的运动家的风度！

各国政府与教育家努力提倡运动，不是无意义的。他们要在运动场上增强民族体魄，提高国民道德，陶铸健全的民族性。因为运动场是一个自动的教育场所。他能使人于不知不觉之中，把整个的肉体和灵魂贡献出来，接受教育的洗礼。"他不但补充而且扩大近代的教育。"

主张近代运动的理由，除了前面所说到的而外，还有许多。运动可以培养冒险的精神，鼓铸热烈的感情，解放剩余的精力，而同时代替了不良的嗜欲。这也都是对的。但是从人生哲学看来，运动家的风度，才是运动由技而进的道。

运动家的风度表现在人生上，是一个庄严公正，协调进取的人生。有运动家风度的人，宁可有光明的失败，决不要不荣誉的成功！

《新人生观》自序[*]
（1942）

浩荡成江的鲜血，滂沱如雨的炸片，时代掀起的亘古未有之洪涛，能不使我们，站在存亡绝续关口的我们，对于整个的人生问题，有一度新的审察和领悟。

我们要生存，我们更要有意义的生存，所以我们那能不追求生存的意义，和达到这有意义的生存的方式？

在这真实空时构成的创造的宇宙里，我们的生命是动的，真实的，更是创造的。我们的思想不能开倒车。我们不能背着时代后退，我们也不能随着时代前滚，我们要把握住时代的巨轮，有意识的推动他进向我们光辉的理想。

我们要挥着慧剑，割去陈腐。我们要扩清因循，颓废，软弱，倚赖，卑怯，和一切时代错误的思想——生命的毒菌。不但是打扫地方为了培养新的肌肉，而且是期待长成新的骨干。

这伟大的时代需要我们有力的思想，有力的行为，有力的生命。

自从神圣抗战发动以来，我就开始想做一点积极的思想工作。我写这部《新人生观》的时候，不想照传统的写法，分门别类的论列人生哲学的各部分。我只想把中国民族思想和生命中，我认为缺少或贫乏的部分，特别提出来探讨，来发挥。但是写成以后，也自成一个系统。

讲人生哲学，要是使他理论的基础稳固的话，不能不有他在玄学——形而上学——上的根据。这一点我哪里敢忽视。

这部书里的十六章，本是我于中央大学西迁以后，对全校的一套系

---

* 此篇为作者《新人生观》一书的自序，作于 1942 年 1 月 1 日。录自《新人生观》，重庆商务印书馆 1942 年 6 月版。

统演讲。也曾在刊物上登载过几篇。现在重新写定，成为专书。我断不敢希冀前哲在围城中讲学的高风，但是这十六章却章章都是讲完和写完在敌机威胁的期间，有时还在四周围火光熊熊之中。

我断不敢说这部书是表现一种有力的思想，我只敢说这是我个人用过气力去思想的一点结果。我是根据自己知识的深信，以充分的热忱写出来的，自然我也希望国人能得到同样的深信。

这一件不是泛泛的礼物，敬以献给有肩膊，有脊骨，有心胸，有眼光而有热忱的中华儿女，尤其是青年。

《文化教育与青年》自序 *

(1942)

　　中国的出路在现代化。我们建国要建立现代的国家。这是不移不易的真理。但是要建立现代的国家，必须国人有现代化的观念。二十几年来我不断向着这方面努力。我的文字不能也不曾开发现代化各部分的观念，只可以说是接触到有些现代化的观念。虽是涓滴，希望能汇合到这奔腾的主流。

　　中国的前途系于青年。青年的蓓蕾，要靠教育来培养，文化来涵煦，才能为民族开放出鲜艳的花朵。因此，我们要给青年以启发前进的教育，更要为民族创造独立有机的文化。青年是有理想的，我们要激发他的理想；青年是有智慧的，我们要浚瀹他的智慧；青年是有热忱的，我们能唤起他热忱的只有热忱。

　　自从北伐时期亲历济南事变以后，我即亲切感觉到中日大战的不能避免。自九一八事变以后，我愈加强了这感觉，并且心目中常悬着一幅太平洋大战的图影。五年多的抗战，更受着文化播迁，学府轰炸的痛苦。若是我写作和演讲时有这方面的强调，民族和世界的历史，可以证明我不曾作无病的呻吟。而且要民族复兴，世界安定，我以前的强调还得加强。

　　近年来常有教育界的人士，尤其是在我手上毕业的学生在大中学任教的，写信问我某篇文章或某篇演讲的稿子，何处有印成的，可以供给他们作参考，或是作青年读物。时光真快！我自民国八年编辑《新潮》到现在，写文章的时间将及一个世纪的四分之一了。我的积稿到二百万

　　* 原文作于 1942 年 12 月 21 日。录自《罗家伦先生文存》第 10 册，第 231 页，国史馆、中国国民党中央委员会党史委员会 1989 年 6 月版。

字，所涉范围甚广。但是因为频年乱离的关系，自己经手搜集，已有若干篇无从找到。当然要一齐重印，在战时是不可能和不必要，而且其中有我自己绝对不愿再印的。于是我接受王云五先生的意见，按照文字的性质，分类印出一部分来。这本《文化教育与青年》，就是其中之一种。

这本集刊里有一部分是我在清华大学、中央政治学校和中央大学负责时的演讲。虽然是在某校所讲，但也是为一般知识分子和青年而讲。中国的青年是不因所在的学校而有分别的。许多学术和民族前途的问题是大家公共的问题。我还保存演讲的口吻。我感觉到在讲台上讲的话，比在桌子上写的文章有一种优点，就是在桌子上写文章的对象——读者——当时是抽象的，而在讲台上演讲时的对象——听者——当时是具体的。他们的音容，随时表现他们心灵的反应。他们的反应又回射到讲话人的情绪和思想的组织上。在本书所印的演讲中，有几篇我应当特别感谢几位同学，因为他们的纪录，为我保留着当时思想的组织和说话的词令。如清华大学的牟乃祚先生，中央政校的马星野先生、萧乃华先生、萧自诚先生，中央大学的韩德培先生。他们不但学有专长，而且有锐敏的理解和优美的文字。其中牟乃祚先生回国后的早死，与萧乃华先生在西安事变时的殉难，至今使我伤感无穷！

我的文字无特长；只是我的性格，我的习惯，使我不作敷衍应酬的文章。我说的每句话是我内心所要说的话，我写的每篇文章是经我自己笔尖写定的稿子。

诙谐的吴稚晖先生是有青年精神的人，但是他自嘲的说道："回回坐上座，步步进祠堂。"我因为十五、六年从事大学教育的关系，学生颇多，所以坐上座的机会常有，而进祠堂的心理却没有。我相信我还保持着二十几年前《新潮》时候的青年精神。多年来我接近最多的是知识分子和青年。我敬重知识分子，我尤爱青年。我愿伴着青年向前看，不向后看！

在物理学上，把一块石子投入大海之中，他起的波动，若是无阻碍，不消蚀，是永远可以扩大的。思想难道不是这样？我愿意把这块小小的石子，投向不断创造的时空。

罗家伦年谱简编

1897 年　一岁

12 月 21 日，出生于江西南昌。其父罗传珍原籍浙江上虞，字沛卿，号钝庵，母周氏，名霞裳，亦具文采。据罗家伦《罗钝庵先生行述》所言，其父工书画，精篆刻，"诚笃勤敏"，"擅文藻"，且广于交游。清末民初，"公由佐县政而参省政"，"数长进贤、万年、都昌、奉新等县，每权一县，以改良农业，兴修水利，增进农村副业，而裕民生为首务，更及于教育，凡所治之县，小学必有所增；严禁溺女恶俗，遇辄重惩，于交通则数创义渡制，乃因江南多水、每周兴办一事，必先捐奉以为倡之"。

1899 年　三岁

母亲周氏开始教其识字，背短诗。

1900 年　四岁

发蒙，就读家塾。父亲"有时督责稍严，母则济之以宽"。

1902 年　六岁

据罗家伦回忆，父亲经常给他讲授诗词及历史故事，并选择有兴趣而且富于教育意义的抄录成小册子，讲授完毕供罗家伦复习之用。当时风气初开，其父常委托友人从上海购买新书报供罗家伦阅读。

1905 年　九岁

母亲周氏病逝。

1911 年　十五岁

辛亥革命爆发。时罗家伦就读美国传教士高福绥（F. G. Gale）所办英文夜校，开始学习英文。

1912 年　十六岁

从江西返回浙江绍兴原籍。

1914 年　十八岁

入上海复旦公学就读。

1916 年　二十岁

就读复旦公学期间，在《复旦》季刊发表《二十世纪中国之新学生》一文，并被上海一些报纸转载。

1917 年　二十一岁

夏，参加北京大学在上海的招生考试获录取。秋，进入北京大学，主修外国文学。

1918 年　二十二岁

北京大学附设国史编纂处，由校长蔡元培主持，罗家伦受邀协助其工作。

6月，《新青年》第4卷第6期"易卜生专号"发表罗家伦与胡适合译易卜生名著《娜拉》。

夏，由于受新文化运动影响，与傅斯年、汪敬熙、江绍元、俞平伯、顾颉刚等筹组"新潮社"，发行《新潮》杂志。以"新潮"为杂志的中文名称即为罗家伦的提议。

1919 年　二十三岁

1月1日，《新潮》杂志创刊号出版。该刊以"批评的精神、科学的思考、革新的文词"为办刊宗旨，鼓吹文学革命和白话文运动；主张思想革命，全力推介世界之"新思潮"；批判旧道德，主张社会改革与男女平等。

5月4日，北京学生举行游行示威，抗议北洋政府在对日交涉上的卖国行径，要求"取消二十一条""还我青岛""保卫主权"。罗家伦为游行起草了一份宣言稿，题为《北京学界全体宣言》："现在日本在国际和会，要求并吞青岛，管理山东一切权利，就要成功了。他们的外交，大胜利了。我们的外交，大失败了。山东大势一去，就是破坏中国的领土。中国的领土破坏，中国就要亡了。所以我们学界，今天排队到各公使馆去，要求各国出来维持公理。务望全国农工商各界，一律起来，设法开国民大会，外争主权，内除国贼。中国存亡，在此一举。今与全国同胞立下两个信条：（一）中国的土地，可以征服，而不可以断送。（二）中国的人民，可以杀戮，而不可以低头。国亡了，同胞起来呀！"当游行队伍行至东交民巷遇阻，罗家伦与段锡朋、傅斯年、张国焘四人被推为代表，进入美国使馆请见公使。

5月5日，北京大学以罢课通电各方，并组织营救被捕学生。为此，罗家伦奔走于学校、步兵统领衙门与警察厅之间，又积极寻求商界和报界的支持。

5月26日，在《每周评论》第23期"山东问题"专栏以"毅"的笔名发表《"五四运动"的精神》一文，较早地使用了"五四运动"这一概念。

五四运动爆发后，蔡元培迫于压力辞职离京，北大学生向教育部递交呈文，派出代表，发出函电，全力挽蔡。9月，受北大学生会委派，前往杭州迎接蔡元培校长返校。

11月，傅斯年赴英国留学，罗家伦被推举为《新潮》杂志主编。

是年冬，罗家伦遭北洋政府通缉，与张国焘南下上海，代表北京学生联合会参加全国学生联合会大会。

1920年　二十四岁

在上海停留期间，协助已成为全国学生联合会会长的段锡朋推进联合会的工作，并与其他几位学生代表拜谒了孙中山。同时，与廖仲恺、张继、戴季陶、朱执信等人都有接触。在此期间，结识在上海学生会任职之张维桢女士。

年初，返回北京大学继续学业。

春，杜威教授来华讲学，在北大作系列演讲。罗家伦和吴康担任笔记工作，将其演讲稿翻译整理后在《新潮》连载。

5月1日，在《新潮》第二卷第四号上发表《一年来我们学生运动底成功失败和将来应取的方针》，全面总结了五四学生运动的得失，提出了今后的努力目标和实现途径。

秋，经蔡元培校长推荐，得到实业家穆藕初奖学金资助，与段锡朋、汪敬熙、周炳琳、康白情等人赴美国留学。进入普林斯顿大学攻读历史、哲学。

1921年　二十五岁

6月，赴纽约接待来美国接受纽约大学荣誉学位的蔡元培，又随其赴华盛顿安排蔡元培参加乔治·华盛顿大学毕业典礼事宜。

暑假，参加康乃尔大学暑期学校学习。

是年夏，发起组织"留美中国学生华盛顿会议后援会"，计划在11月华盛顿会议开会期间，展开对中国代表的监督及游说工作，并向各国代表团和记者递送通讯，说明中国民意。

8月，《华盛顿会议与中国之命运》一文完成。10月初，在《东方杂志》刊出。

秋，转入哥伦比亚大学研究院，攻读教育哲学及思想史。

华盛顿会议期间，负责撰写通讯寄送国内各大报，并为美国、加拿大华文报纸撰写时事短评。

年底，在美国历史学会年会中宣读论文。

1922年　二十六岁

1月，译著《平民政治的基本原理》（*Paul Reinsch：The Fundamental Principles of Government*）由上海商务印书馆出版。

1923年　二十七岁

秋，完成《科学与玄学》初稿。

冬，赴德国柏林大学历史研究所攻读。这一时期，对文学、史学、哲学、教育、民族、地理等多有涉猎。

1925年　二十九岁

转入法国巴黎大学，主修科目仍为哲学、历史，并曾前往英国搜集近代中国史料。

五卅运动后，赴英国参与"中国问询部"工作，拟订《中国问询部说明计划书》，油印传单，发起抗议。

8月，返回巴黎继续学业。

1926年 三十岁

春，成为巴黎亚洲学会会员。

夏，返回中国。

8月，任东南大学历史系教授。

1927年 三十一岁

3月，奉时任国民革命军总司令的蒋介石之邀赴江西。

4月25日，任国民革命军总司令部政治部编辑委员会委员长，少将军衔。

5月5日，任国民革命军总司令部参议。

同日，国民党中央决定创设党务学校，罗家伦为筹备委员之一。11日，国民政府任命罗家伦为中央法制委员会委员。24日，国民党中常会决议通过中央党务学校人事案，任教务副主任，协助戴季陶主持教务。

8月12日，蒋介石通电下野，党务学校各处主任大多离开南京。蒋介石在离开南京前手谕由罗家伦代理校务会议主席，主持一切。由于罗家伦的全力维持，学校在政治纷争与战争威胁中保存下来。

11月13日，与张维桢女士在上海结婚。

1928年 三十二岁

3月6日，国民政府议决设立战地政务委员会，罗家伦为委员，兼教育处主任，随军北伐。

5月1日，国民革命军克复济南。3日，济南惨案发生，随即参与济案交涉。

5月14日，任国民党中央执行委员会宣传部国际宣传委员会委员。

8月17日，国民政府决议改清华学校为清华大学。21日，罗家伦被任命为首任校长。

9月18日，就任清华大学校长，发表演讲，指出国民革命的目的是要为中国在国际间求独立自由平等。要国家在国际间有独立自由平等的地位，必须中国的学术在国际间也有独立自由平等的地位。因此，提出"学术独立"，创办新清华。就任后，他拟订章程，推行了一系列改革。提出"廉洁化"、"学术化"、"平民化"、"纪律化"的"四化"方针，以清除"旧清华"之积弊。罗家伦提出十项措施实施对清华校务的整理：第一，改良组织，裁并骈枝机关和冗员；第二，扩大教授阵容，提高教授待遇；第三，整顿各学系；第四，增加招生数量，招收女生，设立奖学金；第五，成立教授会与评议会；第六，消除浪费；第七，出版校刊；第八，实行军事训练；第九，提高校工待遇，设立校工学校；第十，重订各系课程表。

1929 年　三十三岁

3 月 15 日，中国国民党第三次全国代表大会召开，罗家伦当选候补中央执行委员。会中，提交提案主张实行减租政策，为国民政府"二五减租"政策之倡导者。

4 月 11 日，以"办学政策不行，设施诸感困难"为由请辞清华大学校长一职，未准。19 日，再辞。5 月，第三次请求辞职。

6 月，中央党务学校更名为中央政治学校。

7 月，任命罗家伦为中央政治学校校务委员。

本年，积极推动清华基金交由"中华文化教育基金会"管理，改变清华大学由教育部、外交部共管的行政隶属关系，归由教育部主管，同时废除董事会。此即清华历史上所谓"改隶废董"。

同年，兼任北京大学历史系教授。

1930 年　三十四岁

5 月，中原大战爆发，阎锡山重又控制华北。23 日，罗家伦以"学风凌替"再递辞呈。26 日，教育部致电慰留。

10 月，《中山先生伦敦被难史料考订》由上海商务印书馆出版。

10 月 13 日，再度请辞清华大学校长一职，并受聘武汉大学教授，讲授并研究中国近代史。

1931 年　三十五岁

1 月 21 日，接任中央政治学校教务主任，兼代教育长。

1 月 23 日，再次请辞国立清华大学校长一职。3 月 17 日，行政院国务会议批准其请求，决定由吴南轩继任。

10 月，译著《近代英文独幕名剧选》出版。

11 月，出席国民党第四次全国代表大会，被推为大会国际宣言起草委员。

12 月，任国民政府特种教育委员会委员，负责解决学生请愿风潮问题。

1932 年　三十六岁

1 月 7 日，国民党中央政治会议推举其为国难会议筹备委员。

3 月 7 日，中国国民党第四届中央执行委员会第 11 次常会推举罗家伦为中央宣传委员会副主任委员。

7 月 6 日，行政院聘请罗家伦为中央大学整理委员会委员。

8 月 22 日，行政院第 57 次会议决定由罗家伦任国立中央大学校长。罗知情后即上书请辞，未准。

9 月 5 日，就任中央大学校长。10 月 11 日学校正式上课之日发表演讲，阐述办学理想及治校方针。提出，国立大学之所以重要，就在于它是"民族文化乃民族精神的表现"，是"民族文化之寄托"。因此，"创造有机体的民族文化为本大学的使命"，为实现这一目标，必须养成新的学风。罗家伦将中央大学的新学风概括为"诚、朴、雄、伟"四字，以"安定、充实、发展三时期以进"的治校方针，推动学校的建设和发展。

10 月，为《图书评论》杂志撰写《中国若要有科学，科学应当先说中国话》一文，明确指出，用中国的语言文字发展中国自己的科学事业。

1933 年　三十七岁

2 月，改中央政治学校蒙藏班为蒙藏学校，并决定在包头、酒泉、西宁、康定、大理五地设立分校，培育边疆青年骨干。

夏，参加庐山会议，提议设立航空工程基本科学科系，发展航空事业。决定在中央大学先行设立"特别机械研究班"。

7 月 30 日，上书教育部请求拨地建设新校址，以"建设首都学府，而为国家树立永久学术基础"。1934 年 1 月，中国国民党四届四中全会议决通过。

8 月，申请辞去中央大学校长一职，行政院会议决议慰留。

1934 年　三十八岁

4 月，兼任南京新生活运动促进会规约起草委员。

7月，请辞中央大学校长一职。国民党中央不主张校长易人，请其专任中央大学校长一职，兼任的中央政治学校教务主任一职由程天放继任。

11月1日，出席全国考铨会议，建议确定公务员考选制度。

1935 年　三十九岁

11月1日，出席中国国民党四届六中全会，担任提案审查委员会及中华民国宪法草案审查委员会委员。12日，出席中国国民党第五次全国代表大会，被推选为候补中央执行委员会委员。

12月2日，出席中国国民党五届一中全会。7日，全会通过中央执行委员会各部会人选，邵元冲任中国国民党党史史料编纂委员会（简称党史会）主任委员，罗家伦和梅公任为副主任委员。

1936 年　四十岁

11月，由南京赴北京出席中法教育文化基金委员会会议。同月，于百灵庙大捷前赴绥远前线考察，慰问前线将士，作《绥远战歌》一首。

1937 年　四十一岁

2月15日，出席中国国民党五届三中全会。

3月28日，主持中央大学附设实验学校成立20周年纪念会。

5月，拟订迁校计划，在南京城外石子岗一带建设新校区，预备建立规模宏大的"首都大学"。工学院首先招标动工，不久，七七事变爆发，建校计划终止。

7月20日，参加庐山谈话会返回南京后开始作迁校准备。

8月14日，日军飞机开始轰炸南京。8月19日起，中央大学及实验学校连遭四次轰炸。罗家伦一面坚守岗位，一面主持迁校事宜。9月23日，奉教育部命令迁校。10月初，中央大学迁往四川，实验学校迁往屯溪。11月初，中央大学在重庆沙坪坝新址开学。

12月，为救济贫寒学生，决定在中央大学设立奖学金，每学期70个名额。

1938 年　四十二岁

1月23日，出席"国际反侵略运动大会中国分会"成立会，被推为分会理事。

2月23日，主编之《新民族》周刊创刊号出版。

4月6日，出席中国国民党五届四中全会。

中央大学因学生增加，沙坪坝校区无法容纳，设立柏溪分校。

1939 年　四十三岁

1月13日，与中大教授致电美国总统罗斯福，请其进一步制裁日本。25日，致电美国不参加日本侵华行动委员会史汀生，望其抵制日货。27日，与蒋梦麟等12位大学校长致电美国国会议员。3月29日，与邹鲁等大学校长联名致电美国参议院，请其注意日本侵略事实。

11月12日，出席中国国民党五届六中全会。23日，三民主义青年团中央干事会成立，并组织中央监察会，罗家伦任常务监察。

11月，《外交与国际政治》一书由重庆中国文化出版社出版。

1940 年　四十四岁

1月11日，与各大学校长联名致电美国国会议员，请求对日本进行经济制裁。

2月，中央政治学校校务委员会改组，仍为校务委员。

5月，奉命视察成都各大学团务。

7月1日至8日，出席中国国民党五届七中全会，提出《确立办法迅速筹款以挽救全国高等教育危机》提案。全会决定，"所请款项，交行政院积极从宽酌筹"。

1941 年　四十五岁

1月10日，上书蒋介石请辞中央大学校长一职。

3月24日至4月2日，出席中国国民党五届八中全会。

7月15日，行政院第523次会议通过罗家伦辞去中央大学校长一职，并决议由顾孟余继任。21日明令公布。

9月18日，被教育部聘为国立中央博物馆院士。

9月21日，党政工作委员会为考核各省党政措施，组织党政工作考察团。罗家伦担任滇黔区考察团团长。考察历时二月，得诗百篇，辑为《滇黔寄兴》，年底定稿付印。

1942 年　四十六岁

3 月,《新人生观》一书出版。

4 月,任第一、二次高等考试初试典试委员及第一次普通考试典试委员。

5 月 16 日,受聘为国立北平故宫博物院理事会理事。

6 月,受聘为中央图书杂志审查委员会委员。

12 月 30 日,受聘为中央训练团党政高级训练班教官。

1943 年　四十七岁

2 月 19 日,任西北建设考察团团长。

3 月 1 日,国民政府决定设立新疆省监察使署,罗家伦任监察使。

3 月 2 日,父亲病逝。

3 月 29 日,出席三民主义青年团第一次全国代表大会,继任常务监察。

本月,《文化教育与青年》一书由重庆商务印书馆出版。

4 月 26 日,就任新疆监察使。

6 月 7 日,率领西北建设考察团由重庆出发,考察陕西、甘肃、宁夏、青海、新疆五省。

7 月,《黑云暴雨到明霞》一书出版。

9 月,诗集《耕罢集》、《疾风》出版。

1944 年　四十八岁

2 月 22 日,西北建设考察团考察任务结束。此次考察历时半年,行程 1.7 万余公里,完成考察报告 14 册。此行罗家伦撰写诗歌 200 余首,合集为《西北行吟》,1946 年重庆商务印书馆出版。

5 月 5 日,获国民政府颁发"景星勋章"一枚。

5 月 27 日,出席中国国民党五届十二中全会。

6 月 16 日,从重庆返回新疆监察使署以迎候美国副总统华莱士访华。

8 月 11 日,新疆督办盛世才以开会为名,大肆逮捕在新疆的国民党人员,是为"黄林案"或"八一一黄林案"。8 月 12 日,蒋介石召见吴忠信请其接任盛世才为新疆省主席。8 月 13 日,召见第八战区司令长官朱绍良,令其飞迪化与盛世才谈判。16 日,朱绍良飞迪化,罗家伦迎接。8 月 19 日，盛世才向蒋介石提出辞呈。8 月 29 日，国民政府宣布同意盛世才辞呈，任命其为农林部长；吴忠信为新疆省政府委员兼新疆省政府主席。

11 月，新疆伊宁发生暴乱，宣布成立"东突厥斯坦共和国"。12 月 2 日，罗家伦自重庆飞抵迪化任所，了解情况，随时报告，并提出多项应对措施。

1945 年　四十九岁

1 月，上书监察院，请辞新疆监察使一职。

4 月 23 日，新疆监察使一职任期届满，监察院长于佑任建议由罗家伦连任，国防最高委员会会议通过。

5 月 5 日至 21 日，出席中国国民党第六次全国代表大会，当选为中央执行委员。

5 月 31 日，应邀出任全国慰劳抗战将士委员会豫、鄂将士慰劳团团长。9 月，任中央文化运动委员会委员。

10 月 20 日，启程赴伦敦出席联合国筹设"文化教育科学组织"会议，重游牛津、剑桥等地，重访美国。

1946 年　五十岁

2 月 11 日，国防最高委员会 183 次会议决议通过罗家伦辞去新疆监察使一职，由麦斯武德继任。

2 月，《新民族观》上册由重庆商务印书馆出版。

3 月 1 日，出席中国国民党六届二中全会。

5 月 5 日，往南京参加国民政府迁都典礼。

9 月 1 日，在庐山出席三民主义青年团第二次全国代表大会。12 日被选为中央监察。

11 月 21 日，当选为制宪国民大会代表。

1947 年　五十一岁

2 月 25 日，行政院会议通过罗家伦为首任中华民国驻印度大使。

3 月 15 日，出席中国国民党六届三中全会。

5 月 1 日，离开南京赴印度就任。16 日，向印度政府递交国书。

8 月 15 日，参加印度独立庆典并发表祝辞。

9月，回国出席中国国民党六届四中全会，12月11日返回印度。

11月23日，当选为国民大会代表。

1948年　五十二岁

2月1日，国民政府任命罗家伦为中华民国庆贺锡兰（斯里兰卡）独立特使。

9月，以特使身份赴科伦坡参加独立庆典。

3月26日，返国述职，并出席第一届国民大会。

本年起兼任各国驻印度外交使节团负责人。

1949年　五十三岁

1月20日至23日，代表中国政府出席印度召集的"印尼问题会议"。

9月6日，飞抵广州述职。12日，飞台湾参观各地军事设施，27日，飞广州与国民党中央各部门商议西藏及印度问题。

12月31日，在12月30日印度政府宣布承认中华人民共和国之后，亲自降旗撤馆并发表简短声明。

1950年　五十四岁

2月1日，返回台北。

3月31日，被蒋介石聘为国策顾问。

4月4日，当选中国大陆灾胞救济总会理事。

6月12日，受聘台北"故宫博物院""中央博物院"共同理事会理事。

8月8日，担任中国国民党中央党史史料编纂委员会主任委员。

9月4日，任公务人员高等考试典试委员。

12月27日，任行政院设计委员会委员。

1951年　五十五岁

8月8日，出席国民党中央改造委员会会议，报告党史会工作。

8月14日，中央改造委员会推举罗家伦为拟具收复大陆重要政策及教育起草人。

10月10日，罗家伦主编的《开国名人传》第一辑出版。

1952 年　五十六岁

4 月 4 日，受聘为总统府组织审核小组委员及召集人。

4 月 10 日，蒋介石提名罗家伦为"考试院"副院长。12 日，监察院会议通过提名。22 日就任。

9 月 25 日，《文化教育与青年》一书于台北再版。

10 月 10 日，主编之《黄花岗革命烈士画史》、《国父年表》出版。

同日，出席中国国民党第七次全国代表大会，当选为候补中央委员。

本年，主编之《总理全集》出版。

1953 年　五十七岁

5 月 1 日，主编之《革命文献》第一辑由"党史会"出版。

6 月 3 日，受聘为台湾"教育部"简体字研究委员会委员。

7 月 8 日，出席"教育部"简体字研究委员会会议。曾发表《简体字之提倡甚为必要》、《文字必须大众化》两篇文章，回应台湾社会某些人对简体字的质疑，提出，语言文字的改革与其他政治的革新一样都担负着重大的"复国建国"的责任。提倡简体字的一个重要政治目的，就是"以简便的文字工具"便利民众，"推行和增强其复国建国的知识技能"。

8 月 1 日，为公务人员高等考试典试委员长，并代理"考试院"院长。

11 月 23 日，受聘"革命实践研究院"分院讲师及教育委员会委员。

1954 年　五十八岁

2 月 19 日，出席国民大会，当选主席团主席。

3 月 7 日，当选"中国历史学会"第一届理事。

5 月 20 日，《国父画传》出版。

8 月 15 日，因"考试院"副院长一职任期届满请辞获准。16 日，被聘为国策顾问。

10 月 9 日，受聘"光复大陆设计委员会"委员。

11 月，为国民党建党六十周年撰写之《六十年来中国国民党与中国》出版。

同月，被聘为政治大学研究部兼任教授，讲授"民族主义"。

1955 年　五十九岁

3 月 1 日，出席中国国民党七届五中全会。

10 月 3 日，出席中国国民党七届六中全会。

11 月 12 日，主编之《国父批牍墨迹》及英文版《国父画传》由"党史会"出版。

1956 年　六十岁

5 月 5 日，出席中国国民党七届七中全会。

7 月 12 日，受聘"中央研究院"近代史研究所筹备处清季史料出版顾问委员会委员。

10 月 28 日，主编之《黄克强先生书翰墨迹》出版。

1957 年　六十一岁

2 月 4 日至 7 日，出席中国国民党七届八中全会。

同月，《心影游踪集》出版。

6 月 29 日，蒋介石提名罗家伦为"国史馆"馆长。

10 月 10 日，编辑之《国民革命画史》出版。

10 月 10 日至 23 日，出席中国国民党第八次全国代表大会，聘为中央评议委员。

1958 年　六十二岁

4 月 3 日，宣誓就任"国史馆"馆长。

10 月 10 日，主编之《国父年谱初稿》出版，共计 60 万言，出版后即受到各方关注，也遭到比较严厉的批评。

1959 年　六十三岁

7 月 12 日，应邀赴德国法兰克福参加国际笔会第三十届年会。

8 月 1 日，赴慕尼黑，访问慕尼黑近代历史学院。6 日，飞赴巴黎。11 日，拜访法国总统府。12 日，飞赴伦敦。其后，又访问瑞士、意大利、梵蒂冈、希腊等国，9 月 1 日返回台北。

1960 年　六十四岁

2 月 20 日，出席国民大会第三次会议，当选为主席团主席。

3 月 12 日，出席中国国民党临时全会，参加宣言起草小组，后任召集人。

7 月 8 日，奉命赴美国出席"中美学术合作会议"并宣读论文。会后，率团参加国际笔会第三十一届年会。会议闭幕后，访问乌拉圭、委内瑞拉、美国、日本等国。

1961 年　六十五岁

1 月 1 日，主编之《开国名人墨迹》出版。

4 月 9 日，中华民国孔孟学会第一届大会召开，当选为理事。

7 月 20 日，被推举为中华民国国际关系研究所监察人。

10 月 10 日，主编之《国父墨迹》出版。

本年，为纪念中华民国建国五十年，国民党中央决定成立"中华民国开国五十年文献编纂委员会"，罗家伦与陶希圣担任召集人。

1962 年　六十六岁

4 月 8 日，孔孟学会第二届大会当选为理事。

5 月 14 日，飞赴汉城参加由国际笔会韩国分会主办的亚洲作家会议。期间，拜会韩国代总统朴正熙，并获韩国政府颁发的"文化优功勋章"。

12 月 26 日，飞赴马尼拉出席亚洲作家会议。

1963 年　六十七岁

3 月 31 日，受聘为"中央研究院"评议员。

4 月，受聘为"国家长期发展科学委员会"委员。

5 月 6 日，当选联合国教科文组织中国委员会委员。

7 月 6 日，担任国民党中央委员会党营文化事业辅导发展委员会委员。

11 月 12 日至 22 日，出席中国国民党第九次全国代表大会，受聘中央评议员。

1964 年　六十八岁

3 月 3 日，受聘"吴稚晖先生百年诞辰筹备会"委员，负责主编《吴稚晖先生选集》、《吴稚晖墨迹》、《吴稚晖先生全集》。

4 月 23 日，受聘中印缅文化协会名誉理事长。

9 月 1 日，任"中华民国各界纪念国父百年诞辰筹备委员会"常务委员，并为学术论著编纂委员会召集人。

11 月 24 日，《七十年来中国国民党与中国》出版。

1965 年　六十九岁

8 月 15 日，受聘"中华民国各界纪念国父百年诞辰筹备委员会"庆典活动筹划委员会文艺创作编辑委员会委员。

9 月 25 日，受聘"中山学术文化基金管理委员会"委员。

9 月，受聘"国立故宫博物院管理委员会"常务委员。

10 月 10 日，受聘"国防部"国军新文艺运动辅导委员会顾问。

11 月 12 日，孙中山百年诞辰纪念日，由罗家伦主持的孙中山百年诞辰纪念丛书出版。该丛书共 12 种 27 册。

1966 年　七十岁

2 月 1 日，出席国民大会临时会议并当选主席团主席。

8 月 1 日，受聘"中央研究院"近代史研究所通信研究员。

12 月 19 日，70 寿辰前，中央政治学校、清华大学、中央大学校友为其举办暖寿茶会，蒋介石为其赠送"寿"字立轴。

1967 年　七十一岁

8 月 23 日，受聘"中华文化复兴运动委员会"常务委员。

9 月 1 日，《逝者如斯集》由传记文学出版社出版。

1968 年　七十二岁

3 月 17 日，当选为"中国历史学会"监事。

7 月，《中华民国史料丛编》第一辑出版。第一辑 24 种 40 册出版后，又陆续出版第二辑 5 种 46 册，第三辑 3 种 25 册，第四辑 15 种 15 册。

8 月 11 日，以健康不佳，请辞"国史馆"馆长一职。19 日，请辞"党史会"主任委员一职。

1969 年　七十三岁

4 月 8 日，受聘中国国民党第十届中央评议委员。

12 月 25 日，因病于台北荣民总医院去世。

12 月 29 日，台湾举行公祭。蒋介石题颁"学渊绩懋"挽额，并派"总统府"参军长黎玉玺代表致祭。1970 年 3 月 22 日，罗家伦灵柩安葬于台北阳明山第一公墓。8 月 20 日，蒋介石"明令褒扬"："总统府国策顾问罗家伦，早岁负笈北京大学，当文学革新之会，乘时宣力，卓有声称。嗣留学美、英、法、德诸邦，勤苦深造。北伐之役，效力投艰，尔后迭长清华大学及中央大学，为国育才，士林推重。三十二年，首任新疆监察使。抗战胜利后，历任联合国教育科学文化组织筹备会议代表、驻印度大使、制宪国民大会代表等职，弘济艰虞，克彰绩效。行宪以来，膺选第一届国民大会代表，复出任考试院副院长、国史馆馆长，多士受其甄陶，文献勤于集录。综其生平，才识通敏，述作斐然，勋劳懋著，声华远播。兹闻病逝，悼惜良深。应予明令褒扬，以彰忠荩。"

中国近代思想家文库

方东树、唐鉴卷	黄爱平、吴杰　编
包世臣卷	刘平、郑大华　主编
林则徐卷	杨国桢　编
姚莹卷	施立业　编
龚自珍卷	樊克政　编
魏源卷	夏剑钦　编
冯桂芬卷	熊月之　编
曾国藩卷	董丛林　编
左宗棠卷	杨东梁　编
洪秀全、洪仁玕卷	夏春涛　编
郭嵩焘卷	熊月之　编
王韬卷	海青　编
张之洞卷	吴剑杰　编
薛福成卷	马忠文、任青　编
经元善卷	朱浒　编
沈家本卷	李欣荣　编
马相伯卷	李天纲　编
王先谦、叶德辉卷	王维江、李骛哲、黄田　编
郑观应卷	任智勇、戴圆　编
马建忠、邵作舟、陈虬卷	薛玉琴、徐子超、陆烨　编
黄遵宪卷	陈铮　编
皮锡瑞卷	吴仰湘　编
廖平卷	蒙默、蒙怀敬　编
严复卷	黄克武　编
夏震武卷	王波　编
陈炽卷	张登德　编
汤寿潜卷	汪林茂　编
辜鸿铭卷	黄兴涛　编

康有为卷	张荣华	编
宋育仁卷	王东杰、陈阳	编
汪康年卷	汪林茂	编
宋恕卷	邱涛	编
夏曾佑卷	杨琥	编
谭嗣同卷	汤仁泽	编
吴稚晖卷	金以林、马思宇	编
孙中山卷	张磊、张苹	编
蔡元培卷	欧阳哲生	编
章太炎卷	姜义华	编
金天翮、吕碧城、秋瑾、何震卷	夏晓虹	编
杨毓麟、陈天华、邹容卷	严昌洪、何广	编
梁启超卷	汤志钧	编
杜亚泉卷	周月峰	编
张尔田、柳诒徵卷	孙文阁、张笑川	编
杨度卷	左玉河	编
王国维卷	彭林	编
黄炎培卷	余子侠	编
胡汉民卷	陈红民、方勇	编
陈撄宁卷	郭武	编
章士钊卷	郭双林	编
宋教仁卷	郭汉民	编
蒋百里、杨杰卷	皮明勇、侯昂妤	编
江亢虎卷	汪佩伟	编
马一浮卷	吴光	编
师复卷	唐仕春	编
刘师培卷	李帆	编
朱执信卷	谷小水	编
高一涵卷	郭双林、高波	编
熊十力卷	郭齐勇	编
任鸿隽卷	樊洪业、潘涛、王勇忠	编
蒋梦麟卷	马勇、黄令坦	编
张东荪卷	左玉河	编

丁文江卷	宋广波	编
钱玄同卷	张荣华	编
张君劢卷	翁贺凯	编
赵紫宸卷	赵晓阳	编
李大钊卷	杨琥	编
李达卷	宋俭、宋镜明	编
张慰慈卷	李源、黄兴涛	编
晏阳初卷	宋恩荣	编
陶行知卷	余子侠	编
戴季陶卷	桑兵、朱凤林	编
胡适卷	耿云志	编
郭沫若卷	谢保成、魏红珊、潘素龙	编
卢作孚卷	王果	编
汤用彤卷	汤一介、赵建永	编
吴耀宗卷	赵晓阳	编
顾颉刚卷	顾潮	编
张申府卷	雷颐	编
梁漱溟卷	梁培宽、王宗昱	编
恽代英卷	刘辉	编
金岳霖卷	王中江	编
冯友兰卷	李中华	编
傅斯年卷	欧阳哲生	编
罗家伦卷	张晓京	编
萧公权卷	张允起	编
常乃惪卷	查晓英	编
余家菊卷	余子侠、郑刚	编
瞿秋白卷	陈铁健	编
潘光旦卷	吕文浩	编
朱谦之卷	黄夏年	编
陶希圣卷	陈峰	编
钱端升卷	孙宏云	编
王亚南卷	夏明方、杨双利	编
黄文山卷	赵立彬	编

图书在版编目（CIP）数据

中国近代思想家文库. 罗家伦卷/张晓京编. —北京：中国人民大学出版社，2014.7

ISBN 978-7-300-18617-7

Ⅰ.①中… Ⅱ.①张… Ⅲ.①思想史-研究-中国-近代 ②罗家伦（1897~1969）-思想评论 Ⅳ.①B250.5

中国版本图书馆 CIP 数据核字（2013）第 313095 号

中国近代思想家文库

罗家伦卷

张晓京 编

Luo Jialun Juan

出版发行	中国人民大学出版社	
社 址	北京中关村大街 31 号	**邮政编码** 100080
电 话	010 - 62511242（总编室）	010 - 62511770（质管部）
	010 - 82501766（邮购部）	010 - 62514148（门市部）
	010 - 62515195（发行公司）	010 - 62515275（盗版举报）
网 址	http://www.crup.com.cn	
经 销	新华书店	
印 刷	唐山玺诚印务有限公司	
开 本	720 mm×1000 mm 1/16	**版 次** 2015 年 3 月第 1 版
印 张	29.5 插页 1	**印 次** 2024 年 7 月第 3 次印刷
字 数	471 000	**定 价** 99.00 元

版权所有 侵权必究 印装差错 负责调换